© 1999 by Paul L. Maier under the title Eusebius:
The Church History.
Originally published in the USA by Kregel Publications,
Grand Rapids, Michigan. Translated and printed by
permission. All rights reserved.

基督教经典译丛

何光沪 主编
副主编 章雪富 孙毅 游冠辉

Church History

教会史

[古罗马] 优西比乌 著
[美] 保罗·L·梅尔 英译、评注
翟旭彤 译

三联书店

Simplified Chinese Copyright © 2009 by SDX Joint Publishing Company. All Rights Reserved.

本作品中文简体版权由生活·读书·新知三联书店所有。未经许可，不得翻印。

图书在版编目（CIP）数据

教会史／[古罗马]优西比乌著；[美]梅尔英译、评注；瞿旭彤译．—北京：生活·读书·新知三联书店，2009.9（2023.11重印）
（基督教经典译丛）
ISBN 978-7-108-03206-5

Ⅰ.教… Ⅱ.①优…②梅…③瞿… Ⅲ.基督教史 Ⅳ.B979

中国版本图书馆 CIP 数据核字（2009）第 059318 号

丛书策划	橡树文字工作室
责任编辑	张艳华
责任校对	何　敏
封面设计	董　欢
出版发行	生活·讀書·新知三联书店
	（北京市东城区美术馆东街22号）
邮　　编	100010
图　　字	01-2009-2511
经　　销	新华书店
印　　刷	北京隆昌伟业印刷有限公司
版　　次	2009年9月北京第1版
	2023年11月北京第7次印刷
开　　本	635毫米×965毫米 1/16 印张 34.75
字　　数	397千字
印　　数	23,001-26,000册
定　　价	49.00元

基督教经典译丛

总　序

何光沪

在当今的全球时代,"文明的冲突"会造成文明的毁灭,因为由之引起的无限战争,意味着人类、动物、植物和整个地球的浩劫。而"文明的交流"则带来文明的更新,因为由之导向的文明和谐,意味着各文明自身的新陈代谢、各文明之间的取长补短、全世界文明的和平共处以及全人类文化的繁荣新生。

"文明的交流"最为重要的手段之一,乃是对不同文明或文化的经典之翻译。就中西两大文明而言,从17世纪初以利玛窦(Matteo Ricci)为首的传教士开始把儒家经典译为西文,到19世纪末宗教学创始人、英籍德裔学术大师缪勒(F. M. Müller)编辑出版五十卷《东方圣书集》,包括儒教、道教和佛教等宗教经典在内的中华文明成果,被大量翻译介绍到了西方各国;从徐光启到严复等中国学者、从林乐知(Y. J. Allen)到傅兰雅(John Fryer)等西方学者开始把西方自然科学和社会科学著作译为中文,直到20世纪末叶,商务印书馆、生活·读书·新知三联书店和其他有历史眼光的中国出版社组织翻译西方的哲学、历史、文学和其他学科著作,西方的科学技术和人文社科书籍也被大量翻译介绍到了中国。这些翻译出版活动,不但促进了中学西传和西学东渐的双向"文明交流",而且催化了中华文明的新陈代谢,以及中国社会的现代转型。

清末以来，先进的中国人向西方学习、"取长补短"的历程，经历了两大阶段。第一阶段的主导思想是"师夷长技以制夷"，表现为洋务运动之向往"船坚炮利"，追求"富国强兵"，最多只求学习西方的工业技术和物质文明，结果是以优势的海军败于日本，以军事的失败表现出制度的失败。第二阶段的主导思想是"民主加科学"，表现为"五四"新文化运动之尊崇"德赛二先生"，中国社会在几乎一个世纪中不断从革命走向革命之后，到现在仍然需要进行民主政治的建设和科学精神的培养。大体说来，这两大阶段显示出国人对西方文明的认识由十分肤浅到较为深入，有了第一次深化，从物质层面深入到制度层面。

正如观察一支球队，不能光看其体力、技术，还要研究其组织、战略，更要探究其精神、品格。同样地，观察西方文明，不能光看其工业、技术，还要研究其社会、政治，更要探究其精神、灵性。因为任何文明都包含物质、制度和精神三个不可分割的层面，舍其一则不能得其究竟。正由于自觉或不自觉地认识到了这一点，到了20世纪末叶，中国终于有了一些有历史眼光的学者、译者和出版者，开始翻译出版西方文明精神层面的核心——基督教方面的著作，从而开启了对西方文明的认识由较为深入到更加深入的第二次深化，从制度层面深入到精神层面。

与此相关，第一阶段的翻译是以自然科学和技术书籍为主，第二阶段的翻译是以社会科学和人文书籍为主，而第三阶段的翻译，虽然开始不久，但已深入到西方文明的核心，有了一些基督教方面的著作。

实际上，基督教对世界历史和人类社会的影响，绝不止于西方文明。无数历史学家、文化学家、社会学家、艺术史家、科学史家、伦理学家、政治学家和哲学家已经证明，基督教两千年来，从东方走向西方再走向南方，已经极大地影响，甚至改变了人类社会从上古时代沿袭下来的对生命的价值、两性和妇女、博爱和慈善、保健和教育、劳动和经济、科学和学术、自由和正义、法律和政治、文学和艺术等等几乎所有生活领域的观念，从而塑造了今日世界的面貌。这个诞生于亚洲或"东方"，传入了欧洲或"西方"，再传入亚、非、拉美或"南方"的世界第一大宗教，现在因为信众大部分在发展中国家，被称为"南方宗教"。但是，它本来就不属于任何一"方"——由于今日世界上已经没有一个国家没有其存在，所以它已经不仅仅在宗教意义上，而且是在现实意义上展现了它"普世宗教"的本质。

因此，对基督教经典的翻译，其意义早已不止于"西学"研究或对西方文明研究的需要，而早已在于对世界历史和人类文明了解的需要了。

这里所谓"基督教经典"，同结集为"大藏经"的佛教经典和结集为"道藏"的道教经典相类似，是指基督教历代的重要著作或大师名作，而不是指基督徒视为唯一神圣的上帝启示"圣经"。但是，由于基督教历代的重要著作或大师名作汗牛充栋、浩如烟海，绝不可能也没有必要像佛藏道藏那样结集为一套"大丛书"，所以，在此所谓"经典译丛"，最多只能奢望成为比佛藏道藏的部头小很多很多的一套丛书。

然而，说它的重要性不会"小很多很多"，却并非奢望。远的不说，只看看我们的近邻，被称为"翻译大国"的日本和韩国——这两个曾经拜中国文化为师的国家，由于体现为"即时而大量翻译西方著作"的谦虚好学精神，一先一后地在文化上加强新陈代谢，大力吐故纳新，从而迈进了亚洲甚至世界上最先进国家的行列。众所周知，日本在"脱亚入欧"的口号下，韩国在其人口中基督徒比例迅猛增长的情况下,反而比我国更多更好地保存了东方传统或儒家文化的精粹,而且不是仅仅保存在书本里,而是保存在生活中。这一事实,加上海外华人基督徒保留优秀传统道德的大量事实,都表明基督教与儒家的优秀传统可以相辅相成,这实在值得我们深长思之!

基督教在唐朝贞观九年(公元635年)传入中国,唐太宗派宰相房玄龄率官廷卫队到京城西郊欢迎传教士阿罗本主教,接到皇帝书房让其翻译圣经,又接到皇官内室听其传讲教义,"深知正真,特令传授"。三年之后(公元638年),太宗又发布诏书说:"详其教旨,玄妙无为;观其元宗,生成立要。……济物利人,宜行天下。"换言之,唐太宗经过研究,肯定基督教对社会具有有益的作用,对人生具有积极的意义,遂下令让其在全国传播(他甚至命令有关部门在京城建造教堂,设立神职,颁赐肖像给教堂以示支持)。这无疑显示出这位大政治家超常的见识、智慧和胸襟。一千多年之后,在这个问题上,一位对中国文化和社会贡献极大的翻译家严复,也显示了同样的见识、智慧和胸襟。他在主张发展科学教育、清除"宗教流毒"的同时,指出宗教随社会进步程度而有高低之别,认为基督教对中国民众教化大有好处:"教者,随群演之浅深为高下,而常有以扶民性之偏。今假景教大行于此土,其能取吾人之缺点而补苴之,殆无疑义。且吾国小民之众,往往自有生以来,未受一言之德育。一旦有人焉,临以帝天之神,时为耳提而面命,使知人理之要,存于相爱而不欺,此于教化,岂曰小补!"(孟德斯鸠《法意》第十九章十八节译者按语)另外两位新文化运动的领袖即胡适之和陈独秀,都不是基督徒,而且也批判宗教,但他们又都同时认为,耶稣的人格精神和道德改革对中国社会有益,宜于在中国推广(胡适:《基督教与中国》;陈独秀:《致〈新青年〉读者》)。

当然，我们编辑出版这套译丛，首先是想对我国的"西学"研究、人文学术和宗教学术研究提供资料。鉴于上述理由，我们也希望这项工作对于中西文明的交流有所贡献；还希望通过对西方文明精神认识的深化，对于中国文化的更新和中国社会的进步有所贡献；更希望本着中国传统中谦虚好学、从善如流、生生不已的精神，通过对世界历史和人类文明中基督教精神动力的了解，对于当今道德滑坡严重、精神文化堪忧的现状有所补益。

尽管近年来翻译界出版界已有不少有识之士，在这方面艰辛努力，完成了一些极有意义的工作，泽及后人，令人钦佩。但是，对我们这样一个拥有十几亿人口的千年古国和文化大国来说，已经完成的工作与这么巨大的历史性需要相比，真好比杯水车薪，还是远远不够的。例如，即使以最严格的"经典"标准缩小译介规模，这么一个文化大国，竟然连阿奎那（Thomas Aquinas）举世皆知的千年巨著《神学大全》和加尔文（John Calvin）影响历史的世界经典《基督教要义》，都尚未翻译出版，这无论如何是令人汗颜的。总之，在这方面，国人还有漫长的路要走。

本译丛的翻译出版，就是想以我们微薄的努力，踏上这漫长的旅程，并与诸多同道一起，参与和推动中华文化更新的大业。

最后，我们应向读者交代一下这套译丛的几点设想。

第一，译丛的选书，兼顾学术性、文化性与可读性。即从神学、哲学、史学、伦理学、宗教学等多学科的学术角度出发，考虑有关经典在社会、历史和文化上的影响，顾及不同职业、不同专业、不同层次的读者需要，选择经典作家的经典作品。

第二，译丛的读者，包括全国从中央到地方的社会科学院和各级各类人文社科研究机构的研究人员，高等学校哲学、宗教、人文、社科院系的学者师生，中央到地方各级统战部门的官员和研究人员，各级党校相关教员和有关课程学员，各级政府宗教事务部门官员和研究人员，以及各宗教的教职人员、一般信众和普通读者。

第三，译丛的内容，涵盖公元 1 世纪基督教产生至今所有的历史时期。包含古代时期（1—6 世纪），中古时期（6—16 世纪）和现代时期（16—20 世纪）三大部分。三个时期的起讫年代与通常按政治事件划分历史时期的起讫年代略有出入，这是由于思想史自身的某些特征，特别是基督教思想史的发展特征所致。例如，政治史的古代时期与中古时期以西罗马帝国灭亡为界，中古时期与现代时期（或近代时期）以 17 世纪英国革命为界；但是，基督教教父思想在西罗马帝国灭亡后仍持续了近百年，而英国革命的清教思想渊源则无疑应追溯到 16 世纪宗教改革。由此而有了本译丛三大部分的时期划分。这种时期划分，也可以从思想史和宗教史的角度，提醒我们注意宗教和思想因素对于世界进程和社会发展的重要作用。

中国人民大学宜园
2008 年 11 月

献给肯考迪亚神学院全体师生
为授予名誉文学博士学位谨致谢忱

目 录

中译本导言 1
引言 1

第一卷　耶稣其人其事
　　从奥古斯都到提庇留 19
　评注　优西比乌论耶稣 58

第二卷　众使徒
　　从提庇留到尼禄 63
　评注　优西比乌论众使徒 101

第三卷　传道与迫害
　　从加尔巴到图拉真 106
　评注　优西比乌的资料来源 155

第四卷　主教、作品与殉道
　　从图拉真到马可·奥勒留 159
　评注　信仰的捍卫者与辱没者 201

第五卷　西部英雄与东部异端
　　从马可·奥勒留到塞普蒂默斯·塞维鲁斯 205

评注　基督徒的苦难与申辩 259

第六卷　奥利金与亚历山大的暴行
　　　　从塞普蒂默斯·塞维鲁斯到德西乌斯 262
评注　优西比乌的视野 318

第七卷　狄奥尼修斯与异议者
　　　　从加鲁斯到戴克里先 327
评注　亚历山大的狄奥尼修斯 369

第八卷　大迫害
　　　　从戴克里先到加勒里乌斯 374
评注　四位皇帝 402

第九卷　大解放
　　　　马克西敏、马克森狄和君士坦丁 406
评注　迫害的终结？ 428

第十卷　君士坦丁与和平 435
评注　优西比乌与君士坦丁 471

附录1　优西比乌对约瑟夫之耶稣记载的征引 476
附录2　皇帝和主教更替年表 481

参考书目 487
索引 491
译后记 529

中译本导言

姚西伊

举凡伟大的历史著作不但以独特的视角记录下过去发生的事情,更能够引起后人的思考与讨论。优西比乌的《教会史》(*The Church History*)就是这样一部作品。依我之见,保罗·L·梅尔(Paul L. Maier)在他的"引言"一开始对此书地位和意义的高度评价是恰如其分的。在中国,历史学界对早期基督教历史的认识与研究也离不开这本关键性的著作。即以杨真撰写的《基督教史纲》上册(北京:生活·读书·新知三联书店,1979年)为例,此书虽属文化大革命刚刚结束时的出版物,全书马克思主义阶级分析的色彩甚为浓烈,但关于基督教史最初四个世纪的论述在材料上仍大量引用优西比乌的名著。80年代以降,可以说这种状况在国内史学界并未根本改变。

这部《教会史》对后人的影响不仅在于为我们保存和提供了关于那段时期教会的宝贵资料,而且还在于在相当程度上塑造了我们后人看待那段历史的视野和视角,甚至我们的研究进路。此书着墨甚多的那些主教、护教家和神学家,那些罗马政府发动的大逼迫,以及那些殉道者的惨烈事迹,当然还有教会在君士坦丁当政时期的地位改变均成为日后历史叙述的主要构成部分。翻开优西比乌的这本著作和后世的大部分教会史,映入眼帘的**多是**一连串熟悉的大人物和大事件。可以说，除了新约圣经所涉及的那段时期之外，日后相当多的历史学家是通过优西比乌的眼睛来看早期教会演变的。再以区域涵盖而言，正如很多评论者已经指出的那样，优西比乌的《教会史》对地中海世界东部的教会所给予的关注远远超过西部，更没有触及基督教在更为偏远地区的传播。优西比乌这样的处理当然与他的时代限制有关，譬如信息和交通往来的不发达。但他的视野和进路为后世占据教会史话语主导权的欧美史学家所继承，并大力发挥。即使是后来标准的基督教历史的陈述，虽然关注的主要区域由地中海沿岸扩大到整个欧洲，后来再把北美包括在内，但仍未超出我们今日所知的西方传统基督教世界，历史的叙述基本限制在早期的希腊与罗马，后来的欧美，沿着时间顺序作直线式的展开。这方面可作典型的是19世纪末、20世纪初美国教会史家威利斯顿·沃尔克（Williston Walker）的《基督教会史》①。此书堪称教会史的现代经典之作，几经修订，流传甚广，但在论述早期教会历史时，其重点很清楚地放在希腊与拉丁世界的教会发展上面。对后来历史时期的叙述，也大致体现出西方中心论的取向。因此，我们今天在充分肯定优西比乌保存了大量珍贵史料，传承早期教会历史的巨大功绩的同时，也必须清楚地看到他的历史观、视野和方法的局限性，特别是当其史观、视野和方法对后代的基督教史写作潜移默化，产生了深远影响的时候，就更要引起我们的注意和反思。

我们今天生活在一个全球化的时代，又见证着第二次世界大战结束以来教会在亚、非、拉地区的崛起和全球教会重心的南移，再加上多年来地区教会史研究成果的积累，所以优西比乌所指向的那种教会

---

① *A History of the Christian Church*；中文版：孙善玲、段琦、朱代强译，北京：中国社会科学出版社，1991年。

史模式的种种缺陷在我们眼中正日趋明显。诚如当代美国教会史名家胡斯都·L·冈察雷斯（Justo L. Gonzalez）在他的近著中所指出的，那种以西方为中心，以时间为主轴，以精英为焦点的传统教会史进路日益与普世教会的现实脱节，正面临着重大的挑战。摆在今日教会史学家面前的迫切任务，是重构教会史的思路和视角，使之真正成为跨地域、多中心、多阶层的普世大公教会的历史。① 实际上，不少当代教会史家已经在朝这个方向努力，并有一批令人耳目一新的作品推出。譬如由美国学者戴尔·T·欧文（Dale T. Irvin）和斯科特·W·桑魁斯特（Scott W. Sunquist）执笔的《世界基督教运动史》（History of the World Christian Movement）之第一卷：《初期基督教到 1453 年》②，即刻意突破优西比乌《教会史》的地域视野，而力求描绘从西地中海到希腊、埃及，再到美索不达米亚的早期教会全画卷。就地区史而言，突出的作品可举出美国学者莫菲特所著《亚洲教会史》③。这些作品的出现已大大丰富了我们对早期教会史的了解，帮助我们在史料和方法上对优西比乌的《教会史》能够有所超越。所以，站在今人的角度，我们固然不必苛求于古人，但对优西比乌的《教会史》的地位与价值也应有一个更附和时代的认识与评价。在我看来，这部著作仍不失为一部关于早期教会不可或缺的资料集，同时它也给我们提供了一个标本，让我们可以看到三四世纪之交一位希腊化世界的教会领袖是如何诠释教会历史的。记住了这一点，我们就不会因为优西比乌那些与今日文化格格不入的思维、观点和措辞而大感惊愕。

无论我们今日如何评价优西比乌《教会史》的功与过，我们都不

---

① *The Changing Shape of Church History*, St. Louis, Missouri：Chalice Press, 2002.
② *Earliest Christianity to 1453*, New York：Orbis Books, 2001.
③ Samuel Hugh Moffett, *A History of Christianity in Asia*；中文译本：香港中国神学研究院，2000 年。

得不承认他是一位**极赋**感染力的史学家。从早期教会惨遭血腥镇压，到几个世纪之后为罗马帝国政府所宽容、扶持和倚重，不断地从胜利走向胜利，优西比乌笔下的这段历史前后反差极大，**甚具**戏剧性，甚至到了惊心动魄的地步。由于他的生动记述，我们得以仔细观察基督教如何从一个被鄙视、被排挤的弱小群体，历尽艰辛，到最后成为主宰罗马文化和宗教生活的统治者的过程。或者说，在优西比乌的《教会史》中我们可以看到两个形成鲜明对比的基督教形象：一个是那些为坚持信仰而遍体鳞伤、宁死不屈的殉道者的谦卑、坚贞和牺牲；另一个则是教会获得君王的保护与宽容之后的辉煌、强大与崇高。经过了优西比乌浓墨重彩的描绘，从一个形象向另一个形象的转变就显得那么吊诡和震撼。

其实，在君士坦丁手中开始的这个转变是一个基督教如何从罗马帝国社会与文化的边缘逐步进入到权力与影响的中心，从与帝国暴力机器相对抗到相结合的过程。对于基督教地位与角色的这一历史性改变，优西比乌给予了几乎是无以复加的肯定与赞美。在他看来，这无疑是教会的空前胜利，是上帝意志的体现。用手中的权力改变了教会命运的君士坦丁，更是因此而蒙上帝的眷顾，并名垂青史。优西比乌对君士坦丁虽有吹捧之嫌，而为后人所诟病。不过，后世也有不少历史学家及其历史叙述虽放弃了优西比乌的溢美之辞，但仍沿袭了优西比乌的思路，而把君士坦丁的举措看作是基督教摆脱困境，走向胜利过程中的一座高峰，是教会的"最后成功"，揭开了教会发展的新篇章。① 自君士坦丁时代开始，政教合一教会成为国教并占据文化和社

---

① 参看赖德烈（Kenneth Scott Latourette）, *A History of the Expansion of Christianity*, Vol. I: *The First Five Centuries*, New York: Harper & Brothers Publishers, 1937, Chapter IV.

会统治地位的"基督教王国"(Christendom)逐步形成,并扩展到整个欧洲,在中古时期更把教会推上了凌驾于王权之上,万流归宗,一统天下的崇高地位。前前后后,这"基督教王国"盘踞欧洲一千余年,又在近代以来,藉着西方的海外殖民扩张不同程度地伸展到其他地区。在传统的主流历史叙述里,"基督教王国"的概念和说法一般是以一种正论出现的,鲜有对其的挑战与批评。这其实正反映出优西比乌的思维与论断对后人的影响之大。

自17世纪到19世纪,启蒙运动开启了西方近现代社会民主化、理性化、世俗化和多元化的持续过程。基督教不但相当迅速、彻底地丧失了政治的特权,而且在文化上的垄断地位也在各种思潮和宗教的竞争下摇摇欲坠。教会被非国教化(disestablishment),从而退出社会权力和文化影响的核心,再度回到边缘地位,成为多元化社会中的一元。换句话说,"基督教王国"已经和正在破碎,而且没有迹象表明这个过程会发生根本性的逆转。在优西比乌式的史观看来,这种状况出现与深化正是教会的失败与悲剧。不过,近代以来在国际教会史学界,也有一种越来越强烈的声音对"基督教王国"的模式提出了批判。前面提到过的冈察雷斯又可作为其中的一位代表。考新约圣经当中耶稣的本意,又参之以基督教一统天下在教会内外所带来的种种问题,冈察雷斯对优西比乌的进路提出了质疑,并指出基督教的恰当位置并非社会与文化的中心,而在边缘,所以教会的身份应当是"边缘化的道成肉身"(marginalized incarnation)。用他自己的话来说:

自从优西比乌写作他的《教会史》那时起,教会就处于权力和威望的中心。君士坦丁支持它。狄奥多西(Theodosius)把它立为国教。到了奥古斯丁的时代，政治中心在日耳曼入侵面前土崩瓦解，奥古斯丁重新解读历史，使得上帝之城可以超越世事沧桑，始终屹立于中心。自此之后，教会总是依自身处境，在这两种范式中摇摆……

当我谈到边缘化的道成肉身时，我的意思是，归根到底基督徒必须承认，作为个人和教会的恰当位置不一定是在中心……那些跟随耶稣基督的人们的恰当位置在边缘，而非中心；在山谷而非顶峰，在十字架而非君王宝座。①

如此看来，基督教在君士坦丁时代开始与政治势力相结合，先是沦为皇权的附庸和工具，后又在大半个欧洲升上权力的顶峰，这个历史现象并非基督教的辉煌。实际上，基督教本质的东西在其中多有丧失。而近代"基督教王国"的破碎不但不是基督教会的损失，反而是其转机。这一历史转变迫使教会重返早期教会的社会地位，因此而有机会重新思考自身定位和方向。无论我们对冈察雷斯所代表的思潮如何评价，都必须承认它帮助我们对优西比乌《教会史》的特定史观的认识更为冷静、多面和平衡。它把一个重大的问题摆在我们面前：基督教在罗马帝国内地位的巨变给教会自身及其社会影响到底带来了什么样的后果？放在教会两千多年的历史长河中来考察，这些后果是否有违基督教信仰的初衷？回首以往，放眼未来，它们又能给我们哪些启迪？在津津乐道于教会君王地位的时候，我们是否也要同样重视殉道者们的鲜血呢？与金光灿灿的皇冠相比，十字架和荆棘冠对我们是否意味更为深长呢？

---

① *The Changing Shape of Church History*, p151, p153.

在当代中国学术界，对优西比乌所记载的这段历史的看法经历过比较大的变化。传统马克思主义历史学家主要从阶级斗争和上层建筑的角度来诠释君士坦丁的政策调整。杨真的著作是这种进路的一个典型。他把基督教获得宽容，并成为罗马帝国的国教说成是"新奴隶主贵族集团的政治需要所决定的"，（103 页）结果"教会与统治集团结成一体"。（113 页）他还曾把优西比乌称为君士坦丁大帝的"宠信"。（21 页）到了上个世纪末本世纪初，学界在这个领域的研究进路已呈现多元的格局，除传统史学进路之外，从文化演变和转型角度的探讨相当流行，也有从神学思想史角度切入的。同时，对基督教地位转变这件史实的正面评价多了起来。

显而易见，这些新进路和评价的出现与当代中国社会和文化转型中所突显出来一些迫切需要解答的问题有关。自 80 年代之后，宗教在中国社会与文化生活中的复兴与回潮已是不争的事实。在诸种宗教当中，又以基督教的成长最为迅速。基督教由文化大革命前后一个规模甚小、处于半秘密状态的宗教群体，演变到今天要面对如何进入主流文化和社会的问题。关注此问题的论者常常会引用早期基督教的这段历史，把教会如何融入罗马主流文化作为一个成功的范例来论证，以期为当今中国基督教界内外人士提供借鉴。在这样做的过程当中，有些论者对早期基督教地位改变的肯定达到了空前的高度。譬如，有的学者在论证今日中国教会神学思想建设要加强与传统文化、社会现实的适应性时，认为"对于任何一个教会来说，它的神学思想越是与当时的社会环境相适应，就越能促进自身的发展"。早期教会的经历很能说明问题。早期教会因未能对信仰进行理性论说，和初期仪式的神秘性，使得罗马皇帝误认基督教是一"秘教"运动而采取遏制政策。但经过早期护教士们的努力，"基督教得以在辉煌的希腊罗马文化中扎下根来",这恰恰是"基督教最终取得合法地位的深层次原因"。① 还有论者把此事作为所谓"有十字架的变革"的典范,认定基督教从此大大改善了西方文明的面貌。② 总的来看,当代多数中国学者倾向于从基督教的社会与文化作用来考察这一宗教运动,因此重视早期教会向主流社会靠拢,最后融入其中的历史经验,这是可以理解的。不过,这种立场和观点与当今在西方学术界和基督教界相当强烈的批判声音确实形成了非常鲜明的对比。公平地说,中国学者当中几乎没有人会如同优西比乌一样极力赞美信仰与皇权的结合,但是他们对教会向社会与文化主流靠拢的肯定态度却是一致的。一千六百多年后的今天,优西比乌竟然在千山万水之外的中国找到了知音,这也是一个历史的讽刺吧!不过,也许在不久的将来,当基督教与中国社会的关系达到了一个较为平稳和平衡状态的时候,在中国学者当中是否也会产生较带批判性的看法? 这是非常值得观察的。

的确,优西比乌的这部《教会史》对我们生活在 21 世纪的中国人来说仿佛远在天边,这不但是指它所记载的那段往事发生在年代久远的异国他乡,也是指它的视野与方法已多少显得有些蛛网尘封。但是这部巨著对我们来说又仿佛近在眼前,因为我们在今天所能读到的关于早期基督教的作品之中仍可看到它的影子,仍能感到其立场、观点和方法的持久影响力。从基督教历史写作的转型,到基督教与社会的关系,它还在激发我们的思考和讨论。今天,这部

---

① 徐弢、李思凡,《从本土化的层面看中国基督教的神学思想建设》,《中国宗教》,2005 年第二期,58 页。
② 赵晓,《有十字架的变革与无十字架的变革》,普世社会科学研究网 www.pacilution.com/showarticle.asp/articleID-1583, 20/3/2009。

著作的全部终于被译为中文,并在中国大陆出版发行,它与成千上万的中国读者之间可说实现了零距离。在当代中国社会、文化和宗教转型的过程之中,优西比乌的《教会史》是否可以在更深的层次、更广的范围内引起人们的思索? 就让我们拭目以待吧!是为导言。

(本文作者是香港中国神学研究院教授)

引　言[*]

如果希罗多德（Herodotus）堪称历史之父，那么凯撒利亚的优西比乌（Eusebius of Caesarea，约公元260—339年）必然就是教会史之父。正是优西比乌承担重任，首次勾勒出了基督教在关键性的前三百年［从基督到君士坦丁（Constantine）］间的兴起状况。对于这一时期，其他古代作家均未曾尝试涉及，因此优西比乌便成为了解早期基督教主要的原始资源，其《教会史》(Church History)为后世史家奠定了创作编年史的基础。关于圣经时代的人物、地点和事件，犹太史学家弗拉维夫·约瑟夫（Flavius Josephus）为我们提供了精彩的补充信息；同样地，关于圣经时代直到公元324年的人物、地点和事件，则是优西比乌为我们提供了精彩的补充信息。

耶稣的众使徒在晚年有什么遭遇？彼得去过罗马吗？约翰在哪里度过余生？保罗是否幸免于尼禄的审判？福音书写于何时？作者是谁？写于

---

[*] 本书根据保罗·L·梅尔（Paul L. Maier）的新评注英译本 The Church History 译出。此文为英译本引言。——编者

何地？新约正典是怎么来的？早期基督徒为什么会受迫害，又是如何被迫害的？要是没有优西比乌，诸如之类的问题将很难找到答案。

这部十卷本《教会史》是关于早期基督教信仰的珍贵记录。[在当时，]初生的基督教信仰经受住外部迫害和内部异端的双重严峻考验得以延续，并且依然纯正。在今天，就统计数字而言，基督教堪称人类有史以来最为成功的个别现象。然而，基督教在初生之时脆弱不堪，支离破碎，饱受折磨与踩躏，甚至差一点就被充满敌意的罗马帝国消灭殆尽。同样地，破坏也来自内部的攻击，一些背教的宗教家试图藉着对教义的神秘歪曲来诱惑圣徒，或者把圣徒圈进各样的分裂团体，这些团体正是许多当代异端邪教（cults）的前身。

上述种种情况，优西比乌都有所记载。此外，他还描述了殉道者的英勇事迹，诚如德尔图良（Tertullian）所言，这些殉道者的鲜血确实成了"教会的种子"。在优西比乌笔下，无畏的信仰卫士敢于直面罗马皇帝，勇于挫败种种异端，主教和长老们则带领着教会走出逆境；与此同时，要不是优西比乌一字一句地摘录原文，很多作家用来维护正统的重要表述很可能早就遗失殆尽。而且，优西比乌的这些篇章也清楚地表明，基督教的悲剧如何在其最初的三个世纪内演变成了[基督教的]凯旋。

优西比乌生平

优西比乌（Eusebius）的希腊文意思是"虔诚之人"；在基督教史上，还有其他六位著名人物也取过这个响亮的名字[拉丁文名字庇护（Pius）与此意思大概相同]。藉着不同的地名词缀，这些人物的名字得以彼此区别。比如，正是藉着**拿撒勒这个地名词缀，拿撒勒**的耶稣（Jesus of Nazareth）得以区别于圣经时代的其他二十位［也名为］

耶稣[的人]。与此类似,**凯撒利亚**的优西比乌(Eusebius of Caesarea)标示的正是作为教会史家的优西比乌。

在古代,为纪念罗马帝国首位皇帝奥古斯都(Augustus),还有许多其他城市也被命名为凯撒利亚(Caesarea)。优西比乌所在的凯撒利亚名为"凯撒利亚·玛里蒂玛"(Caesarea Maritima),这座巴勒斯坦名城位于地中海东岸,原名"斯特拉托楼"(Strato's Tower),系大希律王(Herod the Great)①所建。新约经常提到这座凯撒利亚城,它是当时罗马犹太省(Judea)的首府,本丢·彼拉多(Pontius Pilate)、哥尼流(Cornelius)②、希律·亚基帕(Herod Agrippa)③、腓力斯(Felix)④和非都斯(Festus)⑤的府第均设于此,保罗也曾在此被囚禁达两年之久⑥。还是在这里,犹太人于66年发动暴乱,这次暴乱引发了伟大的抵抗罗马的犹太战争,最终导致耶路撒冷的毁灭。在耶路撒冷被毁之后,凯撒利亚的重要地位越发突出,在3世纪成了叙利亚实际上的首都,并且发展成国际大都会,拥有犹太人、希腊人、撒玛利亚人和基督徒等各种人群。

优西比乌大概出生于260年前后。继他之后任凯撒利亚主教的雅卡西乌斯(Acacius)曾为其写过传记,可惜这部传记业已失传,不能为我们提供进一步的细节。[因此,]关于优西比乌的身世及其早年经

---

① 公元前37—前4年任犹太全地的国王,以残暴著称,曾在耶稣诞生之后杀尽伯利恒两岁以下的婴孩。参见《马太福音》2:1—22,《路加福音》1:5。——中译注
② 凯撒利亚驻军的一位百夫长,他是一位虔诚信徒,曾与使徒彼得打过交道。参见《使徒行传》10。——中译注
③ 全称为Herod Agrippa I,或称希律王,41—44年任犹太王,大希律王之孙,杀害使徒雅各,逮捕使徒彼得。参见《使徒行传》12:1—23。——中译注
④ 52—60年担任犹太总督,保罗曾在其面前申辩。参见《使徒行传》23:24—27。——中译注
⑤ 60—62年担任犹太总督,保罗曾在其面前申辩,并且要求向凯撒上诉。参见《使徒行传》25:1—26:32。——中译注
⑥ 参见《使徒行传》24:27。——中译注

历，我们不得而知。关于其教育背景，我们也只能由以下旁证略知一二。东方［基督教］世界的伟大学者——神学家奥利金（Origen）①曾在凯撒利亚度过余生，在优西比乌出生的几年之前离开人世。奥利金对博学的潘菲鲁斯（Pamphilus）及其创立的神学流派影响甚深，而潘菲鲁斯则是凯撒利亚教会的长老，当过优西比乌的老师，对优西比乌的影响最大。优西比乌与潘菲鲁斯一起撰写过为奥利金辩护的文章，使用过潘菲鲁斯藏书丰富的图书馆，而且还为潘菲鲁斯写过一部《潘菲鲁斯传》(Life of Pamphilus，已佚）。优西比乌对潘菲鲁斯颇为推崇，并且以"潘菲鲁斯的优西比乌"（Eusebius Pamphili）闻名于世。在基督教遭受最后一次大迫害［即戴克里先（Diocletian）大迫害］时，潘菲鲁斯被捕入狱，后于310年殉道。

导师殉道后不久，优西比乌先后远赴腓尼基的推罗（Tyre in Phoenicia）②和埃及的亚历山大（Alexandria in Egypt）；由于戴克里先的迫害，他在亚历山大被捕入狱，但旋即获释。多年后，有对手以此为借口指控优西比乌，说他的获释乃是因为他参与了异教的献祭仪式，但是，从来没有什么证据可以证明这项指控。假如真有这种证据存在的话，那么它也只存在于当时混乱不堪的神学论争中。313年，君士坦丁颁布宽容敕令（Constantine's edict of toleration）；之后不久，优西比乌当选凯撒利亚主教，他一直担任此项职务，直到去世为止。此外，他在331年收到并谢绝过担任安提阿宗主教（the patriarchate of Antioch）的邀请。

---

① 生于亚历山大，卒于凯撒利亚，基督教神学家，著名的希腊教父之一，亚历山大学派的重要代表人物之一。参见本书第六卷的相关描述。——中译注
② 古代腓尼基的著名港口，现属黎巴嫩。当时是商业鼎盛的城市，深受希腊文化影响，也是迦南异教的传统中心。对于犹太人来说，此地意味着文化诱惑的来源和宗教异端的渊薮。耶稣曾在此地医治一位妇人，参见《马太福音》15：21—28或《马可福音》7：24—30。——中译注

316年左右，他在推罗的献堂仪式上致辞，这篇演讲辞后被作为第十卷的一部分收入《教会史》。两年后，阿里乌之争（the Arian controversy）在东方的基督教世界爆发，优西比乌很快也被卷入其中。在这场论争中，一方以亚历山大的长老阿里乌（Arius）为代表，主张"耶稣高于人，但低于上帝，上帝存在于圣子之前"（Jesus is more than man but less than God, who existed before the Son）；另一方则以亚历山大的主教亚历山大（Alexander）为代表，主张"耶稣是上帝，与圣父同质，与圣父一样永恒"（Jesus is God, of the same essence and co-eternal with the Father）。优西比乌则采取介于这两种极端之间的立场。他并不认同阿里乌极端的［圣子］从属说（the full subordinationism），但对阿里乌多少还抱有一些同情。由于这缘故，优西比乌和其他两人在324年被安提阿会议（the Council of Antioch）暂时性地革除教籍。次年，优西比乌的案子被转到尼西亚大公会议；在这次会议期间，他成了君士坦丁大帝的首席神学顾问，不仅坐在这位皇帝的右手边，而且还发表了一篇为他歌功颂德的颂词。

作为大会的中间派领袖，优西比乌呈交了他在凯撒利亚教会所使用的信经，得以避免被指控为异端。君士坦丁也表态说，这部信经反映了他本人的观点。不过，这部信经虽然看似尼西亚信经的基础，但是，直到亚历山大派对其进行重要添加后——其中包括耶稣与圣父同质（homoousios）的说法——这部信经才最终被大会接受。与绝大多数人一样，优西比乌也对大会通过的尼西亚信经投了赞成票。但是，他事后向自己的教会写了一封信，表明了他的犹豫，同时还说出了他的忧虑，即亚历山大派有可能变成撒伯里乌主义（Sabellianism）［异端］；这异端认为［上帝的］合一高于三位一体（unity over trinity），也就是说，上帝之子只不过是在拯救形态或拯救能力之中行动着的上帝而已。

带着这种忧虑，优西比乌先后参加了331年的安提阿会议和336年的君士坦丁堡会议。在安提阿会议上，反阿里乌派的代表人物欧大悌（Eustathius）被罢黜。在君士坦丁堡会议上，安西拉主教 [Bishop of Ancyra，今安卡拉（Ankara）] 马尔塞鲁斯（Marcellus）由于极端的反阿里乌主义而受到指责。但是，这些并不意味着优西比乌从始至终都是亲阿里乌派的。晚年优西比乌十分正统，并未接受阿里乌主义（Arianism）的如下两条关键原则：上帝之子有一段时间不存在；上帝之子乃是从无有中被创造出来的。

君士坦丁堡会议刚刚结束不久，优西比乌受邀在纪念君士坦丁即位三十周年（tricennalia）的典礼上致辞。次年（337年），君士坦丁驾崩。两年后，优西比乌也随之离开人世，确切时间很可能是339年5月30日，这一说法出自4世纪的叙利亚殉道史。关于优西比乌生命的最后两年时光，人们所知甚少，仅仅知道他发表过一部四卷本的《君士坦丁传》(*A Life of Constantine*)。这部传记与其说是严格意义上的历史著作，还不如说是一篇歌功颂德的文学作品。

优西比乌的作品

优西比乌是一位多产作家，他广泛涉猎许多不同领域，并且著作颇丰，不仅撰有多部著作、编年史、论文、词典和演讲辞，而且还写下了大量书信作品。收集其作品最为齐全的版本是米涅编辑的《希腊教父集》(vols. 19—24 of J. Migne, ed., *Patrologia Graeca*, Paris, 1857年)，足足六大本，而且这还只是得以保存的部分而非全部希腊文作品而已。根据麦克吉福特（A. C. McGiffert）在《尼西亚教父和后尼西亚教父集》(*The Nicene and Post-Nicene Fathers*) 中的权威导读，我们将在下面分类介绍优西比乌的作品。其中一些作品仅存题目，或者只有片断留传。

1. 历史类作品。除了我们将在下一部分讨论的《教会史》之外，优西比乌曾为导师潘菲鲁斯作传，即《潘菲鲁斯传》；两部关于迫害的作品：《巴勒斯坦殉道者》(*Martyrs of Palestine*) 和《古时殉道集》(*Collection of Ancient Martyrdoms*)；一部编年史类的重要作品：《编年史》(*Chronicon* or *Chronicle*)；以及《君士坦丁传》。

2. 护教类作品。为了捍卫信仰，优西比乌撰有《驳希洛克勒斯》(*Against Hierocles*) 和《驳波菲利》(*Against Porphyry*)；希洛克勒斯是庇推尼（Bithynia）①和埃及的行省总督，信奉新柏拉图主义，极力迫害基督徒，波菲利也是一位新柏拉图主义者，曾猛烈攻击基督教。借《论古人的多子多孙》(*On the Numerous Progeny of the Ancients*) 一书，优西比乌解释了士师时代的一夫多妻制。不过，《福音的预备》(*Preparation for the Gospel*) 和《福音的证据》(*Proof of the Gospel*) 才是优西比乌最伟大的护教作品；在前部作品中，他表明，基督教的基础是一神论的犹太教圣经，而非希腊人的异教多神论，并且证明了这种基础的优越性；在后部作品中，他证明，耶稣确实就是希伯来圣经所宣扬的弥赛亚。与上述主要作品不同的是，《教会的预备》(*Praeparatio Ecclesiastica*) 和《教会的证明》(*Demonstratio Ecclesiastica*) 均已失传，这两部作品主要关注的不是教会的教义、教会生活。在《论神显》(*Theophany*) 中，他捍卫如下［教义］：上帝在基督里的显现；其《关于反对和捍卫的两卷书》(*Two Books of Objection and Defense*) 则未得流传。

---

① 小亚细亚西北部的古国。——中译注

3. 论战类作品。 我们在前面已提到过，优西比乌与导师潘菲鲁斯曾共同撰写《为奥利金辩护》(Defense of Origen) 一书，反驳那些攻击奥利金把神学寓意化 (allegorizing theology，以寓言解释圣经和神学) 的人。该书仅有前六卷存世，另有鲁菲努斯 (Rufinus) 的拉丁文译本流传于世。

最让优西比乌感到恼火的异端似乎是撒伯里乌异端，这异端十分强调三一之中的合一，从而认为独一的上帝显现于三个不同的形态而非三个不同的位格之中，进而主张圣父在基督的形态之中受难〔圣父受难论 (Patripassianism)〕。优西比乌还写过两部作品：《驳马尔塞鲁斯》(Against Marcellus)、《论教会神学：驳马尔塞鲁斯》(On the Theology of the Church: A Refutation of Marcellus)，以反驳时任安西拉主教的马尔塞鲁斯。

此外，他还写有《驳摩尼教徒》(Against the Manicheans) 驳斥那些追随摩尼 (Mani) 的人，他们在波斯宣扬一种二元论的诺斯替主义，把实在分成两种原则：光明与黑暗、上帝与物质，甚至连后来的奥古斯丁 (Augustine) 也曾被此学说迷惑长达十年之久。

4. 教义类作品。 十卷本《基本要道》(General Elementary Introduction) 是神学研究的入门读物，除了第六卷至第九卷保存完好之外，其他部分仅存片断。这第六卷至第九卷的内容也曾独立成书，称为《先知书摘要》(Prophetic Extracts)，主要涉及旧约中一些关于弥赛亚的段落。

《论复活节》(On the Paschal Festival)，这是优西比乌就应在何时庆祝复活节的争论所写的一部作品。该书解释了尼西亚会议关于复活节所作的决议。

5. 释经类作品。 优西比乌致力于编订《圣经》经文，特别是编订奥利金关于七十士译本（Septuagint）的修订本。他还曾受君士坦丁的委托，预备五十份带有注释的《圣经》，供君士坦丁堡各教会使用。

在《福音十正典》（Ten Evangelical Canons）中，他编撰了一部可以相互比照的新约福音书对参，并在其中注明各福音书共有或独有的章节。《福音问答》（Gospel Questions and Solutions）处理了不少问题，其中包括《马太福音》（Matthew）和《路加福音》（Luke）中耶稣家谱的不同、各福音书中复活记载的差异。

以下［释经］作品按照经卷在《圣经》中的先后顺序而非［其产生的］时间顺序排列。在《诗篇注释》（Commentary on the Psalms）中，《诗篇》第1篇至第118篇的注释保存完好，但第119篇至第150篇的注释则仅存片断。这部作品充分展示了优西比乌对希伯来文的把握程度及其敏锐的批判力，因而自从问世以来就广受重视。《路加福音注释》（Commentary on Luke）则与此形成鲜明对照，略显粗糙，大概是优西比乌的早期作品。其他一些注释作品［比如《〈哥林多前书〉注释》（Commentary on First Corinthians）］要么仅有书名传世，要么只剩片断流传。

6. 圣经词典。如下书名充分展示了优西比乌的博学多才：《希伯来圣经中的民族学词汇》（Interpretation of Ethnological Terms in the Hebrew Scriptures）、《古犹太志》（Chorography of Ancient Judea）和《耶路撒冷和圣殿平面图》（A Plan of Jerusalem and of the Temple），不过，这些作品均已佚失。幸运的是，其《圣经地名词典》（Onomasticon, or On the Names of Places in Holy Scripture）得以存世，这本词典犹如一本现代的圣经词典，按字母顺序排列，一一解释了圣经中的城市名、村庄名、河流、山名等。《论先知书中的专有名称》（On the Nomenclature of the Book of the Prophets）则简要地记述了旧约众先知的生平和预言。

7. 演说辞。除了后来收入《教会史》第十卷的推罗献辞之外,优西比乌的其他主要演说作品有:325 年尼西亚会议开幕时的贺辞《庆祝君士坦丁大帝即位二十周年》(*Oration at the Vicennalia of Constantine*)。十年后,也是在君士坦丁的面前,优西比乌在耶路撒冷圣墓教堂的献堂仪式上致辞:《救主的圣墓》(*Oration on the Savior's Sepulcher*)。336 年,优西比乌在君士坦丁堡发表贺辞《庆祝君士坦丁大帝登基三十周年》(*Oration at the Tricennalia of Constantine*)。优西比乌的演讲辞还包括:《殉道士颂》(*In Praise of the Martyrs*)、《论降雨的缺乏》(*On the Failure of Rain*)等。

8. 书信集。尚存的书信主要是优西比乌在阿里乌论争之中写往亚历山大、凯撒利亚当地和其他地方的书信。此外,他还曾致信君士坦提娅(Constantia Augusta),她是君士坦丁的妹妹,其丈夫是与君士坦丁共治的帝国皇帝的李锡尼(Licinius)。君士坦提娅要求优西比乌送她一幅她曾听说过的基督画像。优西比乌在信中对此表示拒绝,并且说这种画像会导致偶像崇拜。

即使撇开《教会史》这部著作不论,优西比乌依然是一位博古通今的多产作家。优西比乌十分崇敬 1—3 世纪的许多作家,并且摘录过不少他们的作品;然而,优西比乌的上述作品,比其中绝大多数作家的作品都远胜一筹。

教会史

这部作品的希腊文原文标题为 "*Ekklesiastices Historias*",拉丁文标题为 "*Historia Ecclesiastica*",英文标题为 "*Ecclesiastical History*"。

正式的拉丁文标题至今仍被学术界广泛使用，并且通常缩写为"*Hist. eccl.*"或"*H. E.*"。该书最后的版本共有十卷。第一卷讲述道成肉身之耶稣的生平。第二卷至第七卷涵盖从33年基督升天直到戴克里先284年即位的基督教兴起史。第八卷描述的内容始自戴克里先在303年开始的大迫害，终于继任者加勒里乌斯（Galerius）在311年的登基。第九卷记述君士坦丁在西方的胜利和马克西敏在东方重新开始的迫害。第十卷颂扬教会最终享受到的宽容、和平以及帝国的青睐。

在《教会史》初版问世后，随着时间的推移，优西比乌进行过多次增订。初版极有可能只包括第一卷至第七卷，大概发表于公元300年之前（有一些学者主张，时间应该更晚一些）。第八卷至第十卷与前七卷大不相同，在这三卷之中，优西比乌是各种事件的目击者，而且前七卷特有的使徒统绪（apostolic succession）也不再被提及。显然，优西比乌曾发表过另一版本的教会史，这个版本在第七卷之后添加了第八、第九、第十这三卷，完成时间当在314年优西比乌于推罗城献堂仪式上发表贺辞和316年君士坦丁与李锡尼爆发战争之间。最终版本包括我们现在所知的第十卷的全部内容，完成时间当在324年李锡尼战败和326年君士坦丁之子基利司布（Crispus）去世之间，也就是说，在尼西亚会议召开之前的324年末或325年初。个中究竟，在第十卷中显而易见。

优西比乌《教会史》以罗马皇帝的更替作为叙事的时间架构，直到如今，所有罗马帝国的史学家几乎都采用这种方法。早期教会四大主教——耶路撒冷、安提阿、亚历山大和罗马这四大中心的主教——的更替则构成这种时间架构的补充。由此可见，优西比乌分享了修昔底德（Thucydides）、波利比乌斯（Polybius）、塔西佗（Tacitus）和约瑟夫等前辈史学家的编年史传统；这一点，我们在优西比乌稍早一些的作品《编年史》中就可以看到。不过，当某个主题之发展或某位人物之活动的时间跨度经历不止一位皇帝时，这种方法也带来一定困难。比如，第二卷至第五卷这四卷书都分别提及殉道者查士丁，而优西比乌本应为这位护教家专门辟出一节，这样就会更有助于读者阅读。

在第一卷至第七卷中，优西比乌经常引用、意译或编录一些资料；他本人对这些资料的可信程度持审慎态度，因此，我们大可不必在此罗列出这些资料。一般认为，约瑟夫、黑格希普斯（Hegesippus）、查士丁、爱任纽、亚历山大的狄奥尼修斯（Dionysius of Alexandria）等人对优西比乌都有一定影响。按照现代人的口味而言，优西比乌从他们那里借用了太多东西，但是，若非优西比乌在其记录中恰如其分的组合，其中很多资料早就遗失殆尽了。优西比乌获得这些资料的图书馆主要有两个：一是在凯撒利亚的图书馆，这座藏书丰富的图书馆由奥利金创立，后由潘菲鲁斯扩建；二是亚历山大主教在耶路撒冷所建的图书馆。这两个图书馆主要侧重于收集东方的希腊语资料而非西方的拉丁语资料；这一点在优西比乌作品中有所反映，并且在一定程度上使得其《教会史》对东、西方教会史的处理有失平衡。

在阅读这部《教会史》的过程中，读者会很清楚地看到优西比乌在历史编撰上的一些错误。本书的一些脚注将不得不致力于纠正他偶尔犯下的编年错误和解释错误。优西比乌的行文风格散漫不羁，思维跳跃性强，经常突然变换主题；在旁征博引的文字中，人们很难看到优雅的文笔或者严密的推理。他在写作时似乎落笔太快，很少想到日后会修改或完善笔下的文字。其叙述有时过于肤浅，似乎只是满足于单单描述结果而不管原因究竟是什么，或者仅仅满足于把一切都归因于上帝或撒旦。此外，优西比乌是一位极为杰出的著作史家，因此他所感兴趣的，不是什么历史事件和其中的参与者（除了历次迫害之外），而是作家及其作品。即使在这方面，优西比乌也很少关心这些作家的核心思想究竟是什么，涉及教父的基本教导或者异端的错误的时候就是如此。

但是，瑕不掩瑜，优西比乌的功绩显然大过错误。倘若优西比乌没有写下《教会史》，我们对于基督教最初三个世纪的认识将满布疑云，将无从知道很多当时具有重要意义的人物、事实、文献和资料。这位凯撒利亚主教博学多才，他在浩如烟海的资料中探寻，为后世搜集了许多珍贵信息，后世的人们由此大概能够做出比他更深入的研究。他与古代的许多作家都不一样，他通常都能甄别出可靠的资料与不可靠的资料，而且很少轻信这些资料；他的这种态度，不仅前人罕见，而且后世少有。他不仅态度审慎，而且为人诚实，他一方面清楚地说明自己的资料来源，另一方面则承认自己由于所承担的任务而如履薄冰，因为还从来没有人写过教会的历史。不管是在神学方面还是在历史方面，优西比乌都在开辟一条新的神学——历史学道路；开路先锋的粗糙是可以原谅的。没有任何一位古代历史学家重新写过优西比乌的《教会史》，他的这部作品已然成为经典，几个世纪以来都保持完整——这些事实足以胜过一切批评。

版本说明

本书不同于我的另外一部作品：《约瑟夫著作精选》（*Josephus-The Essential Works*, Kregel Publications, 1994）。《约瑟夫著作精选》选自犹太历史学家约瑟夫的大量作品，而本书则是优西比乌《教会史》的全译本。本书翻译采用的希腊原文版本是德国大学者施瓦兹的标准评注版本［见《基督教的希腊语作家》（*Die griechischen christlichen*

Schriftsteller),Leipzig：Hinrichs'sche Buchhandlung,1897]。施瓦兹的这个希腊文版本已经取代早先的版本，读者很容易就可以在《洛布古典文库》(*Loeb Classical Library*,Cambridge：Harvard University Press；London：Heinemann,1926,1932)中找到，其中的英文翻译由莱克(Kirsopp Lake)(第一卷)和欧尔顿(J. E. L. Oulton)(第二卷)合力完成。其他的优秀英文译本如下：克鲁兹(Christian Frederick Cruse)1850年有点过时的译本(重版，Grand Rapids：Baker,1991)；麦克吉福特(A. C. McGiffert)带有精彩注释的译本(1890)，《尼西亚教父和后尼西亚教父集》第一卷重印了这个译本(Grand Rapids：Eerdmans,1952)；威廉森(G. A. Williamson)的《优西比乌：从基督到君士坦丁的教会历史》(*Eusebius—The History of the Church from Christ to Constantine*, London：Penguin,1965；修订版，Andrew Louth,1989)，此书堪称近来最为优秀的译本。①

尽管如此，新的译本和简短的注释似乎仍有必要。原因如下：首先，让优西比乌的意思变得更为清晰并更具可读性。威廉森曾经指出，优西比乌的希腊文艰涩难懂："第一卷的首句话多达166个单词，在找到唯一的主要动词前，我们必须吃力地读完153个单词。有时，情况还与此不太一样，优西比乌要么根本不用主要动词，要么采用破格文体，句子的开头和结尾具有截然不同的语法结构。"(xxxvii)

我若是逐字逐句地翻译，读者想必会不忍卒读，同时我却还要尽

---

① 中译者手头有1965年版的英译本。有心者不难发现，英译者 Maier 和中译者都大量参考了这本堪称优秀的 Williamson 英译本。此外，中译本还参考了上文提到的 Christian Frederick Cruse 英译本 (*The Ecclesiastical History of Eusebius Pamphilus*, Bishop of Caesarea, in Palestine. Fourteenth printing, Grand Rapids, Michigan：Baker Book House, 1990)，以下简称"Cruse 英译本"，以及一部尚未完成的、带有一定教派特色的网络中文译本 (http：//ekklesiahistory.fttt.org.tw/big5/index.html)。——中译注

力保持优西比乌的固有风格。一方面力图尽可能地忠实原文，另一方面又要翻译得具有可读性，这是一个总是让翻译工作者感到困扰的问题。前人有句不甚中听的、属于性别歧视年代的话："翻译就像一个妇人：如果它美丽，那它就不忠实；如果它忠实，那它就不美丽。"

在翻译本书的过程中，我尝试过各种各样的方法，要么把长句分为几个短句，要么删除毫无实意或者使得意思更为模糊的啰唆话，要么压缩显然没用的平行措辞（parallel phraseology），要么精简过分重复的记述，力图尽可能清晰地表达优西比乌的意思。换句话说，**假若优西比乌有一位好编辑的话**，为了适合现代人阅读的习惯，他可能会做类似于我所做的工作。（我们下面还会再谈到，优西比乌身边并没有一位编辑帮忙，而且甚至他本人也没有润色或修订过自己的作品。）当然，我在翻译过程中并未舍弃任何一条信息资料。我希望，我这样的做法能够使得优西比乌的作品在今天更具可读性和实用性。

我将举几个例子来说明我的翻译方法。下面分别有几组译句，前句话引自洛布版的［英］译文，后句话出自我本人的翻译：

在我以前草就的编年表中，我已概述过这些资料；然而，在眼前这部作品中，我将就这些资料着手给出详细的叙述（I have already summarized the material in the chronological tables which I have drawn up, but nevertheless in the present work I have undertaken to give the narrative in full detail）（1.1）。

在以前的《编年史》中，我概述过这些资料；然而，在眼前的这部作品中，我将给出详尽叙述（Previously I summarized this material in my Chronicle, but in the present work I deal with it in the fullest detail)。

19 再如：

当奥利金在凯撒利亚孜孜不倦于他的日常工作时，许多人都来向他求教，其中不仅有本地人，还有为数众多的、离乡背井的外国学生（Now while Origen was plying his accustomed tasks at Caesarea, many came to him, not only of the natives, but also numbers of foreign pupils who had left their own countries）(6.30)。

当奥利金在凯撒利亚讲学时，许多本地学生和外国学生都在他门下求学（While Origen was teaching at Caesarea, many students, both local and from many foreign countries, studied under him）。

又如：

我们的任务并不是记录那些出于对神圣者的虔敬而四处斗争之人的种种斗争，并且一一记述这些斗争的各样细节；不过，这应该是那些亲历过这些事件之人的特殊任务（It is not our part to commit to writing the conflicts of those who fought throughout the world on behalf of piety toward the Deity, and to record in detail each of their happenings; but that would be the especial task of those who witnessed the events）(8.13)。

在全世界范围内，有很多人出于对神圣者的尊崇而进行斗争,详细记录这些人所遭遇的折磨,不是我的,而是目击者的职责(To record in detail the ordeals of those who fought throughout the world for reverence toward the Deity would be a task for eyewitnesses rather than for me)。

其次,我之所以重新翻译,还有一个小小的原因,那就是试图修订以往译本在不经意间犯下的一些错误。例如,优西比乌曾经提到本丢·彼拉多于公元37年返回罗马后的遭遇。最近的一个译本说"据载",彼拉多自杀身亡;但是,优西比乌原文的语气却没有这么确定:*katexei logos*,即"一般认为"或"根据传统说法"。(有更早的证据表明,彼拉多并未自杀。)

最后,就我所知,配上图片说明优西比乌所描述过的地方,借用地图和图表来佐助对文本的解释,这些做法都是以往版本未曾使用过的。有时候,要想完全理解优西比乌的意思,这些辅助手段显得相当重要。

也许,我在这里可以向读者进言一句。优西比乌热衷于追溯早期基督教四大教区(耶路撒冷、安提阿、亚历山大和罗马)的主教更替情况,因而时常在行文中罗列出这四大教区主教的名字和所处时代。我建议读者对这些内容只是稍加浏览或略过不读,因为我已在附录2中更为清晰明了地列出了这些内容。

此外,还有几个技术性的地方必须提一下。关于希腊文名字的英文拼写,本译本采用通行的对应方式[比如,写作"Peter"(彼得)而非"Peteros"(彼得罗斯)]。关于文献标题的处理,本译本也采用同样的方式,比如,查士丁(Justin)的《辩护篇》写作 *Defense* 而非 *Apologia*,克莱门的《基本原理》写作 *Outlines* 而非 *Hypotyposes*。本书的每一卷（章）都显得过于冗长，这是优西比乌本人所划分的章节。但是，每一卷的标题、副标题和各章节的小标题都是我拟定的。有些编号的设定尽管看似疯子所为，但各段落的编号［实际上］均来自早期的抄本。另外，希腊文抄本中的卷首索引也十分冗长，而且完全没有必要，本译本因此没有加以采用。不过，许多章节的标题都直接反映了这些卷首索引的影响。

在书页的空白处，我添加了一些重要的日期或年份，因为公元前／公元后的时间标记法（the B. C. /A. D. system）在优西比乌时代尚未得到应用。省略号（……）并不意味着省略，而是意味着：比如，当优西比乌在同一段话中两次引用约瑟夫时，他在两段引文之间不必要地加入了"约瑟夫继续说"的字样。方括号表示的则是我对优西比乌文本的补充说明，以便读者更好地理解他的意思。

每一卷末尾都附有简短的评注，以便阐明该卷内容。为了呈现当时的政治框架，评注的最后一部分简要地概述了当时的罗马帝国史。

抛开别人消化过的二手著作，直接阅读优西比乌的原著，这是极有价值的。纵使无数历史学家已在这本书里钻研了将近一千七百年，对于普通读者而言，参与这样的钻研仍不失为一种令人耳目一新的体验；而对于专家学者而言，参与这一钻研则不啻为一种探寻新的珍贵矿藏的挑战。不管对于异教徒还是基督徒而言，优西比乌都堪称3世纪末4世纪初著述最丰的杰出作家，《教会史》乃是他最重要的一部作品，更是有史以来的第一部教会史著作。接下来呈现在你面前的就是这样一部作品！

保罗·L·梅尔（Paul L. Maier）
西密歇根大学

第一卷　耶稣其人其事

从奥古斯都到提庇留

全书各卷的内容

1. 我写作本书的意图在于记述：

圣使徒统绪的传承以及从我们救主所处的时代直到我们自己所处的时代的事情；

教会历史上发生的重要事件；

几处最著名基督徒群体的杰出领袖；

历世历代藉着口传或书写宣扬上帝之道的人；

如下一些人的名字、数目和所处时代：这些人喜欢标新立异，不仅已走入错误极端，而且自称是知识的源头（这是误称）①，他

---

① 诺斯替主义者（Gnostics），他们就是异端的最初代表。——英译注
　　"falsely so-called knowledge"一语典出《提摩太前书》6：20—21："提摩太啊，你要保守所托付你的，躲避世俗的虚谈和那敌真道、似是而非的学问，已经有人自称有这学问，就偏离了真道。"爱任纽（Irenaeus of Lyons，或译伊里奈乌，生卒年不详）的《驳异端》（Against Heresies）借用过这个说法。（若英译注和中译注同时出现，则分别注明，若单独出现，则只注明中译注，下同。）——中译注

们如同恶狼般残忍掳掠基督的羊群①；

整个犹太民族在密谋杀害我们救主后的命运；

异教徒对圣道（divine Word，或译"圣言"）的攻击行径和努力捍卫圣道之人的英勇事迹，其中有些人为之饱受折磨甚至付出生命；

我们自己所处时代的殉道事迹及满有恩典的拯救，这拯救来自我们的救主、主耶稣基督（our Savior and Lord, Jesus the Christ of God），他正是我开始记述的出发点。

对我来说，承担这样的记述任务，不啻为一种冒险；在前无古人的冒险旅程上，只有孑然一身的我。所以，我在此特地恳请读者原谅我的缺乏与不足。我祈求上帝引领我，主的力量扶持我。在旅途中，我找不到前人的清晰脚印，最多只能偶尔看到他们留下的蛛丝马迹，即他们关于自身所处时代的各样记载。这些前人如同在远方的高塔上向我扬声高呼，告诉我当走的路，叫我不至于犯错。我从古代作家留下的零星回忆中选取一些合适的资料，这就好像是我从前人的文献园地中采集一些花朵一般。我将把这些资料融入到一种历史性的叙述当中，并且乐于看到：至少有一些人可以避免被遗忘，这些人就是救主的众使徒在各大著名教会的杰出传承者。我深信，既然没有其他任何一位基督徒作家对这样的记述产生过兴趣，那么这项工作就显得特别必要。与此同时，我也希望，对于那些认识到历史之价值的人来说，这样的记述会有一些价值。在以前的《编年

---

① 参见《使徒行传》20：29："我知道我去之后，必有凶暴的豺狼进入你们中间，不爱惜羊群。"——中译注

史》中，我概述过这些资料；然而，在眼前的这部作品中，我将给出详尽叙述。

首先，我将会处理一个崇高无比、超乎人类理解范围之外的概念，即［上帝］的安排和基督的神性。无论是谁，如果他想写一部教会史的话，他就必须从基督开始写起。正是因为基督的缘故，我们得到了［基督徒］这个名称；这是上帝的安排（a dispensation，或译"天意"），它远比绝大多数人认识到的更为神圣。

基督的本性

［与一般的教会史著作不同，本卷第二节至第四节接下来要处理的主题是先存的基督（the preexistent Christ）。从第五节开始，优西比乌才开始叙述通常所谓的教会史。］

2. 基督有两重特性：一方面，好比我们身上的头，他是上帝；另一方面，好比我们身体中的脚，他为了拯救我们，披戴上人性，成为与我们有一样性情的人。在讲述基督的故事之前，我首先交代几点最为重要且最为基本的内容，以证明基督教的古老和神圣。其实，基督教并不是一些人所以为的产生没多久的外来新兴宗教。

诚如圣灵在先知书中所说的："谁该宣扬他的起源？"（以赛亚书 53：8），① 没有任何一种语言足以描绘基督的起源、本质和特性。因为除了圣子之外，没有人知道圣父，除了生出圣子的圣父之外，没有人

---

① 中文和合本中此节经文与此不同，"因他受欺压和审判，他被夺去，至于他同世的人，谁想他受鞭打、从活人之地被剪除，是因我百姓的罪过呢？"优西比乌所使用的圣经译本可能是七十士希腊文译本（LXX）的缘故。——中译注

能够完全认识圣子。①圣子是未有世界以先就已存在的光,是超越时间的智慧,是太初就与圣父同在的永生之道和上帝,除了圣父之外,有谁能够认识他呢?②圣子在一切可见的、不可见的受造者之先,是上帝首生的和唯一的后裔,③是属灵天军的元帅④,是大有智慧的使者⑤,是圣父奇妙计划的执行者,是与圣父一起创造万有的创造者,是仅次于圣父的宇宙之第二因,是上帝真正的独生子,是一切受造之物的主、上帝和君王,他的权柄(lordship)、能力、尊荣和神性都来自圣父。⑥在圣经中,神性被神秘地归于基督:

> 太初有道,道与上帝同在,道就是上帝……万物是藉着他造的;凡被造的,没有一样不是藉着他造的。(约翰福音1:1,3)

实际上,这也是伟大先知摩西的教导。藉着圣灵的默示,这位最早的先知如下描述宇宙的起源及其秩序的产生:创造主把一切次等事物的创造都单单交给基督,而且还与基督讨论人的创造:"上帝说,

---

① 参见《马太福音》11:27,"除了父,没有人知道子;除了子和子所愿意指示的,没有人知道父。"——中译注
② 参见《约翰一书》1:2,"原与父同在,且显现与我们那永远的生命";1:5,"神就是光,在他毫无黑暗";《箴言》8:23,"从亘古,从太初,未有世界以前,我[智慧]已被立。"——中译注
③ 参见《歌罗西书》1:15—16,"爱子是那不能看见之神的像,是首生的,在一切被造的以先。因为万有都是靠他造的,无论是天上的、地上的、能看见的、不能看见的,或是有位的、主治的、执政的、掌权的,一切都是藉着他造的,又是为他造的。"这一段堪称新约关于基督论最为重要的经文之一。——中译注
④ 或译"天上众天使的元帅"。参见《约书亚记》5:14。——中译注
⑤ 参见《以赛亚书》9:6。和合本的译文为:"因有一婴孩为我们而生,有一子赐给我们,政权必担在他的肩头上,他名称为奇妙、策士、全能的神、永在的父、和平的君。"根据七十士希腊文译本,Breton 英译文如下:"For a child is born to us, and a son is given to us, whose government is upon his shoulder; and his name is called the Messenger of great counsel; for I will bring peace upon the princes, and health to him."(http://www.logon.org/english/s/p224.html)。——中译注
⑥ 参见《启示录》5:12—13,许多天使"大声说:'曾被杀的羔羊是配得权柄、丰富、智慧、能力、尊贵、荣耀、颂赞的!'我又听见在天上、地上、地底下、沧海里和天地间一切所有被造之物都说:'但愿颂赞、尊贵、荣耀、权势都归给坐宝座的和羔羊,直到永永远远!'"——中译注

'我们要照着我们的形像,按着我们的样式造人'。"(创世记1:26)

另一位先知也满有确信地把神性归于基督:"他说有,就有;命立,就立。"(诗篇33:9,另参见诗篇148:5)按照这位先知的看法,圣父创造主是至高的君王,藉着尊贵的点头发号施令,次一位的圣道则是圣父命令的执行者。①

自被造以来,凡满有公义的有德之人——摩西、摩西之前的亚伯拉罕及其后裔、摩西之后的众义人和众先知——都藉着心灵的眼睛认出他,并且把当有的敬拜献给这位教导所有人类认识圣父的上帝之子。据载,耶和华上帝(the Lord God)曾取了一位普通人的形象,向坐在幔利橡树底下的亚伯拉罕显现。然而,亚伯拉罕还是把他当作上帝来敬拜,说:"主啊,审判全地的主啊,你岂不行公义吗?"(创世记18:25)既然理性绝不会允许全能者的永恒本质化身成人的样子,即使是幻觉中的化身也不允许,圣经也不可能杜撰这个故事,如果称他为宇宙第一因并不恰当,那么,在这故事中所描写化身成人的,除了先存的道之外还有谁呢,关于这先存的道,《诗篇》有言:

他发命医治他们,救他们脱离死亡。(诗篇107:20)

摩西清楚地写道,他是与圣父一致的第二位的主(a second Lord after the Father):"当时,耶和华将硫磺与火,从天上耶和华那里,降与所多玛和蛾摩拉。"(创世记19:24)当他化身成人向雅各显现时,圣经又一次称他为上帝,他对雅各说,"你的名不要再叫雅各,要叫以

---

① 就此还不能指摘优西比乌就是所谓的次位论者(Subordinationism,或译"圣子从属圣灵论")。——中译注

色列，因为你与上帝……较力……得了胜"。此外，雅各还给那［较力的］地方起名为"神之面"(the Vision of God)，意即，"我面对面见了上帝，我的性命仍得保全"。(创世记32：28—29)

倘若有人以为在上述神显记载中显现的不是上帝，而是次级的天使或上帝的侍从，这样的说法显然是错误的，因为在谈到天使或侍从向人的显现时，圣经在无数章节中都已再清楚不过地指出，他们是天使，不是上帝或主。

尽管只看到以人形显现的他，摩西的继任者约书亚还是把他称为耶和华军队的元帅，也就是说，他被当作众天使、众天使长和天上诸军的首领，他是圣父的能力与智慧，在对宇宙万物的统治中居于次位。相关记载如下：

> 约书亚靠近耶利哥的时候，举目观看，不料，有一个人手里有拔出来的刀，对面站立。约书亚到他那里，问他说："你是帮助我们呢？是帮助我们的敌人呢？"他回答说："不是的，我来是要作耶和华军队的元帅。"约书亚就俯伏在地下拜，说："我主有什么话吩咐仆人？"耶和华军队的元帅对约书亚说："把你脚上的鞋脱下来，因为你所站的地方是圣的。"(约书亚记5：13—15)

以下的记述同样表明，与摩西说话的那位也是他：

> 耶和华上帝见他过去要看，就从荆棘里呼叫说："摩西！摩西！"他说："我在这里！"上帝说："不要近前来，当把你脚上的鞋脱下来，因为你所站之地是圣地。"又说："我是你父亲的上帝，是亚伯拉罕的上帝，以撒的上帝，雅各的上帝。"(出埃及记3：4—6)

还有许多其他证据表明，被称为上帝之道和智慧的存在者确实存在，他存在于世界被创造之前，曾协助全宇宙的上帝创造一切事物。藉着所罗门的口，智慧清楚地揭示出她自己的秘密：

我智慧以灵明（counsel）为居所，又寻得知识和谋略。帝王藉我坐国位，君王藉我定公平。王子和首领，世上一切的审判官，都是藉我掌权……在耶和华造化的起头，在太初创造万物之先，就有了我。从亘古，从太初，未有世界以前，我已被立。没有深渊，没有大水的泉源，我已生出。大山未曾奠定，小山未有之先，我已生出。耶和华还没有创造大地和田野，并世上的土质，我已生出。他立高天，我在那里；他在渊面的周围划出圆圈，上使穹苍坚硬，下使渊源稳固，为沧海定出界限，使水不越过他的命令，立定大地的根基。那时，我在他那里为工师，日日为他所喜爱，常常在他面前踊跃。①

以上，我简要地证明了圣道是先存的，他曾向一些人——如果不是所有人——显现过。

那么，在很久以前，基督为什么没有像现在这样遍传万民万国呢？我的解释如下。以前的人不能全然领会基督教导所具有的智慧和价值。起初，在原先的蒙福境况中，初人（the first man）②轻忽上帝的命令，堕入必死境况，原先享有的天堂喜乐变成了地上的咒诅。③他的后代虽满布世界，但仅仅只有一两位义人，大多数人比他这位祖先更为

---

① 参见《箴言》8：12—31，略有删节。
② 或译"首先的人"，即亚当。——中译注
③ 参见《创世记》3：17。——中译注

败坏；他们选择一种并不值得过的野蛮生活，全然不曾知晓城市、国家、艺术、知识、法律、美德和哲学这样的名词，生活得如同沙漠中未开化的游民一样，藉着过度的邪恶不断地摧毁理性与文化。他们全然败坏，互相腐蚀、互相谋杀、互相吞食，甚至在地上搭建堡垒，狂妄地准备与至高统治者上帝开战，像英武有名的伟人那样作战。①

为了遏制他们灵魂中的顽疾，上帝降下洪水、烈火、饥荒、瘟疫、战争和霹雳，一次比一次更为严厉。然后，当人类罪恶快要满盈的时候，上帝首生首造的智慧，也就是那先存的道，藉着他伟大的良善，或以天使的异象，或以他作为上帝拯救大能亲自向古时少数几位敬畏上帝的人显现，当然，他始终是以人形显现，因为他们只能通过这种方式接待他。

这少数几位在众人之中播撒真敬虔的种子；于是，整个民族从希伯来人中产生，并且继续操练这种真敬虔。他透过先知摩西，向这些操练真敬虔的人启示神秘安息日与割礼的各种标记与象征，并且还教导他们其他一些属灵原则；不过，由于他们依然受到旧有习俗的束缚，他并未向他们启示所有的奥秘。他们的律法日渐驰名，如同香气一样散布全地；各地的异教立法者和哲学家都藉着这律法来教化自己的百姓。由此，大多数异教徒从野蛮暴虐变得温柔和善，深层的和平、友谊和顺畅的社交开始风行于世。

最终，当全世界所有人都已预备好接受对圣父的认识时，同一位圣道在罗马帝国初建之际化身成人，他在人性上与我们并无二致，而且，他所行之事和所受之难与先知书的相关预言前后呼应。先知书曾

---

① 优西比乌在这里综合了《创世记》中的两段记述：巨人（nephilim，和合本圣经译作"伟人"。——中译注）的故事（《创世记》6：4）和巴别塔（the Tower of Babel）的故事（《创世记》11：1—9）。——英译注

预言，一位同时是上帝的人将会施行奇妙的事，教导万国当如何敬拜圣父。先知书还预言过他的诞生奇迹、他的崭新教导、他的奇妙作为、他的受死方式、他的死里复活，以及他藉着上帝大能的升天。关于他的最终执掌王权，先知但以理曾得着圣灵的默示，以人的语言进行过如下描述：

> 我观看，见有宝座设立，上头坐着亘古常在者，他的衣服洁白如雪，头发如纯净的羊毛，宝座乃火焰……侍奉他的有千千，在他面前侍立的有万万。他坐着要行审判，案卷都展开了……我观看，见有一位像人子的，驾着天云而来，被领到亘古常在者面前，得了权柄、荣耀、国度，使各方、各国、各族的人都侍奉他。他的权柄是永远的，不能废去，他的国必不败坏。（但以理书7：9—10，13—14）

这些话说的显然只能是我们的救主，他是太初即与上帝同在的上帝—道（God-Word），由于最终的道成肉身，他又被称为"人子"（Son of Man）。我已在一些特别的注释中收集了关于我们救主耶稣基督的预言，在这里就不多谈了。

更早为人所知的耶稣与基督这两个名字

3. 早在古时，"耶稣"和"基督"这两个名字就已得到爱上帝的众先知的尊崇。耶和华晓谕摩西："要谨慎作这些物件，都要照着在山上指示你的样式。"（出埃及记25：40）①摩西就使用预表和象征来表达

---

① 《希伯来书》8：5 引用过此句话。——中译注

天上之物，他以此首次宣告，基督之名是何等的尊荣。他把上帝的大祭司当作具有至高能力的人，并且称之为"基督"。① 在这里，他把"基督"这个职分当成一种满有尊荣的标志，显然是因为他领会了"基督"的神性。

还是这位摩西，在圣灵的默示下，他相当清楚地预先看到"耶稣"这个称号。这个称号以前未曾为人所知，摩西却把它当作预表或象征，单单赐予了在他死后的继任者。② 其继任者原被父母取名为何西阿（Hoshea）（民数记 13：16），但是，摩西却给他取名为"耶稣"，由此，嫩的儿子约书亚（Joshua）承载了我们救主的形象，他将在摩西之后执掌权柄，统领这又真又纯的宗教。就这样，摩西把我们救主耶稣基督的名字当作一种至高荣誉，赐予当时两位功勋卓著和美德超群的人，即大祭司和他的继任者。

后来，众先知也指名道姓地提到过基督，他们还预言，犹太人将密谋杀害基督，外邦人将藉着基督蒙召。比如，耶利米说：

> 耶和华的受膏者好比我们鼻中的气，在他们的坑中被捉住，我们曾论到他说："我们必在他荫下，在列国中存活。"（耶利米哀歌 4：20）

大卫大惑不解地问道：

---

① 《利未记》4：5，16 和 6：22 说的是"受膏的"（anointed）大祭司。"基督"和"受膏的"（有时译作"受膏者"）虽然在英文［和汉语］中是两个词，但在希腊文中是一个词，其对应的希伯来文词就是"弥赛亚"（*messiach* or Messiah）。

② 参见《民数记》27：12—23，文中作"约书亚"（Joshua），"约书亚"（Joshua）是"耶稣"（Jesus）的希腊文转写形式（transliteration）。

> 外邦为什么争闹？万民为什么谋算虚妄的事？世上的君王一齐起来，臣宰一同商议，要抵挡耶和华并他的受膏者。（诗篇2：1—2）

接着，大卫以基督自己的口气说道：

> 耶和华曾对我说："你是我的儿子，我今日生你。你求我，我就将列国赐你为基业，将地极赐你为田产。"（诗篇2：7—8）

因此，希伯来人不仅把象征性地藉着涂油得以膏立的大祭司称为"基督"，而且也把"基督"这个名称用于称呼君王。先知听从上帝的命令膏立君王，把他们当作基督的象征，因为他们有君尊、有权柄，如同那掌管万有的独一真基督、圣道一样。类似地，有些先知自己就是藉着膏立君王而成为基督的预表。因此，大祭司、君王和先知这三者都指向真基督，即圣道，也就是说，他是宇宙的独一大祭司、一切受造物的独一君王、圣父的独一至高先知。

我之所以这么说，证据在于：凡是被象征性膏立的古人，不管是祭司、君王还是先知，都没有获得我们救主主耶稣——也就是独一真基督——彰显出来的那种神圣能力。他们虽然在自己的人民当中受到世世代代的尊崇，但是他们的追随者都没有因为他们象征性的称号"基督/受膏者"而被称为"基督徒"（Christians）。他们的追随者并不崇拜他们，而且也没有尊敬他们到这样一个地步，愿意在他们死后为他们而死。他们仅仅具有象征性的能力，不可能像我们的救主一样在世上各国引起震撼，产生翻天覆地的影响。我们的救主不从任何人那里领受大祭司职分的象征，他的肉身也不从祭司的族类而出。他成为君王并非来自军队的帮助,他成为先知也与古时的先知不尽相同。他在犹太人那里并未得到过任何尊崇。尽管如此,由于圣父的赐予,他实质性地而非象征性地获得了这一切。虽然他当时并没有得到祭司、君王和先知所享有的一切荣誉,但是他却超乎他们之上,被称为基督,因为他自己就是上帝独一的真基督;正是由于他的缘故,基督徒遍布全世界。他为自己的追随者所提供的不再是样式或影子,而是全备的启示真理;他被膏立时所领受的并不是物质性的油,而是上帝的圣灵,并且与圣灵一同分享圣父非受生的神性。

以赛亚教导过这一点,他呼喊的时候,仿佛是基督在说:

> 主耶和华的灵在我身上,因为耶和华用膏膏我,叫我传福音给贫穷的人,差遣我报告:被掳的得释放,瞎眼的得看见,叫那受压制的得自由。(以赛亚书61:1—2)①

与以赛亚一样,大卫以下的话也是在说基督:

> 上帝啊,你的宝座是永永远远的,
> 你的国权是正直的。
> 你喜爱公义,恨恶罪恶,
> 所以上帝,就是你的上帝,用喜乐油膏你,
> 胜过膏你的同伴。(诗篇45:6—7)②

---

① 原文为,"The Spirit of the Lord is upon me, for he has anointed me to bring good news to the poor. He has sent me to proclaim liberty to the captives and recovery of sight to the blind",与《以赛亚书》61:1—2不太一致,大概还是由于译自七十士译本的缘故。中译文引自《路加福音》4:18。——中译注

② 另见于《希伯来书》1:8—9。——中译注

在第一节中,他被称为上帝;在第二节中,王权被归于他;在第三处,他被当作受膏者,他被膏立时领受的不是物质性的油,而是神圣的油,并且远远胜过以前那些单单领受物质之油的受膏者。同一位大卫在其他地方解释过他的身份(status):

耶和华对我主说:"你坐在我的右边,等我使你仇敌作你的脚凳……在晨星未曾出现之前,我已生你。"耶和华起了誓,决不后悔,说:"你是照着麦基洗德的等次永远为祭司"。(诗篇110:1—4)①

根据圣经记载,麦基洗德是至高上帝的祭司,他从来没有被用油膏过,也不属于希伯来人的祭司系统。这就说明,为什么我们的救主在上述誓言中单单按照麦基洗德的等次,而不是按照其他那些领受象征和样式的祭司的等次被称为基督和祭司。圣经记载还表明,他并未被犹太人用油膏过,也不是祭司支派的一员;但是,在晨星出现前,也就是说,在世界被造以先,他已被上帝生出,并且持有永恒的祭司职分。②

如下事实证明了他受膏的神圣性:在所有先人之中,单单只有他被举世公认为基督,不管是希腊人还是非希腊人都把他称为基督;直到如今,全世界崇拜他的人都依然把他当作君王来尊崇,对他的敬畏胜过对任何一位先知的敬畏,并且把他当作上帝真实的独一大祭司来荣耀,尤其是把他当作上帝的先存之道来崇拜,相信他在亘古就

---

① 散见于《希伯来书》第五章至第七章多处。——中译注
② 关于旧约中的相关记载,请参见《创世记》14:17—20。新约《希伯来书》对耶稣和麦基洗德的关系有着详尽解释,尤其是第五章至第七章。不过,优西比乌与《希伯来书》的观点略有差异。——中译注

已存在,他就是上帝。我们这些献身上帝的人,不仅用言语辞章、更用我们的全心全意来荣耀他,所以我们视为他作见证重于自己的生命。

古老悠久的真信仰

4. 本节的介绍铺垫颇为必要,为的是避免如下误解:有些人以为,我们道成肉身的救主耶稣基督只是新近出现的,他宣扬的只是一种新颖奇特的教导,这种教导只是近来某个普通人编造的学说而已。无可否认的是,随着他最近的到来,一个新的群体①在预定的时候出现,这个群体由于上帝的永恒帮助,并非微不足道、羸弱不堪、偏于一隅,而是人数众多、虔敬无比、不可征服,并且因为基督之名得着荣耀。有一位先知曾透过圣灵的眼睛看到这一切,他不禁由衷地惊叹道:

> 国岂能一日而生?民岂能一时而产?……这样的事谁曾听见,谁曾看见呢?(以赛亚书66:8)

同一位先知还暗示说,这个群体将来会有一个名字,"侍奉我的必得新名,这名必在地上蒙福"。(以赛亚书65:15—16)

诚然,我们基督徒群体是一个新的群体,而且"基督徒"这个名字也才刚刚为列国所知;但是,我们的生活、行为和敬虔原则却不是我们的新发明,而是源自古人某些自然而然的观念。这些古人堪称上帝的朋友,下面我们就将证明这一点。希伯来人并非一个新的群体,

---

① 或译"国度"、"子民"等。——中译注

他们广为人知,而且由于悠久的历史而备受尊重。在他们的口传记录和书写记录中,这样的古人虽然数量稀少,却个个兼具诸般超凡美德(比如,虔敬、公义,等等)。他们有的生活在大洪水前,有的生活在大洪水后,比如挪亚及其后裔;其中,亚伯拉罕特别值得一提,他被希伯来人自豪地当作始祖。所有这些古人都因为持守公义而备受赞誉,从亚伯拉罕一直追溯到亚当,莫不如是;在实际上(倘若不是在名义上的话),这些人也都可以被说成是基督徒,这种说法并不违背真理。因为基督徒这个名字意味着,藉着对基督的认识和基督的教导,基督徒表现出极强的自制和公义、纪律和美德,承认独一的上帝高于一切。在所有这些方面,上述古人所显示出的热情都不比我们少。

摩西为他们的继承者颁布过作为象征的条例,比如,奉行肉体上的割礼、持守安息日、禁绝某些食物;①对于这些条例,古人没有什么兴趣。我们如今的基督徒也是如此。但是,他们显然认识上帝的基督,因为基督曾向亚伯拉罕显现、教导以撒、向以色列[雅各]说话、与摩西和后来的众先知交谈,这些我已在前面证明过。因此,你们不难发现,这些爱上帝的人甚至得着过基督的名,相关文字如下:"不可难为我受膏的人,也不可恶待我的先知。"(诗篇105:15)综上所述,基督最近对万国所宣讲的教导正是所有宗教中最先最古的,这教导也正是亚伯拉罕和其后的爱上帝之人所发现的教导。倘若有人以为,亚伯拉罕后来接受了行割礼的命令,那我的回答是:他因为他的信仰已被称义,这诚如《圣经》所说:"亚伯拉罕信上帝,这就算为他

---

① 参见《出埃及记》20:22—23。——中译注

的义。"（创世记15：6）① 在颁布割礼之前，上帝，也就是基督自己、上帝的道，曾向亚伯拉罕显现，并且为将来那些与亚伯拉罕一样会被称为义的人赐下神谕："地上的万族都要因你得福。"（创世记12：3）"亚伯拉罕必要成为强大的国，地上的万国都必因他得福"（创世记18：18）。

如今，这神谕显然已在我们身上得着应验。正是藉着对上帝之道，即对向其显现的基督的信仰，亚伯拉罕被称为义。他放弃祖先的迷信，转而认信独一的至高上帝，并且通过适当的行为而非后人摩西颁布的律法来服侍上帝。当时，正是当时那样的亚伯拉罕得着神谕，万国都要因他得福。如今，全世界只有基督徒以亚伯拉罕的方式奉行自己的信仰，不仅有言语，更有行动。相应地，基督的追随者与古时爱上帝之人一样，享有同样的生命和宗教。因此，基督的教导并不新颖奇特，相反，它确实是古老、独一和真实的。

耶稣的诞生与犹太王朝的终结

5. 上面，我对《教会史》作了一番必要介绍，下面我们将开始讨论我们救主在肉身中的显现。首先，我们祈求圣道之父上帝和耶稣基督自己来帮助我们记录历史的真实。奥古斯都（Augustus）② 在位的第42年，即埃及托勒密王朝被征服后，安东尼（Antony）和克娄巴特拉（Cleopatra）③ 离开人世的第28年④，按照先知预言，我们的救

---

① 另见于《罗马书》4：3。——中译注
② 屋大维（Gaius Octavius）的头衔之一。参见《路加福音》2：1。——中译注
③ 公元前69—公元30年，常被称为"埃及艳后"。——中译注
④ 按照优西比乌的说法，奥古斯都统治始于朱利乌斯·凯撒（Julius Caesar）的去世那年，即公元前44年，安东尼和克娄巴特拉死于公元前30年，那么耶稣的出生年份就是公元前2年。但是，此说法显然有误，因为耶稣最晚生于公元前4年，极有可能生于公元前5年。

主、主耶稣基督诞生于犹太地的伯利恒。①当时，居里扭（Quirinius）任叙利亚总督，罗马帝国正在进行第一次人口普查。②这次人口普查，最著名的犹太历史学家约瑟夫也提到过；此外，他还曾提及，当时在加利利兴起了一个宗教派别。关于这个宗教派别，我们的路加在《使徒行传》中谈到过：

> 此后，报名上册的时候，又有加利利的犹大起来，引诱些百姓跟从他；他也灭亡，附从他的人也都四散了。（使徒行传5：37）

刚刚提到的那位历史学家约瑟夫在《犹太古史》（*Antiquities*）第十八卷中证实了路加的上述说法：

奥古斯都像，公元前27—公元14年在位，出土自一位教士的坟墓（国家博物馆，罗马）。

---

① 参见《弥迦书》5：2，"伯利恒以法他啊，你在犹大诸城中为小，将来必有一位从你那里出来，在以色列中为我作掌权的；他的根源丛亘古、从太初就有。"另见于《马太福音》2：5—6。——中译注
② 和合本译作"报名上册"，参见《路加福音》2：2。——中译注

元老院成员居里扭在历任多职之后，成为执政官，地位显赫。在被凯撒任命为叙利亚总督后，①他带领少量随员前往当地进行统治，并且开始估算当地民众的财产……来自加马拉城（Gamala）的高罗尼特人犹大和法利赛人扎多克（Zadok）一同煽动群众发动叛乱，他们宣称，这种行径只会带来完全的奴役，从而呼吁群众起来捍卫自己的自由。②

约瑟夫在《犹太战记》（*Jewish War*）第二卷中也提到了这位犹大：

> 其时，加利利人犹大煽动群众发动叛乱，他宣称，凡一边侍奉上帝，一边却认世人为主并向罗马上税的人，都是胆小怕死的懦夫。③

6. 当时，希律（Herod）④成为犹太人的君王，他是第一位作犹太君王的外邦人。这应验了摩西的预言："犹大的后裔必不缺少君王，必不匮乏从他而出的领袖，直到那预定要来的一位。"（创世记49：10）

---

① 居里扭的正式头衔当为"proconsul"，即"代执政官"。此官衔表明，叙利亚行省直属元老院管辖。依照罗马共和国的传统，此类行省总督一般均由前共和国官员担任，出于对元老院的尊重，这类总督一般称为"代执政官"，表示其具有执政官的权威和地位。元老院下辖十个行省，八个行省总督一般由卸任大法官担任，而最富裕的亚细亚和非洲两个行省总督则通常由卸任执政官治理。由于卸任官员数量往往大于行省数目，此类总督的任期一般均为一年。此即罗马帝国级别最高的一类行省总督。第二级别的行省总督一般是帝国元老，此类行省归属皇帝管辖，一般至少驻扎有一整个军团，其地位因军团多少有所不同，直接的管理者通常为具有军人身份的皇家特使（imperial legat，或译"皇家副将"）。关于第三级别的骑士级行省总督，可参见本书第一卷第九节的相关中译注。——中译注
② 《犹太古史》（*Antiquities*）18.1.4。导致犹大发动叛乱的人口普查发生在公元6年，即耶稣诞生十年之后。这个编年问题长期以来在学者期间聚讼纷纭。
③ 《犹太战记》（*Jewish War*）2.118。
④ 即大希律王。——中译注

摩西同时指出，那一位乃是"外邦人所盼望的"。①从摩西直到奥古斯都统治时期，犹太君王均是犹太人，摩西的预言因而尚未得到应验。然而，在奥古斯都统治期间，罗马人把统治犹太人的权力赐给希律，希律由此成为第一位作犹太君王的外邦人。根据约瑟夫的记载，希律的父亲是以土买人（Idumean），母亲是阿拉伯人；但是，根据另外一位杰出历史学家尤里乌斯·亚非利加努斯（Julius Africanus）的说法，希律的父亲安提帕特（Antipater）是阿什卡隆（Ascalon）的某位希律的儿子，而这位阿什卡隆的希律是阿波罗神庙的祭司。安提帕特在孩童时代被以土买的强盗绑架，由于父亲太穷而无法支付赎金，他被羁留下来，在以土买人的风俗之中被带大，直到后来才得到犹太大祭司希尔克努（Hyrcanus）的帮助。安提帕特的儿子正是与我们救主同时代的希律。

　　按照先知预言，当犹太王权被移交给这位希律的时候，外邦人所盼望的那位即将来临，因为始自摩西的统治者传承制度就此终结。在被掳巴比伦前，犹太人的统治者是始自扫罗和大卫的君王；在君王统治开始前，犹太人的统治者是士师，这些士师是摩西及其后继者约书亚的继承者。从巴比伦归回之后，犹太人的统治权被祭司组成的寡头贵族所控制，直到罗马将军格内乌斯·庞培②攻陷耶路撒冷、闯入圣殿内的至圣所、玷污圣地为止。世袭为君王和大祭司的亚里斯多布（Aristobulus），连同儿女一起，被庞培当作囚犯，押往罗马；之前，亚里斯多布已把大祭司的职位移交给其兄弟希尔克努。自此，犹

---

① 按照网络译本的说法，优西比乌援引的经文出自七十士希腊文译本。和合本的译文如下："圭不离犹大，杖必不离他两脚之间，只等细罗（就是赐平安者）来到，万民都必归顺。"两者的意思大体相近，圭和杖可以说都是权力的象征。犹大（Judah），雅各的第四子，其后裔为以色列十二支派中最强的一支派。——中译注
② Gnaeus Pompeius Magnus，公元前106—前48年，罗马将军及政治家。——中译注

太国就成了罗马的附庸国。在希尔克努被帕提亚人投入监牢时,罗马元老院和奥古斯都皇帝把希律任命为犹太国的君王。正如我以前说过的,希律是第一位成为犹太君王的外邦人。正是在希律当政期间,按照先知预言,基督确实降临过,并且为外邦人带来了盼望已久的拯救和呼召。

当犹太统治者的世袭谱系彻底中断后,大祭司代代相传的继承制度也一下子陷入了混乱。根据约瑟夫的可靠记载,希律在被罗马人封为君王后,就不再根据自古以来的谱系任命大祭司,而是任命一些无名之辈;不管是希律的儿子亚基老(Archelaus),还是之后接掌犹太统治权的罗马人,都延续了希律的做法。同样根据约瑟夫的记载,希律首次夺过大祭司神圣法袍的控制权,把法袍锁起来,并且盖上封印;他的继任者亚基老和之后的罗马人,也都如此行。

此外,如上事实还证明了,又一个关于我们救主耶稣基督之显现的预言得到了应验。《但以理书》特别提到,只有在几个七的时间过后,基督作王的时候才会来临——我已在别处讨论过这个主题①,并且预言,在这几个七过后,犹太人将不再受膏。②后面这一点,在我们救主耶稣基督诞生时,显然已得到应验。在这些颇为必要的导言后,我们将重点讨论基督诞生日期的真实性问题。

两个不同的基督家谱

7. 马太和路加在各自的福音书中记述了两个不同的基督家谱,有

---

① 参见《福音的证据》(Proof of Gospel) 8.2 和《先知书摘要》(Selections from Prophets)。《但以理书》9:24—27 谈及"七十个七年"(seventy weeks of years, 70×7 或 490 年)和其他的"七年"(weeks of years);自从优西比乌和其他一些学者以来,这些数字开始被用于讨论耶稣的诞生和工作。

② 优西比乌在这里大概混淆了基督来临和基督再来的区别。《但以理书》通常被归属于处理末世论问题的启示文学。——中译注

人以为这两个家谱彼此冲突。关于这两个家谱，每一位信徒都会急于给出某种臆测，我以下将重述的乃是亚非利加努斯对此问题的解释。亚非利加努斯这个人，我在前面提到过。在写给亚里斯蒂德（Aristides）的一封信中，亚非利加努斯论述了这两个家谱的和谐一致。他首先驳斥了那些颇为牵强和显然错误的观点，然后作出他自己的解释：

> 以色列人把名字列入家谱有两种方式：或依自然，或照律法。前者是指血统上的真正后裔；后者是指兄长生前无后，其弟所生之子归死者兄长的名下。① 当时的以色列人尚未得到复活的明确盼望，他们用死者的"复活"（a mortal "resurrection"）来描绘未来的应许，死去之人的名字由此得以存留。因此，家谱中存在着这样的情况：有些人的名字列在自己的生身父亲之下，有些人的名字则归在父兄的名下。于是，生身父亲和名义上的父亲都得到了纪念。由此，我们可以看出，福音书中的两个家谱并没有出错，因为它们采用了不同的记名方式。所罗门以降的家谱和拿单以降的家谱之所以彼此交错，乃是因为无子女的寡妇的再婚和无子女的男子死后其弟之子归在他名下。因此，一个人有时会被当作名义上的父亲的孩子，有时则会被看作亲生父亲的孩子。这两种情况尽管错综复杂，但都是正确的，一直延续到约瑟的两种家谱即是如此。
>
> 以下，我试图更为清晰地说明这两个家谱之间的关系。根据《马太福音》1：15—16，在从大卫经所罗门往下的家谱中，倒数第三个人是马但（Matthan），马但之子雅各是约瑟的父亲。若是

---

① 参见《申命记》25：5—6。

按照《路加福音》3：23—27的说法，在从大卫之子拿单开始的家谱中，倒数第三个人则是麦基（Melchi），麦基之子希里（Heli）是约瑟的父亲。①因此，我必须说明，希里和雅各为什么都是约瑟的父亲，而来自不同家族的马但和麦基为什么都是约瑟的祖父。

根据律法的规定，某位妇人若是离婚或丧偶，可以再嫁。马但和麦基娶了同一位女子为妻，他们的子女同母异父。根据传统说法，这位妻子名叫伊斯莎（Estha），她先是嫁给（所罗门的后代）马但为妻，生下雅各。马但死后，伊斯莎再嫁，与新任丈夫麦基生下希里，麦基是（拿单的后代），与马但同宗不同族。因此，雅各和希里是同母异父的兄弟。希里死后，雅各迎娶其妻，生下约瑟。雅各既然是希里的兄弟，就当为希里"立"后；于是，雅各的亲生儿子约瑟也就归在希里的名下。马太用"生"字来

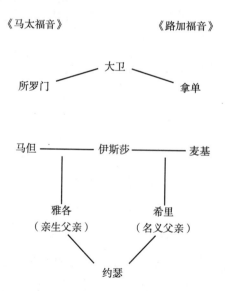

---

① 根据手边的新约经文，亚非利加努斯大概是错过了玛塔和利未两代。另有可能的是，他所参考的路加抄本可能与我们今天所见的本子不甚一致。——中译注

说明血统上的传承，而路加则说，"依人看来——请注意这个补充说明——他是约瑟的儿子，约瑟是希里的儿子，希里是麦基的儿子"。路加再清楚不过地说明了这种律法上的过继关系，而且在把家谱追溯至"上帝之子亚当"时，他并未用过"生"这个字。①

以下这件事情并非无法证实，也非无端猜测。救主的肉身亲人也承传了相关说法，不管是出于吹嘘夸耀，还是仅仅为了提供信息，他们都说出了事实真相。以土买的强盗曾掳掠过巴勒斯坦的阿什卡隆城，他们从当地的阿波罗神庙中绑架了神庙祭司希律的儿子安提帕特。由于父亲无力支付赎金，安提帕特被当作以土买人带大，直到后来才得到犹太大祭司希尔克努的关照，被希尔克努当作代表派至庞培那里。正是在安提帕特的协助下，希尔克努重新得以回到曾被兄弟亚里斯多布占领的王国。因此，安提帕特成为巴勒斯坦的主管人，但不久即遭出卖和暗杀。安提帕特的职位由其子希律继承。后来，希律被安东尼、奥古斯都和元老院一致任命为犹太人的君王。希律的儿子有希律·安提帕（Herod Antipas）②和其他分封之王。以上说法，有希腊历史学家为证。

希伯来人的家谱依然在档案库中保存完好，那些皈依的异教徒的家谱也是如此，比如亚门人亚基昂（Achion）、③摩押人路得（Ruth），④以及那些出埃及时与以色列人混杂在一起的家庭。⑤

---

① 参见《路加福音》3：38。——中译注
② 加利利的统治者（公元前4—公元39年），大希律王的儿子，曾杀害施洗约翰。他虽然也被称作"希律王"（可6：14），但其实只是地方的统治者，已不再是其父亲意义上的国王，故常被称作"分封王希律"（Herod, the ruler of Galilee）。参见《马太福音》14：1—10；《马可福音》6：14—27；《路加福音》3：1、19—20，9：7—9，13：31，23：6—12；《使徒行传》4：27，13：1。——中译注
③ 英译原文写作"Achion"，而索引拼成"Achior"。参见［伪经］《犹滴书》（Judith）5：3—5，14：10。——中译注
④ 参见《路得记》1：4和《马太福音》1：5。——中译注
⑤ 参见《出埃及记》12：38。——中译注

但是，希律由于自身没有以色列血统，而且出身卑微，就试图焚毁一切家谱；他以为，这样一来，他的出身就会变得高贵，而且无人能够根据公开档案弄清楚他的血统。但是，有些人或是藉着回忆，或是藉着档案副本，小心翼翼地保存了自己的家谱记录，并且深感自豪地维系了对自己贵族出身的纪念。比如，被称为"德斯波虚尼"(desposyni)①的一些人，他们都是一些与我们救主有亲戚关系的人，故此得名。他们来自拿撒勒和科恰巴（Cochaba）这两个犹太村庄，在犹太全地四处游历，表明他们的血统和上面提到过的家谱，并且尽可能地引证日常生活中的记录。不管这种说法真实与否，也没有人能够作出更为清晰合理的解释。无论如何，福音书中的记录都是真的。

在信的结尾，亚非利加努斯又加上了这样一段话：

> 所罗门的后代马但生了雅各。马但死后，拿单的后代麦基，与同一位妇人生了希里。因此，希里和雅各同母异父。希里无后而终，雅各把亲生儿子约瑟过继给希里，为他立后。所以，照律法而言，约瑟也是希里的儿子。因此，约瑟既是雅各的儿子，也是希里的儿子。

约瑟的家谱同时也证明了马利亚与约瑟同宗，因为摩西律法规定，不同支派之间的男女不得彼此通婚。其目的在于，只有本地本家的男女互相婚配，家族的产业才不至于从一个支派转移到另一个支派。

---

① 希腊文原意为"属于主的"，耶稣就是主 (Lord or Despot)。在属灵语境中，"despot" 这个希腊词并没有政治性的贬义。

本图左半边的建筑是位于伯利恒的圣诞大教堂（the Church of the Nativity at Bethlehem）。该教堂祭坛下面有个洞穴，该洞穴是基督教世界最古老的教堂，其中有一处标明了传说中的耶稣出生地。

希律和伯利恒的婴儿

8. 在先前已提到过的时候，①按照先知预言，基督生于犹太地的伯利恒。几位来自东方的博士观察到这位君王的星，于是长途跋涉，急切地想要把这位婴儿当作上帝来朝拜。他们询问希律，在何处才能找到初生的犹太君王。他们这样做，让希律颇感不安，他觉得王位危在旦夕，于是召集文士，询问他们基督会在何处出生。希律得知，按照先知弥迦的预言，基督当生在伯利恒。于是，根据博士告知的时间，希律下令，伯利恒及其周边地区的婴孩，凡在两岁以内的（包括两岁），全都要被杀死。他以为，这样一来，耶稣也会被除灭。但事与

---

① 约在公元前 5 年。——英译批注

愿违，他的阴谋最终落空，耶稣父母事先得到天使的警告，把耶稣带到了埃及。此事的经过，在［马太］福音书中也有记载。①

关于此事，还有一点值得一提，那就是希律的最终结局。由于希律对基督和婴孩所犯的罪，上帝的公义在希律还活着时就毫不延迟地临到，并且预示了他在死后将要遭遇的一切。希律的统治堪称享有光荣盛誉，但是，他令人厌恶地虐杀了自己的妻儿和亲朋好友，这使得他的光荣变得黯然失色。再没有比这些虐杀更为黑暗的悲剧了。关于这些，我们不可能在此一一描述。约瑟夫在其历史记述中对此进行过详细描绘。自从希律图谋杀害我们救主和其他无辜者的那一刻起，上帝的惩罚就临到他，直至把他送进死亡。约瑟夫在《犹太古史》中这样讲述过希律的死亡：

> 随着上帝对希律所犯之罪的不断惩罚，希律的病情日益恶化。他的体内如慢火燃烧，表面上虽然很难看出来，但是，凡触摸到他的人都能立即感觉到这一点。他总有吃不饱的感觉，但他的肠子早已溃烂，大肠剧痛不已。他的腿部浮肿，膀胱红肿发炎，下身长满了蛆。他的呼吸急促，而且带着恶臭，他的四肢不住痉挛。明眼人一看就看得出来，这位君王由于作恶多端，遭到了上帝的惩罚。

约瑟夫还在《犹太战记》第二卷中提供了相似的描述：

> 这病在他的全身蔓延，主要症状有：发烧、全身上下奇痒难

---

① 参见《马太福音》2：1—16。——中译注

忍、大肠持续疼痛、腿部浮肿、腹部红肿、下身长满了蛆。此外，他连呼吸都有困难，每当他躺下时，四肢就不禁抽搐。按照占卜家的说法，这是一种惩罚。然而，希律并没有放弃求生的努力，他依然抱着康复的希望，甚至还为此特地制定治疗方法。他越过约旦河，来到卡利尔霍（Callirhoe）的温泉疗养。这温泉的水虽然流向死海，但水质甘甜，而且适于饮用。当地医生把希律全身浸入装满热油的浴盆，想帮他暖暖身子。但是，希律却昏倒在盆内，甚至翻起白眼，如同奄奄待毙一般。由于随从们捶胸顿足，大声惊呼，希律这才苏醒过来。此后，他断绝康复的念头，下令给手下士兵每人赏钱五两银子（fifty drachmas）①，给军官和朋友的赏钱则更多。

　　希律带着极度沮丧回到耶利哥，图谋进行他最后一次的滔天罪行。他召集犹太全地各个村庄的名士，把他们关在竞技场内。之后，他对他的姐妹撒罗米（Salome）及其丈夫亚历山萨斯（Alexas）说，"我很清楚，犹太人会欢庆我的死。但是，倘若你们照我所说的做，我就会由于其他人的缘故得到哀悼，并且拥有隆重的葬礼。你们先派兵困住竞技场内的那些人，我一咽气，就赶快把他们全部杀光，这样犹太全地的每一户人家都将为我而哭泣"……

　　过后，希律饱受双重折磨，他一方面饥饿难挨，另一方面却又咳嗽不断，于是起了尽早了断的念头。他拿起一个苹果，要人送来一把水果刀——他平时都是自己削苹果吃——然后右手执刀

---

① 直译为"德拉克玛"，或译"锥克玛"或"达克利"，希腊币制的基本单位，相当于罗马的一钱银子（即一得拿利），约值一般人一天的工资。参见《路加福音》15：8，《历代志上》29：7，《以斯拉记》2：69 等。或说，这是波斯币制的基本单位，币值同上。——中译注

准备自杀［不过被人阻止了］。①

42　　还是根据约瑟夫的讲述，希律死前曾下令处死自己嫡出的儿子安提帕特，这是他下令杀害的第三个儿子。之后，他在极度痛苦中离开人世。②这就是希律的结局，他杀害伯利恒及其周边的婴孩，最终得到公义的惩罚。希律死后，约瑟当时还在埃及，有位天使在梦中向他显现，告诉他，那要向婴孩索命的人已经死了。福音书作者继续写道，"只因听见亚基老接着他父亲希律作了犹太王，就怕往那里去，又在梦中被主指示，便往加利利境内去了"。（马太福音2：22）

彼拉多与众祭司

9. 根据约瑟夫的记载，按照希律的遗愿和奥古斯都的谕令，亚基老继承王位。十年后，亚基老下台，其兄弟腓力（Philip）和小希律（即安提帕）以及吕撒聂（Lysanias）分别获得一块封地。

约瑟夫在《犹太古史》第十八卷中叙述道，奥古斯都在位三十七年后，提庇留继承王位，从提庇留在位第十二年起，③本丢·彼拉多执掌犹太的行政事务整整十年，直到提庇留快去世时为止。这就清楚地证明，最近出现的《彼拉多行传》（*Acts of Pilate*）④是伪造的，这部赝作宣称，救主死于提庇留任执政官（consulship）的第四年，即提庇留

---

① 按照优西比乌的说明，此处引文出自《犹太战记》（*Jewish War*）的第二卷。但是，根据我们手头的文本，这段引文出自该书第一卷的 656—660 页，662 页。
② 公元前 4 年。——英译批注
③ 公元 26 年。——英译批注
④ 参见本书第九卷第五节。此处提到的伪书《行传》（*Acta*，即 *Memoirs*），在马克西敏·达伊亚（Maximin Daia）迫害时期广为流传。至今尚存的所谓《彼拉多行传》，则是一些关于基督教起源的伪经性文献（apocryphal documents），具有一定的欺骗性。

继承王位的第七年，而当时彼拉多还没有执掌犹太大权。约瑟夫早已清楚指出，在提庇留在位的**第十二年**，彼拉多被任命为犹太总督（procurator）。①

10. 根据［路加］福音书的记载，凯撒·提庇留在位的第十五年，即彼拉多担任总督的第四年，②其余的犹太地方分别由［小］希律、吕撒聂和腓力统治。当时，我们的救主基督耶稣年约三十③，他在约翰那里接受洗礼，此后开始宣讲福音。④

按照圣经记载，在亚那（Annas）⑤和该亚法（Caiaphas）作大祭司时，耶稣的传道生涯结束，也就是说，耶稣的传道生涯开始于亚那作大祭司的时候，一直持续到该亚法作大祭司的时候，前后总共不到四年的时间。按照律法的规定，大祭司一职世袭继承，任期终身；但是，这种制度已被取消，罗马统治者随意任命大祭司，而每任大祭司的任期都不会超过一年。⑥ 在《犹太古史》中，约瑟夫记载了从亚那

---

① 参见《犹太古史》(Antiquities) 18.32 以下。彼拉多在公元 26—36 年担任总督（governor）。约瑟夫和塔西佗均把他的官衔错写成"总督"（procurator）；但是，根据 1961 年在凯撒利亚出土的一块碑刻，彼拉多的官衔应该是"行政长官"（prefect）。——英译注
　　罗马帝国的第三类总督，身份一般为骑士（Equites）。这类总督治理的行省一般较小，较难管理但又不值得驻扎一整个军团。这类总督在帝国初期被称为"Praefect"，后改称"Procurator"。此类行省多为帝国初期的新征服地区，比如色雷斯等。骑士级总督的行省一般都不太重要，但埃及行省是其中的例外。参见本书第一卷第五节的相关中译注。
　　另外，"Procurator"（或译"代理人"、"督察使"）此用语其实包含为皇帝从事财政税务工作的各种骑士等级——从行省的主要长官到他们属下部门的小吏。这些等级的区分主要在于描述其不同的薪水等级。——中译注
② 公元 29 年。——英译批注
③ 参见《路加福音》3：23。——中译注
④ 公元 14 年，提庇留当上皇帝，他在位第十五年即公元 28—29 年。优西比乌在此对《路加福音》3：1 的改写不太正确。希律作加利利分封的王，吕撒聂作亚比利尼（Abilene）分封的王，而腓力的封地则在加利利海的东北部。
⑤ 曾任大祭司，另一位大祭司该亚法的岳父，曾盘问过耶稣。参见《路加福音》3：2，《约翰福音》18：12—27，《使徒行传》4：6。——中译注
⑥ 此说不准确。罗马人虽然经常更换大祭司，但是大祭司的任期并不确定。比如说该亚法，他曾担任大祭司达十七年或十八年之久。

到该亚法之间的四任大祭司：

> 瓦雷里乌斯·格拉图斯（Valerius Gratus）免去亚那的大祭司职位，任命法比（Phabi）之子以实马利（Ishmael）担任大祭司。不久，他就撤换以实马利，改任亚那之子以利亚撒（Eleazar）担任大祭司。一年后，他又罢免了以利亚撒，把大祭司一职交给卡米图斯（Camithus）之子西门（Simon）。西门在任的时间也没有超过一年，就被另一位也称该亚法的约瑟取而代之。①

既然从亚那到该亚法之间的四位大祭司任期都不超过一年，那么我们救主传道的时间也就不会超过整四年。②于是，福音书很自然地就认为该亚法是救主受难那一年的大祭司，而且，基督传道的时间也与这个证据相符。③

在刚开始传道时，我们的救主就呼召了十二位使徒——能够在众门徒中被称作**使徒**是这十二位的特别荣誉④——并且选派另外的七十人，两人为一组，先行前往他打算要去的各城各地。⑤

---

① 《犹太古史》（*Antiquities*）18.33—35。
② 公元33年。——英译注
③ 约瑟夫和福音书的编年确实相互一致，但优西比乌的论证却是错误的。优西比乌把《路加福音》3：2（"在亚那和该亚法作大祭司的时候"）解释为从亚那到该亚法之间，由此为耶稣事工划定了一个不少于四年时间的坐标格。但是，其解释并不成立，亚那早在公元15年就已被格拉图斯免职。亚那是耶路撒冷的幕后实权人物，这位祭司家族的族长创造了一项纪录，他的五位亲生儿子和一位女婿都曾担任大祭司一职。因此，更好的解释应该是："大祭司"的头衔乃是亚那的荣誉头衔。
④ 参见《马太福音》10：5—15，《马可福音》6：7—13，《路加福音》9：1—6。——中译注
⑤ 参见《路加福音》10：1—20。——中译注

一具石灰石的藏尸箱,1990年出土于耶路撒冷老城南部的一处斜坡,箱上刻有约瑟·该亚法(Joseph Caiaphas)之名。此箱雕刻精美,刻有两个圆圈,这两个圆圈刻有如下相同图案:五个螺旋状圆花饰围绕着中间一个圆花饰。箱内存有一具遗骸,这具遗骸的主人极有可能就是那位在本丢·彼拉多面前控告耶稣的犹太大祭司。

施洗约翰与耶稣

11. 此后不久,施洗约翰被小希律[安提帕]斩首。这件事情,神所默示的福音书也有过记载。(马可福音6:14—29)约瑟夫证实了福音书的记载,并且指名道姓地提到希罗底(Herodias)。希罗底本是希律兄弟的妻子,在其夫还活着的时候,希律娶希罗底为妻。由于希罗底的缘故,希律不仅处死约翰,而且休了自己的合法妻子,羞辱她的名声,并且因此与她的父亲——佩特拉国王亚勒塔斯[四世](King Aretas [IV] of Petra)——交战。约瑟夫提到,在这场战争之中,希律的军队全军覆没,这是他杀害约翰的报应。约瑟夫还特别提到,约翰是一位义人,并且为人施洗,这证实了诸福音书关于约翰的记载。此外，根据约瑟夫的说法，还是由于希罗底的缘故，希律被废黜，并且与她一起被放逐到高卢的维埃纳。①这段故事载于《犹太古史》第十八卷，关于约翰的如下记述也出自同一卷书：

> 在一些犹太人看来，希律军队的覆灭来自上帝的公义惩罚，因为他杀害了那位被称为施洗者的约翰。约翰本是一位好人，他规劝犹太人追求各种美善的事，彼此之间要秉行公义，要对上帝充满虔敬，并且还要接受洗礼。因此，约翰似乎认为，人们之所以要接受洗礼，不是因为祈求赦罪的缘故，而是因为追求肉体洁净的缘故，这意味着，凭着公义的行为，灵魂已得到彻底洁净。约翰的言语深深地打动了听众的心，越来越多的人聚集在他的周围；希律因此大为惊慌、深感不安。在他看来，约翰对群众具有极大的影响力，他们肯定乐意做约翰要他们做的任何事情，这很有可能会导致一场叛乱。于是，希律决定先下手为强，防患于未然，省得自己将来后悔不迭。由于希律这样的疑忌，约翰被押往我们先前提到过的马奇卢（Machaerus）城堡，并在那里被处决。②

在讲述这段关于约翰的故事之前，约瑟夫在同一部历史著作中提到了我们的救主：

> 大约与此同时，有一位名叫耶稣的智慧之人（倘若真的可以

---

① 公元39年。——英译批注
② 《犹太古史》，18.116—119。

称他为人的话)。他广行奇事,四处教导真理,有许多人乐于接受他的教导,其中有不少犹太人和希腊人。他是那位弥赛亚。我们的首领控告他,彼拉多判他十架之刑。然而,那些起初爱他的人并没有停止对他的爱,因为他在第三天死而复活,并且向他们显现。神圣者的众先知曾预言过这些事情以及其他无数的关于他的奇迹异事。并且,因他名而得名的基督徒这一族类直到今天都没有灭绝。①

上述证据证明了关于施洗约翰和我们救主的事情,这证据来自一位历史学家,而且他本人就是犹太人。除了斥责那些伪造他们二者**行传**的人无耻至极之外,我们还能做什么呢?

耶稣的众门徒

12. 由于福音书的记载,十二位使徒的名字广为人知;另外七十位门徒的名字则罕有流传。据说,巴拿巴(Barnabas)②是这七十位门徒之中的一位,他的名字在《使徒行传》中多次出现,保罗也在写给加拉太教会的书信中提到过他。(加拉太书 2:1、9、13)所提尼(Sosthenes)也可能是其中的一位,保罗曾与他一起致信哥林多教会。(哥林多前书 1:1)保罗还在《加拉太书》2:11 提到过矶法(Cephas):"后来矶法到了安提阿……我就当面抵挡他";克莱门(Clement)认为,这位矶法

---

① 《犹太古史》,18.63。这段引文极为重要,因为它证明早在优西比乌的时代,约瑟夫这段关于耶稣的著名文字就已被如此解读。然而,令人遗憾的是,这段文字是后人增添的。学界已有充分证据证明,约瑟夫并未皈依基督教,他不可能承认耶稣就是那位从死里复活的弥赛亚。约瑟夫最有可能的原始文本,请参见附录1。

② 《使徒行传》4:36—37,11:19—26,13:1—15、40;《哥林多前书》9:6;《加拉太书》2:1—14;《歌罗西书》4:10。——中译注

与使徒彼得同名,也是七十位门徒之一。(《基本原理》,第五卷)①根据传统说法,接替犹大使徒位分的马提亚和与他同列候选地位的那位[犹士都]都属于七十位门徒之列。(使徒行传1:23)达太(Thaddeus)据说也是其中的一位,关于这位达太,我在下面还会特别地提到。

救主的门徒肯定不止七十位。保罗曾写道,耶稣在复活后曾首先显给矶法看,然后显给十二使徒看,后来同时显给五百多位弟兄看,其中有些人在保罗写信时已经长眠,而绝大多数人还活着。然后,保罗接着说,[复活的耶稣]以后又显给雅各看——这位雅各据说是救主的一位兄弟,再显给"众使徒"看,这数量甚多的众使徒乃是十二使徒的同伴,保罗即是其中的一位。②

达太与以得撒的国王

13. 由于基督施行神迹的大能,各地都在传扬他的神性;无数人带着各样的疾病,从遥远的异邦来到犹太,渴望得着基督的医治。当时,在幼发拉底河那边有一位国王名叫阿布加尔[五世](King Abgar [V]),他广受爱戴,却身染重疾,痛苦不堪。他经常听人提到耶稣及其所行的神迹,于是派出一位信使,请求耶稣帮他摆脱病痛之苦。耶稣当时并没有答应他的请求,但给他回了一封私人书信,应许将派一位门徒医治他的疾病,并要拯救他和他的家人。

这应许很快就得到应验。在耶稣复活和升天后,十二使徒之一的

---

① 《基本原理》(*Hypotyposes*,或作 *Outlines*)是亚历山大的克莱门(约155—约220年)的释经作品。他以为,这位矶法与使徒彼得是不同的两个人,这种提议是没有根据的。他之所以这样做,主要是为了捍卫彼得的权威。彼得和保罗在安提阿发生过争论,这曾让一些教父颇受困扰。

② 参见《哥林多前书》15:3—8。——中译注

多马被圣灵感动,差派七十位门徒之一的达太前往以得撒(Edessa)传播福音。正是这位达太,应验了我们救主对阿布加尔五世的各项应许。关于这件事情,我们有来自档案馆的书面证据,这个档案馆位于当时的皇城以得撒,藏有古代历史和阿布加尔统治时期等方面的资料。我从这些资料中摘录出下述两封叙利亚文书信,并且逐字逐句地译出:

阿布加尔国王写给耶稣的信件副本,
该信件由信使亚拿尼亚①在耶路撒冷递交给耶稣

国王阿布加尔·乌查玛(Abgar Uchama)向在耶路撒冷显现的超绝救主耶稣致意。

久闻你的大名,并且听闻你无需药物或草药即可治病。有人传言,由于你的医治,瞎眼得看见,瘸腿得行走,麻风得康复,邪灵污鬼被驱逐,饱受各种慢性病折磨的得痊愈,死人从死里复活。②听到这一切关于你的事情,我就断定:你要么就是上帝,要么就是上帝的儿子,从天而降来医治众生。正是由于这个缘故,我烦请你来医治我的病痛。我也听说,犹太人一再埋怨你,并且试图对你不利。我的城邦虽犹如弹丸之地,却备受尊重,并且足够我们两人容身。

(他写这封书信时,神圣之光才刚刚临到他。我们也应该读读耶稣通过同一位信使转达的回信。这封回信虽然仅有寥寥几行,但充满

---

① 大马士革的门徒,曾在保罗转变归主之后为保罗按手。参见《使徒行传》9:10—19,22:12—16。——中译注
② 参见《马太福音》11:5 和《路加福音》7:2。——中译注

能力。）①

耶稣给国王阿布加尔的回信，由信使亚拿尼亚转达

你有福了，因为你没有看见我就信了！②因为经上记着说，那看到我的不信我，而那没有看到我的却信我并得着生命。③你来信请我去你那里，但是我必须首先完成被差到这里来的使命，而且，一旦使命达成，那位差我来的将把我接回天上。在被接之后，我将差派一位门徒到你那里去，医治你的病痛，并且为你和你家带来生命。

此外，上述两封书信还附有其他一些叙利亚文字：④

耶稣升天之后，那也称作多马的犹大差派七十位门徒之一的达太前往［阿布加尔那里］。他留宿在托比亚斯的儿子托比亚斯那里，为众人治疗各种疾病。阿布加尔听说此事后，猜测达太可能就是耶稣信里说到的那位门徒，于是下命托比亚斯带达太来见他。回家之后，托比亚斯对达太说，"国王阿布加尔命令我带你去见他，好为他治病。"达太回答道："我去，因为我在能力之中受差派，本是为他的缘故。"

---

① 在一些抄本中，没有圆括号中的这段话。
② 参见《约翰福音》20：29，"耶稣对他［多马］说，'你因看见了我才信，那没有看见就信的有福了'。"——中译注
③ 参见《以赛亚书》6：9，"……你去告诉百姓说：'你们听是要听见，却不明白；看是要看见，却不晓得。'要使这百姓心蒙脂油，耳朵发沉，眼睛昏迷。恐怕眼睛看见，耳朵听见，心里明白，回转过来，便得医治。"耶稣在撒种的比喻中曾引用过这段经文。(《马太福音》12：14—15等)。保罗也在《罗马书》11：7—10、25 中引用过。——中译注
④ 此部分有所删节。［优西比乌的］原文不仅难以置信地冗长，而且显而易见地做作。不过，任何事实性的信息都没有因此被省略。

次日，托比亚斯一早起来，就带着达太去见阿布加尔。当他们到达时，阿布加尔正被王公贵族簇拥着。阿布加尔看到达太脸上的非凡异象，即刻向达太鞠躬致意，并且问道："上帝之子耶稣曾写信给我，'我将派一位门徒来医治你的疾病，并且为你和你家带来生命'，你真的就是那位门徒？"

达太回答道："正是为此，我被差派到你这里来。如果你相信他，那么你的祈求将会按照你信心的多少得蒙回应。"

"我对他的信心坚定不移，若非罗马人的势力太过强大，我本会派出军队，消灭把他钉上十字架的犹太人。"

达太说："我们的主已经成就了他父的旨意，被接到父那里了。"

"我也相信他和他的父。"

"因为这个缘故，我奉他的名为你按手。"

在达太按手后，阿布加尔的疾病即刻得到医治，这正如耶稣的医治一样，无需任何药物。阿布杜斯的儿子阿布杜斯（**Abdus**）俯伏在达太脚前，他的痛风病也同样地得到医治。此外，同城的许多人也都得到医治。这事过后不久，阿布加尔向达太进一步咨询关于耶稣的事情。

达太对他说："请在明天召集全城的人，我要向他们讲述耶稣的来临和他的使命，父差他来的目的，他的行为、能力和教导，他本有神性，却虚己谦卑，他被钉十字架，却从死里复活，他独自下到阴间，却带着多人升天回到父那里去。"

于是，阿布加尔下令，第二天黎明，所有臣民都要来听达太宣讲福音。之后，他命人提来金银，想要赠给达太。达太表示拒绝，并且说道："倘若我们早已舍弃我们个人的财产，那我们又怎能接受别人的财产呢？"

50

上述事情发生于340年。①

图中所示的地中海东部地区，是基督教扩展迅速的地区。本图右上方的以得撒（Edessa），位于美索不达米亚西北部，靠近幼发拉底河上游转弯处。按照优西比乌的说法，在耶稣公开传道期间，该城的统治者阿布加尔曾与耶稣有过书信往来。

---

① 此纪年来自以得撒历法，该历法始于公元前310年。因此，上述纪年相当于公元30年，即耶稣被钉十字架（公元33年）之前的三年或四年，这纪年太早，以至于不足以反映耶稣被钉十字架的精确时间。
② 或译"菲利波波利"，现位于保加利亚南部，名为普罗夫迪夫。——中译注
③ 或译"帕加马"、"贝尔加马"，现位于土耳其的伊兹密尔省。——中译注
④ 或译"科林斯"。——中译注

一座在岩石中凿成的坟墓,位于以色列的米吉多(Megiddo)。这座坟墓带有滚石门,类似于耶稣入葬时的坟墓。

评注　优西比乌论耶稣

53　　在基督教初期的历史当中，有人可能希望找到一些额外的关于耶稣生平的重要材料，以补充圣经的记载。比如，是否存在一些关于耶稣童年和传道生涯的其他传统说法（traditions），而优西比乌本有可能会记录下这些说法。

　　要么是这些传统说法已经失传，要么是优西比乌的关注焦点不在于此，他认为，最为紧要的关于基督的信息应该是：基督的先存性和弥赛亚身份。亨德尔（George Frederick Handel）的清唱剧《弥赛亚》(*Messiah*) 着重的不是新约的应验，而是旧约的预言；同样如此，优西比乌的主要动机是证明这位上帝之子是永恒的和先存的，并不受时间或空间的限制。他当时面临的问题是：基督教遭到一种常见的反对，被当作1世纪时才被发明的新体系。正是由于同样的缘故，许多其他早期的基督教作家也都关注基督的先存性，以及旧约预言在他身上的应验。

　　然而，优西比乌也同样致力于证明耶稣作为人的历史真实性。他并不诉求于盲信，而是精心梳理各种能够收集到的非圣经资源，试图证明这些资源支持了新约福音书的说法。对于他的这种目的，约瑟夫这位犹太史学家的价值和重要性尤其值得一提，事实早已证明了这一点。

在解释为什么两种耶稣家谱彼此不同时，优西比乌曾大段征引亚非利加努斯的话。这是优西比乌进行历史叙述时所采用的基本模式，即把一些最重要的史料逐字逐句地加入到他自己的记录当中。他对这些史料的处理具有相当的可信度，正是由于他这样的工作，许多原件早已佚失的重要资料才得以保存。此外，家谱问题还证明，一些看似现代批评家才发现的问题原来早就有了。

阿布加尔与耶稣通信的故事，虽然感人肺腑，但显然应该视为伪经（apocryphal）。这段故事的文本存在于以得撒的档案馆中（以得撒位于美索不达米亚西北部，靠近幼发拉底河上游转弯处），优西比乌曾在这里亲眼看到过并且翻译出这段故事，这两样事情都无需加以怀疑。除了具有许多传说性的成分之外，这段故事的伪造特性还体现在关于耶稣的描述上，耶稣所指的其他事情当时尚未发生。①这样看来，优西比乌并非现代意义上的批判性历史学家。

不过，这段故事来自对历史事实的浪漫处理。基督教最晚在公元150年已传到以得撒，当时的国王（可能是阿布加尔八世）曾领受洗礼。接着，一座教堂在以得撒建成，希腊文新约在这里被翻译成叙利亚语。这里也是基督教学者塔提安（Tatian）和巴尔德萨内斯（Bardesanes）的家乡，这两位的名字经常会在优西比乌的作品中出现。

---

① 由上文我们可以知道，故事发生的时间是在公元30年，当时耶稣还尚未被钉十字架，等等。——中译注

优西比乌在写作本书时，根据当时统治者的统治时期来安排全书的结构，比如，第二卷涵盖的时期就是从提庇留到尼禄的那段时间。因此，在本书每一卷的末尾，我都会附上一段同时期罗马帝国政治人物的简要概述。

本书的第一卷与接下来的其他卷有所不同，它涵盖的时间段非常长，从旧约先知直到耶稣的诞生、传道、死亡和复活。不过，自第一卷第五节起，优西比乌开始在自己的叙述中加上罗马帝国的统治时期这个时间坐标，即在描述耶稣诞生的时候，他与路加一样，提到了当时的统治者凯撒·奥古斯都。

奥古斯都（公元前27—公元14）①是罗马的首位皇帝，他大概也是罗马最伟大的皇帝。他光辉的一生开始于罗马共和国晚期的血腥内战，在战胜主要对手安东尼后盛极一时，最后终结于一段多年的和平与昌盛时期，这段时期被恰当地称为"奥古斯都统治下的和平时期"（*Pax Augusta*）。在担任国家元首的四十年间，他重整和建立了一套新的罗马政治体制，这套政治体制持续了三百多年之久。他征服埃及，并且把幅员已相当辽阔的帝国版图扩张到莱茵河——多瑙河南岸，把这两条河流变成帝国的自然边境线。他在罗马与元老院相处融洽，并且大兴土木；这正如他自己所言："我来时罗马是砖头城，去时把它变成大理石城。"

他那有趣的宗教政策与这些征服和胜利毫不相同。他深信，公众对希腊——罗马诸神的怠慢和疏忽造成了罗马社会的败坏，于是大力重

---

① 皇帝之后标明的年份是他们的在位年份。在公元前31年的阿克提乌姆（Actium）战役中，朱利乌斯·凯撒（Julius Caesar）的外孙屋大维（Octavian）打败安东尼，独掌大权，后在公元前27年被罗马元老院尊称为"奥古斯都"。——英译注

"奥古斯都"的拉丁文原意为"可尊可敬的、崇高神圣的"。——中译注

修或兴建神庙——光在罗马城就有82座神庙——试图以此推动宗教复兴，促进社会的道德更新。他绝不会知道，要想做到这些，在他统治中期生于偏远犹太地的一个婴孩会是最佳人选。奥古斯都死于公元14年8月（August），这个月正是以他的名字命名的，当时，耶稣还只是拿撒勒的一位少年。他公开传道的时候，当在提庇留皇帝统治期间，这位皇帝我们将在下一卷有所描述。

（附录2有罗马皇帝的更替表，相互对照的是罗马、耶路撒冷、亚历山大和安提阿四地主教的更替表。）

一幅早期的镶嵌图案，图中的保罗（左）和义者雅各手中都持有圣经（*Martorana，Palermo*）。

4世纪罗马的镜子,上有描绘使徒彼得(左)和保罗(右)的镀金蚀刻画。(梵蒂冈图书馆,罗马)

第二卷 众　使　徒

从提庇留到尼禄

作为教会史的导论，我在前一卷中证明了救赎之道的神性、我们信仰和生活方式的古老悠久，并且详细描述了耶稣前不久的升天、他受难之前发生的一些事情，以及他选立使徒的事。在本卷中，我们将考察在耶稣升天之后发生的一些事情，所参考的资料不仅来自圣经，而且来自我时常征引的其他资源。

耶路撒冷的众使徒

1. 马提亚原本已是主的门徒之一，后被选入使徒之列，取代那卖主的犹大。① 众使徒藉着祷告和按手，任命七名适当人选担任执事、负责管理公共事务，司提反（Stephen）在其中居首位。② 在主升天之后，司提反不仅是第一位被授予圣职的人，而且是第一位被杀害的人（被

---

① 参见《使徒行传》1：15—26。——中译注
② 参见《使徒行传》6：1—6。——中译注

曾谋害主的人用石头打死），①从而也是第一位赢得冠冕的人（其名字表明了这一点）②——这是为基督殉道者所配得的胜利冠冕。

雅各被称作主的兄弟，因为他也是约瑟的儿子。神所默示的福音书（马太福音1：18）告诉我们，童贞女已与约瑟订婚，而且在他们婚配之前已从圣灵受孕。因此，约瑟可以算作耶稣的父亲。这位雅各品德超群，因而被人称颂为"义者"，并且成为当选耶路撒冷主教的第一人。克莱门在《基本原理》第六卷中曾说：

> 彼得、雅各和约翰是救主所喜爱的，在救主升天之后，他们并没有为了名利彼此争竞，而是选择义者雅各担任耶路撒冷主教。

在该书第七卷，克莱门还说道：

> 主在升天之后把［属灵的］知识［gnosis］传授给义者雅各、约翰和彼得。其他使徒从他们那里领受这知识，然后传给那七十位门徒，巴拿巴正是这七十位门徒之一。于是，这就出现了两位雅各，一位是义者雅各，他从［圣殿的］护栏被人扔到地面，之后又被人用洗衣棒打死；另一位则是被斩首的雅各（使徒行传12：2）。

保罗也提到过义者雅各："至于别的使徒，除了主的兄弟雅各，我都没有看见。"（加拉太书1：19）

---

① 参见《使徒行传》7：59。——中译注
② "Stephanos"在希腊文中意为"冠冕"。

与此同时，我们救主对奥斯罗内斯（Osrhoenes）①国王的应许也得着应验。正如我们在上一卷所说的，多马受圣灵感动，差派达太前往以得撒，达太藉着基督的话让阿布加尔得着医治，并且用奇妙神迹使当地居民深感震撼。因着达太的带领，他们尊崇基督的大能，成为救恩教义的门徒。直到如今，以得撒整个城邦的人都依然把自己奉献给主，这也证明了我们救主对他们的慈爱。

　　我们还是继续回到圣经。在司提反被害后，教会在耶路撒冷遭受了第一次也是最大的一次来自犹太人的迫害。除了十二使徒之外，所有门徒都分散在犹太和撒玛利亚各处。②根据圣经记载，其中有些门徒远至腓尼基、塞浦路斯③和安提阿等地，他们当时还不敢向外邦人传讲福音，传福音的对象只是犹太人。④当时的保罗仍在迫害教会，他进入信徒家里，拉着男女下在监里。⑤

　　在那些分散的门徒中，有一位名叫腓利（Philip）。他原与司提反一同担任执事之职，后来去到撒玛利亚，成为在那里传道的第一人。腓利满有神的大能，神的恩典与他大大同工，甚至连西门·马古斯（Simon Magus）和其他一些人都被他的话语深深吸引。西门素以行邪术而闻名遐迩，当地有多人受他控制，并且以为他就是神的大能者。但是，就是连他也对腓利藉着神的大能所行的神迹倍感折服。他千方百计混入教会，装模作样地信仰基督，最后居然还接受洗礼。（这样的行为，直到今天都还有人仿效；他们继续奉行西门这样的邪恶异

_59_

---

① 或作"Osrohene"、"Osrhoene"，位于幼发拉底河上游东部的罗马行省，古来兵家必争之地，首府即著名的以得撒城。参http：//en.wikipedia.org/wiki/Osroene。——中译注
② 参见《使徒行传》8：1。——中译注
③ 和合本译作"居比路"，参见下注。——中译注
④ 参见《使徒行传》11：19。——中译注
⑤ 参见《使徒行传》8：3。——中译注

端,追随其鼻祖,像瘟疫一样纠缠着教会不放,试图用其隐匿的毒药败坏和毁灭教会。正如西门被彼得识破遭到应得惩罚一样,绝大多数这样的人已被逐出教会。)①

救恩的福音一天天地在四处传开。由于天意的带领,埃塞俄比亚女王(当时,该国传统还是女人作王)手下的一名高级官员成为第一位领受圣道的外邦人。藉着神的启示,这位官员从腓利那里领受圣道,之后回到母国,成为该国传讲福音的第一人。这事应验了先知预言:"古实人要急忙举手祷告。"(诗篇68:31)

此外,保罗被任命为使徒,这被选定的器皿,既不由于人,也不藉着人,乃是藉着启示,这启示来自耶稣基督自己和叫他从死里复活的父神。②保罗有过一次异象,他听到从天上传来的、带着启示的声音,从而领受呼召。③

提庇留知道一些关于基督的事情

2. 如今,我们救主异乎寻常地复活与升天早已闻名遐迩。按照罗马惯例,各省总督应向皇帝报告当地最新动态,以便皇帝了解大局。作为地方总督,彼拉多向皇帝提庇留呈交了一份关于耶稣复活的报告,说这事已传遍巴勒斯坦全地。同时,他还在报告中指出,耶稣广行神迹,有许多人相信他就是从死里复活的一个神祇。据说,提庇留曾把这份报告转交元老院,但是,元老院驳回了这份报告,并且宣称,他们从来没有讨论过这种事情。根据一条现在依然生效的古老法

---

① 参见《使徒行传》8:5—23。——中译注
② 参见《加拉太书》1:1,"作使徒的保罗(不是由于人,也不是藉着人,乃是藉着耶稣基督、与叫他从死里复活的父神)……"——中译注
③ 参见《使徒行传》9:3—4。——中译注

规，未经元老院表决与裁定，任何人都不可被罗马人当作神明；但是，其中的真正原因在于：神圣的福音根本就不需要人的批准。就这样，罗马元老院拒绝了关于我们救主的报告，但提庇留却未改初衷，从未试图反对过基督信仰。

关于这些，德尔图良也提到过。他是一名颇有声望、出类拔萃的罗马法专家，著有《基督徒的辩护》(Defense of the Christians)①一书，该书用拉丁文写就，后被译成希腊文。他在书中写道：

> 若非元老院的批准，任何人都不可以被皇帝奉为神明。这是一条古老法规。在处理关于某位偶像阿尔布尔努斯（Alburnus）的案例时，马尔库斯·艾米里乌斯（Marcus Aemilius）走过这一套程序。由此，我们的如下论证得到加强：你们［罗马人］神位人授，倘若某位神明不能取悦于人，那就不能成为神明；因此，在你们的制度中，人必须怜悯神明！在提庇留的时候，"基督徒"这个名字出现在世上，他们的信仰始于巴勒斯坦，正是从巴勒斯坦，提庇留得到了关于基督徒信仰的报告，然后按照上述法规把报告转交元老院，并且显然暗示过，他对这信仰抱有好感。然而，元老院驳回了相关报告，因为它从未亲自审查过这信仰；但是，提庇留继续坚持自己的想法，并且以死刑警告那些控告基督徒的人。②

提庇留之所以有上述想法，乃是因为上帝的缘故，这样，福音的

---

① 或译为《信仰辩护篇》(Defense of the Faith)。——中译注
② 德尔图良《辩护篇》(Defense) 5. 没有任何基督教以外的记录表明，提庇留支持基督教。至于彼拉多曾向皇帝呈交过一份提到耶稣的年度报告，此事未必就一定不是真的。然而，现存的《彼拉多行传》(Acta Pilati) 是一份伪经性的作品，而那些流传于优西比乌时代的《彼拉多行传》也都是伪造之作。

话语就可以有一个好的开始,而且能够向世上各地传播。

3. 因此,如同阳光普照大地一样,拯救之道开始照亮整个世界。在每一座城市,在每一处村庄,教会如同雨后春笋一般四处涌现,各处教会的信徒人数也大大增加。那些原被迷信和偶像崇拜所捆绑的人,如今由于基督的大能,也由于基督门徒的教导和所行的神迹奇事,终于得到解放。他们弃绝邪恶的诸神,转而承认独一的上帝、宇宙的创造主,并且靠着我们救主的教导,用理性的崇拜来尊崇上帝。

如今,这神圣恩典也浇灌在其他地方。首先是在巴勒斯坦的凯撒利亚,哥尼流及其一家藉着神圣的异象和彼得的传道,全家一起接受基督信仰。① 同样的事情也发生在安提阿:在司提反被害之后,一些门徒因受逼迫逃到那里,并且在那里开始宣讲福音;当地的许多希腊人由此接受基督信仰。安提阿教会十分兴旺,人数日渐增多。许多先知从耶路撒冷来到这里,巴拿巴、保罗和其他弟兄都曾在此地服事过。正是在这个时候,正是在安提阿这个地方,"基督徒"这个名字才第一次出现。从耶路撒冷来到的先知之中,有一位名叫亚迦布,他预言说一场大饥荒将要发生;于是,保罗和巴拿巴被派往帮助[住在犹太的]弟兄。②

卡利古拉、斐洛和彼拉多

4. 提庇留在位二十二年后撒手人寰③,该犹·卡利古拉(Gaius

---

① 参见《使徒行传》10。——中译注
② 参见《使徒行传》11:19—30。——中译注
③ 公元37年。——英译批注

Caligula）继位。登上王位不久，该犹就册封希律·亚基帕为国王，把原属腓力和吕撒聂的封地赐给他，后来又把希律·安提帕的封地赏给他，而安提帕及其妻子希罗底（Herodias）①则由于多项罪名被判处终身流放。关于这些事情，约瑟夫也提到过。②

在该犹当政时，斐洛逐渐成为当时最伟大的学者之一，并且日渐知名。他是希伯来人，其声望地位均不亚于当时亚历山大的任何一位权贵名流。他博览群书，精研神学、哲学和艺术，这些都是有目共睹的事实。不仅如此，他还在研究柏拉图和毕达哥拉斯的学者中卓越超群，颇具权威。

5. 斐洛在五部著作中［分别］记述了犹太人在该犹当政期间的遭遇。按照斐洛的叙述，这位皇帝颇为疯狂，他不但宣称自己是神，而且做出数不胜数的恶事。斐洛还描述了当时犹太人所受的苦难以及他自己代表亚历山大同胞出使罗马的情形③。斐洛在罗马竭力捍卫祖先的律法，最终不但一无所获，而且备受耻笑，甚至还差一点就此丢掉身家性命。

约瑟夫在《犹太古史》第十八卷中也描述了如下相关细节：

住在亚历山大的犹太人和希腊人发生了一场流血冲突。最后，双方达成协议，各自派三位代表出使罗马，觐见该犹。阿皮翁（Apion）是亚历山大城的代表之一，他准备向犹太人提出多项指控，其中，他特别提到，犹太人藐视凯撒的尊荣：当其

---

① 参见《马太福音》14：3—12，《马可福音》6：17—28，以及《路加福音》3：19。——中译注
② 参见《犹太战记》（*Jewish War*）。——中译注
③ 时为公元 40 年。——中译注

他所有罗马臣民都在尊奉该犹为神,为其兴建祭坛和神庙时,犹太人却单单认为,尊崇该犹,为其雕刻神像,或者以其名字起誓,是令人可耻的。当时,斐洛是犹太人的首席代表,他是一位训练有素的哲学家,也是高官亚历山大(Alexander the Alabarch)①的兄弟。他本来也许可以逐一反驳上述指控,但该犹却打断他的话,叫他马上离开。显然,该犹已被激怒,准备采取强硬手段对付犹太人。于是,斐洛蒙羞而去,不过,他依然对同伴说了一些安慰的话:该犹向犹太人发怒,实际上已是在与上帝交战。②

这就是约瑟夫所记载的相关细节。斐洛本人也撰有一部《出使记》(*The Embassy*),详细描述了他当时的经历。我在这里将略过其中的大部分言语,只征引几处文字,以证明犹太人之所以遭受飞来横祸,乃是因为他们对基督所做的一切恶行。按照斐洛的讲述,提庇留在位期间,塞亚努斯(Sejanus)是罗马宫廷内一位极有影响力的人物③,他处心积虑地想要灭绝整个犹太种族。与此同时,彼拉多——我们救主就是在他治下被杀害的——在犹太试图强占耶路撒冷圣殿,这不仅冒犯了犹太人所享有的权利,而且极大地伤害了他们的感情。6. 提庇留死后,该犹继位,实行残暴统治,其中的受害者绝大多数都是犹太人。关于这些,斐洛的原话如下:

---

① Cruse 认为,"the Alabarch"为官名,是亚历山大犹太人中的首席地方长官。Williamson 则认为,此人原是[管理]阿拉伯人的指挥官,后来成为海关的检查官。——中译注
② 《犹太古史》,18. 257—260。
③ 塞亚努斯(L. Aelius Sejanus)是提庇留统治时期罗马禁卫军的高级将领,他在公元 31 年的未遂政变中差一点倾覆了提庇留的皇位。

该犹对待任何人都显得极端的反复无常，对犹太人更是如此。他极为痛恨犹太人；从亚历山大开始，他霸占一座座城市的会堂，在会堂里摆满他自己的画像和雕像——正是他本人，亲自发出了设立这些画像与雕像的许可；在圣城，他抢占神圣不可侵犯的圣殿，企图把它改造成他自己的神庙，并且称之为"朱庇特显灵、小该犹的神庙"。①

根据斐洛第二部相关著作《论美德》(On the Virtues)的讲述，在该犹统治期间，亚历山大犹太人遭受了数不胜数的暴行。约瑟夫对此加以证实，并且指出，临到整个犹太民族的诸多不幸始于彼拉多时期，正是当时的犹太人杀害了救主。约瑟夫在《犹太战记》第二卷中这样写道：

> 彼拉多是提庇留派到犹太的总督（procurator）。一天晚上，他带着凯撒的标准像偷偷潜入耶路撒冷。第二天一早，犹太人中间出现大骚乱，他们深感震惊，因为他们的律法决不允许在耶路撒冷设立任何肖像，而彼拉多居然如此践踏他们的律法。②

读者若将此段文字与福音书中的一段记载作一番比较就会发现，不久前，他们还在彼拉多面前一次又一次地喊道，除了凯撒，他们没有王（约翰福音19：15）。接下来，约瑟夫继续描述犹太人所遭受的另一次不幸：

---

① 斐洛《出使记》(Embassy to Gaius) 43。该犹之所以被称为"小该犹"，乃是为了与也被奉为神明的该犹·朱利乌斯·凯撒（Gaius Julius Caesar）加以区别。
② 《犹太战记》，2.169—170。

这次骚乱过后不久,彼拉多挪用圣库①(即所谓的"科尔班"[Corban])款项,用以修建一条三百多斯塔迪亚(stadia)②的输水管道。这导致了又一次骚乱的爆发。③犹太人为此愤怒不已,当彼拉多访问耶路撒冷时,他们把彼拉多团团围住,发出阵阵怒吼和嘲笑。彼拉多早已料到此事,他预先安排士兵打扮成市民的样子,带着棍棒而非刀剑混杂在人群之中,谁带头起哄,就打谁。彼拉多在法官席发出信号,许多犹太人便遭毒打,有的甚至就这样死去,还有的因为逃跑时的混乱不堪而被同胞踩死。看到这样的流血与不幸,刚刚还咆哮不已的人群深感恐惧,逐渐变得鸦雀无声。④

除此之外,约瑟夫还记录了耶路撒冷相继发生的多次动荡,从而进一步证明:从那时起,内部纠纷、互相争斗、尔虞我诈从未在耶路撒冷和犹太全地停止过,这一切直到苇斯巴芗(Vespasian)围攻耶路撒冷时才落下帷幕。这一切都是出于犹太人所遭受的神圣审判,因为他们杀害了基督。

7. 此外,值得一提的是,按照传统说法,在我们上面所描述过的该犹统治时期,与我们救主同时代的彼拉多本人也落得一个悲惨的结

---

① 参见《马太福音》27:6。——中译注
② 单数形式为"stadium",古希腊、罗马长度单位,约等于600希腊尺,合607英尺,体育场的跑道即以此长度为准。——中译注
③ 关于这个输水管道的长度,约瑟夫有两个说法,一个是《犹太古史》(*Antiquities*) 18.60中的两百斯塔迪亚,另一个是《犹太战记》(*Jewish War*) 2.175中的四百斯塔迪亚。显然,优西比乌采纳的是两者的平均数。其中的较小数值,即两百斯塔迪亚,大概相当于二十三英里。希腊的"斯塔迪昂"(*stadion*) 相当于606.75英尺。
④ 《犹太战记》,2.175—177。

局：他被迫自杀，用双手结束了自己的生命。看来，神圣审判的到来并不会耽搁太久。关于这些，那些以四年为一周期（Olympiads）编撰大事记的希腊人都有所记述。①

克劳狄与亚基帕

8. 该犹在位不到四年后，克劳狄（Claudius）继承王位。在克劳狄统治期间，天下饱受饥荒折磨（一些作家在其历史中也记录了这件事情，不过，其记录目的与我们的迥乎不同）②；于是，《使徒行传》中先知亚迦布所发的预言：天下将有大饥荒，就得到了应验。按照路加的描述，这次饥荒发生在克劳狄年间，当时在安提阿的基督徒按照个人的能力进行捐赠，并且委托保罗和巴拿巴送给住在犹太的弟兄。（使徒行传 11：28—29）路加继续写道：

9. "那时"——显然就是在克劳狄年间——"希律王下手苦害教会中几个人，用刀杀害了约翰的哥哥雅各"。（使徒行传 12：1—2）关于雅各的被害情形，在《基本原理》第七卷中，克莱门根据传统说法描述过一段有趣的情节；一位押解雅各前往法庭的人，被雅各的见证深深地打动，居然承认他自己也是基督徒：

---

① 优西比乌在这里说彼拉多是自杀身亡的。但是，没有任何现存资料可以证实这一点。而更早一些的奥利金则表明，彼拉多没有遇到什么不幸（《驳塞尔修斯》2.34）。此外，优西比乌把彼拉多自杀的说法归结为传统，并且说希腊人可以证明这一点；而在《编年史》（*Chrnicon*）中，他却说的是"罗马人"可以证明这一点（J. P. Minge），《希腊教父集》（*Patrologia Graeca*），Paris：1857，19：538）。由此看来，优西比乌对此也并不确定。
② 在塔西佗（Tacitus）的《罗马史》（*Annals*）中，这次饥荒仅是克劳狄统治期间发生在公元 51 年的许多事件中的一件小事，卡斯乌斯（Dio Cassius，60.11）也是如此记录这次饥荒的。然而，优西比乌则沿袭《使徒行传》11：28 的说法，对这次饥荒作了颇为夸大的描述。

于是，他们两人被一同带走。在路上，他祈求雅各的宽恕。雅各打量了他一会，说，"愿平安与你同在"，然后与他亲吻。最终，两人同时被斩首。

正如圣经所记，处死雅各后，希律［亚基帕］看到犹太人对此十分满意，于是又下令逮捕彼得，把他投入牢里，准备把他也杀掉，以讨好犹太人。若非神的干预，若非天使在夜间站在他身旁、带他奇妙地走出监狱，彼得可能早已被害，而不可能重获自由、为主传讲福音。①

10. 根据《使徒行传》的记载，希律王图谋杀害众使徒，因此很快就遭到神的审判。希律王迁往凯撒利亚，在某次节庆的时候，他身着华丽的王袍，登上王座前的高台，向侍立众人发表讲话。众人以热烈的掌声回应他的讲话，并以为这就是神的声音而不是人的声音。但是，神所默示的话语告诉我们，一位主的天使立刻降下惩罚，他遭到蛇的咬噬，就此死去（使徒行传 12：19—23）。令人惊叹的是，这件在圣经上有所记载的神迹又一次得到约瑟夫的证实。他在《犹太古史》第十九卷中提到了这段让人吃惊的故事：

在治理犹太全地整整三年后，②他来到原被称为"斯特拉托楼"的凯撒利亚城。为了向凯撒表示庆贺和祈求凯撒的平安，③希律王主办了一系列活动。来自犹太全省各地的许多官员与权贵

---

① 参见《使徒行传》12：3—10。——中译注
② 公元 41 年，希律成为犹太王。——中译注
③ 即四年一度的"凯撒节"（*pro salute Caesaris*），当时应在公元 44 年。——中译注

皇帝克劳狄［一世］（Claudius，公元41—54年在位）的大理石雕像（梵蒂冈博物馆）。

参与了此次节庆活动。在活动进行的第二天清晨,王身穿做工精美的银制长袍,来到剧院。时值太阳初升,在晨光的照耀下,他的银制长袍熠熠生辉,夺人眼目,让在场围观的众人为此深感赞叹。顿时,谄媚之声从四面八方传来,此起彼伏——尽管他们这样做对他几乎没有任何好处——他们进而居然把他当作神,大声说:"请恩待我们!以前我们把你当作人来尊崇,从今往后,我们承认,你远远超过一个必死的造物。"对于他们这样渎神的谄媚之语,王既没有提出训斥,也没有表示拒绝。

没过多久,他抬头观看,看见自己头上有一位天使。① 他马上意识到,这是一位降灾的使者,因为赐福的使者先前也同样地临到过他。他马上就感到心脏开始发痛,胃部也疼得越来越厉害。他看着身旁的朋友说:"我,你们的神,现在不得不交出自己的生命,死亡已刻不容缓地驳斥了你们刚刚说过的谎言。我被你们称为不朽者,如今却正走向死亡。这是上帝的旨意,是必须接受的。不过,我的一生并非乏善可陈,而是光辉灿烂、令人羡慕的。"

话还没完,剧痛已令他难以忍受;于是,周围的人飞快地把他抬入殿内,他即将驾崩的消息随之传开。按照祖传律法,众人

---

① 约瑟夫在《犹太古史》19.346 的说法与此处略有不同:亚基帕看见的不是天使,而是"停在他头顶上方一根绳子上的猫头鹰,他马上就把这只猫头鹰理解为降灾的使者,因为猫头鹰先前曾给他带来过祝福"。亚基帕曾在[意大利]卡普里(Capri)岛蹲过监狱,有位狱友曾告诉他,当他看到猫头鹰时,他将离开监狱——这可能是已发生过的事实;但是,当他第二次看到猫头鹰时,他即刻就会离开人世。约瑟夫把猫头鹰称作"使者"——在希腊文中作"*angelos*",此词与希腊文中的"天使"(angel)是同一个词——由此,优西比乌犯了一个引用的错误,乍看上去这错误并没有那样大得惊人。优西比乌这种极为罕见的闪失,是很多学术性注释处理的主题。

与他的妻子儿女穿上麻服，开始为他向上帝祈求，一时间，哀哭和悲鸣遍满全地。王躺在顶层的房间里面，俯视着悲伤不已的人群，也不禁热泪盈眶。饱受胃痛折磨五天后，他在即位第七年①离开人世，享年54岁。②他在位的前四年，正值凯撒该犹统治期间。前三年，他得到了原属腓力的封地，第四年又获赠了原属希律［安提帕］的封地，之后凯撒克劳狄继位，他又继续作王三年。③

在诸如此类的事情上，约瑟夫总是与圣经记载相互印证，这真是令人惊叹不已。倘若有人以为两者在国王的名字方面存在差异，那么两者所记录的时间和事件会证明所说的国王其实是同一人。两者之所以在名字方面存在差异，要么是由于抄写员的笔误，要么是因为同一个人有两个不同的名字，这是常有的事。④

约瑟夫论丢大

11. 也是在《使徒行传》中，路加描述了众使徒被盘问时，有一位名叫迦玛列（Gamaliel）⑤的人提到了丢大（Theudas）：丢大起来发动叛乱，他被杀后，服从他的人全都散了，归于无有［5：34—36］。我们比较一下约瑟夫关于丢大的说法：

---

① 他在公元37年获得国王封号。——中译注
② 公元44年。——英译批注
③ 《犹太古史》，19.343—351。
④ 比如，与此处话题相关的"希律"和"亚基帕"这两个名字。
⑤ 一位受人尊敬的法利赛人，犹太公会成员之一，（使徒行传5：34—40）曾经教过保罗（使徒行传22：3）。——中译住

在法都斯（Fadus）担任犹太总督时，有一个名叫丢大的骗子，劝诱大批群众带上所有家产，跟他去约旦河。丢大宣称自己是先知，能够下令约旦河水分开，让这些群众轻易通过，他的这些言辞让很多人受到蒙骗、产生幻想。然而，法都斯却打破了他们的幻想，他派出一队骑兵追击他们，在事先没有任何预警的情况下，向他们发起攻击。多人被杀，更多的人得以保存性命，丢大则在被生擒后斩首，首级被带回耶路撒冷。①

紧接着，约瑟夫也谈到了克劳狄年间发生的大饥荒：

根据传统说法，这段靠近死海的约旦河，乃是耶稣接受施洗约翰洗礼的地方。

---

① 《犹太古史》20.97—98。法都斯在公元44—46年担任总督，迦玛列则是在此前十年提及上述丢大。既然如此，此丢大非彼丢大，令人惊奇的是，优西比乌在此并没有注意到这一事实。批评者指责《使徒行传》在此出错，而保守学者则认为，路加说的是更早的一位丢大。

12. 在那时，犹太全境遍地饥荒，海伦娜皇后不惜重金，从埃及买来粮食，分发给那些需要的人。①

在《使徒行传》中，也有一段与此相关的记载：在安提阿的门徒按照个人的能力进行捐赠，并委托保罗和巴拿巴把赈灾款送交犹太的众长老（使徒行传 11：29—30）。直到今天，在如今称为埃里亚（Aelia）城② 的城郊，这位海伦娜皇后的纪念碑依然巍然耸立。据说，她是阿迪阿本内（Adiabene）的皇后。

西门·马古斯与彼得

13. 在万民开始接触到对我们主耶稣基督的信仰的同时，救恩的敌人则企图抢先占领帝国首都，于是把我们先前提到过的西门派到罗马；由于他所行的邪术，很多人被俘获，从而误入歧途。关于此事，殉道者查士丁（Justin Martyr）在他写给安东尼努斯·庇护（Antoninus Pius）的《申辩书》（Defense）中有过相关记述——继众使徒之后，查士丁为我们的信仰增添了新的光彩，稍后我还会专门提到他。

> 主升天之后，由于魔鬼的缘故，出现了许多自称为神的人，他们非但没有受到你们的迫害，反而成为你们的崇拜对象。西门，一个来自基多村的撒玛利亚人，受到魔鬼的控制，在克劳狄年间藉着邪术行了不少奇迹。他在罗马被奉为神明，

---

① 《犹太古史》20.101。
② 哈德良（Hadrian）把耶路撒冷改名为埃里亚·卡皮托利纳（Aelia Capitolina），这导致了公元132年巴尔—科克巴（Bar‐Kokhba）领导的犹太人起义。阿迪阿本内——位于底格里斯河上游的一个王国——皇后海伦娜的陵墓，如今尚存于耶路撒冷。

他的雕像就立在台伯河的两座桥梁之间，上面还刻有这样的拉丁文字样：献给神圣的神明西门（Simoni Deo Sancto）。此外，几乎所有撒玛利亚人和一些外族人都把西门当作他们的主神来崇拜。他们还把西门身边的一位女子称作西门的首先流溢者，这位女子名叫海伦（Helen），原是［推罗的］青楼女子，后随西门行走四方。①

以上是查士丁的描述，爱任纽的说法与此一致。在《驳异端》(*Against Heresies*) 的第一卷中，爱任纽搜集了不少关于西门及其污秽邪恶之教导的故事，若有人对此感兴趣，可以自己找来看看。根据传统说法，西门是一切异端的始作俑者。从西门的时代直到如今，西门的追随者一方面伪装成基督徒的样子，另一方面拜倒在西门和海伦的肖像面前，藉着烧香、献祭和奠酒向西门和海伦献上崇拜。此外，他们还有许多更为秘密的仪式，这些仪式充满痴迷、疯狂和堕落，以至于不能用言语或文字来加以描述。这些异端极尽邪恶之能事，其中更有一种异端最让人厌恶，他们所作的恶事比想象中最邪恶的恶事还要令人恶心，那就是，玩弄可怜的妇人。②

14. 这一切邪恶的始作俑者就是西门。但是，我们救主的众使徒得到圣灵的默示，在邪恶火焰蔓延前就已将之迅速扑灭；因而，在使徒

---

① 文中的拉丁铭文意为"献给神圣的神明西门"（To Simon, holy god）。查士丁在此处提到的雕像，很可能就是 1574 年在台伯河中一座小岛上发现的那尊雕像。但是，这尊雕像上的铭文却是："献给神明塞莫·桑库斯"（SEMONI SANCO DEO, To the god Semo Sancus），塞莫·桑库斯是古代萨宾人（Sabine）信奉的神明。——英译注
Sabine, 或译"塞宾人"，古代意大利中部一民族，公元前 3 世纪被罗马人征服。——中译注
② 参见《提摩太后书》3：6，"那偷进人家、牢笼无知妇女的，正是这等人。"——中译注

时代，西门及其同类的任何阴谋都没有得逞过。西门曾在犹太地行骗犯罪，被彼得当场识破；①于是，西门旋即从东方逃往西方，以为可以在那里随心所欲地活下去。西门到了罗马后，获得极大成功，以至于罗马人为他立像，并且尊奉他为神明。但是，好景不长。在西门来到罗马后不久，也是在克劳狄年间，由于满有恩慈的天意，也由于作为使徒领袖的丰功伟绩，满有能力的、伟大的彼得也来到罗马。彼得好似上帝手下的一员大将，15. 宣讲光明的福音和拯救灵魂的道。一遇到这神圣的道，西门所具有的能力连同他本人马上黯然失色，并被消灭殆尽。

对彼得所宣讲的神圣福音，听众们并不满足于单单一次地听，或者只能听而不能读。于是，他们找到彼得的跟随者马可——我们有他所撰写的福音书——恳求他照着彼得的口传，为他们留下一份神圣福音的书面记录。马可最终被他们多次多方的恳求所打动，写下所谓的《马可福音》。据说，使徒彼得看到他们这样的热心追求，很是高兴，而且还赞许众教会传阅这本福音书。克莱门在《基本原理》第六卷中曾引用过这段故事，希拉波利斯主教帕皮亚（Bishop Papias of Hierapolis）也进一步证实过这一点。此外，帕皮亚还指出如下两点：彼得在《彼得前书》中提到了马可；彼得撰写此信的地点是罗马，罗马在信中被比喻性称为巴比伦："在巴比伦与你们同蒙拣选的教会问你们安。我儿子马可也问你们安。"（彼得前书5：13）

16. 据说，马可是第一位被派往埃及的门徒，他在埃及宣讲他自己

---

① 参见《使徒行传》8：9—25。事情的发生地，优西比乌写作"犹太地"，而《使徒行传》则写成撒玛利亚。Williamson 的解释是，撒玛利亚时为罗马犹太行省的一部分。——中译注

写就的福音书,并且建立了亚历山大的第一家教会。当地皈依者,无论男女,人数众多;这些皈依者奉行苦修,这种苦修如此异乎寻常,以至于斐洛认为有必要记述这些苦修者的举止、聚集、饮食和生活方式。

斐洛论埃及的苦修者

17. 根据传统说法,克莱门年间,斐洛来到罗马,与当时在罗马传道的彼得有过交谈。① 这种说法并非没有可能,因为在我所参考的斐洛作品里面显然包含了许多我们教会如今依然在遵循的规则。此外,斐洛对我们的苦修者有着细致入微的描述。这说明,他不仅熟悉,而且欢迎和认可同时代的使徒教会——他们显然是希伯来人的后裔。在《论沉思的生活或祈求》(*On the Contemplative Life or Suppliants*) 一书中,斐洛写道,在这些人中,男的被称作"男治疗者"(*Therapeutae*),女的被称作"女治疗者"(*Therapeutrides*),② 其原因有二:第一,他们就像医生一样,为那些前往他们那里的人治疗灵魂的疾病;第二,他们以纯净和真诚来侍奉、崇拜神圣者。这名字究竟是来自斐洛的发明,还是他们当时就是这么被称呼的(因为基督徒这名称还没有得到普遍的使用),我们不必在此纠缠。

无论如何,斐洛着重强调的是,这些人有他们自己的哲学,他们

---

① 这种说法极可疑。哲罗姆 (Jerome) 走得更远,他甚至说,斐洛成为了一名基督徒(《名人传》[*Illustrious Men*] 11)。这种宣称显然与斐洛自己的说法相悖。
② 优西比乌认为这些"治疗者"(healers) 就是早期基督教的苦修者,这是不能让人接受的,因为这样的苦修主义在斐洛的时代还没有发展成形。要么这些"治疗者"是犹太教苦修主义的一个例证,要么《论沉思的生活》(*The Contemplative Life*) 本身不是斐洛的作品,而是 3 世纪晚期的基督徒为修院主义所写的申辩书。第二种说法可以证明优西比乌的如下印象:这些人是基督徒,但是也暴露了其批判能力上的一点闪失。此外,优西比乌是第一位提到这部作品的作家。

抛弃财产,把所有的一切交给亲戚,离乡背井,在沙漠或与世隔绝的绿洲定居;他们仿效众先知的热诚信仰,心中非常清楚,与持有不同观念的人交往不仅无益而且有害。类似的事情在《使徒行传》中也有记载,门徒们将田产房屋都卖了,把所卖价银拿出来,放在使徒脚前,照各人所需用的,分给各人(使徒行传 4∶34—35)。斐洛继续写道:

> 这样的人遍布世界,希腊人和外国人应该早就分享了这样的好处。在埃及各省,特别是在亚历山大周边,他们颇具影响。各个地区都有一些最优秀的人才成为"治疗者",他们如同移民一般来到一处高地安家落户,这高地位于马勒奥提斯湖(Lake Mareotis)①之上,不仅安全,而且气候宜人,仿佛"治疗者"的家园一般。

接着,斐洛描述了这些人的居住情况和教会活动:

> 每处住宅内都有一间神圣的房间,他们称之为"至圣所或修道室"。在房间内,他们秘密举行各种关于神圣生活的神秘仪式,仪式内容不是别的,乃是律法、先知受默示而得的神谕、赞美诗、关于知识与真宗教的种种讨论……从黎明到黄昏,他们都在全心全意地进行属灵操练。他们阅读神圣的经卷,用寓意法解释祖先的哲学,在他们看来,字面意思象征了蕴藏在表面之下的实在。他们还拥有本派创始人所写的一些著作,用来当作寓意解经

---

① 或作"Lake Mariu",位于亚历山大城南部。——中译注

的范本。

讲这段话的人似乎应该听过他们对神圣经卷的解释。这些经卷很可能就是福音书、众使徒的作品，以及众使徒对先知的解释，比如保罗在《希伯来书》和其他七封书信中对先知的解释。接下来，斐洛写道："他们不仅沉思而且创作歌曲与赞美诗，这些献给上帝的诗歌不仅具有庄重肃穆的调式，而且有着丰富多样的节拍与旋律。"

本书囊括许多不同的内容，不过，我们似乎有必要略过那些反映其教会生活特征的地方。倘若还有人怀疑，这些特征并非福音生活所特有，并且以为上述情形描述的对象可能是其他的什么人，那么，对于那些公正的人来说，斐洛的如下描述为我们的说法提供了毋庸置疑的证据：

> 在他们看来，自我克制乃是建立灵魂中其他美德的基础。他们认为，白天应该操练哲学，黑夜才是满足身体需要的时间，因此，在日落前，他们中不会有任何人进食或喝水。在他们之中，有的热爱知识，每三天才进食一次，有的则把智慧当作丰富的盛宴，把禁食周期拉得更长，每六天才进食少量食物。

毫无疑问，斐洛笔下所描述的团体正是我们的教会（Communion）。倘若还有人怀疑这一点，那么就请他看看在基督徒信仰生活中更为清晰的相关例证，他肯定会变得心悦诚服。根据斐洛的记述，这个团体的成员中还有多名妇女，她们绝大多数都是上了年纪的处女；她们的守贞与希腊的女祭司截然不同，不是出于被迫，乃是出于她们自己的自由意志，以及对智慧的渴望。她们漠视肉体的快乐，渴求不朽的而

非必死的后代,只有那些爱上帝的灵魂才会具有这样的想法。① 接着,斐洛更清楚地说明了这一点:

> 他们对神圣经卷的解释是寓意性的、比喻性的。对他们来说,律法好比一只活物,字面的戒律是身体,隐藏的意思则是灵魂。他们作为第一个关注隐藏意思的教派,试图在文字之中找到一面反映思想之绚美的镜子。

我没有必要引述如下内容:他们的聚会,男女如何有所隔离地共处一地,以及那些依然被我们遵奉的教规,特别是每当我们纪念救主受难时的教规,比如禁食、连续几夜的祷告和研读上帝的话语。斐洛书中的许多描述,都能在我们之中找到平行的内容,比如通宵祷告;一些教规,一人领唱、其他人在副歌部分合唱的赞美诗;在某些特殊日子,他们睡在铺满稻草的地上,禁食酒肉,喝的只是水,吃的只是用盐和薄荷来调味的面包。此外,斐洛还描述了教会侍奉者的等级秩序,从执事直到地位最高的主教。显然,斐洛说的正是福音教导和使徒传统的第一代传人。

斐洛的作品

18. 斐洛是一位著述颇丰的作家和涉猎甚广的思想家。在《神圣律法的寓意》(*Allegories of the Sacred Laws*) 中,他详细地解释了《创世记》中的许多事件。在《创世记和出埃及记中的难题及其解答》

---

① 优西比乌暗示,这些准修女 (quasi-nuns) 在教会中变老。这是不可能的。倘若斐洛的写作时间在克劳狄统治期间 (41—54 年),那么当时的基督教还只有 8—21 年的历史。

(*Problems and Solutions in Genesis and Exodus*) 中，他处理了不少难题，并且提出相应的解答。除了这两部著作之外，他还著有多部讨论具体问题的作品，比如：

《论农业》(*On Agriculture*)

《论醉酒》(*On Drunkenness*)

《审慎之人所渴求的和所憎恶的》(*What the Sober Mind Desires and Detests*)

《论语言的混乱》(*On the Confusion of Tongues*)

《飞翔与发现》(*Flight and Discovery*)

《论教导性会议》(*On Assembly for Instruction*)

《谁继承了神圣的事物?》(*Who Inherits Divine Things?*)

《分配的公平与否》(*The Division Between Odd and Even*)

《摩西的三大美德》(*The Three Mosaic Virtues*)

《名字的变更及其变更原因》(*Changed Names and Why They Were Changed*)

《论盟约：I 和 II》(*On the Covenants, I and II*)

《论迁移》(*On Migration*)

《一位智者的一生或未成文的律法》(*Life of a Wise Man or Unwritten Laws*)

《巨人或上帝的永恒不变》(*Giants or The Immutability of God*)

《摩西论神圣者》(*Moses on the Divine*)

《梦的起源》(*Origin of Dreams*)

上述关于《创世记》的作品流传至今。据我所知，关于《出埃及记》，斐洛撰有如下作品：

《问题与解答：1—5》(*Problems and Solutions, 1—5*)
《圣幕》(*The Tabernacle*)
《十诫》(*The Ten Commandments*)
《顺应十诫的律法》(*Laws according to the Ten Commandments*)
《祭祀：动物和其他》(*Sacrifice：Animals and Varieties*)
《律法如何赏善罚恶》(*How the Law Rewards the Good and Punishes the Bad*)

此外，斐洛还写有如下单行本：

《论天意》(*On Providence*)
《论犹太人》(*On the Jews*)
《政治家》(*The Statesman*)
《亚历山大》(*Alexander*)
《凡作恶者，均为奴隶》(*Every Bad Man is a Slave*)
《凡行善着，均得自由》(*Every Good Man is Free*)
《论沉思的生活或祈求》(*On the Contemplative Life or Suppliants*)
《关于希伯来名字的解释》(*Interpretations of Hebrew Names*)

该犹年间，斐洛到过罗马；后来，他描述过该犹的不虔不敬，并替这部作品取了一个颇具讽刺意味的名字：《论美德》(*Concerning*

Virtues)。据说，克劳狄年间，他曾当整个罗马元老院的面朗读过这部作品，由于广受欢迎，该作品曾被多家图书馆收藏。

与此同时，保罗行将结束从耶路撒冷开始、远至以利哩古（Illyricum）的迂回旅程。（罗马书15：19）据《使徒行传》18—19，克劳狄把犹太人赶出罗马，亚居拉（Aquila）和百基拉（Priscilla）①与其他犹太人一起离开罗马，前往小亚细亚。在此，他们两人曾与使徒保罗一同居住，并且大大坚固了保罗刚刚建立的教会。

克劳狄和尼禄年间发生在耶路撒冷的不幸

19. 克劳狄还在位的时候，②耶路撒冷曾爆发过一次大骚乱。时值逾越节，人们在涌出圣殿时彼此践踏，结果有三万人被踩死。由此，逾越节变成举国哀悼、万家悲鸣的节日。约瑟夫接着说，克劳狄任命亚基帕之子亚基帕二世（Agrippa II）③为犹太人的王，并且钦点腓力斯为总督，统管包括撒玛利亚、加利利和比利亚（Perea）在内的整个地区。克劳狄在位十三年又八个月，死后由尼禄继位。④

20. 根据约瑟夫在《犹太古史》第二十卷中的如下记述，尼禄年间，在腓力斯担任犹太总督期间，耶路撒冷的祭司之间发生过一次纠纷：

> 在祭司长、祭司和耶路撒冷的民众领袖之间，发生过一次纠

---

① 保罗在书信中数次提及此对夫妻。另参见《罗马书》16：3，《哥林多前书》16：19，《提摩太后书》4：19。——中译注
② 公元48年。——英译批注
③ 圣经称作"亚基帕王"（Agrippa），大希律王的曾孙，卡尔基斯（Chalcis，巴勒斯坦北部一小国）的国王。使徒保罗曾在他和他姐妹百尼基氏（Bernice）面前申辩，参见《使徒行传》25：13—26，32。——中译注
④ 公元54年。——英译批注

纷。他们各自纠集一帮厚颜无耻的狂暴之徒。这些人一旦相遇，就恶语相向，甚至互相用石头攻击对方。但是，没有人管这些事，整座城市就好像没有政府一样。祭司长们不知羞耻、蛮横无理，派仆人到打谷场攫取众祭司当得的十分之一，以至于众祭司穷困潦倒，极度缺乏。各个派系之间相互倾轧、以暴制暴，正义荡然无存。①

此外，约瑟夫还描述道，一些歹徒在光天化日之下于市中心行凶杀人。尤其是在过节时，这些歹徒常常把匕首藏在身上，混入人群，伺机杀害某些知名人士。当被害人倒地时，这些歹徒就会与旁人一起表达愤怒之情，以免被人发现。第一位死于他们刀下的是大祭司约拿单，之后每一天都有多人被杀。更糟的是，人们逐渐产生莫大的恐惧，因为死亡随时都有可能临到。

21. 约瑟夫继续写道：

接着，犹太人遭受了一次更为严重的祸害。造成此次祸害的罪魁祸首是一个埃及骗子。他假冒先知，诱惑了三千名容易受骗的人。他带着这些人穿过旷野，前往橄榄山，试图由此攻进耶路撒冷，打败罗马守军，从而夺取最高权力。但是，腓力斯早就预料到这一切，率领罗马军队出城迎战。他这样的行动得到了全民的支持。战斗开始后不久，埃及人就带着少数几人逃之夭夭，而大多数追随者要么被杀，要么被俘。②

---

① 《犹太古史》20.180—181。
② 《犹太战记》2.261—263。

从汲沦谷（Kidron Valley）远眺耶路撒冷的橄榄山。根据传统说法，图左方的万国大教堂（The Church of All Nations）是客西马尼园所在地。

这段记载来自《犹太战记》第二卷；《使徒行传》中也提到过这位埃及人。在腓力斯统治期间，当一些犹太人煽动群众图谋杀害保罗时，一位千夫长在耶路撒冷问保罗说："你莫非是从前作乱、带领四千凶徒往旷野去的那埃及人吧？"（21：38）这些都是发生在腓力斯统治期间的事情。

保罗被押往罗马并被宣判无罪

22. 经尼禄任命，非斯都接替腓力斯的职位。保罗在非斯都面前受审，之后被押往罗马。① 亚里达古（Aristarchus）与保罗同行，他在保罗书信中被称为"与我一同坐监的"。（歌罗西书 4：10）关于保罗坐监

---

① 参见《使徒行传》24：24—25；27。——中译注

的情况，《使徒行传》作者路加有过记述；他在《使徒行传》的结尾写道，保罗在罗马被软禁长达两年，在此期间，保罗宣讲福音，没有受到任何人的阻碍。据说，在［成功］为自己申辩后，保罗再次踏上宣讲福音的旅程，后来又第二次来到罗马，①之后在殉道中得着圆满。在这又一次坐监期间，他给提摩太写了第二封信，信中不仅谈到他早先的申辩，而且提及他的行将殉道。关于这些，请注意保罗本人的如下说法：

> 我初次申诉，没有人前来帮助，竟都离弃我；但愿这罪不归与他们。惟有主站在我旁边，加给我力量，使福音被我尽都传明，叫外邦人都听见。我也从狮子口里被救出来②。（提摩太后书4：16—17）

保罗在这里清楚说明了他初次的申辩、福音的被传扬，以及他"被狮子口里被救出来"，并且显然暗示了尼禄的残暴。而且，他也没有说"主将会救我脱离狮子的口"这样的话，因为他已在灵里看到，死亡正在来临。于是，他接着写道："主必救我脱离诸般的凶恶，也必救我进他的天国"③，此处暗示了他的行将殉道。还是在同样的这封书信里，他甚至更为清楚地说道："我现在被浇奠，我离世的时候到了。"（提摩太后书4：6）根据保罗在这封书信中的说法，当时只有路加在他身边。与此同时，路加很可能正在撰写《使徒行传》，记录自己与保罗

---

① 约公元66年。——英译批注
② 参见《诗篇》22：20—21，"耶和华啊，求你不要远离我……救我脱离狮子的口；你已经应允我，使我脱离野牛的角"。——中译注
③ 《提摩太后书》4：18。——中译注

一起时发生的事情。我之所以记述这些，乃是为了表明，保罗殉道并不是发生在路加与其同在罗马并且记述其事迹的那段时间。起先，尼禄的政策较为宽松，保罗因此才能得到机会做信仰申辩；①但是，尼禄后来却逐渐变得暴虐，犯下罄竹难书的罪行；众使徒与其他很多人一样也未能幸免。

耶稣兄弟雅各的殉道

23. 保罗向凯撒提出上诉，被非斯都派人押往罗马；这样一来，犹太人陷害保罗的企图就落了空。于是，他们转而开始图谋对付主的兄弟雅各。雅各曾受众使徒的委派，担任耶路撒冷主教。他们对雅各犯下的罪行如下。他们把雅各带到他们中间，在众人面前要雅各否定他对基督的信仰。②出乎他们意料的是，雅各在众人面前勇敢且大声地做出信仰告白：我们的救主耶稣基督是上帝的儿子。一般认为，雅各在哲学和宗教方面成就非凡，堪称义人中的义人，但是，犹太人再也无法继续容忍雅各的见证。当时，非斯都刚刚去世，整个犹太地陷入无政府状态之中；③于是，犹太人利用暂时掌握权力的机会，将雅各杀害。在前面的一段引文中，克莱门提到过雅各的死亡情形：雅各被从圣殿的护栏上扔到地面，之后又被人用洗衣棒活活打死。不过，最为详尽的记载来自比使徒晚一代的黑格希普斯。他在《回忆录》(*Memoirs*) 中写道：

---

① 直到保罗受审的公元 62 年，当时情况确实如此。然而，尼禄的顾问塞涅卡于该年退休，此后，尼禄开始受到提格利努斯（Tigellinus）的恶劣影响。
② 公元 62 年。——英译批注
③ 直到公元 62 年。——中译注

教会［的管理权］传到了众使徒和主的兄弟雅各的手中。从主的时候直到如今，这位雅各一直被众人称为"义者"，这是因为：当时有很多人也叫雅各，而这位雅各自从母腹起就被奉献给上帝。他滴酒不沾，从不吃肉，从不剃头，①从不洗澡，而且没有受过膏油礼。只有他被允许进入至圣所，因为他从不穿羊毛衣，只穿细麻衣。②他习惯于独自进入圣殿，常常跪下祷告，为众人祈求宽恕；由于长时间的屈膝祷告，他的膝盖变得像骆驼的一样硬。正是由于他非凡的公义，他被称作"义者"和"奥布里阿斯"（Oblias）——这个希腊词的意思是："人民的保护者"和"公义"——，这应验了先知关于他的预言。

我在本书中已提到过，七个犹太支派的代表曾问他，"耶稣之门"是什么意思，他回答道：耶稣是救主。由此，一些人开始相信耶稣是基督。虽然上述七个支派的代表并不相信复活③，也不相信有一位会来按照各人的行为报应各人④，但是，还是有许多人因为雅各的缘故相信了这些，而且有些领袖人物也相信了⑤。这在犹太人、文士和法利赛人之中引起不小的骚动，他们担心所有人都会把耶稣当作基督。于是，他们聚集到一起，对雅各说："我们请你制止那些人，他们偏行己路，追随耶稣，以为他就是那基督。我们都十分信任你，请你劝说那些前来参加逾越节的人，

---

① 参见《民数记》6：1—5,《路加福音》1：15，"他［施洗约翰］在主面前将要为大，淡酒浓酒都不喝，从母腹里就被圣灵充满了。"——中译注
② 也就是说，他有权穿戴祭司的衣服。——中译注
③ 参见《使徒行传》23：8，"因为撒都该人说：没有复活，也没有天使和鬼魂，法利赛人却说：两样都有。"——中译注
④ 参见《启示录》22：12，"看哪！我必快来！赏罚在我，要照各人所行的报应他。"——中译注
⑤ 参见《约翰福音》12：42，"虽然如此，官长中却有好些信他的；只因法利赛人的缘故，就不承认，恐怕被赶出会堂。"——中译注

让他们不要相信耶稣。我们和众人都可以担保,你是公义的,而且不以貌待人。①我们和众人都十分尊重你,请你劝说那些人不要在关于耶稣的问题上犯错。请你站到圣殿的护栏边,这样,那些前来参加逾越节的人,不管是犹太各支派的人,还是外邦人,都可以清楚地看到站在高处的你,听到你的声音。"

于是,文士和法利赛人把雅各带到圣殿的护栏边,对雅各喊道:"义人啊,我们众人都应该相信的义人啊,既然现在有人偏行己路,追随被钉十字架的耶稣,那就请你告诉我们,'耶稣之门'是什么意思?"雅各大声回答道:"你们为什么问我关于人子的问题呢?他正在天上,坐在大能者的右边,将来还要驾着天上的云降临。"②由于雅各这样的见证,许多人深表信服,并且为此欢喜不已,他们喊道:"和撒那,归于大卫的子孙。"③于是,文士和法利赛人相视而言:"我们犯了一个大错误,居然让他给耶稣作了一个这样的见证。让我们上去把他扔下来,这样众人就会感到惧怕,不再相信他。"接着,他们大声叫道:"哦,哦,连这位义人也走偏了!"这正应验了以赛亚的预言:"让我们除掉那义人,因为他对我们毫无益处。因此,他们要吃自己行为所结的果子。"④

于是他们上去,把义者雅各扔了下去,而且彼此说:"让我们用石头打死义者雅各。"看到摔到地上的雅各尚未死去,他们开始用石头击打雅各。雅各却转身跪倒在地说:"我祈求你,主、上帝

---

① 参见《路加福音》20:21,"奸细就问耶稣说:'夫子,我们晓得你所讲所传都是正道,也不取人的外貌,乃是诚诚实实传神的道。'"——中译注
② 参见《但以理书》7:9—14,《马太福音》26:64,《使徒行传》7:56。——中译注
③ 参见《马太福音》21:9。——中译注
④ 第二句来自《以赛亚书》3:10;第一句并非出自《以赛亚书》,而是引自《所罗门智慧书》。——英译注
另参见《箴言》1:31,"所以必吃自结的果子"。——中译注

和父亲,赦免他们:他们所作的,他们不晓得。"①正当他们用石头击打雅各的时候,一位祭司——他是利甲族的后裔,先知耶利米曾经提到过利甲族②——大声喝道:"住手!你们在干什么?义者正在为你们祷告呢!"但是,其中有一位洗衣工,他拿起平时用来洗衣服的洗衣棒,猛击义者雅各的头部。此即义者雅各殉道的经过。人们把他葬在圣殿旁,他的墓碑直到今天在那里还能看到。在犹太人和外邦人面前,义者雅各做出了真正的见证:耶稣就是基督。

此后不久,苇斯巴芗开始围城,向犹太人发动进攻。

耶路撒冷圣殿,义者雅各在此遇害(M. Avi-Yonah 制作的模型)。

---

① 参见《路加福音》23:34。——中译注
② 《耶利米书》第35章曾提到过利甲族。不过,没有证据表明,被纳入以色列人之中的利甲族有资格产生祭司。伊比芬尼(Epiphanius)则认为,在这段故事中出现的不是利甲族人,而是革罗罢之子西面(Simeon, son of Clopas)。

以上就是黑格希普斯关于雅各之死的完整记述，这记述与克莱门的说法相一致。雅各的确是一位非同寻常的人物，他被当作义人，广受尊重；由于这个缘故，犹太人中有智慧的人都认为，正是由于雅各的殉道，耶路撒冷马上就遭受了围城的报应。约瑟夫算是其中的一位，他毫不犹豫地写道：

这些事情之所以临到犹太人，乃是因为他们无视义者雅各的公义，杀害了他；他是那被称为基督耶稣的兄弟。①

约瑟夫在《犹太古史》第二十卷中也描述了雅各之死：

在得知非斯都的死讯后，凯撒［尼禄］任命阿尔比努斯（Albinus）为新的犹太总督。但是，刚刚获得大祭司一职的小亚那努斯，不仅刚愎自用，而且好走极端。他所属的教派是撒都该派，这一派的人堪称法庭上最残忍的犹太人，关于这一点，我在前面已提到过。由于上述性格的缘故，亚那努斯以为，非斯都刚死不久，阿尔比努斯还在路上，自己趁机可以做点什么。于是，他召集犹太公会的法官，把那被称为基督的耶稣的兄弟雅各和其他人一起带到他们面前，指控这些人违背了律法，应当用石头打死。然而，城中有些被认为最能持守公平、严格遵守律法的居民，被亚那努斯的行为激怒。于是，这些居民秘密接触国王［亚基帕二世］，敦促国王下令亚那努斯停止进一步行动，因为亚那努斯先前的行为是不正当的。有

---

① 在现存的约瑟夫文献中，找不到这句话。奥利金曾引证过这句话；这说明，优西比乌并没有杜撰这句话。但是，这段被奥利金和优西比乌分别引用过的文字，很有可能是经过篡改的。

人甚至还前去面见从亚历山大东来的阿尔比努斯,告诉他:亚那努斯僭越权限范围,未经批准就召集犹太公会议。听到这些,阿尔比努斯深感愤怒,于是写信给亚那努斯,警告他小心惩罚。由于这个缘故,亚基帕二世解除亚那努斯仅仅担任三个月的大祭司职务,并以达姆奈乌斯之子耶稣(Jesus, son of Damnaeus)取而代之。①

这就是与雅各有关的一些故事。曾有人认为,所谓大公书信(General Epistles)②中的第一封乃是出自雅各的手笔。这种说法的真实性显然值得怀疑,因为在早期作家中很少有人援引过这封书信。至于七封大公书信中的《犹大书》,情况也大体如此。尽管如此,这两封书信与其他书信一样在大多数教会中被经常使用。

24. 尼禄在位第八年,安尼亚努斯(Annianus)继福音书作者马可之后,执掌亚历山大教区。

尼禄对基督徒的迫害

25. 尼禄在权力得到稳固后,旋即开始筹划各项邪恶行为,与全宇宙的上帝作对。描述他的堕落与邪恶,并非本部作品的任务。关于他的情况,很多人都作过准确记载。藉着这些记载,有心之人可以了解到,他的疯狂有多么扭曲和极端。正是出于这样的疯狂,他毁灭了无数人的生命,甚至连最亲近的人也不放过。他以不同的方式杀害了自己的母亲、众弟兄和妻子,以及数不胜数的其他近亲,就好像这些人

---

① 《犹太古史》20.197—203。
② 或译"普通书信"。——中译注

都是陌生人或仇敌一般。除此之外，他还是第一位自称与神圣者为敌的皇帝。关于这个罗马人，德尔图良曾这样写道：

> 查看一下你们自己的记录，你们就会发现：正是尼禄，第一次开始利用帝国的刀剑对付在罗马方兴未艾的〔基督教〕教派。我们可以夸口，因为剪除教会的始作俑者是尼禄；每一个了解尼禄的人都很清楚，只有至善的东西，才会遭到尼禄的谴责。①

这就是关于尼禄的一些情况。作为第一个公开反对上帝的人，他听信谗言，开始对众使徒下手。根据记载，正是在尼禄统治期间，保罗在罗马被斩首，彼得也被钉上十字架；罗马当地至今还遗留着名为彼得和保罗的墓地，这佐证了上述记载的真实性。另外，一位名为该犹（Gaius）的教士也证明了这一说法。该犹大约生活在泽菲里努斯（Zephyrinus）担任罗马主教的时候，他曾与弗吕家教派（孟他努派）的领袖普罗克鲁斯（Proclus）有过书信往来。在其中一封信中，该犹提及上述两位使徒所遗留圣物的安放之地：

> 我可以告诉你两位使徒的战利品〔纪念物〕在哪里。如果你到梵蒂冈或奥斯提安大道（Ostian Way），你就可以在那里找到这些战利品；正是这两位使徒，建立了这间罗马教会。②

---

① 《辩护篇》（*Defense*）5。这段引文中的第一行直接译自德尔图良的拉丁文文本。优西比乌的希腊文译者如下译文有误："自从征服整个东方之后，尼禄在罗马变得特别凶残。"尼禄从未征服过东方。——英译注

据 Williamson 英译注，尼禄在公元 64 年击败东方的帕提亚人。——中译注

② 罗马教会的建立者并非彼得或保罗，在保罗来到罗马之前，那里已经建有教会（参见《罗马书》1：8—11）。不过，由于这两位使徒很早就已殉道，所以，我们并不难理解：在罗马教会上，这两位使徒很快就被当作所谓的荣誉创立者。

此外，保罗和彼得差不多同时殉道；在写给罗马人的一封信中，哥林多主教狄奥尼修斯（Dionysius）证实了这一点：

> 我借此劝诫你们，彼得和保罗先前都曾在罗马人和哥林多人中间播散过种子，你们现在已和这些种子的果实结合在一起；因为他们两人不仅在我们哥林多播散种子，①教导我们，而且也在意大利的同一个地方一起教导众人，后来，两人同时殉道。②

这几段引文应该可以进一步佐证上面描述过的事实。

犹太—罗马战争的爆发

26. 关于犹太全民族的这场浩劫，约瑟夫有过详细记述。根据他的记载，战争爆发于尼禄在位的第十二年。③当时，弗洛鲁斯（Florus）在犹太担任总督。在他的命令之下，无数犹太上层人士遭受鞭打，并且在耶路撒冷当地被钉上十字架。此外，在犹太人发动叛乱后，叙利亚全境随之爆发骚乱，很多城市的犹太人因此被当作敌人，受到毫不留情的攻击。在这些城市中，四处可见尚未掩埋的死尸。这些死尸，不管是老人、儿童还是妇女，都无片缕遮身。整个犹太省都充满了难以言状的恐慌。但是，较之现在发生的暴行而言，将来可能再次发生暴行的威胁则让人更为感到恐惧。以上即是约瑟夫的相关记载，犹太人当时的处境由此可见一斑。

---

① 参见《哥林多前书》1∶12，"我的意思就是你们各人说：'我是属保罗的'，'我是属亚波罗的'，'我是属矶法［彼得］的'，'我是属基督的。'"——中译注
② 其中关于哥林多教会的说法，很难得到新约的佐证，新约只单单提到保罗是哥林多教会的创立者。另外，两人同时在罗马殉道的说法也不太可靠。
③ 公元66年。——中译注

这座高达 84 英尺的方尖碑见证了尼禄对基督徒的第一次大规模迫害。卡利古拉把它从埃及的赫流坡利（Heliopolis）带到罗马，安放在位于梵蒂冈河谷的竞技场上。如今，这座方尖碑矗立于罗马圣彼得大教堂（St. Peter's Basilica）前的广场上。

评注　优西比乌论众使徒

　　优西比乌以《使徒行传》为基础，利用约瑟夫、斐洛、克莱门、德尔图良、黑格希普斯等经外资源，巧妙地补充了新约的记述。他显然十分依赖约瑟夫，这并不难理解，早期的基督教作家普遍都这样做过，其中的原因可能在于：约瑟夫的作品经过多次眷抄，得以留传下来，而其他历史学家的作品则早已销声匿迹。此外，优西比乌也颇为推崇斐洛，因而极力地试图把斐洛笔下的埃及苦修者解释成早期的基督徒，尽管这种努力并不成功。而且，他一度抛开本书主旨，长篇累牍地记述斐洛的作品，这反映了优西比乌对文献史的痴迷——这种痴迷，正是优西比乌全部作品的基本特征。

　　在文本处理方面，优西比乌堪称大师，他把新约记述中许多不太清楚的结局相互串联在一起，而且在可能之处极尽渲染之能事。在描述彼拉多关于耶稣的报告以及提庇留对此的反应时，优西比乌说这段记述来自西方教父德尔图良，试图以德尔图良的权威来证明该记述的真实性；同时，优西比乌设想到，彼拉多最后自杀身亡。（与彼拉多自杀身亡的传统说法一样，以为提庇留对报告积极作出回应，并且对耶稣产生好感，这种说法也是极为可疑的。）西门·马古斯本是《使徒行传》第八章中的配角，但是，他在此之后的生涯，经过殉道者查士丁的渲染，最终在优西比乌那里得到过分的夸张。《使徒行传》主要关注的是保罗的传教事工，而优西比乌则在本卷和下一卷交代了众使徒的传教事工的目的地。

不过，关于彼得和保罗在罗马的遭遇，有许多更为扎实的历史依据；而优西比乌引用的却是该犹长老关于其"战利品"的说法，这具有极其重要的意义。类似地，关于耶稣同母异父的兄弟、耶路撒冷教会首任主教雅各的殉道，优西比乌征引约瑟夫和黑格希普斯的相关记述，而且很少添加他自己的说法。这些资料是新约相关记载的重要补充。

利用罗马皇帝的在位时间作为编年史的参照，这是贯穿于大部分《教会史》的基本结构。不过，优西比乌偶尔会打破这个常规，比如，他首先把读者带入卡利古拉统治时期，然后再折回到提庇留统治时期，记述犹太人与彼拉多之间发生的种种纠葛。不过，优西比乌这种打破常规的做法，仅仅是为了阐明他作为史学家经常要提及的主题：因为犹太人"对基督所犯的罪行"：把耶稣钉上了十字架，上帝的报应临到了犹太人。至于这种归因于犹太人的集体罪恶是否具有某些正当的神学或历史依据，优西比乌并未加以讨论。在教会史上的前几个世纪里，其他的基督徒作家也犯有这样的错误，从而使得教会与会堂的冲突愈演愈烈。诚然，犹太公会的领袖及其随从确实都参与了耶稣在彼拉多面前的受审，但是，倘若有人以为同时代的所有犹太人都反对耶稣，那么他们至少忽略了《路加福音》23：27 这节经文①，而

---

① "有许多百姓跟随耶稣，内中有好些妇女，妇女们为他号咷痛苦。"——中译注

且，这极有可能带来悲剧性的后果。

在公元1世纪，罗马历史可谓丰富多彩。14年，也就是耶稣诞生后的第十八或十九年，伟大的**奥古斯都**离开人世，随后接连登基的是朱利安—克劳狄王朝（Julio-Claudian Dynasty）的四位皇帝。奥古斯都继子**提庇留**（14—37）是耶稣公开传道时的皇帝；在选定提庇留当皇帝之前，奥古斯都曾先后指定过四位继承人，可是他们都先于提庇留告别人间；有过这样遭受忽视的经历，提庇留心里不免多少有些怨气。但是，登上王位后，提庇留证明了自己的治理才能，帝国也因此呈现出一片繁荣景象。后来，提庇留离开罗马，前往卡普里岛，在该岛度过其生命的最后十年；他的声望由此大大受损。此外，31年发生过一次政变，这次政变险些颠覆了提庇留的皇位，并且引发了对他的怀疑，其声望也因此遭受损害。

26年，提庇留任命本丢·彼拉多担任犹太总督；他可能审阅过彼拉多关于耶稣被钉十字架的33年年度报告（acta）。这些报告均已佚失，优西比乌和之后其他人所记载的相关内容均系伪造。担任总督十年后，彼拉多被召回罗马，不过，在彼拉多回到罗马前，提庇留已于37年3月驾崩，根本就无从听取彼拉多的报告。

之后，提庇留外孙**该犹·卡利古拉**（37—41）继承皇位。他本是一位缺乏教养的王子，开始执政时的表现还算差强人意。但是，他不久就得了精神病，变成一个淫荡的妄想狂，开始滥杀无辜。最后，他被刺客暗杀。卡利古拉的统治虽然短暂，但充满血腥。在当政期间，他每一个月都会做出凶残暴虐的行为；因此，他大概是罗马历史上最为糟糕的皇帝。

后来，卡利古拉的叔叔克劳狄（41—54）登上王位，正是在他当政期间，保罗曾进行过三次传教旅行。克劳狄本来早就有希望登上王位，只是因为他运动神经损伤、行动不便的缘故，卡利古拉才被选为皇帝。事实令人惊讶地证明，克劳狄是一位颇有成就的统治者。43年，不列颠被纳入罗马版图；与此同时，克劳狄大兴土木，在帝国全境大量修建公路、水渠、桥梁和浴场，成功地施展了他的行政才能。

根据《使徒行传》18：1—4 的记载，克劳狄一度驱逐所有犹太人领袖，命令他们离开罗马，由此，亚居拉和百基拉来到哥林多，成为保罗的同工。但是，克劳狄在女人方面一直不走运，他的侄女兼第四任妻子亚基帕娜（Agrippina）为了让自己的儿子登上皇位，用一碗有毒的烂蘑菇夺去了他的性命。

接着，亚基帕娜上一次婚姻所生的儿子尼禄（54—68 年）抢走本属于克劳狄亲生儿子布里坦尼克（Britannicus）的皇位，成为下一任皇帝。尼禄有一位家庭教师兼私人顾问，即哲学家塞涅卡，塞涅卡是迦流的兄弟，而迦流是亚该亚（Achaia）①总督，曾当庭释放过保罗（使徒行传18）；这些有助于说明，保罗在凯撒利亚坐监期间为什么曾向尼禄上诉。64 年夏天，罗马城发生大火，尼禄饱受指责。为了逃避罪责，尼禄指控基督徒是纵火者，并且下令惩罚基督徒。这次迫害的范围只是地区性的，并未遍及帝国全境。但是，对于后来的所有迫害来说，这次迫害却是一个极为有害的先例。彼得和保罗的殉道，也可能与此有关。两年后，大规模的犹太战争爆发。再过两年，也就是68 年6 月，军队和禁卫军发动叛乱，尼禄自杀身亡。他是朱利安—克劳狄王朝的最后一任皇帝。

---

① 希腊伯罗奔尼撒半岛北部的古省，时为罗马行省，包括马其顿以南所有的希腊领土。——中译注

上图:圣保罗大教堂(Basilica of St. Paul),位于罗马城墙之外。根据传统的说法,此处是保罗的葬身之所。

下图:这块略微发白的大理石板出自君士坦丁的时代,底下覆盖着的据说是保罗的坟墓。图中刻有红色的拉丁文碑文,意为"献给使徒和殉道者保罗"(To Paul, Apostle and Martyr)。

第三卷 传道与迫害

从加尔巴到图拉真

使徒的传教目的地及其作品

1. 以上就是关于犹太人的一些情况。也正是在同时,我们救主的神圣使徒四散于世界的各个角落。按照传统说法,多马被派往帕提亚(Parthia)①,安得烈被差往塞西亚(Scythia)②,约翰被遣往亚细亚(Asia)③,他后来在以弗所停留,并且终老于此。彼得的传教对象似乎是在本都(Pontus)④、加拉太(Galatia)⑤、庇推尼、加帕多家(Cappadocia)⑥和亚细亚各地流散的犹太人。⑦后来,彼得来到罗

---

① 亚洲西部古国,在今伊朗东北部,位于底格里斯河与印度之间。——中译注
② 古代欧洲东南部以黑海北岸为中心的地区。——中译注
③ 罗马帝国行省,今属土耳其,即后来被称为小亚细亚的西部,首府为以弗所。——中译注
④ 罗马帝国行省,位于黑海南岸的小亚细亚。——中译注
⑤ 罗马帝国行省,即后来被称为小亚细亚的东部,今属土耳其。——中译注
⑥ 罗马帝国行省,位于小亚细亚。——中译注
⑦ 优西比乌的这种说法似乎是来自《彼得前书》1章。这里的亚细亚指的不是亚洲大陆,而是作为罗马行省三分之一的小亚细亚。——英译注
《彼得前书》1:1,"耶稣基督的使徒彼得,写信给那分散在本都、加拉太、加帕多家、亚西亚、庇推尼寄居的……"另外,所谓犹太人的流散,在这里指的是犹太人离开巴勒斯坦,向各地迁移。——中译注

马,在此被钉十字架,并且按照他自己的要求,被倒钉十字架。① 保罗则从耶路撒冷出发,一路宣扬福音,直到以利哩古,②最后在尼禄统治下的罗马殉道。关于保罗,我们应该说点什么呢? 奥利金在其《创世记注释》(*Commentary on Genesis*)第三卷已专门记述过保罗的所作所为。

2. 在保罗和彼得殉道后,第一位被任命罗马主教的人是利奴(Linus)。保罗曾从罗马给提摩太写过一封信,他在最后的问候语中提到过这位利奴。(提摩太后书4:21)

3. 彼得名为《彼得前书》的那封书信被广为接受,早期诸教父曾在作品中毫无异议地引用过这封书信。不过,所谓的《彼得后书》,在我们看来并非正典,尽管很多人认为《彼得后书》颇有裨益,而且还像研究其他经卷那样研究过这封书信。此外,我们也知道,还存在所谓的《彼得行传》、《彼得福音》、《彼得证道集》和《彼得启示录》,这些作品并不属于传统的大公作品之列,因为从起初到现在的教会作家都无人引用过其中的见证。我将在记述过程中力图谨慎且扼要地说明:每个时代中不同教会作家对有争议作品的引用、他们对公认正典经卷的说法,以及他们对非正典经卷的看法。在我看来,在上述归于彼得的作品中,只有一封书信是真的,早期教父也普遍接受这封书信。

保罗显然是那十四封书信的作者。有人认为,《希伯来书》既然遭到罗马教会否认,就不是保罗的作品;在适当的时候,我将结合前人

---

① 在奥利金(死于254年左右)之前,没有教父提到过这种说法。
② 参见《罗马书》15:19。——中译注

说法处理此问题。所谓的《保罗行传》确系伪造，并非保罗作品。另外，保罗曾在《罗马书》结尾的问安中提到过黑马（Hermas）①。一般认为，这位黑马是《牧人书》(The Shepherd) 的作者。该书毁誉参半，一部分人表示否认，拒绝接受其权威；另一部分人则认为该书不可或缺，尤其对于施行入门教育而言更是如此。与此相应的是，该书曾被用于公开崇拜，并且还被一些最早期的作家引用过。

4. 保罗向外邦人宣讲福音，彼得则在上面提到的那些城市和省份向受过割礼的人宣讲福音。但是，我们很难断定，在保罗和彼得所建立的各教会之中，除了保罗在书信中提到的无数同工和路加在《使徒行传》中提到的保罗的门徒之外，究竟还有多少有热心并有能力成为牧者的人。比如，据说，提摩太被委任为以弗所教区首任主教，提多则被任命为克里特（Crete）②教会首任主教。

路加生于安提阿，以医生为业，他长期陪伴在保罗身边，而且与其他使徒也过从甚密。他著有两部由圣灵默示的圣书，即《路加福音》和《使徒行传》，在其中留下了众多关于医治灵魂的例子，这些例子均来自众使徒的教导。在《路加福音》中，路加开宗明义地声明，其记述乃是"照传道的人从起初亲眼看见又传给我们的"③。路加写作《使徒行传》的根据，并非道听途说，而是亲眼目睹。据说，每当保罗说到"照我的福音所言"④时，他说的其实就是《路加福音》。

在保罗的其他同伴中，革勒士（Crescens）被派往加拉太（提摩太

---

① 参见《罗马书》16：14。黑马可能是罗马教会里的奴隶或被释放的奴隶。——中译注
② 和合本中译本作"革哩底"。——中译注
③ 《路加福音》1：2。——中译注
④ 《罗马书》2：16，16：25（"照我所传的福音"）和《提摩太后书》2：8（"合乎我所传的福音"），等等。——中译注

后书4：10），还有利奴，我们在前面已提到过他，他曾与保罗同在罗马，后来被任命为继彼得之后的首任罗马主教。克莱门是罗马第三任主教，他也是保罗的同工与战友；保罗也曾提到过这些（腓立比书4：3）①。此外还有大法官丢尼修（Dionysius the Areopagite），他是保罗在亚略巴古辩道后的第一位皈依者，路加在《使徒行传》（17：34）中曾提到过这一点，经哥林多教区的牧者另一位丢尼修的提名，大法官丢尼修被任命为雅典首任主教。关于使徒传承的具体历史细节，我们将在适当时候加以记述。

罗马军队围攻耶路撒冷

5. 继尼禄在位十三年后，②加尔巴（Galba）和奥托（Otho）接连统治了一年半光景。之后，在对犹战争中功名显赫的苇斯巴芗在犹太地被军队拥立为最高统帅（imperator）；③苇斯巴芗即刻挥师向罗马进发，把讨伐犹太人的战事交由儿子提图斯负责。

在我们救主升天后，犹太人继续犯罪，处心积虑地要让众使徒不利。首先，他们用石头打死司提反。接着，雅各，即西庇太的儿子和约翰的兄弟，又被他们斩首。最后，如前所述，首任耶路撒冷主教雅各也惨遭他们下的毒手；其他众使徒也因为种种逼迫，逃离犹太地。这些使徒逃到四方，藉着基督的大能在各地传扬福音，因为基督曾对他们说："你们要去使万民作我的门徒。"（马太福音28：19）在此期

---

① "……还有克莱门并其余和我一同作工的，他们的名字都在生命册上。"革利免即克莱门。——中译注
② 公元68年。——英译批注
③ 尼禄死于68年6月9日，加尔巴（68年6月至69年1月在位）、奥托（69年1月至4月在位）和维特里乌斯（69年4月至11月在位）三人接连继位。出于某种原因，优西比乌避而不提维特里乌斯。正是在维特里乌斯在位期间，苇斯巴芗于69年7月1日在亚历山大称帝。

间，一项神谕在战争来临之前藉着启示临到那些配得领受的人，命令耶路撒冷教会撤离该城，退至比利亚地的佩拉城（Pella）。于是，该教会离开耶路撒冷，来到彼拉；这就好像，一旦神圣的人弃绝犹太人的圣城暨京都，上帝的审判最终就会临到犹太人，彻底铲除这罪恶的一代犹太人，因为他们对基督及其使徒犯下了无数罪行。

有心人若想准确回顾整个犹太民族所遭受的种种不幸，可参考约瑟夫的相关历史记述。比如，犹太地居民如何被逼入绝境，数千名男女［老］幼如何死于刀剑、饥荒和其他种种灾难，无数犹太名城在被围攻之时如何饱受惊慌之苦，特别是那些逃向所谓"固若金汤的城堡"耶路撒冷以求庇护的人们感受到了怎样的恐怖。这些有心人可以进而考察整个［犹太］战争的具体进程和圣殿的被毁经过。如同先知所预言的一样，自古以来就享有盛誉的圣殿被大火毁于一旦，最终变成一片荒凉之地。此外，我还想指出，约瑟夫曾估算过，在逾越节期间，大约有三百万人从犹太各地涌入耶路撒冷，就好像挤进一座监狱一样。正是在他们杀害救主的逾越节期间，他们好像被关入耶路撒冷城这座监狱一样，将要接受上帝的公义所判给他们的毁灭下场。接下来，姑且不谈他们所遭受的刀剑之苦和其他苦难，我只想记述一下他们所遭受的饥荒之苦，好让读者明白，在他们杀害基督后不久，上帝的惩罚马上就临到他们。

6. 让我们再次打开约瑟夫《犹太战记》的第五卷，看看当时发生的种种惨剧：

> 富人若是滞留在城内，情形同样非常危险，许多富人被杀，表面上是因为他们弃城而逃，其实不过是为了他们的钱财罢了。

随着饥荒的愈演愈烈，叛乱者也变得越来越疯狂，由此而来的恐慌也与日俱增。由于粮食紧缺，叛乱者便擅闯民宅，大肆劫掠。若是搜到食物，叛乱者就会折磨主人，因为主人谎称没有食物；倘若没有找到食物，叛乱者照样会拷打主人，以为主人把食物藏起来了。在这些叛乱者看来，从这些不幸的可怜人的体态就可以判断出，他们是否拥有食物：看样子气色不错的，叛乱者就断定他拥有充足的食物；看样子面黄肌瘦的，叛乱者就放他一马，他们大概以为，杀掉一个快要饿死的人不太合情理。许多人会偷偷地用家里的东西换些粮食，有钱的换小麦，没钱的就换大麦。然后，他们把自己关在家中最隐蔽的内室，其中一些人由于极度饥饿而生吃粮食，另一些人则出于必需或恐惧的缘故烤制面包。室内连一张饭桌都没有，人们直接从火中取食，然后把半生不熟的食物撕碎［，直接送到嘴里］。

强者大肆劫掠，弱者黯然神伤，这种弱肉强食的场面，不禁让人流下同情的泪水。饥荒确实不啻为最最糟糕的困境，在这种困境中，人当有的礼义廉耻成了最大的牺牲品：妇女抢走自己丈夫口中的食物，儿女抢夺自己父亲的口粮，然而，最为可悲的莫过于，母亲竟然抢夺自己婴儿的食物，尽管亲眼目睹至爱的婴儿在自己怀中奄奄待毙，她们却毫不迟疑，根本不顾婴儿是否可以多活一刻，夺去婴儿的最后一口食物。虽然情况如此窘迫，这些人还是有可能遭到暴徒的洗劫；暴徒们只要看到任何一扇紧闭的门，就会以为有人在里面进食，于是破门而入，想从进食者的口中抠出已经咽下的食物。老人若是不肯交出食物，就会遭到毒打；妇女若是抱着食物不放，她的头发就会被用力拉扯。不管是对老人还是对婴儿，暴徒们都没有丝毫的怜悯之心，婴儿若是紧攥着手中的食物碎屑不放，也会被他们狠狠地扔到地上。对那些料到暴徒会来抢食物而先把食物吞下的人，暴徒的行为就会变得更加凶残，仿佛他们受了欺骗。

在逼问食物下落的时候，暴徒们设计出种种折磨人的可怕方法，比如，他们把味道苦涩的野豌豆塞进受害者的生殖器，用尖头的木桩插进受害者的臀部，这样的酷刑听起来都让人觉得不寒而栗，可是，使用这样酷刑的目的居然只是为了迫使受害者交出所藏匿的一小块面包或几粒大麦。假若这些暴徒折磨受害者只是出于自身饥饿的缘故，那么，他们的凶残行径也不至于那么恶劣。但是，这些暴徒是在放纵自己的疯狂行径，将食物藏起来以备不时之需。一些居民趁夜跑到城外，在罗马军营附近偷挖野菜。他们本以为自己已逃脱罗马人的网罗，不料在回城的路上却遭到暴徒们的埋伏，刚刚挖来的野菜又被抢劫一空。这些居民不住地祈求，甚至呼求可畏的上帝之名，想要拿回一点点自己冒着生命危险采来的野菜，但是，暴徒们却不理不睬，扬长而去。这样的遭遇还算是不幸中的万幸，毕竟，这些居民至少算是保住了自己的性命。①

在记述完一些具体细节后，约瑟夫继续写道：

既然无法逃离耶路撒冷城，犹太人也就失去了继续生存下去的希望。饥荒越演越烈，家家户户都被它吞噬。房间里满是妇孺的尸体，小巷内则满是老人的尸体。由于饥荒而体态浮肿的青年

---

① 《犹太战记》，5.424—438。

男子和男孩，如幽魂一般在市集游走，随时都有可能在什么地方倒地而死。羸弱的人没有力气掩埋自己的亲人，而那些身体还算过得去的人却尽量逃避掩埋尸体的任务，一是因为死尸数量太多；二是因为他们自己的命运也充满了不确定因素：有的人在掩埋尸体时就突然倒地身亡，有的人趁着自己还活着赶紧自掘坟墓。没有哭泣，也没有哀嚎，饥饿已经胜过一切情感；就这样，还在苟延残喘的人看着已先走一步的人。整个城市笼罩在无边无际的沉默和令人窒息的黑暗之中。

更有甚者，有些强盗闯入民宅，剥去死者身上的衣裳，并且乐此不疲。强盗们用手中的刀剑乱刺尸体，有时候甚至只是为了试试刀剑是否锋利，他们也会用刀剑刺一刺那些还活着的人。有些人祈求强盗给自己来一个痛快的了断，强盗们却嗤之以鼻地丢下这些人扬长而去，让这些人在饥饿中等待死亡的来临。就这样，这些人在饥饿中结束了自己的生命。不过，这些人的双眼始终都紧盯着圣殿的方向，而非那些扬长而去的强盗们的方向。一开始，他们调拨公款，请人掩埋尸体，因为尸体发出的恶臭太让人难以忍受。但是到了后来，由于尸体数量太多，他们干脆就把尸体从城墙上直接扔到下面的河谷。当提图斯照例巡视战场时，他看到城墙外尸体堆积如山，不仅发出阵阵恶臭，而且还血迹斑斑。为此，提图斯歔欷不已，请求神明见证这一切都与自己无关。①

---

① 《犹太战记》，5.512—519。

在稍作评论后,约瑟夫继续写道:

> 我不得不说出我自己的感受:我认为,倘若罗马人晚点攻击这些邪恶之徒,这座城市就会被裂开的土地吞噬,或者被洪水淹没,或者像所多玛那样被雷电毁灭。①因为城里不敬虔的邪恶之徒远远多于那些遭受苦难却依然敬虔的人。正是由于这些邪恶之徒的疯狂行径,全城的人都要走向灭亡。②

在第六卷,约瑟夫写道:

> 即使是为了一丁点儿食物,最好的朋友之间也会彼此发生争斗。还有一些人则由于饥饿,像疯狗一样张大着嘴四处游荡,或者如酒鬼一般到处敲门,他们在不顺的时候③可能会在短短一小时内数度闯进同一户人家。他们什么都往嘴里塞,就连最污秽的畜牲都不愿触碰的东西,他们也都照吃不误。到头来,他们开始以皮带和鞋子为食,或者扯下盾牌上的皮革当作食物。一些人还以干草为食,因为有人专门收集干草来赚取钱财,小小一把干草就值四钱银子。
>
> 饥饿迫使他们以无生命的物品充饥,但是,我为什么要提起这些呢?接下来,我要讲述一件事情,这件事情骇人听闻,简直让人难以启齿、难以置信,而且在希腊和其他国家都找不到先例。若非同时代无数见证人的支持与确证,我本来宁愿略过这段悲剧不谈,

---

① 《创世记》19:23—28。——中译注
② 《犹太战记》,5.556。
③ Williamson 英译本作"in their helpless state"。——中译注

省得后人怀疑我瞎编乱造。从前,有一位名叫玛利亚(Mary)的妇人,她是以利亚撒的女儿,住在约旦河东岸一座名为贝赛祖[Bathezor, 意为"牛膝草之家"(House of Hyssop)]①的村庄。玛利亚出身名门望族,她也和大家一起逃到耶路撒冷避难,结果被围城的罗马军队困在城内。暴徒首领抢走了她从比利亚带来的绝大部分物品,然而这些首领的保镖还是每天闯进她的家,抢夺她剩下的财产和口粮。她怒不可遏,大声斥责这些暴徒,但是,由于暴徒并没有出于愤怒或怜悯结果她的性命,她愤怒不已,难忍的饥饿甚至泯灭了她的母性;她抓起自己还在吃奶的男婴,对他说道:"可怜的小东西!我为什么还让你在战争、饥荒和叛乱中苟延残喘呢?倘若能活下去,我们就有可能成为罗马人的奴隶;可是,成为奴隶后,我们还是会受到饥饿的折磨。而且,暴徒们比这些更可怕。来吧,成为我的食物吧;这样一来,我们就可以报复那些叛乱的暴徒,也可以成为犹太人苦难经历的见证,整个世界都将会听到我们的见证。"话音未落,她就杀死了自己的儿子,把他放在火上烤,然后吃掉一半,藏起另外一半。

事情过后不久,暴徒再次闯入她家,他们闻到一股异样的气味,就以性命作要挟,胁迫她交出食物。她说她已为他们备好一道美味,一边说着,一边揭开盖在她儿子遗骸上的东西。暴徒们一看到这具遗骸,便吓得目瞪口呆。她却接着说:"他是我的亲生骨肉,也是我亲手杀死的。吃啊,我已经吃过了。不要比女人更软弱,也不要比妇人更仁!不过,倘若你们不喜欢或者不满意这

---

① "牛膝草",一种灌木类植物,犹太人在举行仪式时常用牛膝草的枝叶洒酒或圣水,有时也用来洗涤器皿。——中译注

道美味,你们最好还是把剩下的一部分留给我,反正我已经吃了一半。"暴徒们被吓得浑身颤抖,拔腿就跑,他们几乎还是第一次被吓得放弃到手的食物。很快,整座城市都弥漫着恐怖的气息,每一个人都亲眼目睹了这场悲剧,并且为此颤栗不安,好像自己亲手犯下了这罪孽一般。忍饥挨饿的人们渴望着死亡的来临,对那些已经死去的人更是羡慕不已,因为死去的人不会看到或听到这样令人发指的暴行。①

耶稣的预言

7. 这就是罪恶的、不虔敬的犹太人所遭受的报应,因为他们杀害了上帝的基督。另外,值得补充的是,我们救主对此作过准确无误的预言:

> 当那些日子,怀孕的和奶孩子的有祸了!你们应当祈求,叫你们逃走的时候,不遇见冬天或安息日。因为那时必有大灾难,从世界的起头直到如今,没有这样的灾难,后来也必没有。(马太福音24:19—21)

在估算全部死亡人数时,史家约瑟夫有言:110万人死于饥荒和战乱;城破之后,暴徒们之间彼此揭发,结果大都被处以极刑;高大英俊的年轻人逃过一劫,补充进庆祝胜利的阅兵队伍。至于其余的人,凡年满十七的,要么流放到埃及,充当苦役;要么遣送至各省竞技场,最终死于刀剑之下或野兽之口。凡未满十七的,均卖作奴隶,单

---

① 《犹太战记》6.194—213。

单这样被卖作奴隶的人就有9万人之多。

这一切都发生在苇斯巴芗登上皇帝宝座的第二年,①正好符合基督的预言。藉着上帝的大能,基督好像亲眼目睹过一样预见到这一切,并且为此悲叹忧伤。按照福音书的记载,基督曾对耶路撒冷说:

> 巴不得你在这日子知道关系你平安的事,无奈这事现在是隐藏的,叫你的眼看不出来。因为日子将到,你的仇敌必筑起土垒,周围环绕你,四面困住你。并要扫灭你和你里头的儿女,连一块石头也不留在石头上,因你不知道眷顾你的时候。(路加福音19:42—44)

他在另一场合说过:

> 因为将有大灾难降在这地方,也有震怒临到这百姓。他们要倒在刀下,又被掳到各国去。耶路撒冷要被外邦人践踏,直到外邦人的日期满了。(路加福音21:23—24)

他还说过:

> 你们看见耶路撒冷被兵围困,就可知道它成荒场的日子近了。(路加福音21:20)

不管是什么人,只要他把我们救主的预言和史家关于这场战乱的

---

① 公元70年。——英译批注

记述作一番比较，不由得就会感到惊讶，并且不得不承认这些预言的神圣性。

至于犹太民族在救主受难后的遭遇，至于群众如何齐声要求释放那强盗兼谋杀犯而除去那生命的主①，上述记述已经足够，我们不必再画蛇添足。不过，我们有必要补充说明一下，即在犹太人杀害基督后，他们［的国度］事实上迟至四十年之后才告覆灭，这充分显示了上帝的恩慈与良善。那时，绝大多数使徒依然在世，其中包括耶路撒冷首任主教、主的兄弟雅各本人，他们留在耶路撒冷城内，强有力地护卫了这座城池。因为上帝依然存心忍耐，希望犹太人最终会因为所犯的罪行悔改，从而得到赦免和救赎。与此同时，上帝也藉着各样的神迹奇事警告犹太人，让他们知道不悔改的下场是什么。

8. 约瑟夫在《犹太战记》第六卷中特别提到这些：

> 对于即将来临的覆灭，上帝早就给出明显的异兆和警告。但是，由于受到骗子和假先知的欺蒙，可怜的人们沉溺于幻想之中，对这些异兆和警告充耳不闻、视而不见。在耶路撒冷上空，曾一度出现过一颗剑形恒星，一颗彗星也曾在此停留一年之久。那时，战争尚未爆发，人们因为无酵节②的缘故聚集在一起。4月8日（Xanthicus）③凌晨三点，一道亮光照在圣殿和祭坛上，持续了半小时之久，仿佛白昼一般。在那些毫无经验的人看来，这似

---

① 参见《路加福音》23：13—25，《使徒行传》3：14—17。——中译注
② 犹太节期，在逾越节后连续七天举行。节日期间所做和所吃的饼都是无酵的，为的是纪念他们祖先逃离埃及重获自由的经历（《出埃及记》12：1—27，《利未记》23：5—8）。——中译注
③ 大概是65年或66年的4月8日。

乎是一个好兆头，只有文士们才就此给出了正确解释。还是在这次无酵节，一头由大祭司献上的母牛在圣殿中央产下了一头小羊羔；某日夜间，内殿东门自动打开了；这扇青铜制成的东门平时由铁链牢牢拴住，并用长长的门闩加以固定，到了晚上，需要20个壮汉才能把门关上。

此后不久的5月21日（the twenty-first of Artemisius）①，有人目睹了一场令人难以置信的诡异景象。若非有人亲眼目睹，接踵而来的灾难又与之相互印证，这似乎只是一个杜撰的故事而已。日落之前，许多战车和兵丁出现在全地上空，在云间飞快地穿梭，团团围在众城之外。五旬节②那天晚上，众祭司照例进入圣殿，准备举行仪式，他们听到一点噪音，然后是一阵巨大的声响，最后是如雷鸣般的呼叫："我们赶快离开这地方吧！"

[耶路撒冷城内]还发生过一件更令人恐慌的事情，那是在战争爆发前四年，当时还是太平盛世。在住棚节③的时候，一位普通农民、亚那尼亚的儿子耶稣（Jesus son of Ananias）来到耶路撒冷，站在圣殿前的庭院内，突然大声喊道："一个声音从东方传来，一个声音从西方传来，一个从四面八方传来；一个反对耶路撒冷和圣殿，一个反对众新郎新娘，一个反对所有的人民！"他不分昼夜，穿街走巷，在耶路撒冷城内四处喊叫。由于他的这些不吉利话，城里的一些显贵被大大激怒，他们抓住他，用鞭子狠狠

---

① 虽然学者对此意见不一，但确切的时间大概就是在5月21日。约瑟夫本人并没有亲眼目睹过这一诡异景象。但显而易见的是，他在重新讲述时不仅有所加工，而且丝毫不加批判。——英译注
亚底米女神，或译"阿耳特弥斯"，相当于罗马神话中的狩猎女神与月亮女神戴安娜（Diana），以弗所有其神庙，参见《使徒行传》19：23—41。——中译注
② 犹太节期，在五六月间，时值小麦收成。——中译注
③ 犹太节期，在10月初，前后持续八天，为的是纪念他们祖先流浪旷野时住在帐棚里的经历。——中译注

地抽他。他一边极力反抗,一边念念有词,不断重复着那些不吉利的话。当地官员由此正确地意识到,这人的行为可能来自某种超自然默示,于是把他带到罗马总督[阿尔比努斯]面前。在总督面前,他被打得皮开肉绽,却不曾开口求饶,也不曾流下一滴眼泪,每被鞭打一下,他便声嘶力竭地不住发出悲鸣:"可怜啊!耶路撒冷!可怜啊!耶路撒冷!"

约瑟夫还讲过一个更不寻常的故事。根据他的讲述,有人在他们[犹太人]的典籍中找到一份神谕,这神谕预言,一个来自他们国家的人将在那个时候统治全世界。这位史家认为,苇斯巴芗的出现应验了此项预言。不过,苇斯巴芗并没有统治全世界,他所控制的范围仅限于罗马版图之内。这项预言所指的对象更应该是基督,圣父曾对他说:"你求我,我就将列国赐你为基业,将地极赐你为田产"(诗篇2:8)而且,基督圣使徒的"声音通遍天下,言语传到地极"。(诗篇19:4)

约瑟夫及其作品

9. 关于这段历史,约瑟夫为我们提供了如此丰富的资料。既然如此,我们就有必要交代一下他的出身。约瑟夫曾这样自我描述道:

> 我,马提亚(Matthias)的儿子约瑟夫,是耶路撒冷的一位祭司,曾在[战争]初期与罗马军队作战,后来并非情愿地见证了[战争]末期发生的事情。①

---

① 《犹太战记》1.3。

不管是在同胞之中，还是在罗马人之中，约瑟夫均堪称当时最负盛名的犹太人。他在罗马城备受尊崇，城内立有他的雕像，图书馆里则藏有他的作品。他撰有二十卷本的犹太通史（《犹太古史》）和七卷本的罗马—犹太战争史（《犹太战记》）。根据其本人说法和其他旁证，这部七卷本史书用双语发行，其一是希腊语，其二则是他的母语。另外，他题为《驳阿皮翁》（*Against Apion*）的两卷本著作已经佚失。通过这部作品，他不仅反驳攻击犹太人的语法学家阿皮翁，而且还驳斥了其他一些试图诋毁犹太祖传传统的人。在本书第一卷，他列举了许多组成所谓旧约的正典文献，并且试图说明，哪些植根于传统的文献在希伯来人中间是毫无争议的：

10. 在我们的文献中，彼此冲突的文本很少，其中有二十二卷通史作品堪称神圣之作。在这二十二卷作品中，有五卷出于摩西，其中包括律法，并且涵盖了直到摩西逝世为止的近三千年人类历史。从摩西逝世直到在薛西斯（Xerxes）之后继任波斯国王的亚达薛西（Artaxerxes）去世的那段时期，众先知在十三卷书中①记录了各自的当代史。余下四卷书的内容则是对上帝的颂赞和对人类行为的规范。② 从亚达薛西直到如今，虽然也有人记录过其中的历史，但是他们的历史记录并不享有上述圣卷所拥有的权威，因为他们没有众先知那样未曾中断的承传。③ 我们的行为已经反映出我们对上述圣卷的态度，时光不断流逝，却无人敢对

---

① 从约书亚中经约伯到以赛亚等先知，总共有三十卷作品。大概是按照大小先知的类别（比如，《撒母耳记上》和《撒母耳记下》被当成一卷）或者按照主题（比如《以斯拉记》和《尼希米记》），优西比乌把这三十卷作品划分成十三卷。
② 《诗篇》、《箴言》、《传道书》和《雅歌》。
③ 可能指的是《马加比前书》和《马加比后书》（1 and 2 Macc.）。

这些圣卷有所增添、删减或改动。对犹太人来说，从他们出生的那天起，这些圣卷就被当作来自上帝的律令，他们应该依照这些律令生活，而且在必要的时候为之欣然赴死。①

约瑟夫还著有一部颇受嘉许的作品，即《理智的优先性》(The Supremacy of Reason)；这部作品又被称为《马加比记》(The Maccbaikon)，因为约瑟夫在其中提到希伯来人为上帝信仰而英勇抗争的事迹，这些事迹载于所谓的《马加比书》②。在二十卷本《犹太古史》的结尾，约瑟夫表示，他准备撰写四部作品，讨论犹太人关于上帝本性的信仰，并且说明为什么律法允许一些事情而禁止另外一些事情。此外，根据其作品中的说法，约瑟夫还著有其他一些作品。

最后，为了强调我所征引证据的真实性，我认为有必要征引约瑟夫自己在《犹太古史》结尾的一段话。为了反驳提比哩亚的犹士都（Justus of Tiberias）在撰写同一时期历史时的错误言论，也为了指控他的其他行为，约瑟夫这样写道：

> 我跟你不一样，我并不害怕把自己的作品公之于众。在所记述的历史事件尚未被人遗忘之前，我把我的作品呈交给两位皇帝本人③。由此，我希望得到他们对我的记述的确认而非否认，因为在我的记述中，真相高于一切。此外，我也把我的历史记述给其他人看，其中好些人都确实经历过这场战争，比如亚基帕二世和他的一些亲属。提图斯皇帝对此十分重视，他认为，公众单单

---

① 《驳阿皮翁》(Against Apion) 1.8。
② 次经（Apocrypha）的一部分。——中译注
③ 苇斯巴芗和他子承父位的儿子提图斯，这两人都曾在犹太战争中担任罗马军队统帅。

从我的记述中就可以得到这些事件的相关信息，于是亲笔写下谕令，要公开发行我的这些记载。亚基帕二世则写过六十二封书信，以证明这些记载的真实性。①

之后，约瑟夫引用了其中的两封书信。但是，上述文字已足以说明约瑟夫作品的真实可靠，我们不必在此多作停留，而应往下继续。

主教的承传

11. 根据传统说法，在雅各殉道和接踵而来的耶路撒冷陷落之后，主的一些使徒和门徒尚在人世，他们从各地聚集在一起，与主的亲属（按主的人性来说）一起商议，谁是继承雅各主教之位的合适人选。大家一致认为，曾在福音书提到过的革罗罢（Clopas）②的儿子西面（Symeon）堪当此任。因为黑格希普斯曾说过，革罗罢是约瑟的兄弟，因此有人说，西面是救主的堂兄弟。

12. 根据黑格希普斯的另外一则记述，苇斯巴芗在攻克耶路撒冷后，曾下令搜捕大卫的后裔，想要把这个犹太皇族斩尽杀绝。这导致了对犹太人的又一次大迫害。

13. 苇斯巴芗登基十年后，③提图斯子承父位。提图斯在位第二年，罗马主教利奴在任职十二年后，将职位传给亚嫩克勒图斯（Anen-

---

① 《生平》（*Vita*）65。
② 参见《约翰福音》19：25。也可能指的是《路加福音》24：18 中的革流巴（Cleopas）。
③ 公元 79 年。——英译批注

cletus)。提图斯在位两年零两个月后，①其兄弟图密善（Domitian）继承王位。

14. 图密善在位第四年，亚历山大首任主教安尼亚努斯在任职二十二年后离开人世，其职位由雅比里乌斯（Abilius）继承，是为亚历山大的第二任主教。

[这是一段描述主教承传情况的典型段落。读者完全可以快速浏览这样的段落，因为本书附录2提供了完整的耶路撒冷、安提阿、亚历山大和罗马四地的主教更替年表。]

15. 图密善在位第十二年，在亚嫩克勒图斯担任罗马主教十二年后，克莱门继承其位。在《腓立比书》[4：3] 当中，使徒保罗曾提及这位名叫克莱门的同工："还有克莱门，并其余和我一同作工的，他们的名字都在生命册上。"

16. 克莱门曾以罗马教会的名义，致信当时处于纷争之中的哥林多教会。这封篇幅较长的精彩书信广受认可，从古至今在许多教会公开诵读。关于哥林多当时发生的纷争，可以从黑格希普斯的见证中得到明确证实。

图密善的迫害和耶稣的亲属

17. 图密善未经审判就在罗马残酷杀害了许多家世显赫、身居高位

---

① 公元81年。——英译批注

的人，而且毫无缘由地没收了许多贵族名流的财产，并将他们流放外地。①最终，图密善成为与上帝作对的尼禄第二。他是迫害基督徒的第二人，尽管其父苇斯巴芗从未作过这样邪恶的打算。

18. 根据传统说法，福音书的作者使徒约翰当时尚在人世，他因为见证圣言的缘故，被流放到那名叫拔摩（Patmos）的海岛。②约翰在《启示录》[13：18]中曾提到敌基督的数目是666，爱任纽在《驳异端》第五卷也曾谈及：

> 要是有必要清楚地说出他的名字，就应该由看过启示的那位来说。因为这位并非在很久以前，而是几乎就在我们的同时代，即图密善统治末期，看到过启示。

在当时，我们的信仰确实十分兴旺，以至于那些不接受我们信仰的作家也会在他们的历史记述中提到这次迫害和其中发生的殉道事件。这些作家甚至明确指出，图密善在位第十五年，③罗马执政官弗拉维夫斯·克莱门斯的外甥女弗拉维娅·图密提拉（Flavia Domitilla）因公开承认自己信仰基督，与多人一同被流放到庞提亚岛。④

---

① 约在公元95年。——英译批注
② 《启示录》1：9。——中译注
③ 公元96年。——英译批注
④ 按照苏维托尼乌斯的《图密善》（Suetonius, *Domitian* 15）和狄奥·卡斯乌斯（Dio Cassius, 67.14）的说法，图密提拉不是弗拉维夫斯·克莱门斯的外甥女，而是他的妻子。狄奥还提到，图密提拉还是图密善的亲戚（外甥女），她被流放的地方不是庞提亚，而是庞达特里亚（Pandateria）。也许，这里说的是两个图密提拉，因为这个名字在皇族中很常见。

左图：弗拉维娅·图密提拉（Flavia Domitilla）的头像，其丈夫弗拉维夫斯·克莱门斯（Flavius Clemens）系图密善的外甥（优西比乌误认为她是弗拉维夫斯·克莱门斯的外甥女）。她是苇斯巴芗的孙女，曾奉献地皮给基督徒作为墓地使用，也曾因皈依基督教的缘故遭到流放［新嘉士伯艺术博物馆，哥本哈根（Glyptotek, Copenhagen）］。

右图：这块大理石墓碑属于罗马的图密提拉（Domitilla）墓窟。墓碑上的第四行刻着她的名字，第五行则把她称为苇斯巴芗的孙女。

19. 这个图密善还下令诛灭所有与大卫同属一族的人。根据自古以来的传统说法，一些异端指控犹大（按肉身来说，他是救主的兄弟）的后裔是大卫的子孙，并且还提及基督本人。黑格希普斯也有如下记述：

20. 当时，主还有一些族人尚在人世，他们是主肉身弟兄犹大的孙子，被人告到上面，说他们是大卫的子孙。几个罗马军人（evocatus）①把他们带到凯撒图密善面前，这位图密善与希律

---

① 罗马禁卫军或卫戍步兵大队（the Praetorian or Urban cohorts）的老兵，这些老兵已服完兵役，不再是义务兵，而成为志愿兵。

一样害怕基督的到来。①图密善问他们是否为大卫的子孙,他们毫不隐讳地说是。图密善又问他们有多少产业和金钱,他们回答说,他们两人的全部财产加起来只有九百两银子(9000 denarii)②,一人各一半;这九千元还不是现钱,只是由一块39普勒特拉(plethra)③的田地折算而成。他们自己耕种这片田地,以此为生和缴纳赋税。

[黑格希普斯继续写道:]接着,他们伸出长满老茧的手,露出身上的粗糙皮肤,以证明长年田间耕作的艰辛。皇帝又问了他们一些关于基督的问题:基督的王国是什么,来源何处,何时出现。他们回答道,基督的王国不属于这个世界,与地无关,而是与天使和天相关,它会在世界的末了出现,那时,基督将满有荣耀地来临,审判活人死人,按照各人所做的赏罚各人。听到这些,图密善并没有训斥他们,而是把他们当作头脑简单的人,把他们打发回家,然后下令停止对教会的迫害。后来,他们都成为教会领袖,一方面因为他们的见证,另一方面也因为他们是主的族人。由于随之而来的和平,他们一直活到图拉真时代。以上即是黑格希普斯的相关记述。

关于图密善,德尔图良有过类似记述:

---

① 参见《马太福音》2:3—4。——中译注
② denarius,直译为"迪纳里厄斯",或译"第纳里"或"得拿利",古罗马银币,面值较小,一钱银子,大体相当于美金1角6分。这相当于普通人一天的工资,罗马士兵每日的薪饷也是一钱银子。此外有10两银子,即原文100 Denarius,余20两、30两、50两,类推之。参见《马太福音》18:28,20:2,22:19,《马可福音》6:37,12:15,《路加福音》7:41,10:35,《约翰福音》12:5。公元前212年,罗马共和国开始制造这种重约4.5克的标准银币。这是此后两百年间的主要硬币。当时银币主要由罗马造币场生产,各地造币场以铜币为主。——中译注
③ 约合20英亩。——英译注
  1英亩约合6.07亩。——中译注

图密善曾试图像尼禄那样施行残暴统治，但他很快就停止下来——我以为，这是因为他还有一定的见识和判断力——并且召回那些被流放的人。①

图密善在位十五年后，②内尔瓦（Nerva）继位。根据罗马元老院的指令，图密善所获得的一切荣誉均被剥夺，凡被不公义流放的人，均可返回原地，并可取回原来的财产。也正是在那时，根据很早就有的教会传统说法，使徒约翰离开流放之地，重新回到以弗所定居。

众位主教

21. 内尔瓦在位一年多后，③王位由图拉真继承。图拉真在位第一年，在雅比里乌斯领导亚历山大教会十三年后，塞尔多（Cerdo）继承其位，成为继首任主教安尼亚努斯之后的第三任亚历山大主教。当时，克莱门还是罗马教会的领袖，与塞尔多相似，他是罗马教会的第三任主教；在保罗和彼得之后，罗马教会的第一任主教是利奴，第二任是亚嫩克勒图斯。

22. 在安提阿，第一任主教是厄沃迪乌斯（Evodius），第二任是当时声誉日盛的伊格纳修（Ignatius）。类似地，在耶路撒冷，第一任主教是我们救主的那位兄弟，第二任是西面。

---

① 《辩护篇》（*Defense*）5。
② 公元96年。——英译批注
③ 公元98年。——英译批注

关于约翰的记载

23. 那时,耶稣所爱的那门徒①——即使徒和福音书作者约翰——尚在人世;他从流放地回到[小]亚细亚,在那里领导教会。约翰如此长寿,这一点得到两位见证人的证实,他们就是可靠而又正统的爱任纽和亚历山大的克莱门。爱任纽在《驳异端》第二卷写道:

> 亚细亚的所有长老都与主的门徒约翰有过来往,他们证实,约翰曾教导他们真理,并且与他们同住,直到图拉真年间。②

他在第三卷说过类似的话:

> 保罗在以弗所建立了教会,约翰则留在那里,直到图拉真年间。这是使徒传统的一个真实见证。③

此外,克莱门在论文《得救的富人》(*The Rich Man Who Is Saved*)中提供了一则颇具教益的记载:

> 听听这故事吧,这故事绝非虚构,它保存在人们的记忆当中,真实地记述了使徒约翰的一段经历。暴君死后,约翰离开拔摩岛,回到以弗所。他常常应周边外邦人教会的请求,任命主教,调解纠纷,按立那些被圣灵所选定的人。有一次,约翰来到

---

① 参见《约翰福音》13:23, 19:26, 20:2, 21:7、20。——中译注
② 《驳异端》(*Against Heresies*) 2.33。
③ 同上,3.3。

士每拿附近的一家教会，调解弟兄之间的纠纷。他发现其中有一位体格出众、外表英俊、充满活力的年轻人，于是他把这位年轻人托付给当地主教，并且说："基督为证，我把这位年轻人托付给你。"

约翰回到以弗所后，这位教士把年轻人带回家中，悉心照顾和培养他，并且最终为他施洗。教士以为，年轻人既然已经受了主的印记，就可以得到最好的保护，于是放松了对他的管教。但是，一些游手好闲、四处晃荡的青年腐蚀了这位年轻人，他们不仅带他出入各种奢华淫逸的娱乐场所，而且，每当晚上出去抢劫或做其他更邪恶事情的时候，他们总会把他也叫上。他很快就与这些青年同流合污，如同一匹脱缰野马，走上了冲向悬崖的不归之路。他背弃了上帝的拯救，他的所作所为也不再是小小的过犯，而是罪大恶极的行为。他把这些年轻的叛教者纠集成一伙，成为他们的首领，行事为人比其他人都更为残暴和血腥。

时光荏苒，约翰再一次来到这间教会。在完成既有使命后，约翰问道："主教，请过来，以这间教会为证，请把基督和我托付给你的还回来。"一开始，主教无言以对，他以为约翰是在催还欠款，可他从未从约翰那里收到过什么款项。不料，约翰却说道："我说的是那位年轻人和他的灵魂。"

"他已经死了。"老人噙着泪水叹息道。

"怎么死的?"

"向上帝而言，他已经死了。他误入歧途，成了一名邪恶放纵的罪犯。如今，他不在教会，而是在山里，和一群与他一样的武装土匪待在一起。"

听到这些，使徒就撕裂衣服，捶打自己的头，并且悲叹道：

"好一个监护人啊，我怎么就把我们弟兄的灵魂交给你呢？请你赶快备马，并且让人给我引路。"约翰骑着马离开教会，就像他平时那样。到了那伙土匪的地盘，约翰被哨兵抓获，于是喊道："带我去见你们的首领，我正是为此而来的①！"约翰近前来的时候，那位年轻人认出了他。年轻人满怀羞愧，扭头就跑。约翰则忘记自己的高龄，竭尽全力地在后面一边追赶，一边喊道："孩子，你为什么看见我就跑呢？我可是你的父亲呀，况且我年纪老迈，身上也没有任何武器。你就可怜可怜我，孩子，不必害怕我！我将向基督呈明你的情况，倘若必要，我也乐于经历死亡，乐于为你的缘故献上我的生命，正如主为我们的缘故经历过死亡一样。停下来吧！相信我！是基督派我来的。"

那位年轻人停下脚步，扔下手中武器，低头凝视地面，开始伤心痛哭。他左手抱住老人，右手藏在一边②，祈求老人的宽恕，如同在泪水中受了第二次的洗一般。约翰向他郑重保证，救主已经赦免了他。约翰还为他祈祷，跪下来，并且亲吻他的右手，因为这只右手藉着悔改已经得到洁净。约翰把他领回来，陪伴着他，为他祈祷、禁食，并且教导他，直到他重新回到教会。这不仅是真正悔改和重生的一个绝佳例子，而且也是可见复活的一种纪念。

我之所以摘录这些出自克莱门的文字，乃是因为它具有独特的历史意义和教育意义。

---

① 参见《约翰福音》18：37。——中译注
② 这是为了表示：右手曾带来流血，不配得到宽恕。

约翰的作品

24. 现在,就让我来谈谈这位使徒几部毫无争议的作品。他撰写的福音书,为普天下众教会诵读,必定首先得到认可。早期教父把这部福音书置于其他三部之后,是有一定道理的。那些被圣灵感动的基督使徒,虽然已经完全洁净了自己的生命,并且养成了各样的美德,但在言语上还只是简单的人而已。他们虽然藉着救主的大能变得勇敢,但没有能力也没有意愿采用各种修辞技巧来呈现耶稣的教导,他们只是单单仰赖上帝圣灵所作的工。① 因此,他们向全世界宣扬天国,却很少想到要写些什么。比如说保罗,他在论辩与理智方面卓然超群,而且曾被提到第三层天,听过人不可说的隐秘言语,(哥林多后书 12:2)有无数精彩的话可以说,但是,就连保罗这样的人,也只写过短短的书信而已。

我们救主的其他门徒——十二使徒、七十门徒和其余的无数人——也有过类似经历。然而,在所有与主同在过的人之中,只有马太和约翰给我们留下了回忆录。根据传统说法,马太和约翰这样做,有其必然的原因。马太的传福音对象原是希伯来人,后来他打算向其他人传福音,于是,为了希伯来人的缘故,马太用母语写下福音书,以填补自己走后的空白。据说,在马可和路加写就福音书的时候,约翰仍在使用口头言语传讲福音,只是到了后来,才因为如下缘故开始写作福音书。前三部福音书广为流传,约翰也曾见到过这三部福音书。据说,约翰接纳这三部福音书,并且在证实三部福音书真实无误的同时,指出过它们的缺憾,即没有对基督早期传道生涯的记述。

---

① 参见《哥林多前书》2:4。——中译注

确乎如此，前三位福音书作者只记述了救主在施洗约翰入监后一年内所行的事迹。关于这一点，他们在开始各自记述时都有所提及。在写完耶稣禁食四十昼夜和受试探后，马太清楚地提到了［事情发生的］时间："耶稣听到约翰下了监，就退到加利利去。"（马太福音4：12）马可写过类似的话："约翰下监以后，耶稣来到加利利。"（马可福音1：14）路加在叙述耶稣行迹前，也作过类似评论："希律……又另外添了一件［恶行］，就是把约翰收在监里。"（路加福音3：19—20）

根据传统说法，由于这个缘故，人们请求约翰撰写一部新的福音书，记录前三位福音书作者所遗漏的救主行迹，也就是说，救主在约翰入监前的所作所为。约翰在字里行间曾暗示过这一点，即"这是耶稣所行的头一件神迹"。（约翰福音2：11）之后，在记述耶稣行迹的过程中，约翰提到施洗约翰，说他在靠近撒冷的哀嫩为人施洗，并且明确指出，"那时约翰还没有下在监里"。（约翰福音3：24）

因此，使徒约翰记录的是耶稣在施洗约翰入狱之前的行迹，而其他三位使徒记述的则是耶稣在施洗约翰入狱之后的行迹。人们要是认识到这一点，就再不会觉得四部福音书彼此矛盾了。① 鉴于马太和路加都已记述过救主作为人的家谱，约翰完全有可能略而不谈这些家谱，一下笔即宣扬救主的神性，因为这是圣灵为他［约翰］这位特出之人所预留的。

上述描述足以说明《约翰福音》的来历。之前，《马可福音》的由来也曾得到解释。在《路加福音》开头，路加表明他写作这部福音书的原因：有些人胡乱记述一些事情，对此了如指掌的路加深感责任重大，于是，他根据自己与保罗等众位使徒的交往经历，写下《路加福

---

① 这是一种错误的解释。参见本章末尾的注释。

音》这份准确的记述①，以便我们不受那些动机可疑之人的干扰。

至于约翰的其他作品，《约翰一书》与《约翰福音》一样，古往今来都被广为接受，属于毫无争议的真品。其他两卷书信的真伪则尚存争议。《启示录》的真伪问题②同样聚讼纷纭。关于这些问题，我们会在以后引述前人的一些看法。

正典与非正典

25. 现在，我们有必要整理一下已被提及的新约作品。四部福音书位居首列，紧随其后的依次是：《使徒行传》、保罗书信、《约翰一书》和《彼得前书》。约翰《启示录》也可列在其后，之所以这样做的理由，我会在适当时候加以说明。上述作品均是被广为接受的。那些广为人知却又尚存争议的作品主要有：《雅各书》、《犹大书》、《彼得后书》，以及所谓的《约翰二书》和《约翰三书》，最后两封书信可能出自使徒约翰的手笔，也可能是某位同名者的作品。

属于伪作的作品主要有《保罗行传》(The Acts of Paul)、《[黑马]牧人书》(Shepherd [of Hermas])、《彼得启示录》(The Revelation of Peter)、所谓的《巴拿巴书》(epistle of Barnabas)，以及所谓的《十二使徒遗训》(Didache)。此外，我们有必要在此指出，约翰《启示录》被一些人当成伪作，正如我们前面所提到的，对于约翰《启示录》的权威地位，有人表示拒绝，有人加以接受。另外，《希伯来福音》(the Gospel of the Hebrews)也被列入伪作当中，尽管这部作品被那些接受基督的希伯来人广为接受和喜爱。这些书卷均属尚存争议的作品之

---

① 参见《路加福音》1：3—4。——中译注
② 可参见本书第七卷第二十五节。——中译注

列。所谓尚存争议的作品，即那些并非正典却又为大多数教会作家所熟悉的作品。稍后，我将其列举出来，以便将之与那些真实无伪的、被教会传统所接受的作品加以区分。

至于那些由异端假冒使徒之名所写的作品，比如《彼得福音》(Gospel of Peter)、《多马福音》(Gospel of Thomas) 和《马提亚福音》(Gospel of Matthias) 等福音书，或《安得烈行传》(Acts of Andrew) 和《约翰行传》(Acts of John) 等使徒行传，历代教会作家均未有所征引。这些作品的措辞与使徒们的措辞有着迥乎不同的风格，作品当中的观点看法和辩论时的讽刺用法与真正的正统作品也有着天渊之别。显然，这些作品乃是出于异端的伪造。相应地，这些作品不应该被视为尚存争议的作品，而应该被看成不虔不敬的荒谬之作。

骗子米南德

26. 现在，让我们继续进行历史的记述。米南德（Menander）是西门·马古斯的继任者，作为魔鬼的第二个工具，他的邪恶与前任毫无二致。与西门·马古斯一样，米南德也是撒玛利亚人，他行邪术的伎俩，比起他的老师是有过之而无不及，而且还热衷于制造更加神秘莫测的伪装。他自称是救主，受到上面的差派，拯救人们脱离那些不可见的伊涌（invisible eons）①，并且宣称，若非藉着他的邪术和施洗，无人可以存活，即使是创制世界的天使也概莫能外。受洗者可以在此生获得永远的生命，长生不死，直到永永远远。关于这些，爱任纽有所记载。此外，查士丁对爱任纽的记载作过如下补充：

---

① 或译"分神体"。在诺斯替主义（Gnostic）的用语中，"eons"或"aeons"意指一些超自然的精神力量或实体。——中译注

有位叫米南德的人，他也是撒玛利亚人，来自迦帕拉特阿（Caparattea）村。他是西门的门徒，与西门一样受到群魔的驱使。他来到安提阿，用邪术迷惑众人。他甚至使得跟随者相信，他们是长生不死的。至今，依然还有人相信他这一套。①

这的确是出于魔鬼的怂恿，诸如此类的骗子们打着基督徒的旗号，用邪术玷污敬虔的伟大奥秘②，损坏教会关于灵魂不朽和死者复活的教导。凡是把这些骗子当作"救主"的人，都已经失去了真正的盼望。

伊便尼派、克林妥派和尼哥拉党人

27. 还有一些人，恶魔虽然不能动摇他们对基督的爱③，却可以设置一种不同的陷阱把他们俘获。早期基督徒把这些人恰当地称为"伊便尼派"（Ebionites）——因为这名称考虑到了他们关于基督的简单与平庸的看法。④ 这些人认为，他［基督］只是一个平凡的普通人，出自一个男人与马利亚的结合，他的公义得自他性格的不断成长。⑤他们严守律法，并不认为，单单藉着对基督的信仰和与此相称的生活就能获得拯救。

另外，还有一些人也被称作伊便尼派。他们一方面避免了上述那些人的荒谬看法，并不否认主从圣灵感孕、由马利亚所生；另一方面

---

① 殉道者查士丁（Justin Martyr），《辩护篇》（Defense）1.26。
② 此语当引自《提摩太前书》3：16，"大哉！敬虔的奥秘，无人不以为然……"——中译注
③ 原译文为"could not shake from God's plan in Christ"。中译文来自 Williamson 英译本："unable to shake their devotion to the Christ of God"。——中译注
④ "Ebionites"一词的希伯来文原意为"贫穷者"（the poor）。
⑤ 参见《路加福音》2：52，"耶稣的智慧和身量，并神和人喜爱他的心，都一齐增长。"——中译注

也犯下了同样的错误,拒绝承认基督作为上帝之道和智慧的先存性。因此,他们同样不虔不敬,而且还热衷于刻板地严守律法,并且认为,使徒[保罗]是律法的背叛者,他的书信应被完全否弃。他们单单使用所谓的《希伯来福音》,对其他福音书则缺乏重视。与上述那些人一样,他们守安息日,遵行一切犹太礼仪,然而,与此同时,他们也和我们一样在主日进行崇拜活动,以纪念救主的复活。因此,他们被人称为"伊便尼派"。这暗示了他们在才学方面的缺乏,因为这个名称在希伯来语中是"贫穷者"的意思。

28. 根据传统说法,也正是在此时,克林妥(Cerinthus)创立了另外一个异端派别。在其《对话录》(*Dialogue*)中,我征引过的该犹如下提及克林妥:

> 此外,克林妥藉着据说由某位大使徒所写的几种启示录,向我们讲述一些虚假的神迹奇事。按照他的说法,这些神迹奇事来自天使向他的显示。他宣称,在复活之后,基督的国将在地上出现,生活在耶路撒冷的人将再次成为私欲和宴乐的奴隶。①他与上帝的圣经为敌,千方百计想蒙骗世人,他声称,婚宴将持续千年之久。

狄奥尼修斯(Dionysius)是我的同时代人,曾任亚历山大主教。在《论应许》(*Promise*)第二卷中,狄奥尼修斯首先评论了一些关于约翰《启示录》的传统说法,随后就谈到克林妥:

---

① 参见《提多书》3:3,"我们从前也是无知、悖逆、受迷惑,服事各样私欲和宴乐,常存恶毒嫉妒的心,是可恨的,又彼此相恨。"——中译注

克林妥乃是克林妥派异端（Cerinthian heresy）的创立者，这个异端派别之所以以克林妥命名，乃是因为克林妥想藉此表彰自己的创教之功。克林妥认为，基督的国将在地上出现，这个王国始于和他本人肉体的结合，是全然感官的；他凭空臆造出一个满足他本人种种欲望的乐园：毫不停歇地暴饮暴食、永无止息地嫁娶，换个委婉的说法，即节庆、献祭和宰杀祭物。

以上即是狄奥尼修斯的相关记述。爱任纽在《驳异端》第一卷中提到克林妥的其他一些更为可恶的错误，并且在第三卷中记述了一件令人难忘的事情。爱任纽写道，根据波利卡普的说法，有一天，使徒约翰去一间澡堂洗澡，当他发现克林妥也在澡堂里，于是连忙跳出浴池，跑向大门，因为他不能忍受自己和克林妥处于同一个屋檐下。与此同时，他也敦促同伴跟他一起走，"赶快离开这里，恐怕房子就要塌了，真理的敌人克林妥就在里面！"

29. 还是在这个时候，约翰《启示录》[2：15] 中提到过的尼哥拉党人（Nicolaitans）也曾昙花一现。该派声称，尼哥拉（Nicolaus）是该派别的创立者，这位尼哥拉曾与司提反一同被任命为执事，以照顾穷困的人（使徒行传6：5）。克莱门在《杂记》（Miscellanies）第六卷中提供了一段关于尼哥拉的记载：

据说，他有一位年轻美丽的妻子。在救主升天后，众使徒指控他犯了嫉妒之罪。于是，他把妻子带到众使徒面前，说道，凡愿意的人，都可占有她。据说，他的这种表示遵循了"藐视肉体"的诫命。他的这种言行本来简单明了，并不具有被曲解的可能，但在这种异端的成员当中却变成毫无约束的滥交。据我的了解，尼哥拉只和他自己的妻子发生过关系，和其他女人并无瓜葛，此外，他的女儿到老都守着童身，他的儿子也同样贞洁。由此可见，尼哥拉之所以把自己心爱的妻子带到众使徒面前，乃是为了克制情欲。他这样试图控制肉欲的行为，正是为了践行"藐视肉体"的规则。他遵守救主的命令，并没有试图同侍二主：肉欲和主。另外，马提亚据说曾这样教导过，要与肉体争战，绝不可屈服于肉欲，乃要藉着信仰和知识滋养灵魂。①

上述异端在当时试图与真理作对，并且宣称自己将长盛不衰，不料却在顷刻之间烟消云散。

已婚的使徒

30. 在驳斥完那些反对婚姻的人后，克莱门紧接着谈到那些已婚的使徒：

> 或者他们甚至想拒绝众使徒？彼得和腓利都有孩子，腓利出嫁了几个女儿，保罗则在一封书信中毫不避讳地提到过他自己的妻子。② 不过，为了更好地侍奉，保罗并未带着她一同往来各地。③

---

① 《杂记》3.4.25—26。
② 见《腓立比书》4：3。希腊文 *suzuge* ""[字面意思是"同负一轭的"（yokefellow）] 可以译作"妻子"，也可译作"同志/工"（comrade）。保罗是否成婚，无从考证。
③ 参见《哥林多前书》9：5。克莱门的记述引自《杂记》3.6.52 以下。

关于这一点,克莱门在《杂记》第七卷中还讲述过一段有趣的经历:

> 据说,蒙福的彼得看到妻子正被领向死亡,他倍感欢欣鼓舞,因为她已被召,就要归回天家。为了鼓励和安慰妻子,彼得大声叫着她的名字,呼喊道:"牢记主!"这就是蒙福之人的婚姻,这就是他们全然美好的情感。①

约翰与腓利之死

31. 关于保罗和彼得死亡的时间、经过和安葬地点,我在前面都已经提及。而且,我也谈到约翰之死。至于约翰的安葬之处,以弗所主教波利克拉特斯(Polycrates)在一封致罗马主教维克多(Victor)的书信中曾经提及。在这封书信中,波利克拉特斯谈到约翰、使徒腓利及其众女儿:

> 伟大的圣徒们在亚细亚睡着了,他们将在主降临的末日再次醒来。那时,主将满有荣耀地从天而降,召回他所有的圣徒。十二使徒之一的腓利就是这样的一位圣徒,他在希拉波利斯睡着了,与他作伴的有两位到老都守着童身的女儿,他的第三个女儿则活在圣灵之中,在以弗所安息主怀。还有那位靠在主怀中,后来成为教会领袖、殉道者并教师的约翰,他也长眠于以弗所。

---

① 《杂记》7.11.63—64。

以弗所圣约翰大教堂（Basilica of St. John）的遗迹，由查士丁尼（Justinian）兴建。根据传统说法，图中央四根圆柱所标示的地方是使徒约翰的坟墓所在地。

在先前曾提及的该犹《对话录》中，该犹的辩论对手普罗克鲁斯（Proclus）也以类似方式谈到腓利及其众女儿的死亡：

> 在他之后，腓利的四位女儿都在亚细亚的希拉波利斯当女先知。四人的坟墓与父亲的一样，都在希拉波利斯。

路加在《使徒行传》中曾提到腓利的众女儿。她们和父亲一起生活在凯撒利亚，具有说预言的恩赐：

> 我们离开那里，来到凯撒利亚，就进了传福音的腓利家里，和他同住。他是那七个［执事］里的一个。他有四个女儿，都是处女，是说预言的。①

---

① 《使徒行传》21：8—9。显然，作者在上述引文中把使徒腓力和执事腓利混为一谈了。

以上，我凭着有限的见识记录了众使徒及其时代、他们的神圣作品、那些尚存争议却被众多教会使用的书卷，以及那些完全出于伪造的书卷。现在让我们重新开始历史的叙述。

耶路撒冷主教西面的殉道

32. 继尼禄和图密善之后，图拉真登上王位。我们将要记述的正是在他的统治时期所发生的事情。根据传统说法，在图拉真统治期间，由于民间暴动的牵连，一些城市基督徒受到零星迫害。在此期间，西面殉道，由此走完一生。我们先前曾提到这位西面，他是革罗罢的儿子，曾任耶路撒冷主教。相关权威记载来自黑格希普斯。在说到几位异端时，黑格希普斯谈及这些异端对西面的指控和虐待。由于身为基督徒，西面连续数天惨遭各种折磨，连法官及其陪审助理都为此异常震惊。最终，西面被钉十架，像主那样结束一生。不过，关于这些，我们最好还是听听史学家本人的叙述：

> 有一些异端起诉革罗罢之子西面①，指控他是大卫的子孙、是基督徒。结果，西面在120岁时殉道。此时正值图拉真为帝，阿提库斯（Atticus）作总督。②

这位作家提到，在犹太王室被追捕时，西面的指控者也同样遭到拘捕，因为他们是犹太王室的后人。此外，鉴于西面的长寿，以及福音书曾提到马利亚是革罗罢的妻子，而且，正如我们先前说过的，西

---

① Symeon 在优西比乌的希腊文本中拼作"*Simon*"。
② 优西比乌在《编年史》（*Chronicle*）中认为，西面的殉道时间当在图拉真在位的第九年或第十年（107年或108年）。阿提库斯的具体活动时间难以确定。

面是革罗罢的儿子,由此可见,西面与主有过交往。

这位作家还提到,救主的兄弟犹大的其他后代也活到了图拉真统治时期。正如我们前面所记述的,这些后代在图密善面前明确地表白了对基督的信仰。作家就此写道:

> 因此,他们以见证人和主族人的身份,四处周游,领导各地教会。各教会一直太平无事,直到图拉真统治时期,主叔叔的儿子,即上面提到的革罗罢的儿子西面,在行省总督阿提库斯面前受到了异端分离分子的类似指控。他饱受折磨,长达数天之久。他的见证甚至使得包括总督在内的所有人都感到惊讶,他这样一位120岁的长者,居然能忍受如此折磨。最终,西面被处以十架之刑。

接着,黑格希普斯写道,直到那时,教会依然保持纯洁,未受任何腐化,如同一位贞洁的处女。即使有企图玷污教会的人,也都隐匿在黑暗之中。但是,随着神圣使徒的相继离世,随着亲炙神圣智慧的那一代人的逐渐逝去,不虔不敬的谬误开始出现。一些假教师趁着使徒已不在人世,谎称有所谓的知识（*gnosis*）,试图与真理相抗衡。

图拉真停止对基督徒的追捕

33. 我们在很多地方都受到残酷迫害。由于殉道者的数目太过庞大,总督小普林尼（Pliny the Younger）感到忧心忡忡。于是,这位杰出的总督上书皇帝。根据此封上书的说法,这些殉道者既没有作恶,也没有犯法,他们只是拂晓起来,把基督当作一位神明来歌颂赞美;

而且，这些人反对通奸、谋杀等类罪恶，并且在各个方面都循规蹈矩。作为对这封上书的回应，图拉真颁布敕令，下令停止对基督徒的追捕，但是，基督徒的身份一旦被确认，他们还是会遭受惩罚。这道敕令意味着，一方面，迫在眉睫的迫害在很大程度上得到了抑制；另一方面，别有用心的人还是能够找到借口陷害我们。这些陷害我们的人，有时是普通百姓，有时是各级官员。因此，尽管公开的迫害已不再发生，但是各省都有零星的迫害出现，许多信徒因此以不同方式殉道。相关记载来自德尔图良的拉丁文作品《辩护篇》。我们曾在前面提到这部作品，现将相关记载摘译如下：

> 追捕我们的举动也已被禁止，这是因为［庇推尼］行省总督小普林尼的缘故。他曾经刑罚并且贬谪过一些基督徒。后来，基督徒人数之多令他感到震惊，他不知道自己将来该如何处理类似情况。于是，他上书皇帝图拉真。他写道，这些人除了不愿向偶像献祭之外，无罪可究。这些基督徒拂晓时分就已起床，把基督当作一位神明来歌颂赞美。此外，他们禁止谋杀、通奸、欺骗和抢夺等行为。图拉真书面答复了这封上书，下令停止对基督徒的追捕，但是，基督徒的身份一旦得到确认，他们还是要接受惩罚。①

主教的承传

34. 图拉真在位第三年，克莱门在传讲圣言九年后告别人世，其罗马主教一职被移交给俄瓦勒斯图斯（Evarestus）。

---

① 《辩护篇》2。其中，小普林尼的上书和图拉真的书面回复至今依然保存完好。这些书信的内容比德尔图良和优西比乌的概述都更为详细。不过，德尔图良和优西比乌都忠实地概述了这些书信的要点。

35. 关于西面如何殉道终结此生，我们在前面已经交代过。在西面殉道后，一位名叫犹士都（Justus）的犹太人接任耶路撒冷主教一职。当时，有许多奉行割礼的犹太人改信基督，犹士都正是其中的一位。

安提阿的伊格纳修

36. 当时，使徒的同伴波利卡普是亚细亚一带大名鼎鼎的人物，他接受主见证人与仆人①的委任，担任士每拿主教一职。②与波利卡普同时代的杰出人物有：希拉波利斯主教帕皮亚，以及安提阿的第二任主教伊格纳修，这位伊格纳修至今依然享有盛名，因为他接续的乃是彼得的主教职分。根据传统说法，伊格纳修由于为基督做见证的缘故，被从叙利亚押到罗马，成了野兽口中的食物。在被押往罗马的途中，伊格纳修被严加看守，尽管如此，他还是在行经亚细亚各地教会的时候教诲和劝勉当地的基督徒团体。伊格纳修特别警告他们，要提防当时刚刚在各地出现的异端，并且鼓励他们牢牢持守使徒传统。同时，伊格纳修还指出，出于稳妥起见，有必要把这个使徒传统付诸于文字。因此，当伊格纳修来到波利卡普所在的士每拿时，他写下多封书信，发给各地教会。在写给以弗所教会的信中，他提及当地牧者阿尼西姆（Onesimus）；在写给梅安德河畔的玛尼西亚（Magnesia）教会的信中，他提及当地主教达玛斯（Bishop Damas）；在写给特拉勒斯（Tralles）教会的信中，他提及当地教会领袖波利比乌斯。此外，他还致信罗马教会，恳请当地教会不要为自己的即将殉道求情开脱，因为

---

① 参见《路加福音》1：2。——中译注
② 约110年。——英译批注

殉道乃是他的夙愿。我从上述书信中摘录出如下几段话：

> 从叙利亚到罗马的一路上，不管是在海上还是在陆地，不管是白天还是黑夜，我一直都在与野兽搏斗。我被绑在十头豹（即一组士兵）之间，他们的好心好意有时反而使得情况变得更为糟糕。他们令人羞耻的行为虽然让我的信仰饱受了考验，但我却不能因此得以称义。① 但愿我能够从那些等待着我的野兽得到益处，我也祈求上帝，这些野兽真的能够行动敏捷。我愿意诱使它们尽快吞噬我，而不让它们害怕碰我。要是野兽不愿意，我就会强迫它们这样做。请原谅我这样说，但是，我很清楚，殉道对我来说最好不过：因为我这样才真正开始成为一位门徒。但愿一切可见的或不可见的，都不会阻止我得着基督②。不论火烧、被钉十字架、与野兽搏斗、筋骨断裂、四肢残缺不全、粉身碎骨甚至魔鬼的百般折磨，只要能够得着耶稣基督，我都欣然接受。③

这就是伊格纳修从士每拿所发书信的部分内容。在往后的路途中，伊格纳修在特罗亚（Troas）写信给非拉铁非的众位基督徒，并且致信士每拿教会，其中特别提到当地教会领袖波利卡普。伊格纳修深知波利卡普是一位使徒般的人物④，于是把安提阿的群羊托付给这位

---

① 参见《哥林多前书》4：4。——中译注
② 中译文参见 Williamson 英译本，"May nothing seen or unseen grudge my attaining to Jesus Christ!"——中译注
③ 伊格纳修（Ignatius），《罗马书》(*Romans*) 5。
④ 在此可能意指波利卡普是使徒［约翰］的门徒，具有使徒一般的权威。这是优西比乌用来描述此类人物的用语。——中译注

真正的牧人,请他竭力牧养这群羊。在这封写往士每拿的信中,伊格纳修引用了一段出处不明的关于基督的资料:

> 我知道并且相信,即使在复活后,他依然有血肉之躯。他来到彼得及其同伴当中,对他们说:"过来摸摸我看,我并不是没有肉身的灵。"他们立刻摸了他,并且相信了。①

爱任纽也知道伊格纳修的殉道,并且引用过他的书信:

> 一位与我们有着同样信仰的殉道者,在被交给野兽的时候曾经说过:"我是上帝的麦粒,野兽的牙齿将磨碎我,由此,我将变成纯净的面包。"②

波利卡普在写给腓立比人的书信中也提到了这些事情:

> 我劝你们要操练顺从,并要操练忍耐,不仅在蒙福的伊格纳修、鲁孚(Rufus)和佐希姆斯(Zosimus)那里,而且在你们中间的其他人以及保罗本人和其他使徒那里,你们已看到了这样的顺从和忍耐。他们并没有徒然空跑③,而是满有信心和公义。他们站在主的那一边,配得分享主的受难。因为他们并不贪爱现今的世界④,他们所爱的,乃是那为我们死并且因为我们的缘故被上

---

① 伊格纳修(Ignatius),《士每拿书》(*Smyneans*) 3。这段话的主要内容显然来自于《路加福音》24:39,但是这段的希腊文译本有所不同,而且,路加并没有提到耶稣是否被摸了。
② 爱任纽(Irenaeus),《驳异端》(*Against Heresies*) 5.28,引自伊格纳修,《罗马书》(*Romans*) 4。
③ 参见《腓立比书》2:16。——中译注
④ 参见《提摩太后书》4:10。——中译注

帝从死里复活的主……你们和伊格纳修都曾写信告诉我说，倘若有人去叙利亚的话，就把你们的书信也捎带上。我会这样做的，要么我自己去，要么我会以我们的名义派一名代表去。按照你们的要求，随信附上伊格纳修写给我们的书信，以及我收到的其他书信。这些书信将会使你们受益匪浅，因为其中饱含信心、忍耐和教诲。①

以上即为关于伊格纳修的材料。继他之后，希罗（Hero）担任安提阿主教。

安提阿位于今土耳其境内，曾是早期基督教最重要的几大中心之一，如今已变成一座伊斯兰教的城市：安塔齐亚（Antakya）。图中的圣彼得教堂，建于斯尔比乌斯山（Mt. Silpius）的山洞之中，是这座伊斯兰教城市中硕果仅存的基督教教堂。

---

① 波利卡普（Polycarp），《腓立比书》（Philippians）10.13。

福音的使者

37. 根据传统说法，夸德拉图斯（Quadratus）堪称当时福音使者中的佼佼者。他与使徒腓利的几位女儿一样，拥有说预言的恩赐。除了他们之外，当时还有许多其他著名人物，他们都是使徒统绪（apostolic succession）的第一代传人；使徒们在各地奠定教会的根基①，在众使徒的基础上，这些伟大人物的跟随者把救恩的种子播撒在［已知的］整个世界。他们中的许多人受到圣灵的激励，先是遵照救主命令散尽家产，送给那些需要的人，然后离乡背井，开始传福音的事工②，迫切地向那些从未听过的人宣讲信仰信息③，并且为他们提供由圣灵默示的福音书。一旦在异域某地奠定信仰根基，他们就选任专人担任牧职，以照顾新信徒的需要。然后，他们再度出发，前往别处传讲福音。上帝大大地施恩于他们，与他们同工。通过他们，圣灵甚至在稍晚时也广行神迹奇事，以至于很多人在初次听道时就热切接受了对宇宙创造者的崇拜。④

使徒们的第一代人、各地教会的牧师或传道人究竟是谁，又有多少，我无法就此给出具体的说法。因此，我在这里只是记述了这样的一些人物以及他们的行迹，在他们的作品中，使徒的教导及其传统得以留存至今。

克莱门的作品

38. 上述作品当然包括我在前面已提到的伊格纳修的书信和克莱

---

① 参见《哥林多前书》3：10。——中译注
② 参见《提摩太后书》4：5。——中译注
③ 参见《罗马书》15：20—21。——中译注
④ 参见《使徒行传》17：16—34，特别是34节。——中译注

门那封得到普遍认可的信件①。这封信件是克莱门以罗马教会的名义写给哥林多教会的。从信中内容可以看出,其中很多思想来自《希伯来书》,而且确实有很多直接引自《希伯来书》的文字。这显然说明,《希伯来书》不是新近才写就的。也正因为如此,《希伯来书》当然应该归入使徒②书信的行列。保罗写信给希伯来人用的是希伯来语,于是有人说,福音书作者路加翻译了这封书信③,也有人说,这位克莱门翻译了这封书信。第二种说法应该是正确的,其证据在于,克莱门与《希伯来书》作者的措辞相似,而且这两封书信在思想上并不存在任何大的差异。

还有一封书信也被认为是出于克莱门之手。不过,它并不像上一封书信那么广为人知。我甚至不知道,初期教会是否使用过这封书信。最近,还有一些冗长的文章也被认为是克莱门的作品,比如[所谓的]彼得与阿皮翁的对话录。④ 然而,没有迹象表明,这些对话录出自早期作家之手,并且保存了纯正的使徒教导。

帕皮亚的作品

39. 以上提及的是克莱门、伊格纳修和波利卡普早已被广为认知的作品。至于帕皮亚的作品、题为《解释主的话语》(*The Sayings of the Lord Interpreted*)的五卷本作品已经佚失。爱任纽曾提及这五卷作品,并且认为,这五卷作品是帕皮亚的全部作品:

---

① 即所谓的《克莱门一书》。——中译注
② 当指保罗。——中译注
③ 当是翻译成希腊文。——中译注
④ 可能指所谓的《克莱门布道集》(*Clementine Homilies*),这部作品汇集了许多早期的说教类故事。

关于这些事情，帕皮亚在其第四卷作品中——他写有五卷作品——作过书面见证。帕皮亚是一位古代作家，听过约翰的讲道，曾与波利卡普同工。①

上述即是爱任纽的说法。但是，帕皮亚本人在作品前言中声明，他从来没有亲耳听过哪一位圣使徒的讲道，也从来没有亲眼看到他们中的任何一位，他只是从一些认识使徒的人那里学会了信仰的基本要道：

在这些解释之外，我将毫不犹豫地添加我从几位长者（elders）②那里学来的，并且仔细记录下来的所有说法。与绝大多数人不一样，我喜欢的不是那些夸夸其谈的人，而是那些教导真理的人，不是那些背诵其他人的诫命的人，而是那些重复上帝诫命的人。一旦碰到哪位长老的门徒，我就会询问他们：主的门徒，比如安得烈、彼得、腓利、多马、雅各、约翰、马太，等等，说过什么？或者，主的门徒，比如亚里斯提昂（Aristion）和长老约翰（John the presbyter）还在说些什么？因为我认为，活生生的、依然还存留的讲述③比来自书本的信息对我更有帮助。④

值得注意的是，帕皮亚先后两次提到约翰这个名字。第一次他把

---

① 《驳异端》（*Against Heresies*），5.33。
② 希腊文 *presbyteroi* 有两种译法："长者"（elders）和"长老"（presbyters）。我一般采用"长者"的译法。不过，下文中将会出现"长老约翰"（John the Presbyter）的译法，这是因为这种译法已成定式。
③ 参见《彼得前书》1：23，"你们蒙了重生，不是由于能坏的种子，乃是由于不能坏的种子，是藉着神活泼常存的道。"——中译注
④ 据 Gerd Theissen，这反映了早期教会在圣经正典形成前口口相传的传统，"2 世纪时的帕皮亚估计，'活生生的、依然还存留的见证'比所有书本还多"，参见 Theissen 著，新约（*Das Neue Testament*，Muenchen：Beck 2002），第 114 页。——中译注

约翰与彼得、雅各、马太等使徒的名字列在一起，他第二次提到约翰则是在一个非使徒的名单之中，这个名单以亚里斯提昂为首，其次才是一位名叫约翰的长老。这种区别证明了如下说法的真实性：在亚细亚有两个同名的约翰，他们的坟墓都在以弗所，直到如今他们都依然被人们称为约翰。这一点相当重要。因为看到启示录异象的那位约翰很有可能就是这位名叫约翰的长老——倘若我们认为不是前一位约翰的话。因此，帕皮亚才会说，他从使徒追随者那里学习使徒的言语，又亲耳聆听过亚里斯提昂和长老约翰的教导。帕皮亚经常点名道姓地援引上述两人的说法，并且在作品中融入了两人的教导。

帕皮亚还记载过一些神迹奇事和其他方面的事情，这些记载显然来自他对传统的耳濡目染。我们在前面已提到使徒腓力及其众女儿住在希拉波利斯。现在我们要说的是，帕皮亚认识他们，并且从腓力的女儿那里听到过一个神奇的故事。这故事的内容包括两个神迹，一个说的是当时有位死人① 从死里复活，另一个说的是名为巴撒巴（Barsabas）的犹士都，他喝了毒药，主的大恩却让他毫发无损。这正是那位犹士都，他在救主升天后，与马提亚一同被众使徒藉着摇签的方式选入使徒行列，以代替卖主的犹大。相关记载见于《使徒行传》[1：23]，"于是选举两个人，就是那叫作巴撒巴，又称呼犹士都的约瑟和马提亚。"

此外，帕皮亚也补充了许多其他口耳相传的故事，其中包括一些救主说过的奇特寓言及其不为人知的教导，以及其他一些更富传奇色彩的记述。其中一则故事讲的是，在死人复活后，千禧年（a thousand-year period）就会来到，基督的王国将会在地上实现。我猜想，他之所以这么认为，是因为他没有认识到众使徒使用的是象征性的神秘语

---

① 根据帕皮亚的说法，此人为马念（Manaen，参见《使徒行传》13：1）之妻。

根据新约或优西比乌的记载,这些城市是早期基督教的重镇。在公元前三百年之内,小亚细亚是全世界范围内基督徒数量最多的地方。而在现代的土耳其,由于伊斯兰教的兴起,当地基督徒的数量已大为减少。

言,从而误解了众使徒的相关描述。他的领悟力有限,我们从其作品中可以清楚地看出这一点。但是,由于他的缘故,其后的许多教会作家都因循前人的看法,持类似的观点,比如爱任纽和其他一些人就显然持同样观点。

帕皮亚也征引过亚里斯提昂(Aristion)和长老约翰对主话语的解释。关于福音书作者马可,他这样写道:

> 长老常说:"马可成了彼得的译员,准确地记录过彼得所记得

---

① 或译"萨迪斯"。——中译注

的耶稣言行，但是，这些记录的时间顺序是不对的。马可从未亲耳听过耶稣的教导，他也从来都不是耶稣的［直接］跟随者。正如我所说的，他只是在后来才成为彼得的门徒。彼得习惯于就具体情境具体施教，很少系统地解释主的话语。因此，马可只是按照彼得的回忆进行记录，就这一点而言，他是无可指摘的。对于马可来说，他有一个最重要的目的，那就是，不漏掉任何一点他所听到的，并且把它们忠实无误地记录下来。"

以上即是帕皮亚关于马可的说法。关于马太，他则是这样说的：

马太用希伯来语①编辑了基督的话语或语录（logia of Christ），每个人都竭尽全力地解释这些话语。

帕皮亚还从《约翰一书》和《彼得前书》援引过证据，并且讲述了一位妇人的故事，她由于犯罪累累，在主面前遭人指控。这则故事载于《希伯来福音》。是为补充。

---

① 可能指的是亚兰语（Aramaic），就如新约中的希伯来语一般。——英译注
亚兰语是属于希伯来语的一种方言，也是耶稣的母语。——中译注

评注 优西比乌的资料来源

优西比乌习惯于接连不断地征引一段又一段的资料，这已被公认为优西比乌的特点。因此，有些学者对他大加诟病，认为他只是连篇累牍地引用资料，很少作出他自己的历史评论。假若优西比乌是一位现代史学家的话，那么，这种批评是恰如其分的，而且尤其适用于现在的这第三卷。但是，我还是想为他辩护几句。接下来，当优西比乌记录与自己时代相近的历史事件时，他很少这样做，比如，当他处理诸如303年之后的大迫害等当代事件时，他以一位目击者的身份讲述当时的事情，很少引用前人资料。

此外，优西比乌确实旁征博引了不少资料。然而，这恰恰是最值得庆幸的。倘若不是优西比乌的记录，这些资料，即使是残篇断简，都不可能流传至今。当然，这说法不适用于约瑟夫，其作品至今仍保存完好；也不适用于两位同名的克莱门、伊格纳修、波利卡普、查士丁、爱任纽、德尔图良等人的部分作品。但是，这说法依然适用于帕皮亚、夸德拉图斯、墨利托（Melito）、黑格希普斯、罗多（Rhodo）、阿波利拿里（Apolinarius）和其他早期作家，也适用于一些原本早已佚失的重要敕令和文件。

优西比乌反复地指出，耶路撒冷的毁灭，乃是出于上帝的惩罚，因为他们谋害了基督。当代读者可能会对此感到难以接受。但是，不幸的是，这种观点在当时具有相当的典型性，许多早期基督徒在教会与会堂之争中都持有这样的观点。其实，就这点而言，比起同时代其他作家来，优西比乌的观点还算是有所保留的。如果说早期的许多基督教作家都是反犹的，那么同样也可以说，许多早期的犹太教作家都是反基督教的，一些地方的犹太人还煽动过针对基督徒的迫害。当然，这并不是在为双方的过激行为与互不宽容作辩解。

优西比乌致力于寻找与使徒和早期教会命运相关的信息，这一点恰恰反映了现代人在做同样努力时的种种旨趣。此外，优西比乌并非一味地不予置评。比如，他一方面欣赏帕皮亚对早期使徒传统的耳濡目染，另一方面又毫不掩饰地表达自己对帕皮亚千禧年观的不屑一顾。类似地，优西比乌一方面表示了自己对正典中尚存争议之作品的怀疑，另一方面又试图公正地对待那些认为这些作品属于正典之列的作家。

优西比乌以耶稣的传道生涯为切入点，试图解释《约翰福音》与对观福音书（Synoptic Gospels）的差异，也就是说，他认为，《约翰福音》记述的是耶稣在施洗约翰入狱之前的公开传道，而对观福音书关注的则是耶稣在施洗约翰下监之后的行迹。这种说法只在极个别地方才是正确的，作为一种完整的解释则是完全站不住脚的。优西比乌的这点差错让人颇感奇怪，因为他在解释圣经时通常都非常小心谨慎。

优西比乌在开始历史叙述时采用了一些专门说法，比如，"罗马主教"或"安提阿主教"（bishop），"耶路撒冷主教职位或辖区"（bishopric），"亚历山大教区"（diocese），等等；这些说法在很大程度上都犯了年代误植的错误（anachronistic），而且反映的只是教会教阶体系在靠近优西比乌之时的晚期发展阶段。譬如，在后来的意义上，罗马的克莱门很难说是一位主教，还不如说他是一位长老，负责与哥林多信徒沟通罗马教会所关切的问题。

优西比乌《教会史》的这一卷具有极为独特的价值，因为它追溯了新约正典的形成过程。从这一卷显然可以看出，正典的形成并不是出于某次早期大公会议的某个决议。毋宁说，早期基督教的不同中心采用不同的新约作品，正是这样的状况最终决定了什么是正典。关于正典的形成过程，优西比乌还有更多的话要说。

至于同时期的罗马史，尼禄被手下的西班牙总督**加尔巴**（Galba，68—69年在位）赶下王位，之后的短时期内，**奥托**（69年在位）、**维特里乌斯**（69年在位）和**苇斯巴芗**（69—79年在位）三人接连继位，因此有所谓"四王之年"的说法。苇斯巴芗在被拥立为皇帝之前，是犹太战争中罗马方面的指挥官。他创立了弗拉维夫斯王朝（Flavian dynasty），为罗马政府重新带来秩序、尊严和经济繁荣。苇斯巴芗是那种严肃认真的人，但又不失风趣幽默。年近六十才登上帝位的他，由于经常在前线作战的缘故，不仅意志坚韧，而且深得军人拥戴。他善于算术，做得一手好账，甚至还发明收费厕所［直到今天，罗马的收费厕所仍将被称作"苇斯巴芗尼"（*vespasiani*）］的这类事物以广开财源。他在公共建筑方面颇有建树，其中包括罗马的弗拉维安圆形大剧场。他之所以建造这座大剧场，并不是因为他想要迫害基督教，他和他的儿子提图斯都未曾重新启动过尼禄的压制政策。

在苇斯巴芗被拥立为皇帝后，**提图斯**（79—81年在位）接掌犹太战争中罗马军队的指挥权，并在70年攻占耶路撒冷。在父亲死后，深孚众望的提图斯继承帝位。提图斯曾和犹太公主、亚基帕二世的姐妹百尼基（Bernice）（使徒行传 25）有过一段风流韵事。不过，由于政治方面的种种原因，他最终离她而去。在他上台初期，维苏威火山（Mount Vesuvius）爆发，赫尔库拉诺姆（Herculaneum）和庞培（Pompeii）两座城市被湮没。81 年，一次发烧夺去了他的性命，也终结了他的短暂统治。

继承提图斯王位的是他的兄弟**图密善**（Domitian，81—96 年在位），他是一个卑劣的独裁者，大概正是他，挑起了罗马帝国对基督徒的第二次迫害。这次迫害也波及了罗马贵族——图密善的亲戚克莱门斯和图密提拉都在受害者之列。此外，这次迫害肯定还蔓延到了东方，因为优西比乌曾经提到，使徒约翰在当时被放逐到拔摩岛。《克莱门前书》大概准确地反映了这次大迫害时发生的情况。这次大迫害最晚结束于图密善遇刺的 96 年，这次遇刺也标志了弗拉维夫斯王朝的终结。

接下来的 96 年至 180 年，先后继承帝位的是所谓的五位明君，其中四位皇帝不是选择自己的儿子（他们其实根本没有儿子），而是选择他们认为最合适的下属充当皇位继承人。**内尔瓦**（Nerna，96—98 年在位）原是一位聪明机灵的老法官，他尊重元老院的意见，尽力为罗马着想。继承内尔瓦王位的是其养子**图拉真**（98—117 年在位），他通过征服达细亚（Dacia）和美索不达米亚，把罗马帝国版图扩大到了极致。图拉真对基督徒采取温和的政策，这一点在他那封与庞推尼总督普林尼的著名通信（约 112 年）中表露无遗，图拉真在信中建议普林尼停止对基督徒的追捕，即使在基督徒遭到依法指控，法律不得不采取行动的时候，也是如此。尽管如此，正是在图拉真统治期间，安提阿主教伊格纳修锒铛入狱，最后在罗马殉道（约 110 年）。

第四卷　主教、作品与殉道

从图拉真到马可·奥勒留

1. 约在图拉真当政第十二年，①亚历山大主教［塞尔多］与世长辞，其职位由普里姆斯（Primus）接任，普里姆斯是自使徒以来的第四任亚历山大主教。与此同时，在俄瓦勒斯图斯担任罗马主教八年后，亚历山大（Alexander）继任主教，成为彼得和保罗以来的第五位继任者。

犹太人的叛乱

2. 当时，救主的教导日渐传开，教会也在蓬勃发展，而犹太人的悲剧则逐渐接近高潮。图拉真在位第十八年，②犹太人又一次叛乱，赔上无数性命。在亚历山大和埃及的其他地方，特别是在古利奈（Cyrene）③，犹太人仓促发动叛乱，攻击同处一地的希腊人。次

---

① 109 年。——中译注
② 115 年。——英译批注
③ 当时的一座文化中心，以哲学与医学闻名，建于公元前 630 年，犹太人口众多。——中译注

年，随着叛乱规模的不断扩大，犹太人发动了一场全面战争；其时，鲁普斯（Lupus）是统治埃及全地的总督。在第一次冲突中，希腊人被犹太人击败，逃进亚历山大城，该城犹太人或被拘禁或遭杀害。尽管失去该城犹太人的支援，古利奈犹太人在卢库阿斯（Lucuas）①的率领下继续在埃及各地大肆劫掠。

受皇帝委派，马尔西乌斯·图尔波（Marcius Turbo）率海陆两路大军——还有骑兵——出征讨伐。马尔西乌斯·图尔波冷酷无情，多次出兵与犹太人争战，被他杀害的犹太人不计其数。这些被害的犹太人，有的来自古利奈，有的则是卢库阿斯来自埃及其他地方的拥戴者。由于担心美索不达米亚的犹太人也会攻击当地民众，皇帝命令鲁斯乌斯·科维尔图斯（Lusius Quietus）驱逐当地犹太人。鲁斯乌斯·科维尔图斯集结军队，屠杀无数当地犹太人。因此缘故，他被任命为犹太总督。关于此次事件，记录同一时期历史的希腊作家也有过类似记载。②

哈德良、夸德拉图斯和亚里斯蒂德

3. 图拉真在位十九年半后，③埃里乌斯·哈德良（Aelius Hadrian）接掌皇权。哈德良当政期间，因为有些坏人企图给我们的人制造麻烦，夸德拉图斯为我们的信仰上书申辩。与我本人一样，不少教友都有这封上书的复本。在上书中，作者充分展现了他的聪明睿智和对使徒正统的持守。如下文字清楚地表明，上书的成文年代较早：

---

① 卡西乌斯（Dio Cassius）（68.32）把他称为安德烈亚斯（Andreas）。
② 卡西乌斯（Dio Cassius）和欧罗西乌斯（Orosius）。
③ 117年。——英译批注

我们救主的所作所为始终都是有目共睹的，因为这些作为都是实实在在发生过的。至于那些得到医治或者从死里复活的人，人们不但已看到他们被医治或被复活的过程，而且也能始终观察到他们此后的日常生活举止，无论是主曾生活在我们之中的时候，还是主离开我们后的一段时期，均是如此。事实上，当中的部分人还一直活到我们所处的年代。

与夸德拉图斯一样，亚里斯蒂德也是一位虔诚的信仰者。他也曾上书哈德良，为我们留下了一份信仰的申辩书。直到如今，许多人依然保存这封上书的复本。①

罗马、亚历山大和耶路撒冷的主教

4. 哈德良主政第三年，②罗马主教亚历山大走完十年的主教生涯，告别人世，其继承者是叙斯图斯（Xystus）。差不多与此同时，亚历山大主教普里姆斯死于任上，其担任十二年之久的主教之职由犹士都（Justus）接替。

5. 至于耶路撒冷主教的更替情况和具体年代，我没有找到任何相关的书面记录。传统说法认为，该教区主教在世时间一般都不长；我手头仅有的一些文件表明，截止到哈德良击败犹太人为止，耶路撒冷

---

① 作为第一位已知的基督教护教家，夸德拉图斯仅有片断传世，而且这些片断全都来自优西比乌的摘录。与此不同的是，亚里斯蒂德的《申辩书》（*Apology*）虽未能流传于世，但其叙利亚文译文却在1889年重现人间，由哈里斯（J. Rendel Harris）在西奈山挖掘出土。不少学者认为，亚里斯蒂德上书申辩的对象不是哈德良，而是其继任者安东尼努斯·庇护（Antoninus Pius）。

② 119年。——中译注

教区共有过十五位主教。据说,这十五位主教都是改宗的犹太人,都接受关于基督的知识,从而配得担任主教之职。从使徒时代开始,直到罗马成功镇压第二次犹太叛乱为止,耶路撒冷教会的成员均是犹太人。于是,受过割礼的主教此后不再出现。①这样,我们正好可以从头至尾列举出上述十五位主教的大名:第一任是被称为主的兄弟的雅各,其后的第二任是西面,以下依次为:第三任犹士都,第四任撒该(Zaccheus),第五任托比亚斯(Tobias),第六任便雅悯(Benjamin),第七任约翰(John),第八任马提亚(Matthias),第九任腓利(Philip),第十任塞涅卡(Seneca),第十一任犹士都(Justus),第十二任利未(Levi),第十三任以弗雷斯(Ephres),第十四任约瑟(Joseph),第十五任即最后一任犹大(Judas)。上述即是这段时期内耶路撒冷教会的各位主教,他们均受过割礼。

哈德良当政第十二年,罗马主教叙斯图斯在任职十年之后由特勒斯福鲁斯(Telesphorus)接替。特勒斯福鲁斯是自使徒以来的第七任罗马主教。一年多后,亚历山大教区的欧伊门内斯(Eumenes)接掌前任任职十一年的主教职位。

巴尔—科克巴的叛乱

6. 当犹太人的叛乱再度变得难以对付时,②犹太总督鲁孚(Rufus)得到皇帝的军事援助,开始毫不留情地攻击狂热的犹太人。他杀害了数以千计的男子、妇女和儿童,并且依照战时法律没收了这些犹太人的土地。当时,身为犹太人领袖的是一位名叫巴尔—科克

---

① 135 年,犹太人被哈德良逐出耶路撒冷。——中译注
② 132—135 年。——英译批注

巴（Bar-Kokhba，意为"星"）①的人。由于其名字所具有的力量，这位杀人成性的匪徒声称，他是来自天上的光（luminary），要光照那些身处不幸、仿佛奴隶一般的人。

哈德良在位第十八年，战争在贝特拉（Betthera）趋于白热化。贝特拉是耶路撒冷附近一座重重布防的小镇。由于长期被困的缘故，镇内的叛乱者弹尽粮绝，最终走向失败，其中挑唆人们疯狂情绪的煽动者也得到了应有的惩罚。此后，哈德良发布命令，所有犹太人都不得涉足耶路撒冷及其附近的任何地方。这样一来，犹太人就连看也看不到耶路撒冷了。佩拉的亚里斯托（Aristo of Pella）对此作过具体记述。② 犹太人被拒之于耶路撒冷之外，原先的居民［差不多又］死亡殆尽，耶路撒冷就这样被外族殖民化了。一座罗马化城市随之出现，耶路撒冷也被改名为埃里亚，以纪念当时在位的皇帝埃里乌斯·哈德良。此外，当地教会的成员也都变成外邦人，马可是首任未受割礼的耶路撒冷主教。

诺斯替派

7. 众教会如同明光一般照耀着世界，对我们主耶稣基督的信仰在各地方兴未艾。然而，与此同时，憎善恨真、厌恶拯救的魔鬼则开始利用种种武器对付教会。先前，魔鬼在外部通过迫害攻击教会，未能得逞。于是，它变换伎俩，开始在内部利用邪恶的骗子，让这些人充当腐化与毁灭教会的工具。这些人打着我们宗教的名义，一方面设下

---

① 亚兰语（Aramaic）原意为"星之子"（son of a star）。星被犹太人当作弥赛亚的象征（参见《民数记》24：17,《马太福音》2：2—12）。叛乱失利后，他被改称为"巴尔一科兹巴"（Bar-Koziba），即"说谎者之子"（son of a liar）。
② 其作品已经佚失。

重重陷阱，企图把信徒推向毁灭的深渊，另一方面又极力诱使不信的人远离通往拯救的道路。

我们前文曾提到过米南德，他是西门·马古斯的继承者。正是由于这个米南德的缘故，出现了一个双嘴双头的蛇魔。这蛇魔设立两个异端领袖，即出生在安提阿的萨顿宁（Saturninus）和亚历山大的巴西理得（Basilides）；两人分别在叙利亚和埃及兴办多所让人痛恨的异端学校。爱任纽曾明确指出，萨顿宁宣扬的学说与米南德的错误学说大体一样。但是，巴西理得却以秘传宗教作为掩护，将其想象发挥至无限，编造出许多怪异的神话。于是，许多教会人士开始为真理和使徒信仰的缘故投入战斗，还有不少人诉诸笔墨捍卫信仰，为后世留下许多值得借鉴的反驳异端的方法。

我手头就有一份这样颇具分量的抨击巴西理得的作品，作者是当时的著名作家亚基帕·迦斯托（Agrippa Castor）。在剖析巴西理得欺骗伎俩的过程中，迦斯托指出：巴西理得写有二十四卷关于福音的作品，杜撰了一些名叫巴尔—卡巴斯（Bar-Cabbas）、巴尔—科弗（Bar-Coph）等的人物，并且把他们称为先知；这些人物的名字都取得稀奇古怪，为的是诱引那些对此有所偏好、容易上当受骗的人。巴西理得声称，吃祭偶像的食物，并无害处；在迫害来临时，人可以否认信仰。他与毕达哥拉斯一样，让那些追随自己的人保持沉默状态达五年之久。此外，迦斯托还记述了巴西理得的一些类似事情，并且淋漓尽致地驳斥了他的异端邪说。

爱任纽还提到过当时的另外一个异端卡尔波克拉特斯（Carpocrates），他就是所谓诺斯替派的创立者。诺斯替派不同于自称秘密传授西门邪术的巴西理得，他们公开传授西门的邪术，并且炫耀他们的咒语和巫术、梦幻和降神术。他们声称，凡想加入教门、参详他们秘传（或者更确切地说，淫秽）的人，必须行出各样穷凶极恶之事，因为这是摆脱"宇宙众统治者"（cosmic rulers）的唯一途径。正是藉着这班仆人，魔鬼奴役那些可怜的受骗者，同时利用种种丑闻污染整个基督徒群体，从而在不信的人中玷污了圣言的名誉。主要是由于这个原因，我们在当时的异教徒中到处遭受邪恶与亵渎的猜疑：我们不仅与自己的母亲、姐妹乱伦，而且还有邪恶的饮食行为。①

然而，魔鬼的这般胜利稍纵即逝，因为真理已重新为自己正名，并且逐渐地发散出更为明亮的光芒。异端虽然一个接一个地层出不穷，但又一个接一个地销声匿迹。只有唯一正确的大公教会不仅始终如一，而且还日益发展壮大。教会如同自由、肃穆与纯净的光明一般，把关于行为与思想的神圣教导提供给希腊人，也提供给非希腊人。随着时间的流逝，对我们教导的种种诬蔑都已烟消云散，唯独我们的教导依然存留于世。这教导不仅取得胜利，而且被当成至高教导。今天，再也没人胆敢像以前的敌人那样恶毒地诽谤我们的信仰。

当时的教会作家

在当时，有更多的人因为真理的缘故与无神的众异端作斗争，他们不仅在口头上而且在笔头上都凯旋得胜。

8. 在这些得胜者中，黑格希普斯是一位佼佼者。这个名字，我在记述使徒时代的事情时曾经常常提到。他著有五部作品，文风简单明了。这些作品显示了真正、传统的使徒教导。他在描述一些造偶像之人时指出，他在世期间——

---

① 基督徒在当时经常受到的污蔑是：他们杀害小孩，并且吃小孩。

他们曾为偶像建造纪念碑（cenotaphs）和庙宇，现在依旧如此。其中，有一个名叫安提努斯（Antinous）的偶像，他曾是凯撒·哈德良的一名奴隶，所谓安提努斯游戏（the Antinoian Games）正是以他的名字命名的。他是我的同时代人。哈德良居然兴建一座以他的名字命名的城市，并且为膜拜他的缘故设立先知。①

与此同时，查士丁这位真哲学的爱好者还在研习希腊的学问。在写给安东尼努斯·庇护的《辩护篇》中，查士丁也提到过这回事：

就这一点而言，我并非不合时宜地想要提及我们同时代的安提努斯。所有人都被迫尊奉他为神明，尽管大家都知道他的来龙去脉。②

在讲述对犹战争时，查士丁写道：

在最近的犹太战争中，犹太叛乱者的首领巴尔—科克巴发出专门针对基督徒的命令，倘若基督徒不愿否认耶稣是弥赛亚，不愿亵渎耶稣，那么他们就会遭到严厉惩罚。③

查士丁在同一卷书中还表明，他之所以从希腊哲学转而皈依真宗

---

① 安提努斯来自庇推尼，是哈德良的同性恋伙伴，130 年在尼罗河溺水而死。为了对他表示纪念，哈德良兴建了一座名为安提诺波利斯（Antinoöpolis）的城市。
② 《辩护篇》(Defense)，1.29。
③ 同上，1.30。

教，不是出于非理性，而是出于冷静审慎的思考：

> 当我着迷于柏拉图学说时，我觉得基督徒说的都是一些无稽之谈。但是，当我发现他们毫不畏惧死亡或其他任何可怖之事时，我逐渐开始明白，他们不太可能生活在邪恶和放纵之中。因为，一个以吃人肉为乐趣的享乐主义者或纵欲之徒，当死亡剥夺他一切欲望对象时，他怎么还可能含笑表示欢迎呢？他怎么没有千方百计地延长自己的现世生命并躲避世俗统治者的审视，而是把自己的生命交托给死亡呢？①

此外，查士丁还写到，哈德良曾从著名的总督塞内尼乌斯·格拉尼亚努斯那里收到一封为基督徒请命的上书。总督阁下在上书中写道，为了迎合喧嚷的大众，未经审判就处死基督徒，这是不恰当的。此外，哈德良还曾下令亚细亚总督米努西乌斯·范达努斯（Minucius Fundanus），除非有正当的起诉理由，否则就不要审判任何人。这封拉丁文书信的复件，查士丁附在上书之中，并且为此写有如下引言：

> 我曾请求您下令，审判均应以您父亲、伟大且荣耀的凯撒·哈德良的书信为基准。尽管如此，我还是更愿意向您恳请公义，甚于向您恳请哈德良的敕令。此外，我还要在此附上哈德良书信的复件，以便您知道我所言不虚。书信内容如下。

查士丁所附的哈德良书信原为拉丁文，我在此尽可能地将之翻译

---

① 《辩护篇》(*Defense*)，2.12。

为希腊文:

9. 致米努西乌斯·范达努斯。① 你的前任,杰出的塞内尼乌斯·格拉尼亚努斯曾上书于我。我想,事态不应总是维持在未作调查的状态,这样会使得人民受到伤害,会怂恿举报者搬弄是非。倘若各省都能清晰判定举报基督徒的案子,那么各省以后就能因循此例处理类似案件,不必再单单根据举报人的请求或喧嚷作出判决。这样一来,一旦有人想要提出控告,你就能更为恰当地作出判决。倘若有人起诉基督徒,并且有证据证明他们的行为违反法律,你就可以根据他们触犯法律的严重程度进行审判。但是,我以赫尔克勒斯的名义重申一遍,倘若有人因为想要得到报酬而提出错误的控告,你就应该彻底地调查取证,并且确保让他得到他应当得到的惩罚。②

以上即为哈德良敕令的具体内容。

主教与异端

10. 二十一年之后,③哈德良去世,安东尼努斯·庇护继承罗马帝位。安东尼努斯·庇护当政第一年,特勒斯福鲁斯在担任罗马主教的第十一年离开人世,其主教一职由叙基努斯(Hyginus)接替。根据爱任纽的记载,特勒斯福鲁斯光荣地死于殉道。此外,爱任纽还提到,正当叙基努斯担任罗马主教的同时,瓦伦廷(Valentinus)和塞尔

---

① 约在125年。——英译批注
② 《辩护篇》(*Defense*),1.68。
③ 138年。——英译批注

多（Cerdo）在罗马名噪一时，前者创立了一个以自己名字命名的异端派别，后者则引入了马西昂（Marcion）的错误教导。爱任纽这样写道：

> 11. 在叙基努斯担任主教时，瓦伦廷来到罗马。他在庇护当政期间名声大噪，一直活到雅尼塞图斯（Anicetus）的时候。也是在第九任主教叙基努斯的时候，塞尔多在马西昂之前加入罗马教会，公开告白他的信仰。但是，他却步入歧途：时而秘密教导，时而公开教导，时而被认为教导错误并被逐出基督徒群体。①

上述记载引自《驳异端》第三卷。爱任纽在该书第一卷还提到塞尔多：

> 在叙基努斯担任自使徒以来第九任罗马主教时，一个名叫塞尔多的人来到罗马。他曾深受西门追随者的影响。他宣称，律法与先知书所宣讲的上帝并非我们主耶稣基督的父，因为前者是已知的，后者则是未知的；前者是公义的，后者则是满有恩典的。本都的马西昂是其后继者，他继续用厚颜无耻的亵渎之辞宣扬这错误的学说。②

爱任纽巧妙地揭穿瓦伦廷学说体系中隐藏的错误与邪恶，这些错误与邪恶如同毒蛇一般隐藏在一旁伺机而动。此外，他还提及他们同

---

① 《驳异端》(*Against Heresies*) 3.4。
② 同上，1.14。

时代的一个人,即一位名叫马尔库斯(Marcus)的邪术家及其毫无意义的入教仪式和令人作呕的秘密仪式:

> 他们中的一些人布置好一间新娘房,一边为新入教者祈祷,一边进行秘密仪式。他们宣称,他们正在庆祝一场效仿天上婚礼的属灵婚礼。另外一些人把新入教者带到水边,一边为他们施洗,一边为他们祈祷道:进入宇宙未知之父的名,进入真理,万物之母,进入那位降入耶稣者。还有一些人还使用希伯来语进行祈祷,为的是进一步震慑那些新入教者。①

四年之后,叙基努斯死于主教任上,庇护(Pius)继承其位。在亚历山大,马可被任命为主教,接替恪尽职守十三年的欧伊门内斯主教;十年之后,马可卸任,其主教一职由塞拉蒂昂(Celadion)承继。在罗马,庇护在担任主教第十五年任上去世,雅尼塞图斯接替主教一职。正是在雅尼塞图斯担任主教期间,黑格希普斯定居罗马,并且在此逗留至埃洛特鲁斯(Eleutherus)担任主教的时候。这说法来自黑格希普斯本人的记述。

当时,查士丁正处于事业巅峰。他身着哲学家的服饰,却作为圣道的大使,藉着著书立说为信仰辩护。查士丁曾写过一篇反对马西昂的文章,根据他的说法,马西昂(Marcion)这个异端分子当时尚在人世,而且声名显赫:

> 某位来自本都的马西昂还在教导说:存在另一位上帝,这位

---

① 《驳异端》(*Against Heresies*) 1.14。

上帝比创造主还更为伟大。创造主由诸魔辅佐，凌驾于世界之上，而且诱使多人说亵渎的话。这些人不但否认宇宙的创造者（Maker）是基督的父，而且宣称还有一位比基督之父更为伟大的上帝。但是，连这些人也都被称作基督徒，正如我先前说过的，"基督徒"这个名称就好像"哲学家"这个名称一样，被用来泛指所有这样的人，尽管他们的观点迥然不同……为了回应种种粉墨登场的异端，我撰有一书，专供有意诸君考校。①

殉道者查士丁与安东尼努斯·庇护

在反驳希腊人方面取得相当大的成功之后，当时身居罗马的查士丁上书皇帝安东尼努斯·庇护和罗马元老院，为信仰申辩。在这份上书中，查士丁说明了自己的身份与来历：

> 12. 致皇帝、"凯撒·奥古斯都"提图斯·埃里乌斯·哈德良·安东尼努斯·庇护（Titus Aelius Hadrian Antoninus, Caesar Augustus），及其子哲学家维尔希姆斯（Verssimus），及卢修斯（这位知识的爱好者是哲学家皇帝的亲生子，庇护的养子），及神圣元老院和所有罗马人民，为了各族中遭受不公义憎恨与虐待之人的利益，我，查士丁，来自叙利亚巴勒斯坦的弗拉维娅·尼阿波利斯（Flavia Neapolis），是普里斯库斯（Priscus）的儿子、巴科西乌斯（Bacchius）的孙子，也是这些人中的一员，呈上这份声明与呼求。②

---

① 《辩护篇》（Defense）1.26。
② 《辩护篇》1.1。弗拉维娅·尼阿波利斯是现在巴勒斯坦西岸的那不勒斯（Nablus）。查士丁生于邻近加利利和犹大的撒玛利亚，这一事实使对圣经的引述增加了不少的权威性。

除了查士丁的这份上书之外，这位皇帝①还收到过在亚细亚饱受迫害的基督徒的呼求书。这位皇帝曾向亚细亚的地方议会发出如下敕令：②

13. 皇帝凯撒马可·奥勒留·安东尼努斯·奥古斯都·亚美尼乌斯（the Emperor Caesar Marcus Aurelius Antoninus Augustus Armenius），大祭司（pontifex maximus），第十五次担任保民官（tribunician），第三次担任执政官（consul），向亚细亚地方议会问安。③我知道，诸神对此也有所关注，对于这些人的所作所为，诸神不会不明察秋毫，而且肯定会比你们更想惩罚这些不敬之人。你们指控这些人是无神论者，让他们遭受磨难，却反而使得他们为了其神明的缘故宁愿选择死亡，也不愿选择继续存活。这样一来，当他们献出生命而非服从你们命令时，他们反而成了真正的胜利者。近来地震频发，而且还在持续，你们面对地震时表现得惊慌失措，这令人痛苦地衬托出你们与他们在品格上的巨大反差。他们对其神明更有信心，而你们却忽略了你们的神明，忽略了对那位不朽者的敬拜。当基督徒敬拜这位不朽者时，你们却屡次骚扰，而且把他们迫害致死。为了这些人的缘故，许多卸任的行省总督曾向我们神圣的父皇上书。父皇曾这样批复过，除非他们图谋反对罗马政府，否则就不必为难他们。此外，也有不少人向我汇报过这方面的情况，我的回应与父皇一致。不过，倘若

---

① 优西比乌似乎迷惑于皇帝们复杂的名字，没有弄清楚安东尼努斯·庇护并不叫马可·奥勒留。——中译注
② 此次地方议会的代表来自西小亚细亚各城。会议原本在奥古斯都庙和罗马的别迦摩（Pergamum）召开。后来在以弗所、撒狄、士每拿和其他地方召开。
③ 161年。——英译批注

有人仅仅因为某人是基督徒就对其提出控告，那么被告应该无罪开释，而那原告却要接受法律制裁。颁布于设在以弗所的亚细亚地方议会。

当时杰出的撒狄主教墨利托（Melito）可以证实此事。他在写给维鲁斯（Verus）皇帝的信仰《申辩书》中曾明确地提到这件事情。①

士每拿的波利卡普

14. 根据爱任纽的记载，正当雅尼塞图斯担任罗马主教时，波利卡普尚在人间，他到过罗马，而且还与雅尼塞图斯讨论关于复活节具体日期的问题。此外，这位作家还讲述过关于波利卡普的另外一段故事，我在此有必要加以引述：

引自爱任纽《驳异端》第三卷

波利卡普聆听过使徒的教导，而且认识不少亲眼见过主的人。正是出于使徒的任命，波利卡普担任亚细亚士每拿的主教一职。我在儿时曾见过他，他年世颇高，后光荣殉道。他曾孜孜不倦地广为教导，所教导的乃是他从使徒那里所领受的，这也正是教会所承传的、唯一真实的传统。上述事实，亚细亚的众教会、波利卡普今日的传人都能加以证实。此外，比起瓦伦廷、马西昂

---

① 墨利托如何证实此事，我们不得而知。有些学者认为，安东尼努斯·庇护的这份敕令是伪造的——优西比乌虽然并没有伪造这份敕令，但是他未加批判地从某些未知资源引用了这份材料。在这份敕令中，确实存在着带有基督教护教色彩的弦外之音。还有些学者认为，这份敕令并非伪造，只是有所篡改罢了。但是，无论如何，一方面安东尼努斯·庇护显然对基督徒抱有好感，另一方面不少杰出的基督徒在其统治期间殉道，这两方面似乎很难协调一致。

和其他一切假教师来说，波利卡普为真理所作的见证就显得更为可靠。在雅尼塞图斯担任罗马主教时，波利卡普访问罗马，宣讲那唯一的真理，这真理正是他从使徒那里领受的，也正是教会所传承的。由于他的缘故，上述异端的不少追随者从此皈依上帝的教会。很多人都曾听波利卡普说过主门徒约翰的逸事：有一天，约翰到以弗所的一家浴室洗澡，不料却碰到克林妥，约翰连澡都没洗就冲出浴室，大声喊道："赶快离开这里，免得浴室塌了：克林妥，这个真理的敌人，就在里面！"波利卡普还曾与马西昂打过交道。有一次，他碰到马西昂。马西昂问他说："你难道不认识我吗？"波利卡普答道："当然认识，你不就是撒旦的长子嘛！"使徒及其传人都是如此地小心谨慎，以至于［几乎都］不与那些扭曲真理的人交谈。这正如保罗所言："分门结党的人，警戒过一两次，就要弃绝他。因为这等人已经背道，犯了罪，自己明知不是，还是去作"（提多书 3：10—11）。除了这些以外，波利卡普还给腓立比教会写过一封颇具分量的书信，那些渴望与关心自己拯救的人可从中了解波利卡普的信仰及其所宣讲的。①

是为爱任纽所记。波利卡普写给腓立比教会的信至今尚存，其中包括一些引自《彼得前书》的文字。当政两年后，安东尼努斯·庇护的皇位由其子马可·奥勒留·维鲁斯（Marcus Aurelius Verus，也称安东尼努斯）和卢修斯·维鲁斯（Lucius Verus）两兄弟分享。②

---

① 《驳异端》(*Against Heresies*) 3.3。
② 安东尼努斯·庇护死于 161 年 3 月 7 日。通常被称为"马可·奥勒留"和"卢修斯·维鲁斯"的两兄弟均是其养子。两人联合执政直至 169 年，维鲁斯于是年去世。

15. 当时①，亚细亚再度爆发大规模迫害，波利卡普因此殉道而终。关于他的殉道经过，有一份报道流传至今，值得摘录。这份报道来自波利卡普所领导的教会写给邻近教会的一封信，内容如下：

上帝在士每拿的教会致上帝在菲洛美里乌姆（Philomelium）②的教会并圣而公之教会在各处的团体。愿我们主耶稣基督的父神把怜悯、平安和爱丰丰富富地赐予你们。弟兄姊妹们，我们写信给你们，为的是告诉你们一些关于殉道者，尤其蒙福者波利卡普的事情。正是由于波利卡普的殉道，迫害才告结束。

首先，他们讲述其他殉道者的遭遇，描述这些殉道者面对百般折磨时的刚毅勇敢。殉道者们所受的折磨，就连那些围观的人都大为诧异。殉道者要么饱受鞭打，被打得皮开肉绽，根根血管裸露在外，五脏六腑也都能看得一清二楚；要么被锋利的贝壳与尖矛刺死，最终落得个喂野兽的结局。

他们提到，贵族青年杰曼尼库斯（Germanicus）靠着上帝的恩典，克服对死亡的天生恐惧。总督曾试图劝服他，劝他好好珍惜眼前的花样年华。杰曼尼库斯毫不犹豫，近乎强迫地把野兽拉向自己，试图以此激怒野兽，好尽快摆脱这不义且邪恶的人世。杰曼尼库斯荣耀而死，在场观众无不为之动容。让他们大感诧异的，不仅是这位爱上帝之殉道者的勇敢，更是基督徒群体的无畏。于是，他们异口同声地叫喊道："干掉无神论者！把波利卡普带上来！"随之，四处喧嚣不断。新

---

① 一般认为，大概是上述两兄弟联合执政五年后。——中译注
② 位于弗吕家。——中译注

近来自弗吕家的奎因图斯（Quintus）一看到野兽，就想到可能要受的折磨，全然崩溃，放弃了自己的得救指望。与其他一些人一样，他起初轻率鲁莽地跑到法庭，但还是被定罪。这恰恰表明了他们的不虔敬和不明智。

然而，这样的消息丝毫没有影响到非凡的波利卡普。他下定决心留在城内。不过，由于友人的反复恳请和百般劝说，波利卡普还是避出城内，来到城外不远的一座农庄。留在农庄的波利卡普与往常一样，与友人日夜不停地向主祷告，祈求普世教会得享和平。被捕之前三天，波利卡普在祷告时得见异象：他头下的枕头忽然着火，并且随之烧成灰烬。波利卡普向友人们解释道，这异象预示：为了基督的缘故，他将在火中舍弃自己的生命。鉴于追捕者的残酷无情，波利卡普为了保护弟兄姊妹，转移到另一座农庄。可是，追捕者随即追到这里，抓住两位仆人。其中一人经不住严刑拷打，交代出波利卡普的住所。当时正值深夜，波利卡普被追捕者找到的时候，正躺在楼上的一间卧室里。波利卡普本有机会逃脱，却表示放弃。他说道："上帝的旨意就要成就了。"一听到追捕者的声音，他就走下楼去，沉稳平静地与他们交谈，举手投足之间满是喜悦。正因为如此，再加上波利卡普的高龄与自信，追捕者们都大为震惊，不禁发出疑问，为什么要这么急着逮捕这样一位老者呢？波利卡普叫人摆好饭桌，邀请他们随意吃点什么，然后以此请求他们准许自己不受打扰地祷告仅仅一个小时。得到准许之后，波利卡普起身开始祷告。他的祷告满有主的恩典，让在场的追捕者诧异不已，其中还有人不住悲伤：这样一位尊贵的虔诚人就要死了。

这封书信［《波利卡普的殉道》（Martyrdom of Polycarp）］继续写道：

在祷告的结尾，①波利卡普提到所有与他打过交道的人——不管是大人物，还是小人物，不管是名声显赫的，还是藉藉无名的——并且为普世的大公教会献上祷告。临别的时刻终于到来。波利卡普坐在驴上，在大安息日②那一天，被带到城里。警察头子希律及其父亲尼塞特斯（Nicetes）一起来到波利卡普面前，把他带上车。甫一落座，他们就开始游说波利卡普："说一句'主凯撒'，献点祭品，这有什么坏处呢？你不马上就获救了吗？"波利卡普起初并未理会他们，但在他们一再的游说攻势下，波利卡普答道："你们所建议的，我不愿意做。"一看劝说不成，他们马上改用恐吓，猛地一下把波利卡普推出马车，波利卡普猝不及防，伤了胫骨。但是，波利卡普好像什么也没有发生一样，精神抖擞地走向竞技场。场内人声嘈杂，很难听清楚什么。

当波利卡普步入场内时，天上有声音对他说："振作起来，波利卡普，像个男人一样。"没有人看到说话的是谁，但我们中的很多人都听到了这句话。波利卡普被捕的消息一经宣布，会场立即响起阵阵咆哮。在波利卡普继续往前走的时候，总督问他是否就是波利卡普。他答道："是。"总督随即开始游说波利卡普，"顾及一下你的年龄吧！以凯撒的名义起誓！放弃你的信仰，说，'离开无神论者！'"然而，波利卡普向人群招手，发出叹息，仰望上天，大声喊道："无神论者滚开！"总督依旧不依不饶，"快发誓！我马上就让你走。快诅咒基督！"波利卡普答道："我作他仆人已

---

① 156年。——英译批注
② 按照犹太历法，当星期六正好过节时，此星期六即为"大安息日"。传统认为，波利卡普死于2月23日。由于有接受这种说法的充分根据，那么，与此相关的节日应该就是普珥日（the Feast of Purim）。

有八十六年，他从未亏待过我。我怎么可以亵渎拯救我的君王呢？"总督还是紧逼不放："快以凯撒的名义起誓！"波利卡普答道："倘若你假装不知道我是谁，以为我会这样做的话，那就请你听好：我是一名基督徒。倘若你想学习基督的教导，那么就选好一天，你会听到的。"总督应道："你还是去劝服那些群众吧！"波利卡普答道：**"向您，我应该说明我的信仰，**因为我们所受的教导正是：要让神所设立的执政掌权者得到当得的荣誉，倘若这不会损害我们的信仰。至于那些群众，我不觉得其必要向他们说明。"总督说道："我有野兽。你要是再不改变主意的话，我就把你扔给野兽！"波利卡普答道："尽管叫它们来吧！我们绝不会改变心意、弃明投暗。不过，你要是放下屠刀，投奔正义，那倒不错。"总督再次发出恐吓："你既然这样不在乎野兽，那我就用烈火把你烧成灰烬，除非你幡然悔悟！"波利卡普答道："你所谓的烈火不过转瞬即逝。在未来的审判和永恒的惩罚中，会有你所不知道的烈火等待那邪恶的人。你还等什么呢？赶快做你想做的吧。"

波利卡普说这些话的时候，充满勇气和喜乐，脸上满布的恩光并未因种种恐吓变得黯淡无光。总督对此惊骇不已，派传令官进入竞技场中央，大声宣布三次："波利卡普公开承认他是基督徒！"听到这些，住在士每拿的大群希腊人和犹太人怒气冲天，声嘶力竭地嚷道："正是亚细亚的这个教师、基督徒的父亲、我们神明的诋毁者，他教会好多人不献祭、不敬神！"接着，他们要求司仪腓利（Philip the Asiarch）①放狮子撕咬波利卡普，却遭拒绝。

---

① 根据 Cruse 英译注，所谓"Asiarchs"，即亚细亚地方的一种祭司，在举行聚会或公共会议时，他们负责在竞技场内主持公共演出。可能大概相当于所谓"司仪"或"主持人"的角色。——中译注

腓利说，表演已经结束，这样做不合法。但是，众人仍旧不依不饶，叫嚣着要活活烧死波利卡普。就这样，枕头燃烧的异象即将得到应验。当时，波利卡普［在祷告后］转向周围的信徒，发出预言："我必被活活烧死。"

说时迟，那时快，群众从工场和浴室找来木块和柴火——与往常一样，犹太人这会儿显得特别积极。柴火堆好之后，波利卡普脱下衣裳，解去腰带，而且还试图脱去鞋子。他不习惯自己脱鞋，因为平时弟兄们总是争先恐后为他脱鞋。在行刑人准备把他钉上火刑柱时，他说道："就让我这样吧，用不着钉子，那位能让我忍受火焰的也必能让我在火焰之中纹丝不动。"于是，行刑人没有使用钉子，只是把他双手反绑在火刑柱上，他就像一只精挑细选的上好公羊，成为等着上帝悦纳的燔祭。

他祷告说："爱子耶稣基督的圣父啊，藉着他，我们得以认识你。为着今日今时，我称颂你，因为你让我配得与殉道者们一起分享基督的杯，让我们的灵魂和肉体一起复活，一起在圣灵的不朽中得着永生。正是照着你神圣［应许］的应验，我得以进入殉道者的行列，成为一份丰富的、可悦纳的祭品。因此，我为着一切向你献上赞美，我称颂你，我荣耀你，藉着那永恒的大祭司、你的爱子耶稣基督。愿荣耀藉着他归于你和圣灵，从今时直到未来的日子。阿们。"

波利卡普祷告还未完毕，柴堆已被点燃。在烈火熊熊之际，我们有幸见证一些不可思议的神奇事情。烈焰翻腾，有如拱柱，又像风帆飞扬，团团围住殉道者的身躯，它似乎不是在焚烧血肉之躯,而是如熔炉一般在锻金炼银。还有香气扑鼻,如同出于乳香或其他贵重香料一般,令人心旷神怡。那些无法无天的暴徒,看到烈火烧不死波利卡普,就要求行刑人用剑刺他。甫一遭刺,波利卡普血流如注,身边的熊熊烈焰也随之熄灭。由此,在场所有人都看到了非信徒和被拣选者的区别,并且大为震惊。波利卡普确实就是被拣选者中的一员。如同使徒与先知一般,这位士每拿的大公教会主教,是我们时代最伟大的教师。他所说过的每一句话,要么已经应验,要么终将应验。

那恶者看到波利卡普伟大光荣的殉道和无可指摘的生命,想到肯定有不少人会愿意取走他的遗体。于是,他鼓动尼塞特斯,即希律的父亲和阿尔瑟(Alce)的兄弟,请求总督不要把他的遗体让我们取走,"以免他们抛弃被钉十字架的那位,转而崇拜这一位"。这想法出自犹太人的压力。他们注意到我们确实想要从火中取出他的遗体,却没有意识到:我们绝不会抛弃基督,转而崇拜任何别的什么。我们崇拜基督,因为他是神的儿子,而我们爱殉道者,因为他们是主的门徒和效法者。百夫长看到犹太人想找麻烦,于是就按习俗把波利卡普的遗体放到他们中间,用火焚烧。后来,我们拾集他的遗骨并妥善加以保存,因它们比珠宝更珍贵、比黄金更纯净。若有可能,我们将欢聚一堂,庆祝他的殉道周年,为的是纪念那些抗争过的人,并且预备那些将要参与抗争的人。上述即是关于蒙福者波利卡普的记述。连同来自非拉非铁的殉道者在内,波利卡普是士每拿的第十二位殉道士。但是,得到所有人,甚至异教徒特别纪念的,他是其中唯一的一位。

根据士每拿基督徒的书信，波利卡普伟大光荣的、使徒般的一生就此告终。此外，这封书信还记录了在士每拿同时发生的其他殉道事件。其中有一位名叫梅特洛多鲁斯（Metrodorus）的人，被判火刑的他是马西昂派异端的长老。另有一位著名殉道者，名为皮俄尼乌斯（Pionius）。① 在群众和官员面前，他［皮俄尼乌斯］大胆无畏地为信仰申辩，为那些在迫害中信心变软弱的人带去教导和安慰。在狱中，他为那些前来探访的人送去鼓励。最后，在饱受折磨后，他被钉在火刑柱上烧死——相应细节，请参阅我关于早期殉道者的作品。此外，还有一些回忆性文献记录了其他殉道者的事迹，如在亚细亚省别迦摩城（Pergamum）殉道的卡尔普斯（Carpus）、帕皮拉斯（Papylas）和阿迦托尼瑟女士（Agathonice）。这几位数次高贵无比地公开承认信仰，然后伟大光荣地圆满此生。

殉道者查士丁

16. 当时，我们先前提到过的查士丁，为了我们信仰的缘故，第二次上书罗马统治者安东尼努斯·庇护及其众子，由此戴上殉道者的神圣冠冕。②查士丁之所以殉道，乃是因为哲学家克雷桑（Crescens）的陷害。克雷桑是一位犬儒学派（Cynic）哲学家，他的言行举止在在都是为了证明：他是一位名符其实的犬儒学派哲学家。他曾在一场公开辩论中数次败在查士丁手下，因而怀恨在心，存心报复。对自己的殉道，这位优秀的哲学家早就清楚地预料到，并且在《辩护篇》中预言自己即将殉道：

---

① 皮俄尼乌斯确实是在士每拿殉道。不过，这发生在波利卡普殉道一百周年的日子。显然，出于主题类似而非历史编年的考量，优西比乌在此加入这段记述。
② 约165年。——英译批注

我也已预料到，自己会遭人陷害，并且会被挂在刑架上。这人要么是我以前提到过名字的，要么是克雷桑。他并非热爱智慧的人，而是好夸夸其谈的人。他根本就配不上"哲学家"这个称号，他当众诋毁自己完全不理解的，公开宣称基督徒是不敬的无神论者，只不过是为了讨好和取悦那些被迷惑的人。倘若他从未研习过基督的教导就对我们展开攻击，那他就是全然邪恶的，并且比那些头脑简单的人更为糟糕；头脑简单的人通常会避免与人争论自己一无所知的主题。倘若他已研习过基督的教导，却又不能领会这些教导的伟大，或者确实有所领会，却又为了害怕遭人怀疑的缘故做出如此卑劣行径，那他就更加无耻卑鄙，处于无知和恐惧的掌控之中。我想告诉您，当我向他提出这类问题时，我发现并且证实，他确实一无所知。如果您尚未了解我们之间的交锋状况，为了证明我说的都是实话，我随时愿意和他一起在您的面前再次讨论这些问题。这样做，对尊贵的您来说应该是相称的①。倘若您已知道我的问题和他的答案，您显然会很清楚，他对于我们的信仰一无所知。或者，倘若他真的知道的话，那他就是因为听众的缘故不敢说出真相，正如我之前说过的，这证明他并非热爱智慧的人，而只是沽名钓誉之徒。他甚至根本就不尊重苏格拉底的宝贵教导。②

　　查士丁如是说。后来，如同他自己所预言的，他确实遭到克雷桑的陷害而殉道。关于这些，塔提安有所记载。塔提安在希腊学问上成

---

① Williamson 英译本，原文为复数，应该上书对象是皇帝及其众位儿子。——中译注
② 《辩护篇》(*Defense*) 2.8。查士丁所引用的苏格拉底教导，本为"对人的尊重不能高于对真理的尊重"。[柏拉图，《理想国》(*Republic*) 18.19] 优西比乌对此转述有误。

就非凡,其作品使他得到长久的纪念。他在《驳希腊人》(*Against the Greeks*)中提到,"非凡的查士丁正确指出,这些人如同歹徒一般。"他接着写道:

> 克雷桑的巢穴就在那伟大的城市①中,他尤其贪恋男色和钱财。他劝说别人要蔑视死亡,自己却极为怕死,因而与人合谋,企图致查士丁于死地——他把死亡当成了一种极大的恶。原因仅仅在于,查士丁藉着传讲真理证明了哲学家的贪婪和伪善。②

此即查士丁殉道的原因。

查士丁提到过名字的殉道者

17. 查士丁在遭受严酷考验前,曾在第一封上书中提到一些在他之前殉道的人物:

> 有一位妇人,她本与其丈夫一样败坏。后来,她听到基督的教导,不仅自己皈依真道,而且以永罚③警告丈夫,规劝他也皈依真道。但是,他一意孤行,自甘堕落。为了追逐快乐,他干尽一切不合情理、不合道德的坏事。妇人觉得不能再与这样的男人同床共枕,于是起了结束婚姻的打算。然而,妇人的家里人恳求她不要与他离婚,他们希望,他说不定哪一天会幡然悔悟。之后,她的丈夫去了亚历山大,行为更为放荡不羁。妇人得知后,

---

① 即罗马城。——中译注
② 《驳希腊人》(*Against the Greeks*),18. 19。
③ 即"永恒的惩罚",参见《启示录》20:10,14—15。——中译注

给他送去一份离婚声明,以免自己与他的丑恶行为再次掺和在一起。

妻子放弃过去与仆人们一起参与的饮酒作乐和种种恶行,并且劝丈夫也这样做,这位"高贵的"丈夫本应为此感到由衷的高兴。然而,他却因为妻子的离去违背自己的意愿,起诉她是一位基督徒。而他的妻子又反过来给皇帝您写了一封上书,恳求您允许她处理完手头的事情,然后再回应对自己的指控。这些都得到了您的许可。

他的前夫既然不能再为难她,①于是转而攻击某位名叫托勒密的人,这位托勒密曾以基督的教训教导过她,后来受到乌尔比修斯(Urbicius)②的惩罚。乌尔比修斯唆使一位百夫长朋友逮捕托勒密,并且只向托勒密提一个问题:他是不是基督徒?托勒密是一个热爱真理的人,他承认自己就是基督徒,因此被百夫长长期关在牢中,饱受折磨。终于有一天,托勒密被带到乌尔比修斯面前,又被问起与先前一样的问题:他是不是基督徒?托勒密直言不讳地表示承认。于是,乌尔比修斯下令处死托勒密。这不合理的判决遭到卢修斯(Lucius)的反对。这位也是基督徒的卢修斯说:"为什么要处罚这人呢?他只是单单承认自己是一名基督徒,并没有犯奸淫、谋杀、偷窃、抢劫等任何一项罪行!乌尔比修斯,你的判决有损庇护皇帝、凯撒的哲学家儿子和神圣元老院的名誉。"乌尔比修斯干脆答道:"卢修斯,看来你也是基督徒。"卢修斯应声答道:"我当然是。"乌尔比修斯于是下令一并处死卢

---

① 根据Williamson的说法,因为他必须首先归还嫁妆。——中译注
② 根据Williamson的说法,150—160年间任该城行政长官(City Prefect)。——中译注

修斯。卢修斯对此献上感恩,他说,这样一来,他就可以摆脱邪恶的暴君,到上帝那荣耀的父与君王那里去。接着,又有第三个人上前来［承认自己的信仰］,接受同样的极刑。①

在这段叙述之后,查士丁写下一句我之前引用过的话:"我也已预料到,我会遭人陷害,这人的名字我以前曾经提到过。"

查士丁的作品

18. 查士丁为我们留下许多颇有助益的文章,这些文章显示出一位有教养的知识分子的神学造诣。在这里,我很乐意向学生们推荐他的如下有益作品:

《关于我们信仰的第一申辩书》(*A Defense of Our Faith*),致安东尼努斯·庇护及其众子和罗马元老院;

《关于我们信仰的第二申辩书》(*A Second Defense of Our Faith*),致继任的安东尼努斯·维鲁斯［马可·奥勒留］——我将在本卷讲述他所统治的时期;

《驳希腊人》(*Against the Greeks*),一部长篇论文,内容涉及基督徒和希腊哲学家之间的一些争论,以及一场关于魔鬼的讨论;

《驳斥》(*A Refutation*),另一份对希腊人的回应;

《上帝的主权》(*The Sovereignty of God*),编自圣经和希腊作品;

《竖琴歌集》(*Songs for the Harp*);

《论灵魂》(*On the Soul*),该作品载有他本人的观点和希腊哲学家的相关看法。

---

① 《辩护篇》(*Defense*) 2.2。

此外，他还撰有一部反犹太人的对话录：《反对特里弗的对话录》(*Dialogue against Trypho*)，特里弗是当时最负盛名的希伯来人之一，查士丁与他在以弗所有过交锋。在这部对话录中，查士丁讲述自己的信仰历程，他起初热衷哲学研究和真理探寻，是上帝的恩典让他最终走向信仰。他在书中还描述犹太人如何企图破坏基督的教导，并且对特里弗提出同样指控：

> 你不但没有为自己的恶行忏悔，反而挑出一些人，把他们从耶路撒冷派到世界各地，让他们散布谣言，说什么基督徒的无神论邪教已经出现，使得那些不了解我们的人纷纷向我们提出控告。你由此犯下的不义之罪，不仅仅是向你自己，而且也是向全人类犯下的罪。①

除此之外，根据查士丁的记述，当时教会有一显著特征，即不少人有说预言的恩赐。查士丁引用过约翰《启示录》，并且认为这是使徒[约翰]的作品。为了反驳特里弗，他还征引过先知书的一些段落，以此证明犹太人从希伯来圣经中删除了先知书。查士丁的许多作品至今依然保存完整，而且曾被早期教会作家广为引用。爱任纽在《驳异端》第四卷中写道：

> 在他反对马西昂的作品中，查士丁说得不错，即使主本人宣扬另一个不同于创造者的上帝，那么他[查士丁]也不会相信。②

---

① 《对话录》(*Dialogue*) 17。
② 《驳异端》(*Against Heresies*) 4.11。

还在同书第五卷中写道：

  查士丁说得不错：在主来临前，撒旦不敢亵渎上帝，因为他不知道自己已被定罪。①

关于查士丁，我就说到此。上述内容应该能够鼓励学生们细心钻研他的作品。

众主教与黑格希普斯

19. ［马可·奥勒留］当政第八年，②索特尔（Soter）接替担任罗马主教十一年的雅尼塞图斯（Anicetus）；塞拉蒂昂（Celadion）掌管亚历山大教区第十四年，[20.] 亚格里皮努斯（Agrippinus）接替他任主教。在安提阿教会，著名的提阿非罗（Theophilus）成为自使徒以来的第六任主教，之前的第三任是希罗（Hero），第四任是哥尼流（Cornelius），第五任是厄洛斯（Eros）。

21. 当时，如下人物在罗马教会中十分活跃：我们先前提到过的黑格希普斯、哥林多主教狄奥尼修斯、克里特主教皮尼图斯（Bishop Pinytus）、腓利（Philip）③、阿波利拿里、墨利托、穆萨努斯（Musanus）、摩德斯图斯（Modestus）和最负盛名的爱任纽。这些人持守使徒传统，为此大发热心；通过他们流传下来的作品，我们可以感受到这些。

---

① 《驳异端》（*Against Heresies*）5.26。
② 即168年。——中译注
③ 即下文第二十五节将要提及的格尔提纳主教腓利（Bishop Philip of Gortyna）。

22. 在流传下来的五卷作品中，黑格希普斯给我们留下关于其信仰的完备记录。根据他的讲述，他曾到过罗马，发现那里所有的主教都与他持守同样的信仰。他曾评论过克莱门的《哥林多书》（Letter to the Corinthians）他写道：

直到普里姆斯（Primus）担任主教之前，哥林多教会都一直持守真道。在乘船前往罗马的路上，我曾在哥林多逗留数日，与当地教会的人有过多次交谈，我们彼此都由于真道的缘故得着更新。到达罗马后，我编订了一份到雅尼塞图斯为止的主教更替年表。埃洛特鲁斯当时还是雅尼塞图斯手下的执事。后来，雅尼塞图斯的主教一职由索特尔和埃洛特鲁斯先后接替。在每一次主教更替中，在每一座城市内，所宣讲的一切都符合律法、先知书和主的教导。

此外，这位作者还描述了当时正在潜藏暗长的各种异端：

正像主那样，义者雅各殉道。之后，雅各叔叔革罗罢的儿子西面，作为主的堂兄弟，由于同样的缘故，得到众人举荐，被任命为［耶路撒冷］主教。当时，大家都习惯把教会称为处女，因为她尚未受到异端邪说（profanities）的引诱。但是，提奥布提斯（Thebouthis）由于未能当上主教，开始利用自己所属的七种异端玷污教会。这七种异端主要有西门［·马古斯］及其门徒（Simon and the Simonians）、克利奥比乌斯及其门徒（Cleobius and the Cleobians）、多西特乌斯及其门徒（Dositheus and the Dositheans）、格尔泰乌斯及其门徒（Gorthaeus and the Gorathenes）和玛斯波特安派（Masbotheans）。由这些异端后来又衍生出米南德派（Menandrianists）、马西昂派（Marcionites）、卡尔波克拉特派（Carpocratians）、瓦伦廷派（Valentinians）、巴西理得派（Basilidians）和萨图尔尼努派（Saturnilians）。这些异端方式各异地掺入自己的不同看法。正是由于这些异端，假基督、假先知和假使徒层出不穷，他们以恶毒教训与上帝及其基督为敌，损害教会的合一。

黑格希普斯还描述过犹太人当中曾昙花一现的一些小派别（sects）：

在奉行割礼的以色列子民当中，也有一些意见不一的派别，这些支派反对犹大支派和弥赛亚。他们包括：艾赛尼派（Essenes）、加利利派（Galileans）、赫莫洛巴普特派（Hemerobaptists）、玛斯波特安派（Masbotheans）、撒玛利亚派（Samaritans）、撒都该派（Sadducees）和法利赛派（Pharisees）。

158

此外，他还写过其他的一些作品，其中有些我们已经引用过。在这些作品中，他不但征引《希伯来福音》和《叙利亚福音》(the Syriac Gospel)，而且还特别提到希伯来文①的成文作品和口传传统；这些表明，他是一名希伯来皈依者。不单是他，而且连爱任纽和所有早期作家都把所罗门《箴言》习惯性地称为"全德的智慧书"（the All-Virtuous Wisdom）。他还提到，一些所谓的伪经（Apocrypha）乃是出于当时某些异端的伪造。不过，现在我必须开始介绍另一位作家。

---

① 当指亚兰方言。——中译注

哥林多主教狄奥尼修斯

23. 身为哥林多主教，狄奥尼修斯不仅服侍哥林多当地的会众，给他们带来属灵的教导，而且还通过大量书信服侍与教导远方的信徒。他致信斯巴达教会，提出正统教导，倡导和平与合一。他致信雅典教会，指摘当地会众背离圣道，呼吁他们要保有与福音书一致的信仰和生命。自从普布里乌主教（Publius）遭迫害殉道后，雅典信徒开始变得轻忽信仰与生命。狄奥尼修斯还写到，在普布里乌殉道后，夸德拉图斯（Quadratus）被任命为当地主教。正是由于夸德拉图斯的热忱努力，雅典教会重新合一，会众的信仰也得以更新。此外，他还提到，雅典教会首任主教是亚略巴古的官丢尼修（Dionysius the Arepagite）①，他由保罗带领归主，《使徒行传》[17：34]对此有所记载。狄奥尼修斯写给尼哥米底亚教会的信至今依然留存。在这封信中，他为真理辩护、质疑马西昂的异端邪说。他致信克里特岛上的格尔提纳（Gortyna）等多处教会，向当地主教腓利致意，勉励当地会众，并且警告腓利要防备异端。

在写给雅马斯特里斯（Amastris）和本都两地教会的一封信中，狄奥尼修斯表示，正是由于巴克叙里德斯（Bacchylides）和厄尔皮斯图斯（Elpistus）的敦促，他写下了这封信。接着，他在信中详细地解释了一些圣经经文，并且点名道姓地提到当地主教帕尔玛斯（Palmas）。他以相当大的篇幅讨论婚姻和独身问题，②并且教导说，对那些曾在道

---

① 或译"大法官丢尼修"。——中译注
② 来自本都的马西昂曾提倡禁绝婚姻。——中译注

德上跌倒或者曾陷入异端而迷途知返的人，教会应该予以欢迎和接纳。

狄奥尼修斯还有一封写给克诺苏斯教会（Cnossians）的信。在这封信中，他规劝皮尼图斯不要把过独身生活的重担放在教友身上①，而要记念大家的软弱。皮尼图斯在回信中表示，他本人十分钦佩和尊敬狄奥尼修斯，并且恳请狄奥尼修斯在下一封回信中提供一些更多的干粮，这样一来，甚至到了老年，他们也不会再被当作只会吃奶的婴孩。②在这封回信中，皮尼图斯充分地展现出他的正统信仰、激情、学识和神学洞察力。

狄奥尼修斯写给罗马主教索特尔及其教会的一封信，至今也依然存留。他在信中高度称赞罗马教会持守的一些信仰习惯；到我们时代所发生的大迫害时，这些习惯还一直在流传：

> 从一开始，你们就具有［良好的］习惯：友善对待所有基督徒，资助各城教会，为那些处于困境之中的信徒，比如为矿场中需要帮助的人解了燃眉之急。这些传自罗马先人的习惯，索特尔主教不仅尽力持守，而且大力发扬，他不但慷慨地让众圣徒分享财物，而且用慈父般的属灵话语勉励来到罗马的教友。③

在同一封信中，他提到克莱门的《哥林多书》。这表明，从一开

---

① 参见《马太福音》23：4，"他们把难担的重担捆起来，搁在人的肩上，但自己一个指头也不肯动"；《使徒行传》15：28，"因为圣灵和我们定意不将别的重担放在你们身上……"——中译注
② 参见《哥林多前书》3：1—2，"弟兄们，我从前对你们说话，不能把你们当作属灵的，只得把你们当作属肉体、在基督里为婴孩的。我是用奶喂你们，没有用饭喂你们。那时你们不能吃，就是如今还是不能。"——中译注
③ 参见《帖撒罗尼迦前书》2：11，"你们也晓得我们怎样劝勉你们，安慰你们，嘱咐你们各人，好像父亲待自己的儿女一样。"——中译注

始,克莱门的这封书信就在教会中广为流传,并且常被诵读:

> 今天是主日,我们在诵读你们的书信。因为信中的宝贵告诫,我们将会经常诵读它,正如我们经常诵读克莱门早先为你们的缘故所写的那封书信一样。①

狄奥尼修斯指出,曾有人伪造过他本人的书信:

> 当有教友请我写信时,我就写信给他们。但是,一些魔鬼的使徒在我的书信中撒满稗子,②或作删除,或作加添,③不料切齿哀哭正等着他们。既然我那如此卑微的书信都会遭人篡改,那么主的话语甚至也会被人扭曲,也就不值得大惊小怪了。

除此之外,在狄奥尼修斯幸存的书信中,还有一封写给克吕索芙拉(Chrysophora)的信。他在信中为这位极为忠心的女信徒提供一些合宜的属灵食粮。以上即是关于狄奥尼修斯的记载。

安提阿主教提阿非罗

24. 我们先前提到过安提阿主教提阿非罗。他有三部关于基本要道的作品存世,这三部作品均是写给奥托吕库斯(Autolycus)的。此外,

---

① 狄奥尼修斯在此的言说对象乃是整个罗马教会的会众。也就是说,所谓的"你们的书信",很有可能指的就是保罗所作的《罗马书》。——中译注
② 参见《马太福音》13:25,"及至人睡觉的时候,有仇敌来,将稗子撒在麦子里,就走了。"——中译注
③ 参见《启示录》22:18—19,"我向一切听见这书上预言的作见证:若有人在预言上加添什么,神必将写在这书上的灾祸加在他身上;这书上的预言,若有人删去什么,神必从这书上所写的生命树和圣城删去他的分。"——中译注

他还有一部名为《驳赫尔默格内斯的异端邪说》(*Against the Heresy of Hermogenes*) 存世；在这部作品中，他征引过约翰《启示录》[和一些教理问答式的作品]①。当时，各种异端与以往一样层出不穷，如同稗子一般，企图败坏使徒教导的纯正种子。各地教会的牧人一边告诫会众，一边用口头问询和书面论辩的形式反驳异端的意见，揭露异端的真面目，像驱赶野兽一般把异端逐出基督的羊群。提阿非罗显然也参与了这场反对异端的战役，他反对马西昂的著作保存至今，就是明证。提阿非罗的继任者是马克西敏（Maximin），他是使徒以来的第七任安提阿主教。

腓利、摩德斯图斯与撒狄主教墨利托

25. 我们知道，狄奥尼修斯的书信曾提及格尔提纳主教腓利。这位腓利也著有一篇反对马西昂的精彩文章，如同爱任纽和摩德斯图斯一样，他成功地揭露了马西昂的种种谬误。

26. 与他们同时代的著名主教还有撒狄主教墨利托、希拉波利斯主教阿波利拿里。当时，这两位主教声誉正隆，他们曾分别上书罗马皇帝［马可·奥勒留］，为信仰辩护。两位著述颇丰，值得注意的有：

墨利托的作品如下：

《论复活节［逾越节］》（卷一、卷二）(*Concerning Easter [Passover]*, Books 1 and 2)；

《论基督徒的生命和众先知》(*On Christian Life and the*

---

① 此句补译自 Williamson 英译本和 Cruse 英译本。——中译注

Prophets）；

《教会》（*The Church*）；

《主日》（*The Lord's Day*）；

《灵魂与身体》（*Soul and Body*）；

《洗礼、真理、信仰》（*Baptism, Truth, Faith*）；

《基督的诞生》（*The Birth of Christ*）；

《一部先知书》（*A Book of Prophecy*）；

《好客之道》（*Hospitality*）；

《钥匙》（*The Key*）；

《人的信仰》（*The Faith of Man*）；

《创造》（*Creation*）；

《顺服信仰》（*The Obedience of Faith*）；

《感官》（*The Senses*）；

《魔鬼》（*The Devil*）；

《约翰启示录》（*The Revelation of John*）；

《道成肉身的上帝》（*God Incarnate*）；

《致安东尼努斯》（*To Antoninus*）。

在《论复活节》① 的开头，他开宗明义地指出复活节节期的选定问题：

据载，当塞尔维流斯·保鲁斯（Servillius Paulus）担任亚细亚

---

① 在这里和别处，希腊语的"*pascha*"——逾越节（paschal festival or Passover）——被翻译为"复活节"（Easter），为的是方便现代读者。"复活节"是一个在教会史上更晚才出现的词。

总督（Asia proconsul）时，也就是撒加里斯（Sagaris）殉道时，老底嘉教会在复活节刚刚过完之后发生了一次相当规模的论战。

墨利托的这部作品，亚历山大的克莱门曾在《论复活节》（Concerning Easter）中加以引用。按照克莱门的说法，他的这部作品正是衍生自墨利托的同名作品。此外，在写给皇帝的上书中，墨利托描述了我们［基督徒］在当时的遭遇：

> 现在发生的事情，真是闻所未闻。由于新法令的颁布，亚细亚全境的敬虔之人遭到迫害。一些无耻的告密者出于对别人财产的觊觎，趁着新法令的颁布日夜劫掠无辜之人……倘若这些都是出于您的敕令，那行：一位公义的君王决不会制定不公义的政策，我们乐于接受由死亡而来的荣誉。不过，我们依然要向您发出这样一个请求：请首先明察那些动乱始作俑者的真相，然后判断他们是否该受惩罚和死刑，或者他们是否清白无罪，可以安然无虞。但是，倘若这新法令——即使对外邦的敌人而言，这样的法令也是不适合的——并不是出于您，那我们就更要请求您不要抛弃我们，任由暴徒掠夺。

接着，他继续写道：

> 我们的哲学首先在外邦生根发芽，然后在您先祖奥古斯都的伟大统治下兴盛于各方各族，①成为帝国繁荣昌盛的吉兆；自此

---

① 耶稣基督生于奥古斯都当政期间，但其侍奉之时，已是提庇留执掌皇权。直到克劳狄为止，叙利亚和巴勒斯坦之外还没有建立教会。——中译注

之后，帝国国势愈加强盛、成就愈加辉煌。令人庆幸的是，如今您是奥古斯都的继承者；倘若您能保护自奥古斯都以来就与帝国一同成长的哲学，那么您和您的儿子科莫都斯（Commodus）①也必将享有这样的荣光。您的先祖都尊重这哲学，就像尊重其他宗派（cults）一样。帝国初建之时，就享有高贵和幸运：自从奥古斯都当政以来，帝国境内没有发生过任何灾难，反而各项祷告都得到应验，各样事情都充满辉煌和荣耀。这事实有力地证明，我们的信仰是颇有益处的。在所有皇帝当中，只有尼禄和图密善少数几位，由于受到恶人怂恿，诽谤中伤我们的信仰。正是从这几位皇帝开始，基督徒受到了一些错误的无理控告。不过，他们这样的无知愚昧，得到您虔诚先祖的纠正，您的先祖们经常下诏训斥所有那些敢于利用新措施对付我们的人。比如说，您的祖父哈德良曾致信多人，特别是亚细亚总督范达努斯。在与您一起执掌世界大权时，您的父亲［安东尼努斯·庇护］曾下诏给拉里萨（Larissa）、帖撒罗尼迦、雅典等城和全希腊人，禁止他们继续利用新措施对付我们。您与您的先祖对此持有相同看法，而且比他们更具有同情心和哲学智慧。我们深信，您会愿意应允我们的请求。

以上文字引自上文提到的墨利托上书。这位作家在其《选萃》(*Extracts*) 前言中，列举当时教会所承认的旧约作品，值得摘录。原文如下：

---

① 177年，科莫都斯被任命为共治［同执政的］皇帝（joint-emperor）。——中译注

墨利托向弟兄阿尼西姆（Onesimus）问安。你向来渴慕圣言，常常向我提到，想要一份选萃，以便了解与救主和我们信仰相关的律法书和先知书，以及关于古代书卷的确切事实，特别是这些书卷的数目与排序。知道你如此渴慕信仰、圣言和永恒救赎，我很乐意地为你编订了一份相关选萃。我曾到过东方，考察过所有这些事情被宣讲和应验的地方，从而获得了一些关于旧约书卷的确切信息。现在我随信把这些书卷的名录寄给你：

《摩西五书》(Five Books of Moses)：《创世记》(Genesis)，《出埃及记》(Exodus)，《民数记》(Numbers)，《利未记》(Leviticus)，《申命记》(Deuteronomy)；

《约书亚记》(Joshua)（嫩的儿子），《士师记》(Judges)，《路得记》(Ruth)；

《列王纪》(Kings，四卷)①，《历代志》(Chronicles，两卷)；

《大卫的诗篇》(The Psalms of David)；

《所罗门箴言（智慧）书》(The Proverbs [Wisdom] of Solomon)②，《传道书》(Ecclesiastes)，《雅歌》(Song of Songs)，《约伯记》(Job)；

先知书：《以赛亚书》(Isaiah)，《耶利米书》(Jeremiah)③、《十二小先知书》(the Twelve in a single book)，《但以理书》(Daniel)，《以西结书》(Ezekiel)，《以斯拉记》(Ezra)④。

---

① 包括《撒母耳记》上下卷。——中译注
② 当指次经中的《所罗门智训》，参见张久宣，《圣经后典》，北京：商务印书馆，1994 年。——中译注
③ 包括《耶利米哀歌》(Lamentations)。——中译注
④ 包括《尼希米记》(Nehemiah)，但不包括《以斯帖记》(Esther)，可能是由于其书未曾提到上帝的缘故。——中译注

根据这些书卷，我编有一份篇幅共六卷的选萃。

阿波利拿里、穆萨努斯和塔提安

27. 以上即为关于墨利托的记载。至于阿波利拿里的作品，有多部存世。我们现在能接触到的有：致上述皇帝［马可·奥勒留］的上书，《驳希腊人》(Against the Greeks)（五卷），《论真理》(On Truth)（两卷），《驳犹太人》(Against the Jews)（两卷），以及反驳弗吕家异端（the Phrygian heresy）的几部作品；这新异端当时尚处萌芽状态，其错误的始作俑者是孟他努（Montanus）及其假女先知。①

28. 先前提到的穆萨努斯，写过一篇至今尚存的精妙文章，为的是挽回那些背离信仰、落入所谓恩格拉底派（Encratites）异端的基督徒。当时，这尚处萌芽状态的异端引入了一种稀奇古怪的有害学说。

29. 据说，这错误的始作俑者是塔提安。在引述关于"非凡的查士丁"的文字时，我们提到过他的名字，他是查士丁的门徒。关于塔提安，爱任纽在《驳异端》第一卷中曾有如下描述：

> 所谓的恩格拉底派，可以追溯至萨顿宁派和马西昂，这些人全然不顾上帝原初的创造，倡导独身，藉此无言地指责上帝为人类繁衍着想的造男造女。②他们还禁食一切所谓的"有生气的活

---

① 关于孟他努，优西比乌在第五卷第十四节至第十九节有详细记述。
② 《创世记》1：27—28，"神就照着自己的形象造人，乃是照着他的形像，造男造女。神就赐福给他们，又对他们说，'要生养众多，遍满地面，治理这地；也要管理海里的鱼、空中的鸟和地上各样行动的活物'"。——中译注

物",对创造万有的上帝毫无感恩之意,并且否认首先被造之人①的得救。他们的这些新说法最近才刚刚出现,塔提安是最先引入这种渎神说法的人。他在查士丁门下受教;在跟随查士丁时,他从未提出过类似说法。但是,在查士丁殉道后,塔提安背离教会,野心不断膨胀,梦想做高人一等的教师。他不但教导自创学说,而且一边效仿瓦伦廷的门徒,编造各种关于伊涌(eons)②的故事,一边与马西昂和萨顿宁一样指责婚姻是堕落和淫乱的。塔提安提出一套他自己的独特说法,比如否认亚当的得救。③

以上即是爱任纽当时的相关记载。之后,这个异端受到塞维鲁斯(Severus)的莫大影响,因而改名为塞维鲁斯派(Severians)。他们虽然使用律法书、先知书和福音书,但采用的却是自己的那一套解释。他们极力诋毁使徒保罗,否弃他的书信甚至《使徒行传》。其前任领袖塔提安大概曾编过一部四福音书合参,称之为《迪亚特撒隆》(*Diatessaron*)④。这部书至今在某些地方还有保存。据说,塔提安居然胆敢改动使徒(the apostle)⑤的文字,就好像在校正措辞一般。塔提安有大量作品遗世,其中以《驳希腊人》最为知名。在此书中,他论述早期历史(primitive history),并且证明,摩西和希伯来众先知的年代远远早于那些被希腊人称许的作家。在我看来,此书大概也是塔提安最为出色且最有助益的一部作品。

---

① 即亚当。——中译注
② 属灵世界或神明世界的精神实体,常见于瓦伦廷派的神话中。——中译注
③ 《驳异端》(*Against Heresies*) 1.26。
④ 原属希腊音乐词汇,意谓"四部间的和谐"(harmony of four parts)。本书是已知的第一部四福音书合参。
⑤ 当指使徒保罗。——中译注

叙利亚人巴尔德萨内斯

30. 在同一年中，各种异端在美索不达米亚盛行一时。当地有一位名叫巴尔德萨内斯（Bardesanes）的人，他才华横溢，精通叙利亚语。他撰有多部作品，其中包括数篇反驳马西昂和其他异端领袖的对话录。很多人都把他当作圣言的强有力辩护者，因而把他用叙利亚文写成的对话录译成希腊文。其中颇具影响的是他与安东尼努斯（Antoninus）的对话录《论命运》（*Concerning Fate*）以及一些他由于当时的迫害而写就的作品。巴尔德萨内斯起初本是一名瓦伦廷派门徒，后来抛弃该学派，并且驳斥该学派的诸多奇思异想①，以为自己这样就已变得足够正统。但是，他并没有完全清除原属异端的污染。②

与此同时，罗马主教索特尔离开人世。

---

① 瓦伦廷派的神话体系极其繁琐，而且往往是不同的领袖就有不同的说法。——中译注
② 据 Williamson 英译本，巴尔德萨内斯否认身体复活。——中译注

评注　信仰的捍卫者与辱没者

关于第二代教父,《教会史》这一卷提供了不少值得注意的原始材料。第二代教父们不得不两线作战,对外试图修补教会与国家之间的关系,对内则必须抵制各种形式的异端。在这两条战线上,一些受圣灵感动的人英勇奋战,义无反顾地为基督教辩护,甚至还为此向皇帝本人递交申辩书。一些以早期护教家(the early apologists,语出希腊文的"*apologia*",意为"辩护")身份垂名青史的知识分子,比如夸德拉图斯、亚里斯蒂德、查士丁和墨利托,冒着极大的生命危险,提醒皇帝注意:先前的皇帝如何修订追捕基督徒的旧有统治政策。与此同时,他们也提醒我们:针对基督徒的迫害并非为期漫长、涉及面广、遍及帝国全境的恐怖事件,而只是一种地方性的、一阵风似的有针对性的折磨。

当时,最受磨难的是一些基督徒领袖,比如安提阿的伊格纳修、士每拿的波利卡普和殉道者查士丁,他们可能是其他受难者的可见代表。在面对可怖的死亡时,伊格纳修百折不挠,刚毅果敢,波利卡普则平静雍容;他们这样的事迹一直是使徒时代教父(the apostolic Fathers)的辉煌,而优西比乌则出色地摘录出相关的一手资料。

正像在 1 世纪那样，那些控告基督徒的人并非皇帝本人，而是地方上的一些个人或团体，比如地方总督或者我们将要看到的异教教士。优西比乌在本卷中精心挑选和摘录出一些文献资源，让帝国的法令和不同护教家的评论替他们自己说话。

与此同时，在教会内部，或在与教会相关的团体中，异端层出不穷，并且不断分化，形成无数异端宗派。在罗马帝国［文化］融合的大气候中，诺斯替主义独此一家地由种种盛行的隐晦学说拼凑而成。这样的错误学说一而再、再而三地激怒了当时的教会作家——或者之后的优西比乌——为了反击这些学说，这些作家通常都会以不同形式援引爱任纽的如下观点：确保信仰正统的，是在继承使徒传统的教会中被公开阐明的教导，而不是诺斯替主义的隐秘观点或者孟他努主义的放肆主张。

这些异端学派在覆灭之前，看来都已持续几代之久，迥乎不同的错误也随之不断增多。不过，优西比乌并未注意到，来自这些异端的挑战也使教会大大受益，也就是说，基督教思想家被迫就圣经的正典和统一的解经传统达成一致，并且以更精确的方式和更深化的神学表达教会的教义。

《教会史》第四卷涉及五位明君中四位的统治时期。这时期始于**图拉真**统治（98—117）后期。其间，第二次犹太战争在埃及、古利奈和美索不达米亚爆发（115—117）。在平息犹太人叛乱后不久，图拉真在基利家（Cilicia）①突发急症离开人世。

---

① 小亚细亚地中海北岸的行省，位于加帕多家南部，叙利亚西北部。保罗故乡大数为其首府。——中译注

继承图拉真帝位的是其养子**哈德良**（117—138）。哈德良身材高大，仪表堂堂，而且还颇有教养。他不拘泥于陈规陋习，决心大胆创新，从而成为后世君王争相效仿的楷模。他镇压第三次犹太战争（即巴尔—科克巴叛乱，132—135），把犹太人逐出耶路撒冷，并且把耶路撒冷城改建为一座名为埃里亚·卡彼托利纳的外邦城市。在给亚细亚总督范达努斯（约125年）的书面答复中，哈德良延续图拉真以来的对基督徒的温和政策：基督徒的宗教虽然非法，但不得以非法手段搜捕基督徒。夸德拉图斯正是向他呈交了那份基督教最早的申辩书。他强调巩固重于征服，从图拉真征服的部分前线地区撤出军队，同时大力修筑城墙和碉堡，以加强防卫。他常常巡游各地，引入许多必要的改革措施，极力效仿罗马首任皇帝，称自己为哈德良努斯·奥古斯都（Hadrianus Augustus）。138年，哈德良痛苦地死于一场大病。

继承哈德良帝位的是其养子**安东尼努斯·庇护**（138—161）。他大力建设公共工程，实施社会福利，追求一种以和平、繁荣和进步为特征的统治。亚里斯蒂德曾把自己的《申辩书》（*Apology*）呈交安东尼努斯·庇护。他这样做是具有充分理由的。安东尼努斯·庇护颇具人格魅力，据说拥有各种已知的美德；这一点从附在他名字后的描述词"Pius"可以看出来。其拉丁文的原意为"尽责的、正直的和高尚的"。不过，在他当政期间，虽然并非出于他的煽动，年迈的士每拿主教波利卡普在当地竞技场殉道（优西比乌认为，波利卡普殉道的时间是在下位皇帝当政期间）。

继承安东尼努斯·庇护帝位的是其养子**马可·奥勒留**（161—180）。马可·奥勒留起初曾与卢修斯·维鲁斯共同执政至169年（卢修斯·维鲁斯死于该年）。这位品格高贵的皇帝是一位斯多亚派哲学家，撰有著名的《沉思录》（*Meditations*）。在当政期间，他所做的很多事情都不是自己心甘情愿的，比如，在多瑙河前线指挥军队，对付正在帝国边境不断蔓延的日耳曼人。尽管他是一名斯多亚主义者，但他并没有让基督教取得合法的地位，也没有对基督教持有宽容的态度；伟大的护教家查士丁在罗马殉道（约165年），而撒狄主教墨利托则向他上书反对在东方发生的迫害。

第五卷　西部英雄与东部异端

从马可·奥勒留到塞普蒂默斯·塞维鲁斯

皇帝安东尼努斯·维鲁斯（马可·奥勒留）在位第十七年，①罗马主教索特尔在任上第八年离开人世，主教一职由埃洛特鲁斯接替，是为使徒时代以来第十二位罗马主教。当时，针对我们的迫害再度在各地爆发，而且比以往来得更为猛烈。许多城市都发生暴乱，单单根据一省情况判断，在此次迫害中光荣殉道的人可谓不计其数。关于这次迫害，我们在《殉道集》（*Collection on Martyrs*）中已作过完整详细的记载，这里只是就与本文相关的内容略作描述。其他史家的作品仅限于记录战争中的胜利、指挥官的功绩和士兵的英勇，这些人为了国家、家族和财富的缘故大肆屠杀，双手沾满了成千上万人的鲜血。我的作品与此恰恰相反，我要记录的是那些为灵魂之和平而战的战争、那些在这样的战争中不为国家而为真理、不为家族而为信仰而战的人物，为的是让这些战争和这些人物一并

---

① 177 年。——英译批注

永留青史。这些战争属于那些勇敢无畏的信仰斗士,他们坚持不懈,一次又一次地战胜邪恶对手,他们所赢得的冠冕终将带来永恒的荣誉。

高卢的殉道者

1. 高卢的竞技场是殉道事件频频发生的地方。其境内有两座重要城市,即里昂和维埃纳(Vienne),流经两地的宽阔河流名为罗讷河(Rhone)。关于两地殉道者的情况,当地的领袖教会曾给小亚细亚众教会发过一封书信。我在此摘录如下:①

> 基督在高卢里昂和维埃纳两地的仆人写信给我们在亚细亚和弗吕家的众弟兄,②你们和我们拥有一样的信仰、一样的拯救盼望,愿来自天父上帝和我们主基督耶稣的平安、恩典和荣耀与你们同在。③

他们写了些其他序言之后,开始作了如下的描述:

> 这里迫害程度之猛烈,异端憎恨圣徒之疯狂,蒙福殉道者受难之痛苦,真是难以用笔墨形容。魔鬼在他即将来临之前小试牛

---

① 根据 Williamson 英译注,不必怀疑此份文件的真实性。它或显或隐地大量引用圣经。其中大部分引文来自新约,这表明,在新约编成的那一百年内,新约至少已在高卢基督徒那里取代旧约以往所据有的地位。两部存在争议的作品:《彼得后书》和《启示录》,和其他书卷一样被自由引用。不过,这些引文很少以原本的形式出现,其中不少引文还被加以较大改动,其中的原因,可能是由于记忆的偏差,也可能是为了把原本粗糙的新约希腊文改得更为文雅一些。——中译注
② 据 Williamson 英译注,高卢境内的很多信徒都是来自这两地的移民。——中译注
③ 参见《彼得后书》1:1—2,"作耶稣基督仆人和使徒的西门彼得写信给那因我们的神和救主耶稣基督之义,与我们同得一样宝贵信心的人。愿恩惠、平安因你们认识神和我们主耶稣、多多加给你们。"——中译注

高卢（包括现今的法国在内）是基督徒受到马可·奥勒留残酷迫害的地区，特别是在里昂和维埃纳两地。受害者的残骸被异教徒迫害者抛入罗讷河。

---

① 或译罗亚尔河。——中译注

刀，竭尽全力地攻击我们。①他使尽浑身解数训练自己的随从，以对付上帝的仆人。于是，我们不得进入某些住宅、浴室和市集，甚至不得在任何地方抛头露面。然而，上帝的恩典使用刚强的人救助软弱的人。这些刚强的人乃是会众的柱石（pillars of men）②，他们独自抵挡来自恶魔的各样攻击，忍受种种折磨，好像急着去见基督一般；他们以此证明，现在的苦楚若比起将来要显于我们的荣耀，就不足介意了。③

首先，他们忍受暴徒的种种恶行：嚎叫、击打、拖拽、抢夺、监禁、投石，以及狂怒暴徒对所痛恨之敌人所可能做的其他一切折磨。接着，他们被拖到市集，接受保民官和城市官员的控诉。他们一旦公开承认［基督］，就会被关入牢中，听候总督的到来。之后，他们被带到总督面前，遭受残酷刑罚。维提乌斯·艾帕迦图斯（Vettius Epagathus）当场出面干预。艾帕迦图斯素来谨守主的一切诫命，④因此，他尽管年纪轻轻，却早已获得足以与年迈的撒迦利亚相配的声望⑤。看到我们受到如此不公正的待遇，素来满怀上帝之爱与邻人之爱的他义愤填膺，［主动］要求为

---

① 参见《帖撒罗尼迦后书》2：7—9，"因为那不法的隐意已经发动。只是现在有一个拦阻的，等到那拦阻的被除去。那时这不法的人必显露出来。主耶稣要用口中的气灭他，用降临的荣光废掉他。这不法的人来，是照撒旦的运动，行各样的异能、神迹和一切虚假的奇事。"——中译注
② 参见《加拉太书》2：9，"又知道所赐给我的恩典，那称为教会柱石的雅各、矶法、约翰，就向我和巴拿巴用右手行相交之礼，叫我们往外邦人那里去，他们往受割礼的人那里去"；《提摩太前书》3：15，"倘若我耽延日久，你也可以知道在神的家中当怎样行，这家就是永生神的教会，真理的柱石和根基"。——中译注
③ 最后一句话重述自《罗马书》8：18。——英译注
④ 参见《路加福音》1：6。参见下注。——中译注
⑤ 施洗约翰之父，参见《路加福音》1：5—6。——英译注
"当犹太王希律的时候，亚比雅班里有一个祭司，名叫撒迦利亚。他妻子是亚伦的后人，名叫伊利莎白。他们二人在神面前都是义人，遵行主的一切诫命礼仪，没有可指摘的。"——中译注

我们辩护,说我们既不是无神论者,也并非不虔敬的人。他颇有地位,那些围在保民官身边的人于是大声叫嚷,想要盖住他的声音。总督也拒绝他的合理要求,只是问他:"你是基督徒?"维提乌斯以最清楚明亮的声音承认,自己就是基督徒,从而加入殉道者的行列,并且因此被称为"基督徒的安慰者"。维提乌斯本人就有保惠师[圣灵]①在他里面。这一点在他的爱中得到显明。由于爱,他作为主的一位真门徒,舍弃自己的生命,②竭力为弟兄姊妹辩护。

之后,其他人被分为两拨。一拨人显然愿意公开承认信仰,急切地盼望殉道。另一拨人则似乎不太愿意公开承认信仰。他们之前的预备不足,难以忍受这样的争战,其中有十人已经退却。这不但使我们悲哀忧伤,而且使那些尚未被捕之人的热情大受打击。不过,这些尚未被捕的人尽管痛苦万分,也都还是留在殉道者身边,并未把殉道者抛弃不顾。正因为如此,我们饱受煎熬,难以确定他们是否会公开承认基督,我们不是害怕他们可能马上会遭受惩罚,而是担心他们中有人会背离真道。

每天都有配得的人遭到逮捕。两地教会的所有活跃成员都被抓到一起(collected),我们的一些异教徒仆人也在被捕之列,因为总督下令追捕我们所有人。这些仆人被撒旦诱惑,看到圣徒所受的折磨就觉得害怕不已,于是在士兵的鼓动下对我们提出错误的控告,说我们不仅吃自己儿子的肉(Thyestean feasts),而且近

---

① 参见《约翰福音》14:16,"我要求父,父就另外赐给你们一位保惠师,(或作训慰师,下同)叫他永远与你们同在。"——中译注
② 参见《帖撒罗尼迦前书》2:8,"我们既是这样爱你们,不但愿意将神的福音给你们,连自己的性命也愿意给你们,因为你们是我们所疼爱的";《约翰一书》3:16,"主为我们舍命,我们从此就知道何为爱。我们也应当为弟兄舍命。"——中译注

亲相奸（Oedipean intercourse）①。诸如此类的事情，我们别说说过，就是想都没有想过。这样的谣言四处蔓延，人们开始像野兽一般对待我们。其中有些人，先前由于亲戚关系的缘故对我们采取温和态度，如今也变得对我们充满愤怒。就这样，主的话得着应验："并且时候将到，凡杀你们的，就以为是侍奉神"（约翰福音16：2）。最后，撒旦甚至想要强迫使神圣殉道者们说一些渎神的话，他们因此忍受了种种无法言表的痛苦折磨。

  暴徒、总督和士兵狂暴不已，四处发泄。由此罹难的有来自维埃纳的执事桑克图斯（Sanctus）、初入信仰之门却英勇无比的信仰斗士马图鲁斯（Maturus）、素来被当作别迦摩教会柱石与根基②的亚塔卢斯（Attalus），以及布兰迪娜（Blandina）。藉着布兰迪娜，基督证明，人以为卑贱的，却被上帝当作配得极大荣耀的。③我们全都为她担惊受怕，她地上的女主人自己即将殉道，也为她忧伤不已，担心她由于肉体软弱而不能公开承认［基督］。但是，布兰迪娜却满有能力，以至于那些从早到晚轮番用酷刑折磨她的人也都精疲力尽、黔驴技穷，承认被她打败。她被打得皮开肉绽、骨头尽碎，却依然气息尚存，这让他们惊诧不已。在他们看来，他们的任何一种酷刑都足以置她于死地，更别说一连串这样的酷刑。但是，这位蒙福的女子如同高贵的斗士一般，在公开承认信仰的时候不断得着力量，她无视所受折磨，满得安慰地说："我是一名基督徒，我们没有做任何

---

① 吃人和乱伦。在希腊神话中，梯厄斯忒斯（Thyestes）无意间吞吃了亲生诸子的肉。俄狄浦斯（Oedipus）则在无意中迎娶了亲生母亲。——英译注
② 参见《提摩太前书》3：15。——中译注
③ 参见《哥林多前书》1：28，"神也拣选了世上卑贱的，被人厌恶的，以及那无有的，为要废掉那有的。"——中译注

坏事。"

桑克图斯也以超乎常人的勇气忍受了种种酷刑的折磨。恶人们对他不断施以酷刑，想要强迫他说一些不恰当的话。他不屈不挠，誓死不从，甚至没有让他们知道自己的名字、种族、家乡以及自己是奴隶还是自由民。对所有拷问，他都一律用拉丁语答道："我是一名基督徒。"总督和行刑者看到他这样，更加急不可耐地想要让他屈服。他们变换着法子折磨他，最后还把烧得通红的烙铜压在他身上最柔弱的几个部位。尽管如此，藉着流自基督的生命之水，①精神抖擞的他依旧坚定不移地告白自己的信仰。他的躯体见证了他所受的磨难：这具躯体伤痕累累，残缺不全，早已没了人形。但是，藉着在这具躯体里的受难，基督战胜了魔鬼撒旦，向世人表明，哪里有父的爱，哪里就没有惧怕，②哪里有基督的荣耀③，哪里就没有伤害。

几天后，恶人们再次用同样的酷刑折磨这位殉道者。他们以为，既然他的身体已肿胀发炎，甚至经不起人手的轻微触碰，这样的酷刑就会让他屈服。即使他不肯屈服，也会因为酷刑奄奄待毙，从而让其他人因此感到胆战心惊。但是，恶人们的如意算盘都落了空。让人惊叹的是，酷刑之下，他反而直起身子，他的四肢也恢复了原来的样子和功用。藉着基督的恩典，他在拷问台上

---

① 参见《约翰福音》7：37—38，节期的末日，就是最大之日，耶稣站着高声说："人若渴了，可以到我这里来喝。信我的人，就如经上所说'从他腹中要流出活水的江河来'。"另参见《约翰福音》19：4。——中译注
② 参见《约翰一书》4：18，"爱里没有惧怕；爱既完全，就把惧怕除去，因为惧怕里含着刑罚。惧怕的人在爱里未得完全。"——中译注
③ 参见《哥林多后书》8：23，"论到那两位兄弟，他们是教会的使者，是基督的荣耀。"——中译注

所受的酷刑带来的不是折磨，而是医治。①

碧波里斯（Biblis）也曾是一名否认［基督］的人。魔鬼肆意折磨她，自以为已吞吃了软弱不堪、易被制服的她，②于是强迫她说诽谤我们的话，试图以此让她受到诅咒。但是，在拷问台上，她如同从沉睡中被唤醒一般醒悟过来，③从一时的惩罚想到地狱里的永罚，因而出声反驳那些中伤我们的人："这些人甚至禁食没有理性的动物的血，他们又怎么可能会吞吃小孩呢？"④从这一刻起，她公开宣称自己是一名基督徒，最终加入殉道者的行列。

通过众蒙福圣徒的坚忍，暴徒的种种酷刑都被基督一一击破。魔鬼于是想出其他法子：把众圣徒关入污秽不堪的黑牢，把他们的双脚套上枷锁，并且拉至第五个孔⑤。此外，魔鬼还充满狱卒的心，让他们暴怒不已，对囚徒肆意施虐。一些圣徒窒息而死，另一些圣徒则惨遭酷刑折磨，无人救援，几乎不能存活，但是，他们藉着主重新得力，得以继续存活。其他人也因此备受鼓舞。但是，那些新近被捕、之前没有受过折磨的年轻人，却不能

---

① 参见《以赛亚书》53：5，"哪知他为我们的过犯受害，为我们的罪孽压伤；因他受的刑罚我们得平安，因他受的鞭伤我们得医治。"新约将此理解为耶稣基督在十字架上的救赎，比如，《彼得前书》2：24，"他被挂在木头上，亲身担当了我们的罪，使我们既然在罪上死，就得以在义上活。因他受的鞭伤，你们便得了医治。"——中译注
② 参见《彼得前书》5：8，"务要谨守，警醒。因为你们的仇敌魔鬼，如同吼叫的狮子，遍地游行，寻找可吞吃的人。"——中译注
③ 参见《提摩太后书》2：24—26，"然而主的仆人不可争竞，只要温温和和地待众人，善于教导，存心忍耐，用温柔劝诫那抵挡的人。或者神给他们悔改的心，可以明白真道。叫他们这已经被魔鬼任意掳去的，可以醒悟，脱离他的网罗。"——中译注
④ 参见《使徒行传》15：28—29，"因为圣灵和我们定意不将别的重担放在你们身上。惟有几件事是不可少的，就是禁戒祭偶像的物和血，并勒死的牲畜和奸淫。这几件你们若能自己禁戒不犯就好了。愿你们平安！"——中译注
⑤ 根据 Cruse 英译本，这里提到的是某种木制刑具，有五对共十个孔，这些孔之间有一定的距离。双脚被拉进孔中，用绳索和脚镣绑住。——中译注

忍受被监禁的状态,在狱中死去。

蒙福的波提努斯(Pothinus)是里昂主教,他年过九旬,身体虚弱不堪,呼吸也十分困难。尽管如此,他内心火热,渴望殉道。他被士兵拖到审判台前。沿途相伴的不仅有地方官员,也有不少群众。这些群众向他狂吼不已,仿佛他就是基督本人。面对这些,他作了美好的见证。①总督问他:"谁是基督徒的神?"他答道:"如果你配的话,你就会知道。"之后,他被拖开,近处的人全然不顾他年事已高,对他拳打脚踢,远处的人则手里有什么就用什么向他砸去。这些人都以为,他们这样做,正是在为他们的神明报仇。几乎不能呼吸的他被投入监牢,在两天后死去。

接着,上帝彰显出他的奇妙作为,耶稣的极大慈悲藉着一种罕有的却又不超乎基督能力的方式得着显明。那些在第一次逮捕风潮中否认[基督]的人,即便已否认基督,却还是与其他人一样被关入监牢,并且还被指控犯有邪恶的谋杀罪,结果得到的却是双倍惩罚。而那些承认基督的人,仅仅被当作基督徒投入监牢,没有受到其他任何的指控。后者由于基督的应许,满怀希望,重担也变得不再沉重不堪;而前者则饱受良心折磨,这很容易就可以从他们不同的面部表情看得出来。在从监牢被带出时,忠信的后者面带喜乐的微笑,满有荣光和恩典,带上枷锁如同佩戴装饰一般,满有基督的馨香之气,②以至于有人还以为他们用了什么尘世间的化妆品,前者则垂头丧气,委委琐琐,惹人厌

---

① 参见《提摩太前书》6:12—13,"你要为真道打那美好的仗,持定永生。你为此被召,也在许多见证人面前已经作了那美好的见证。我在叫万物生活的神面前,并在向本丢彼拉多作过那美好见证的基督耶稣面前嘱咐你。"——中译注
② 参见《哥林多后书》2:15,"因为我们在神面前,无论在得救的人身上,或灭亡的人身上,都有基督馨香之气。"——中译注

烦，而且还被异教徒当作可怜的懦夫嘲笑戏弄。他们被控告犯有谋杀罪，而且还丧失了充满荣耀、赋予生命的"基督徒"这个名称。耳闻目睹这场景的其他人越发坚定；那些被捕的人则丝毫不顾魔鬼的挑拨，毫不犹豫地告白自己的信仰……

此后，这些圣徒以不同方式殉道，就好像不同形状、不同颜色的花瓣一样组成一顶献给圣父的冠冕。在一次特别的公开展示中，马图鲁斯、桑克图斯、布兰迪娜和亚塔卢斯被迫与野兽搏斗。在圆形大剧场内，马图鲁斯和桑克图斯再次经受种种折磨，就好像他们之前从未受过折磨一样。他们再次受到夹道鞭笞的刑罚①、野兽的攻击和疯狂暴徒提出的所有惩罚性要求。最后，他们坐上铁椅，身体被烤焦，发出阵阵恶臭。即使在这样的时候，变得更加癫狂的迫害者并不就此罢休，反而变本加厉地想要折服不屈不挠的殉道者。然而，除了桑克图斯在一开始就做出的信仰告白之外，他们最终还是一无所获。

在漫长的折磨过后，在多次被当作替代者整天与野兽搏斗之后，他们两人②最终殉道而死。而布兰迪娜则被挂在刑柱上，以当脱缰野兽的美味。她被挂在那里，就像被挂在十字架上一样。她不住地祷告，极大地感染了与她一道遭受折磨的人。他们在这位姊妹身上看到了被钉十字架的那一位，并且确信，凡是为基督受逼迫的人，都会享有与永生上帝的永恒团契③。没有一只野兽愿意触碰她，她于是被人从刑柱上取下，投回监牢，以备下一次

---

① 两排人面对面站着，手持棍棒或其他刑具，令一个人从他们中间跑过去，边跑边鞭打他。——中译注
② 指马图鲁斯和桑克图斯两人。——中译注
③ 参见《路加福音》23：43，"耶稣对他说，'我实在告诉你，今日你要同我在乐园里了'。"——中译注

的折磨。她的得胜令弟兄姊妹们备感欢欣鼓舞。她尽管年纪轻轻，身体羸弱，受人轻视，却披戴上了那位战无不胜的伟大得胜者：基督。①

群众大声叫嚷，要求亚塔卢斯出场。亚塔卢斯小有名声，素来颇有基督徒的操守，是一名坚定的真理见证人。进入场内的他，犹如一位胸有成竹、问心无愧的斗士。他被拖着在场内转圈，身前挂有一块牌子，牌上的拉丁文写着："这就是基督徒亚塔卢斯"。[场内]人群变得癫狂不已，对他不住地狂吼。可是，当总督得知他是罗马人后，立刻下令把他和其他人一同押回监狱，并就此上书皇帝，听候回复。②

他们的暂缓处决并非毫无果效。藉着他们的坚忍，基督的慈悲得以彰显。藉着活着的人，死人得以重生，殉道者正为失败者带来恩典。藉着他们，大多数曾经背离的人得以重生，学会承认基督，并且来到审判台前重新接受总督审讯。凯撒［马可·奥勒留］回书下令，他们当被折磨至死，但倘若有人否弃基督，可得释放。时逢当地节日，大量异教徒聚集在一起。总督把这些蒙福的人带到审判台前，将他们公然示众。他再次验明众圣徒的身份，那些看似拥有罗马公民权的人，都被下令斩首，其他人则被送到野兽那里去。那些起初否认基督的人，而今却不顾异教徒的期待、再次承认基督，基督因而大大得着荣耀。异教徒本想释放这些人，所以逐个查验他们，不料他们却承认基督，加入了殉道

---

① 参见《加拉太书》3：27，"你们受洗归入基督的，都是披戴基督了。"——中译注
② 参见《使徒行传》22：22—29；25：11—12；28：30—31。据圣经新国际版研读本，身为罗马公民，可以免受棍打、鞭笞和钉十字架等一切卑劣刑罚。即使即将受审，也可以享受宽松的软禁状态，甚至可以上告罗马帝国的最高统治者凯撒及其代表。——中译注

者的行列。还有一些局外之人，他们没有一丁点儿的信仰，也从不敬畏上帝，甚至还因着他们的行为毁谤这道①，他们真不愧是灭亡之子②。但是，其他所有的人都被加给了教会。③

在殉道者被查验时，亚历山大（Alexander）正站在审判台边。他生于弗吕家，以行医为业，在高卢居住多年，以爱上帝和敢于陈明真道④而广为人知。他不停地打手势，以敦促受查验的人承认基督。在那些围在审判台周边的人看来，他似乎正经受着分娩的痛楚。众人看到先前否认基督的人如今再次承认基督，大为恼怒，把责任推到亚历山大身上，对他大声叫嚷。总督把他传唤到审判台前，问他究竟是谁。他答道："一名基督徒。"总督听后大怒，判他受野兽吞吃之刑。

第二天，他［亚历山大］与亚塔卢斯一起进入圆形大剧场。为了取悦众人，总督把亚塔卢斯再一次交给野兽。他们遭受种种折磨，最终殉道而死。亚历山大始终一声不吭，在内心中与上帝交

---

① 根据《使徒行传》9：2，这是基督教最早的几个名字之一。这群在此遭受严厉审判和惩罚的人很有可能包括那些骑墙的信徒（borderline believers），他们受到惊吓，不知该如何否认自己对信仰的否认（recant their recantation）。——英译注
关于"这道"，参见《使徒行传》9：1—2，"扫罗仍然向主的门徒口吐威吓凶杀的话，去见大祭司，求文书给大马士革的各会堂，若是找着信奉这道的人，无论男女，都准他捆绑带到耶路撒冷。"另可参见《使徒行传》19：9，"后来，有些人心里刚硬不信，在众人面前毁谤这道。保罗就离开他们，也叫门徒与他们分离，便在推喇奴的学房天天辩论。"《彼得后书》2：1—2，"从前在百姓中有假先知起来，将来在你们中间也必有假师傅，私自引进陷害人的异端，连买他们的主他们也不承认，自取速速的灭亡。将有许多人随从他们邪淫的行为，便叫真道因他们的缘故被毁谤。"——中译注
② 参见《约翰福音》17：12，"我与他们同在的时候，因你所赐给我的名保守了他们，我也护卫了他们；其中除了那灭亡之子（the son of perdition），没有一个灭亡，好叫经上的话得应验。"——中译注
③ 参见《使徒行传》2：47，"赞美神，得众民的喜爱。主将得救的人天天加给他们"；另参见《使徒行传》5：14，"信而归主的人越发增添，连男带女很多。"——中译注
④ 参见《使徒行传》4：29—31，"一面叫你仆人大放胆量，讲你的道，一面伸出你的手来医治疾病，并且使神迹奇事因着你圣仆耶稣的名行出来。祷告完了，聚会的地方震动，他们就都被圣灵充满，放胆讲论神的道。"——中译注

通。亚塔卢斯被绑在铁椅上,身体被烤焦,发出阵阵恶臭,他用拉丁语向众人大声喊道:"看啊!吃人的正是你们。而我们呢,既没有吃人,也没有做任何恶事!"当被问到上帝叫什么名字时,亚塔卢斯答道:"上帝和人不一样,他没有名字。"

此外,在节庆游乐活动的最后一天,布兰迪娜被再次带入场内,和她在一起的还有一位名叫庞提库斯(Ponticus)的十五岁少年。每天,他们两人都被带出来观看其他人所受的酷刑,并被要求向偶像起誓。每次,他们都断然表示拒绝。暴徒们因而恼羞成怒,不顾庞提库斯的年纪轻轻,无视布兰迪娜的身为女子,用各种酷刑折磨他们。庞提库斯在基督里受到姊妹的激励,勇于承受种种酷刑,直至把自己的灵交回上帝。蒙福的布兰迪娜则如同一位高贵的母亲,刚刚激励完自己的孩子,并且把他们成功地交给国王,①之后,她自己也欣然赴死,仿佛被邀参加婚筵一般。②她被鞭打、遭野兽攻击、受火刑,最后被包在网里丢给一头公牛。藉着在基督里的信仰,她对周遭一切毫不在意。她被公牛不停地抛来抛去,最后殉道而死。就连那些异教徒也承认,他们从来没有看到过一位女子能这么长时间地忍受折磨。

即使这样,他们的疯狂与残暴也不能得到满足。在撒旦的驱使下,他们把那些在狱中窒息而死的人拿去喂狗,并且派人日夜

---

① 参见〔次经〕《马加比后书》(2 Maccabees)第七章,"还有一次,一个犹太母亲和她的七个儿子被逮捕了。国王下令打他们,强迫他们吃猪肉……在他们之中最令人惊奇的就是这位母亲,她在我们的记忆中应该占有特殊的位置。尽管她眼看着自己的六个儿子死于一天之内,她还是以十足的勇气忍受了,因为她相信主……这个孩子就这样死去了,满怀着对主的信念,丝毫没有丧失信心。最后,这位母亲也被处死了。"参见 http://orthodox.cn/liturgical/bible/gap/2maccn.htm.引自张久宣《圣经后典》译本。——中译注
② 参见《启示录》19:9,"天使吩咐我说:'你要写上,凡被请赴羔羊之婚筵的有福了!'又对我说:'这是神真实的话'。"——中译注

看守，以防我们接近。那些被野兽撕碎、被火刑烧焦的残骸，也被他们抛在外面，并且派人如军队一般把守，以免有人埋葬这些头颅与残肢。对于这些残骸，有人咬牙切齿；有人百般戏弄，藉着惩罚敌人来荣耀自己的偶像；还有人则更为温和一些，多少带点同情地奚落道："他们的神在哪里呢？①他们宁愿舍弃自己的生命，也不愿放弃自己的宗教，这宗教对他们有什么益处呢？"而我们，却因为不能埋葬他们而悲恸万分。

殉道者的遗体被抛在外面，饱受凌辱长达六天之久。之后，恶徒们把这些躯体烧成灰烬，丢入附近的罗讷河，企图毁尸灭迹，不让殉道者有一丝一毫的痕迹留在这世界上。恶徒们以为，这样一来，上帝就被打败了，死者因此也不会再重生了。这些恶徒叫嚣道："他们已经没有复活的希望。正是因为这种希望，他们才引进新奇的信仰，蔑视惩罚，欣然赴死。现在我们倒要看看，他们是否还会站起来，他们的神是否能救他们脱离我们的手？②"

背离者的恢复

2. 以上即是高卢基督教会在上述皇帝统治期间的遭遇。其他各省教会的遭遇，由此可见一斑。此外，我们还应附上前述文件中的另外一些描述，即刚刚提到的殉道者是如何的温柔与慈悲：

他们热切地想要效仿基督，虽已满有荣耀，并且不止一次、

---

① 参见《诗篇》42：3，"我昼夜以眼泪当饮食，人不住的对我说：'你的神在那里呢'。"——中译注
② 参见《但以理书》3：15，"［尼布甲尼撒问他们说：］你再听见角、笛、琵琶、琴、瑟、笙和各样乐器的声音，若俯伏敬拜我所造的像，却还可以；若不敬拜，必立时扔在烈火的窑中，有何神能救你们脱离我手呢？"——中译注

两次而是多次从斗兽场带回满身烙印与累累伤痕,但他们从来不把自己看作殉道者,而且也不允许我们用这样的名称称呼他们,一旦有人想这样称呼他们,就会立刻遭到他们的严厉斥责。他们乐于把殉道者的头衔留给基督,那真正的殉道者、那从死里首先复活的①。他们还向我们提到那些已经离世的殉道者:"这些人确实是殉道者,他们一承认基督,即蒙悦纳。而我们呢,只是卑微的认信者(confessors)而已。"他们流泪恳求众弟兄为自己的得以完全代祷。藉着行为,他们彰显出殉道的力量,却因为敬畏上帝的缘故而拒绝接受殉道者的头衔……

他们为所有人辩护,却不指控任何人。就像司提反那样,他们为迫害自己的人祷告:"主啊,不要将罪归于他们。"(使徒行传7:60)倘若他尚且能为扔石头砸自己的人祷告,那他为弟兄姊妹的祷告岂不是多得多?

他们最大的争战在于,那兽(the Beast)②由于被哽的缘故活活吐出那些它本以为已被吞吃的人③。他们并没有在这些堕落的人面前自吹自擂,而是流泪为这些人的缘故向圣父祈求生命,圣父就把生命赐予这些人。④他们与邻人一起分享这样的生命,直至凯旋般离世归神,并且在死后留下喜乐、平安、和谐与爱。

上述引文想必足以说明,这些蒙福之人有多么地爱那些曾脱离主

---

① 参见《启示录》1:5,"并那诚实作证的,从死里首先复活的,为世上君王元首的耶稣基督。"——中译注
② 即魔鬼撒旦。参见《启示录》11:7,"那从无底坑里上来的兽",另参见《启示录》13:1—14。——中译注
③ 也就是说,魔鬼交出了那些起初背离信仰的人。
④ 参见《诗篇》21:4,"他向你求寿,你便赐给他,就是日子长久,直到永远。"——中译注

恩的弟兄；相比较而言，后来有些人却毫无人道和慈悲，残酷地对待基督的肢体。①

殉道者亚塔卢斯所领受的启示

3. 在上述关于殉道者的同一篇报道中，还有一段值得纪念的故事。有一位名叫阿尔茨比亚德斯（Alcibiades）的人，他生活简朴，拒绝进食除面包和水之外的一切食物。但是，亚塔卢斯第一次在竞技场经受折磨后得到启示：阿尔茨比亚德斯如此行，并非正确，因为他拒绝享用上帝所创造的，并且造成别人的误解②。阿尔茨比亚德斯接受劝告，开始自由进食，并把感谢献给上帝。③

在正当其时的弗吕家，由于说预言的缘故，孟他努、阿尔茨比亚德斯④、提奥多图斯（Theodotus）及其追随者开始获得一些名声。当时，上帝许多其他的奇妙恩赐还在不同教会有所出现，很多人因此以为这些人也是先知。由于这些人的缘故，教会内部出现纷争。就此，高卢的众弟兄再次提出谨慎和正统的判断。一些后来藉着殉道得以完全的高卢弟兄，还在身陷囹圄时就充当起众教会之间的和平使者，不仅写信给亚细亚和弗吕家的众弟兄，而且还致信罗马主教埃洛特鲁斯。

---

① 指诺瓦替安派（Novatians）和与优西比乌同时代的多纳图派（Donatists）。参见第六卷第四十三至第四十六节。
② 根据 Williamson 英译注，这可能会助长诺斯替异端，这个异端以为物质本是恶的。——中译注
③ 参见《提摩太前书》4：3—4，"他们禁止嫁娶，又禁戒食物，（或作'又叫人戒荤'）就是神所造、叫那信而明白真道的人感谢着领受的。凡神所造的物都是好的。若感谢着领受，就没有一样可弃的。"——中译注
④ 另一位不同的阿尔茨比亚德斯。

殉道者们推荐爱任纽

4. 在写给上述罗马主教的书信中,这些殉道者曾热情地推荐时为里昂教会长老的爱任纽,原文如下:

> 埃洛特鲁斯神父(Father Eleutherus),再次[向你]致意,愿上帝保佑你!① 我们已委托我们的弟兄兼同伴② 爱任纽把这封书信交给你。我们恳请你,以尊贵待他,如同人对主的盟约大发热心一般。倘若有人如此尊贵以至于配得这样的公义对待,我们首先就会推荐他。他实际上是里昂教会的长老。

我是否有必要一一摘录上述文件所提到的殉道者的名字,以区分谁藉着斩首之刑得以成全、谁被扔给野兽为食、谁在狱中睡去、哪些认信者当时还活着?若有人想了解这些,尽可参阅以前曾提及的拙作《殉道集》中所附的书信全文。以上即是在安东尼努斯[马可·奥勒留]统治期间所发生的。

基督徒的祷告带来降雨

5. 据说,他兄弟凯撒马可·奥勒留③ 曾与日耳曼人、萨尔马提亚

---

① 译文参 Wiliamson 英译本。——中译注
② 参见《启示录》1:9,"我约翰就是你们的弟兄,和你们在耶稣的患难、国度、忍耐里一同有分。"——中译注
③ 很不幸,优西比乌有时被[不同的]安东尼努斯们搞糊涂了。到现在为止,他一直都把马可·奥勒留当作安东尼努斯,以区别于其养父安东尼努斯·庇护皇帝。但是,他在此出现错误。这里提到的安东尼努斯其实是[庇护的另一位养子]卢修斯·维鲁斯,他曾与马可·奥勒留一同执掌皇权,直到169年去世为止。不过接下来,与此事相关的皇帝确实还是马可·奥勒留。

人（Sarmatians）①作战，部队极度缺水，事态紧急。梅里特内军团（Melitene Legion）②的士兵们，凭着从起先到现在与敌作战时都保守着他们的信仰，如同我们惯常的祷告一样，双膝跪地，转向上帝，祈求他的帮助。看到这些，敌人惊诧莫名。更令敌人目瞪口呆的是，突然雷电交加，他们因此不战而溃，四处逃窜。接着大雨降下，落在那些曾向上帝祈求的军人头上，让他们在饥渴待毙的当口全又变得精神抖擞。

这段故事，不但我们自己口耳相传，那些在我们信仰之外的、专门记录皇帝统治的作家也都有所提及。这些异教作者虽对此事表示惊奇，但并不承认，这乃是出于基督徒的祷告。③但是，我们自己的作家却是爱慕真理的人，他们直截了当地描述了这件事。例如，阿波利拿里曾提到，此后，梅里特内军团因藉着祷告引来降雨，被皇帝名符其实地赐名为"闪电军团"（the Thundering Legion，原文为拉丁文）。④此外，德尔图良在致元老院的拉丁文《信仰申辩书》（*Defense of the Faith*）中——我在先前曾引述过此文——对此事作过进一步佐证。他写道，最为智慧的皇帝马可仍有书信传世；在这些书信中，皇帝证实，他的军队曾在日耳曼地区缺乏饮水，濒临毁灭，正是出于基督徒的祷告，这支军队才得拯救，因此，皇帝威胁道，若有人试图控告我们，将被判处死刑。德尔图良继续写道：

---

① 古时位于东欧维斯杜拉河和伏尔加河之间的民族。——中译注
② 梅里特内，现称马拉塔亚（Malatya），位于迦帕多家东部，时为基督教重镇。
③ 根据 Williamson 英译注，狄奥·卡修斯（Dio Cassius）和卡皮托里努斯（Capitolinus）均承认，降雨乃是对祷告的一种回应。——中译注
④ 早在 70 年，提图斯曾下令第十二军团"闪电军团"（the legion XII *Fulminata*，"the Thundering Twelfth"）前往迦帕多家的墨利托，护卫在那里横渡幼发拉底河的行动。在此出错的不是优西比乌，而是阿波利拿里。

仅仅为了对付我们,这些邪恶、不义且残忍的家伙采用了怎样的法律?这些法律,苇斯巴芗在征服犹太人后并未执行过,图拉真只是部分地遵守这些法律,而且还禁止追捕基督徒,哈德良虽对任何神秘事情都感兴趣,却从未认可这些法律,就是以"虔诚"为名的庇护,也没有批准过这些法律。①

关于这些事情,人人均可表达自己的意见。我必须接着记述其他事情。

罗马主教的更替情况

与高卢的其他殉道者一起,年届九十的波提努斯[藉着殉道]圆满此生,②爱任纽接掌其里昂主教一职。据说,爱任纽在年轻时曾聆听过波利卡普的教诲。在《驳异端》第三卷中,爱任纽记述了直至埃洛特鲁斯的罗马主教更替情况,——这些主教所处的时期正是我现在关注的。他写道:

6. 在创立和建设教会之后,蒙福的使徒们把主教职位托付给利奴。对于这位利奴,保罗曾在写给提摩太的书信中(提摩太后书4:21)提及。利奴之后,亚嫩克勒图斯和克莱门相继继位,后者是使徒以来第三任罗马主教。克莱门曾见过蒙福的使徒们,并且和他们有过交往,他们的教导时常回响在他的耳畔。不只克莱门如此,其他还有很多人也都听过使徒们的教诲。在克莱门的时

---

① 《[信仰]申辩书》(*Defense*) 5。
② 177年。——英译批注

候,哥林多的基督徒之间出现过一次不小的纷争。于是,罗马教会给哥林多基督徒写了一封分量颇重的书信,为的是让他们和平共处、更新信仰,并且把从使徒们那里所领受的最新教导传给他们……

克莱门之后,俄瓦勒斯图斯、亚历山大和叙斯图斯相继担任罗马主教一职。叙斯图斯是使徒以来第六任罗马主教。接下来担任主教的是特勒斯福鲁斯,他也光荣地殉道。特勒斯福鲁斯之后,叙基努斯、庇护、雅尼塞图斯和索特尔相继担任主教。索特尔之后,现任主教为埃洛特鲁斯,他是使徒以来第十二任罗马主教。藉着同样的秩序和教义传承,教会的使徒传统和真理的宣讲传到了我们。①

成就神迹奇事的能力继续出现

7. 这些事实,爱任纽在五卷本的《驳似是而非的知识》(*Refutation and Overthrow of Knowledge Falsely So-Called*)②一书有所记述。他在该书第二卷表明,直到他本人所处的时代,神圣的奇妙能力在一些教会继续彰显,并且继续成就神迹奇事:

但是,他们③远不能让死人复活。主如此行过,使徒们藉着

---

① 《驳异端》(*Against Heresies*) 3.3。
② 本书即以拉丁文本闻名的《驳异端》(*Against Heresies*),此书堪称反异端文献中最全面且最权威的作品,主要针对的对象是活跃于亚历山大和罗马的瓦伦廷派(Valentinianism),特别是瓦伦廷(Valentinus)的门徒托勒密(Ptolemy)和马尔库斯(Marcus),参见 http://ekklesiahistory.fttt.org.tw/big5/book05/chapter07.htm。另外,关于本书的标题来历,可参见《提摩太前书》6:20—21,"提摩太啊,你要保守所托付你的,躲避世俗的虚谈和那敌真道似是而非的学问。已经有人自称有这学问,就偏离了真道。愿恩惠常与你们同在。"——中译注
③ 指西门[·马古斯]和卡尔波克拉特斯的门徒。

祷告这样做过。后世的一些基督徒也曾这样做过：由于迫切的需要，当地教会集体禁食、集体祷告，以此向上帝乞求。藉着圣徒们的祷告，灵魂重新回归死去之人，死人由此复活……①

倘若他们声称，主只不过是在表面上成就这些事情，那么我就会凭着先知书向他们证明，关于他的所有这些事情都早已被预言，并都确实发生过，因为唯独他才是上帝之子（the Son of God）。因此，他的真门徒藉着从他那领受的恩赐，以他的名义，按照不同人从他那领受恩赐的不同，使人得着益处。一些门徒确实赶过鬼，因此，常有脱离邪灵得着洁净的人产生信仰，并加入教会。一些门徒知晓未来，能见异象，并且会说先知的话语。还有一些门徒能为病人按手治病，使其恢复健康。不仅如此，就像我曾说过的，还有死人曾得复活，与我们同在多年。如此这般的恩赐不可能尽数数清，它们乃是普世教会从上帝那里领受的，并藉着在本丢·彼拉多手下被钉十字架的耶稣基督的名字而得来的。教会每天都使用这样的恩赐，不是为了欺骗也不是为了谋利，而是为了让异教徒得着益处。教会的恩赐既然白白地从上帝得来，就当白白地付出。②

这位作家还在另一处写道：

我们还听说，教会中的一些弟兄有说预言的恩赐，能藉着圣灵说各种方言，能为了众人的益处显露出人心中的隐情，并且能

---

① 《驳异端》2.31。在2世纪之后，这类令人惊异的宣称似乎销声匿迹。
② 《驳异端》2.32。

讲解神的奥秘。①

如上所述，直到我正描述的此时此刻，不同的恩赐依然在那些配得的人那里继续出现。

爱任纽论圣经

8. 在本部作品的开头，我曾许诺，要引用早期长老和教会史学家对正典书卷（the canonical Scriptures）的传统说法。爱任纽即属此列，他曾写下关于圣经的如下文字：

> 为了希伯来人的缘故，马太曾用其母语编写过一部福音书。②与此同时，彼得和保罗则在罗马宣讲福音，建立教会。他们死后，彼得的门徒和诠释者马可，把彼得的宣讲编撰成书，并且将之传给我们。③保罗的跟随者路加则把保罗的宣讲编撰成书。④之后，主的门徒、曾靠在主胸膛的那位约翰，⑤在寓居亚细亚以弗所的时候写下一部福音书。⑥

---

① 《驳异端》5.6。
② 此说法与一般公认说法有别。一般认为，《马太福音》由希腊文写成，对象主要是说希腊话的犹太人。——中译注
③ 即新约圣经中的约翰马可，他是与保罗同工的巴拿巴的表弟，与保罗的关系也相当密切，参见《使徒行传》12：2、25，13：5、13，15：36—41，《歌罗西书》4：10，《提摩太后书》4：11，《腓利门书》24，等等。至于他与彼得的关系，彼得甚至称他为自己的儿子（彼得前书5：13），这说明马可可能是由彼得带领归主的。——中译注
④ 关于路加和保罗的关系，路加在《使徒行传》中数次使用"我们"这个代词，表明他自己是保罗旅行布道的同伴，参见《使徒行传》16：10—17，20：5—14，21：1—18，27：1—28，16；《歌罗西书》4：14 和《腓利门书》24。——中译注
⑤ 或称"主所爱的那门徒"，圣经出处参见本书第二卷第二十三节的相关中译注。——中译注
⑥ 《驳异端》3.1。

在前引著作的第三卷，爱任纽提出上述说法。在第五卷中，他谈到《约翰启示录》以及其中敌基督之名的数目①：

> 在所有好的早期抄本中，都找得到这个数目。那些当面见过约翰的人也都可以证实这一点。理性告诉我们，根据希腊算法，兽名的数目由其中的字母就可以看得出来……关于那敌基督的名字，我不想冒任何风险给出肯定说法。倘若现在有必要清清楚楚地公布他的名字，那么见过启示的约翰早就这样做了。约翰得见启示，并不是在很久以前，而几乎就在我们这个时代，即图密善统治末期。②

他也提到过《约翰一书》，并且有所征引。《彼得前书》的情况与此类似。至于《牧人书》，他不仅知道，而且接受："这部经书说得好：'首先要相信，上帝是独一的，他创造并且安排万物，等等'。"③他还随意而准确地引用过《所罗门智慧书》："神的异象赐予不朽，不朽让人更亲近神。"④

此外，他还引述过一位不知名的使徒式长老（an apostolic presbyter）关于圣经的言论，并且经常征引殉道者查士丁和伊格纳修的作

---

① 根据《启示录》13：18，"兽"的数目是666。在希腊语中，字母表中的字母曾用来表示数目。对早期教会来说，666指的是尼禄或图密善。
② 《驳异端》5.30。
③ 同上4.34。
④ 同上4.63。参见《所罗门智慧书》6：18—19，"若有人真心渴望指教，这就是智慧的开端；若他追求指教，他就爱上了智慧。爱上智慧的人，必会遵守她的诫命、遵守她诫命的人，必会获得不朽的生命。获得不朽生命的人，必会更加亲近上帝。"译文译自德国圣经公会1999年出版的圣经路德译本《Die Bibel: nach der Uebersetzung Martin Luthers, mit Apokryphen》, Stuttgart: Deutsche Bibelgesellschaft, 1999, 并参考张久宣《圣经后典》的精彩译文, 不过, 其中章节编码疑有误。——中译注

品。他曾许诺,要专门撰写一部作品,根据马西昂本人的作品反驳马西昂。

关于七十士译本,他有如下记述:

> 因此,上帝成为人,主亲自拯救我们,并且给出他生于童女的记号,这并非我们当代的某些人所宣称的那样——这些人居然胆敢翻译出这样的句子——"看哪,必有妇人怀孕生子"①。以弗所的狄奥多田(Theodotion)和本都的亚居拉(Aquila),两人均从犹太教改教而来,他们就是这样翻译的。后来的伊便尼派就是这两人的追随者,他们辩称,此童女所生之子乃是约瑟的儿子⋯⋯
>
> 在罗马建立帝国之前,马其顿人还占据着亚细亚。拉古斯的儿子托勒密(Ptolemy the son of Lagus)②在亚历山大办有一家图书馆,为此四处搜罗精良图书。因此,他请耶路撒冷人把他们的经书翻译成希腊文。当时,耶路撒冷人还臣属于马其顿人,他们派出七十位最有才干的长者。这些长者不仅熟悉圣经、而且精通希伯来文和希腊文双语,因而能够成就上帝的旨意。托勒密担心,这些长者可能在翻译过程中合谋掩盖圣经的真实意思,于是将他们各自分开,命令他们各自翻译所有的经书。翻译完毕之后,这些长者再次聚集到托勒密面前,比对各自的翻译。这些翻

---

① 马太在《马太福音》1:23 引用《以赛亚书》7:14,"必有童女怀孕生子,人要称他的名为以马内利"。此处"童女"一词希腊文原文为 h'parqe, noj,此词在新约语境下指"处女",并且常用来特指童女马利亚;希伯来原文为 hm'l. [,,意为"已有生育能力的少女","可以或将要结婚的少女",在旧约语境下并未特别强调"处女"之意,尽管当时的未婚少女通常均为处女。马太之所以征引此段文字,很可能是想将此处所提及的少女解释为"童女马利亚"的预表,并且借此证明耶稣就是犹太人所盼望的弥赛亚。下文英译注语焉不详,故特作此注。——中译注

② 托勒密一世(Ptolemy I)通常被称为"索特尔"(Soter),他是本段提到的托勒密二世费拉德弗斯(Ptolemy II Philadelphus)的父亲。

译从头到尾采用的都是同样的字词和习语，表达的也都是同样的内容。上帝由此得着荣耀，这些经书也被接受为真正神圣的经书。甚至那些在场的异教徒也都知道，这些经书的翻译乃是出于上帝圣灵的感动。①上帝成就这些，这并没有什么好奇怪的。犹太人曾被尼布甲尼撒俘虏，经书由此被毁。七十年后，也就是波斯王亚达薛西的时候，犹太人重返故土，上帝感动利未支派的祭司以斯拉，让他重新还原古时先知的言语和摩西颁布的律法。②

以上即是爱任纽的记述。

亚历山大的潘代努斯

9. 安东尼努斯［马可·奥勒留］执政第十九年，科莫都斯接掌皇权。③在科莫都斯当政第一年，朱利安（Julian）接替已在主教岗位上服侍十二年的亚格里皮努斯，成为亚历山大主教。

10. 当时，有一位以学识闻名的人，名叫潘代努斯（Pantaenus）。他在亚历山大领导一间信徒学校④（a school of believers）。该学园（academy）一直持续到我们所处的时代。据说，该学园的领袖均具有

---

① 根据 Williamson 英译注，优西比乌关于《七十士译本》起源的说法，来自一位波斯贵族的书信，即《亚里士特亚斯书信》(Letter of Aristeas)。——中译注
② 《驳异端》3.24。这种传统说法并不符合圣经。之所以要在这里介绍《七十士译本》，全部的要点在于，在翻译《以赛亚书》7：14 时，《七十士译本》采用的希腊词"parthenos"，意为"处女"（virgin），而非"年轻的妇人"（young woman）。对于这一点，优西比乌本该有所交代。根据 Williamson 英译注，优西比乌关于以斯拉的错误说法，出自《以斯拉下》(2 Ezra 或 2 Esdras) 第 14 章，参见 http://orthodox.cn/liturgical/bible/gap/index.html。另参见本书第三卷第十节。——中译注
③ 180 年。——英译批注
④ 另有"一个由信徒组成的学派"之意。学校/学园兼学派的希腊传统，可在柏拉图学派及其学园窥其一斑。——中译注

发达的理智和火热的灵性，而潘代努斯则堪称当时最为杰出的教师和斯多亚派哲学家。他为圣道大发热心，被差到东方，甚至远至印度，向那里的人宣讲基督的福音。在印度，他发现有些人对基督已经有所认识，因为马太福音早已先于他传到那里。十二使徒之一的巴多罗买（Bartholomew）向他们宣讲过福音，并将马太用希伯来文写的报道留给他们。①这些报道当时尚存于世。潘代努斯在屡建功勋之后，最终成为亚历山大那所学园的领袖，在那里或言传或笔书，发掘神圣教义的宝藏。

亚历山大的克莱门

11. 与潘代努斯同时，克莱门在亚历山大专心研究圣经，并且因此声名卓越。这位克莱门，与那位使徒［保罗］的门徒兼罗马教会的领袖克莱门同名。在《基本原理》中，他提到过潘代努斯的名字，并且将之称为自己的老师。在《杂记》第一卷，他似乎间接地提到潘代努斯。论及自己所加入的使徒统绪和这统绪中较杰出的成员，他说道：

> 之所以编撰这部作品，并不是为了让人留下什么印象，而是为了给年迈的自己存留记录，免得遗忘。我曾有幸见过几位得蒙祝福且真正非凡的人，并且聆听过他们的教导。这部作品只是粗略记录了其中一些明确清晰且充满生命力的话语。这些人中，第一位是来自希腊的那位爱奥尼人（the Ionian），第二位在意大利南部，第三位在黎巴嫩，第四位来自埃及。其他人则生活在东方，

---

① 根据 Williamson 英译注，此处似乎暗示，巴多罗买建立了一间犹太基督徒团契。另外，在当时的语境中，"印度"可能指埃塞俄比亚（Ethiopia）以东的任何一个地区。——中译注

一位是亚述人（Assyrian），另一位则在巴勒斯坦，并有希伯来血统。其中的最后一位，在才干上反倒是最先一名，我四处找寻，才在埃及他常去的地方找到他，并且找到了安宁。这些人持守直接传自彼得、雅各、约翰和保罗等圣使徒的真正传统和蒙福教导，就像父传子承一般，尽管子与父相像的并不多。藉着上帝的恩典，这些传统和教导传到了我，以留存先祖和使徒的种子。①

耶路撒冷的众主教

12. 与他们同时，担任耶路撒冷教会主教的是纳尔希苏斯（Narcissus），他直到今日依然广为人知。自哈德良战胜犹太人以来，他是耶路撒冷的第十五位主教。正是从那时起，耶路撒冷的教会成员由犹太人变成了外邦人。如前所述，第一任外邦人主教是马可。按照当地的记载，接下来依次担任主教的有：卡西安（Cassian）、普布里乌（Publius）、马克西姆（Maximus）、朱利安（Julian）、该犹（Gaius）、叙马库斯（Symmachus）、另一位该犹（Gaius）、另一位朱利安（Julian）、卡皮托（Capito）、瓦伦斯（Valens）、多利希安（Dolichian），最后一位是纳尔希苏斯，就正常的传承统绪而言，他是使徒以来第三十任主教。②

罗多对马西昂

13. 与此同时，有一位名叫罗多（Rhodo）的亚细亚人，他是塔提安在罗马的一名学生，著有多部作品，其中有一部专门针对马西昂异

---

① 《杂记》(*Miscellanies*) 1.1.11。
② 优西比乌说纳尔希苏斯是第十五任主教，却只列举出十三位主教的名字。在他的《编年史》中，排在卡皮托处还有两个名字：马克西姆二世（Maximus II）和安东尼努斯（Antoninus）。

端。根据罗多的报道,马西昂异端当时已分裂成说法各异的不同派别。对于造成这些分裂的人,罗多有所描述,并且一一驳斥了他们编造的错误教导:

> 于是,他们不再彼此认同,反而各执一端,不容调和。亚培勒斯(Apelles)即属此流。由于年长,生活方式独特,①他备受敬重。他承认,存在的源头是一元的,而却又宣称,先知[的预言]出自充满敌意的[邪]灵,值得信赖的预言乃是来自某位灵魂附体的女孩,她名叫菲露门内(Philoumene)。其他人,比如船长本人(即马西昂)②,则主张二元论。同样持这种看法的还有波提图斯(Potitus)和巴西里库斯(Basilicus)。他们跟随马西昂这头来自本都的狼,不能区分万事[的善恶],③转而寻求二元论这样的简易答案,不仅糟糕透顶,而且毫无证据。还有些人则陷入更为严重的错误之中,以为存在的源头并非二元,而是三元。根据这些人自己的说法,他们的头目是叙内罗斯(Syneros)。④

这位作家还提到了他与亚培勒斯的交谈:

---

① 在马西昂的门徒当中,生于2世纪初的亚培勒斯最为知名。按照他自己的说法,凭着钉十字架的基督,他追求高尚的道德生活和深厚的宗教情操。参见 http://ekklesiahistory.fttt.org.tw/big5/book05/chapter13.htm 注解部分。——中译注
② 据载,马西昂家财万贯,常周游各地。德尔图良就曾称马西昂为"船长",也曾提到他高超的航海技能。参见 http://ekklesiahistory.fttt.org.tw/big5/book05/chapter13.htm 注解部分。——中译注
③ 马西昂来自本都的西诺佩(Sinope)。"不能区分万事的[善恶]"意思是说,他未能找到关于恶的问题的答案。
④ 亚培勒斯相信,只有一位至高真神,造物者不过是这位至高真神之下的一位大能天使。马西昂的教导则是,有两位真神,一位是良善之神,另一位是公义、非受造的造物者。还有些人持有三神观:基督徒的良善之神,旧约时代的公义之神一造物者以及恶神撒旦。亚培勒斯与马西昂的最大不同在于:前者主张唯一神论,与正统基督教信仰相近,而后者则为二元论。就内容来看,亚培勒斯的学说应是改良自马西昂的学说,使之与基督教信仰更为接近。参见 http://ekklesiahistory.fttt.org.tw/big5/book05/chapter13.htm 注解部分。——中译注

这位老人曾和我们一起交谈过，他的许多说法显然是错误的。于是，他宣称，各人当持守自己的信念，不必为教义而争论。他说，那些仰望被钉十架者的人，只要他们继续行善，就会得救。正如我先前说过的，在他的主张中，最模糊不清的就是他关于上帝的说法，而他的学说又与我们的教义表面上一样，都主张一元论。

在全面描述完亚培勒斯的学说之后，罗多继续写道：

> 我问他："你凭什么证据说只有一个元始，请解释一下。"他答道，先知的预言前后不一，充满错误而且自相矛盾。至于只有一个源头，他说，他其实并不知道，只是倾向于这种主张而已。于是，我敦促他说实话。他发誓道，他说的就是实话，他确实不知道，非受造的上帝怎么又是独一的，他只是如此相信而已。听到这些，我不禁大笑，并且向他发出斥责，他自称教师，却根本就不知道该如何确证自己的教导。

在同一部作品中，也就是在他写给卡里斯提奥（Kallistio）的书信中，罗多提到，他曾在罗马师从塔提安。塔提安编有一部《问题集》(*Problems*)，在其中记录了一些圣经中不太明确清晰的地方。对此，罗多许诺将在一部特别的作品中提供答案。此外，他［罗多］还著有一篇探讨《创世六日》(*Hexameron*)①的论文，如今尚存。至于亚培勒斯，他反对摩西律法，因此说过无数不虔敬的话，而且还亵渎神的话

---

① The Six Days [of Creation].

语①；他为此写过多篇论文，竭力攻击神的话语，甚至还以为自己已推翻它们。

假先知与教会分裂

14. 上帝教会的敌人②使尽百般手段，反对人类。它再度兴起无数异端，伤害教会。其中的一些分裂分子，像毒蛇一样爬过亚细亚和弗吕家，并且吹嘘道，孟他努就是那保惠师（Paraclete），而他的两位女门徒，百基拉和马克西米拉（Priscilla and Maximilla），就是他的女先知。

15. 在罗马也有异端出现。弗洛里努斯（Florinus）是其中的一个头目，他曾是教会的一名长老，后被褫夺教职。类似地，他们的另一个头目布拉斯图斯（Blastus）也蒙受过这样的羞耻。这两人曾诱拐多人背离教会、跟随他们的意见，不过他们扭曲真理的方式各有不同。

孟他努与弗吕家的异端

16. 针对所谓的弗吕家异端，在前面提到的希拉波利斯的阿波利拿里和当时的其他博学之士那里，为真理而斗争的那大能（the Power）兴起一种强大无比而且无坚不摧的武器。这些人士为我们留下了编撰历史的丰富资源。在反驳这些异端的论文中，其中一位开篇就表示他也曾与这些异端作过口头辩论，然后写就如下前言：

---

① 根据上文，又根据与摩西律法并提的行文，当指先知书或曰先知的预言。——中译注
② 当指魔鬼撒旦。——中译注

我亲爱的阿维尔修斯·马尔塞鲁斯（Avircius Marcellus），你长期以来一直敦促我写篇论文驳斥那个以米尔提亚德斯（Miltiades）①为名的支派。但是，我一直都犹豫不决，直到现在。我所犹豫的，不是没有能力反驳错误，申明真理，而是担心有人会以为我在往福音的新约话语②中加添什么，而依照新的生活的人是不能对此加以任何增添或删除的。③但是，我曾去过加拉太的安西拉，发现当地教会之所以四分五裂，就是因为这种新的狂热，这种狂热并非出于他们所以为的真预言，而是出于我将证明揭露的假预言。在当地教会，我得着主的帮助，连续几天尽我所能地谈论这些人，驳斥他们的论证。会众欢欣鼓舞，在真理里得着坚固，而我们的对手只不过暂时被打败而已。于是，当地长老请求我，就我对真理敌人的上述驳斥编写一份概述留给他们。当时，我们的同工、奥特罗斯的佐提库斯长老（Zoticus of Otrous）也在场。虽然我当时并没有这样做，但是，因着上帝的旨意，我承诺，先在这里写好，然后尽快给他们送去。

在类似的评论之后，他继续就这异端的起因做出如下陈述：

他们最近的一次异端分裂，始于格拉图斯担任叙利亚总督的时候。在弗吕家每西亚（Mysia）的阿尔达堡（Ardabau）村，有一位新近皈依的人，名叫孟他努。他的野心毫无限度，被那魔鬼

---

① 孟他努派在黑海沿岸彭塔波利斯（Pentapolis）的一位领袖。
② 根据 Williamson 英译注，新约正典显然在当时业已成形。——中译注
③ 参见《启示录》22：18—19（Williamson 英译注误为 2：18—19）。另参见《加拉太书》3：15，"弟兄们！我且照着人的常话说，虽然是人的文约，若已经立定了，就没有能废弃或加增的。"——中译注

撒旦所趁，结果鬼迷心窍，陷入出神的癫狂状态。他开始语无伦次，喋喋不休，说的都是一些胡言乱语，而且还发出预言，这些预言全都背离起初以来的教会传统和习惯。听到他的无耻言论，一些人极其愤怒，认为他搅扰民众，身上附有魔鬼和谬误的灵①。他们想起主的区分和警告：要防备假先知，②于是公开斥责，并且试图阻止他喋喋不休的胡言乱语。但是，其他一些人却非常自负，好像得着了圣灵和说预言恩赐的鼓舞一般，全然忘记了主的区分。他们欢迎伤害和欺骗理智的灵，对民众进行误导，民众受骗如此之深，以至于这灵到现在也没有被平息。以某种方式，或者说，以邪恶的伎俩，魔鬼摧毁那些不顺从它的，怂恿那些不再顺服真信仰的心灵，并且兴起其他的两个人——两个女人，这两个女人被魔鬼灌入欺骗的灵，就像孟他努那样，开始疯狂、诡异和荒诞地胡言乱语、喋喋不休。那[邪]灵时而用夸张的应许充满她们的头脑，时而以批判的姿态出现，对她们加以斥责。但是，只有少数弗吕家人受骗。亚细亚信徒曾多次多方聚集，在深入调查她们最近的言语之后，宣布她们的言说渎神，并且把她们当作异端弃绝。假先知的灵既没有受到尊重，也没有得到进入教会的许可。他们被这无知自大的灵蒙蔽，诋毁地上的整个普世教会。最后，这些人[孟他努派]受到绝罚，被赶出教会。③

在这开头的陈述之后，他继续在整篇文章中反驳他们的错误。在

---

① 参见《约翰一书》4：6，"我们是属神的；认识神的就听从我们；不属神的，就不听从我们。从此我们可以认出真理的灵和谬妄的灵来。"——中译注
② 参见《马太福音》7：15，"你们要防备假先知，他们到你们这里来，外面披着羊皮，里面却是残暴的狼。"——中译注
③ 此处原英译文删节过多，根据 Williamson 英译本和 Cruse 英译本补译。——中译注

第二卷中,谈到了他们的结局:

> 他们把我们称为"先知杀手",就因为我们没有接受他们胡言乱语的先知(按照他们的说法,这些人是主应许差派来的)。既然如此,就请他们在上帝面前回答我们。那些言必称孟他努及那两位妇人的人,有谁受到犹太人的迫害,有谁被恶人杀害?没有一位。有谁为了上帝的名字被捕,并被钉十字架?确实没有一位。那两位妇人,有谁曾在犹太会堂被鞭打或被投石?①没有,从来没有。据说,孟他努和马克西米拉的死法与此并不一样,两人的心智被[邪]灵摧毁,在不同时候分别自缢,正如那卖主的犹大一般。②类似地,据传,提奥多图斯(Theodotus)——他们让人惊奇的同伙及其"先知"所谓的第一位执行官——曾被升到天上,却在恍惚中把自己交托给那欺骗的灵,结果陡然坠地,悲惨死去。无论如何,就所发生的而言,他们至少是这样宣称的。既然我们没有亲眼见过孟他努、提奥多图斯和那妇人,那么,他们有可能是这样死的,也有可能不是这样死的。

他接着说,当时的神圣主教们曾竭力与在马克西米拉里面的灵争辩,却遭到一些显然与那[邪]灵同盟之人的阻止:

> 根据阿斯特里乌斯·奥尔巴努斯(Asterius Orbanus)的记

---

① 参见《马太福音》23:31, 34, 37;《约翰三书》7。——中译注
② 同上,27:5。——中译注

载,不应让藉着马克西米拉说话的那灵说:"我如同一匹狼,被从羊群中赶走。我不是狼,而是言、灵和大能",①而应该让那灵所具有的大能接受那在场杰出人士和主教们——来自库曼内村的佐提库斯(Zoticus)和来自雅帕麦的朱利安(Julian from Apamea)——的检验。当那灵说话的时候,他们试图与之对话并进行测试,却被特米索(Themiso)及其同党禁止出声。因此,他们未能对那欺骗众人的灵加以驳斥。

在驳斥完马克西米拉的假预言之后,他暗示出他写作的时间,并且提及马克西米拉对未来战争和革命的假预测:②

> 这也是一个谎言,这难道不是一目了然的吗?那妇人已经死了三十多年,世上并没有爆发局部或全面的战争,反而因着上帝的怜悯,持续和平,甚至对基督徒也是如此。③

上述内容来自第二卷。从第三卷中,我也将简短引述,他如何回应那些吹嘘他们曾有许多殉道者的人[孟他努派]:

> 他们所有的论辩都被驳斥殆尽,无以回应,只好拿殉道者作后盾,说他们有过许多殉道者,以此足以证明他们所谓的说预言的灵是真实的。这实在是太偏离真相了!有些异端确实有数不胜

---

① 参见《哥林多前书》2:4。——中译注
② 参见《路加福音》21:9。——中译注
③ 在科莫都斯统治期间(180—192),或在塞普蒂默斯·塞维鲁斯统治的头几年(差不多到197年),没有发生过大的战争。

数的殉道者，但我们并不会因此接受他们，或者承认他们拥有真理。（得名于异端马西昂的）马西昂派声称，他们有无数的人曾为基督殉道，但他们却并没有真的认信基督……因此，那些被呼召为真信仰殉道的教会成员，每当遇到弗吕家异端的任何一位所谓殉道者时，就会与他分别开来，不与他发生任何干系，直到自身圆满为止，因为他们不愿意承认那在孟他努和那些妇人里的灵。这是真的，而且明确无疑地就发生在我们时代梅安德河畔的雅帕麦，比如与该犹（Gaius）和欧美尼亚的亚历山大（Alexander of Eumenia）一起殉道的那些人。

米尔提亚德斯对孟他努主义者

17. 在同一部作品中，他也引述过米尔提亚德斯（Miltiades）的话。米尔提亚德斯曾写过一篇反对此异端的文章。在引用此异端的一些话之后，他继续写道："在他们攻击我们弟兄米尔提亚德斯① 作品的一篇文章中，这些话正是我所发现的攻击要点的概括。米尔提亚德斯在其作品中指出，先知不应当在迷狂的状态中说预言。"接着，他列举出新约中的先知名单，其中包括两位分别名叫阿米阿（Ammia）和夸德拉图斯（Quadratus）的人：

> 但是，假先知在迷狂的状态中说预言，毫无羞耻和敬畏。他始于故意的无知自大，却终于无意的疯狂。他们不能指明，有哪一位在旧约和新约中的先知［也］是这样被圣灵感动的——不管

---

① 优西比乌的文本不是"米尔提亚德斯"，而是"阿尔茨比亚德斯"（Alcibiades）。绝大多数学者认为，优西比乌说的其实是"米尔提亚德斯"。这两个名字同时也是两位著名希腊将军的名字，［优西比乌］很容易出现笔误。

是亚迦布①,还是犹大(Judas)、西拉(Silas)、②腓利的女儿们、③非拉铁非的阿米阿、夸德拉图斯,以及其他任何不属于他们的……倘若那些孟他努派的妇人在说预言的恩赐上继承了夸德拉图斯和阿米阿,那么请他们告诉我们,他们之中有谁继承了孟他努和那些妇人的跟随者;根据使徒[保罗]的说法,说预言的恩赐应该在整个教会中延续,直到主最终降临。但是,此时马克西米拉已经死了十四年,他们却不能指明有哪一位有说预言的恩赐。

他所提到的米尔提亚德斯,还为我们留下了不少反映其为圣言大发热心的历史纪录。米尔提亚德斯著有多部作品,要么反驳外邦人,要么反驳犹太人,而且还有一篇写给世俗统治者为其哲学辩护的《申辩书》(*Defense*)。

阿波罗尼乌对孟他努主义者

18. 当弗吕家异端还在弗吕家当地方兴未艾时,一位名叫阿波罗尼乌的作家著书反驳,证明他们的"先知预言"是假的,并且揭露这异端领袖们的生活方式。听听他关于孟他努的说法:

> 他本人的行为和教导都显明了他作为新教师的特征。他是一位这样的教师:主张取消婚姻;制订如何禁食的规定;把弗吕家的小镇佩普扎(Pepuza)和提米昂(Tymion)改名为耶路撒冷,

---

① 参见《使徒行传》11:28;21:10。——中译注
② 参见《使徒行传》15:32。——中译注
③ 参见《使徒行传》21:9。——中译注

好让各地的人到这里聚集；①指定代理人以"奉献"的名义搜罗金钱和礼物；发钱给那些传扬其信息的人，好让这信息能够藉着贪食好饮流传。

上述即是他关于孟他努的说法。稍后，他提到孟他努的女先知们：

> 由此，我们证明，这第一批女先知自从被那[邪]灵充满后，就离开她们的丈夫。他们把百基拉称作处女，这是怎样的谎言呀！

他接着写道：

> 所有经文难道不是禁止先知收受礼物和金钱吗？②因此，我看到一位女先知收受金银和贵重的衣服，又怎能不指责她呢？

他更进一步谈到其中的一位认信者：

> 贪婪的特米索没有持守住认信的严格标准，他花费大量财物贿赂，免去牢狱之罚。他本应谦卑，却以殉道者自居，甚至模仿那使徒，斗胆写了一封"大公书信"给那些比他信仰更好的人，

---

① 根据 Williamson 英译注，在孟他努看来，基督的再来迫在眉睫，得救的人应当在耶路撒冷聚集。——中译注
② 根据 Williamson 英译注，圣经未曾明文禁止收受礼物和金钱。作者在这里可能指的是《十二使徒遗训》(*The Teaching of the Twelve Apostles*)。——中译注

用空洞的言语为真理争战，结果却亵渎了主、众使徒和神圣的教会。

此外，关于另一位被他们尊崇为殉道者的人，他写道：

> 举个例子，让女先知告诉我们关于亚历山大（Alexander）的一些事情吧，这位亚历山大自称为殉道者，受到多人尊崇，而且还和女先知一起进餐。我们不必提及他的强盗行为和其他已受惩罚的犯罪行为，因为这些都在档案部门有案可稽。谁宽恕谁的罪行呢？是先知宽恕这位殉道者的强盗行为，还是这位殉道者原谅先知的贪婪？主曾说过，"不要带金银，也不要带外套"①，但是，这些人却反其道而行，获取这些被禁止的事物。他们所谓的先知和殉道者迅速攫取这些，不仅从富人那里，而且还从穷人、孤儿甚至寡妇那里。倘若他们对此还有勇气，那就让他们暂停一会儿来讨论一下这个问题，这样一来，倘若真是有罪，他们就可以至少免于将来的过犯。既然"看果子，就可以知道树"（马太福音12：33），这些先知的果子就必须加以检验。

关于这位亚历山大，提审他的人是驻以弗所的［亚细亚］总督埃米里乌斯·弗朗提努斯（Aemilius Frontinus）。他被审，不是因为基督的名，而是因为他厚颜无耻的强盗行为和数项判罪记录。亚历山大呼求主的名，以此蒙蔽这位信实的人，因而获得释放。但是，因为亚历山大曾是一名强盗，他所在教区不愿接纳他。凡想要了解他经历的

---

① 压缩自《马太福音》10：9—10。

人，可以咨询亚细亚的公共档案馆。然而，那位曾与他一起生活多年的先知，却对他一无所知，藉着暴露他的问题，我也揭露了这位"先知"的特征。至于其他的许多人，我也都可以同样这么做：倘若他们敢的话，那就让他们接受同样的考验吧！

在该卷其他部分，关于他们那些自吹自擂的"先知"，他说道：

> 倘若他们否认其先知收受礼物，那么他们就该承认，一旦这些先知被证明收受过礼物，就不是先知。先知的果子必须加以检验。请告诉我：先知染发吗？先知在眼皮上化妆吗？先知喜爱饰物吗？先知赌博或掷骰子吗？先知放贷吗？请他们说清楚，这些事是正确的还是错误的。然后，我将证明，这些事情在他们所谓先知的圈子中不仅发生过，而且正在发生。

在同一卷中，阿波罗尼乌告诉我们，他动手写作此文的时候，距孟他努开始说假预言的时候已有四十年。他还提到，当马克西米拉在佩普扎假装说预言的时候，佐提库斯试图阻止在她里面的那〔邪〕灵，却遭到她支持者的阻拦。他也提到，在当时的殉道者中，有位名叫特拉塞斯（Thraseas）①的人。此外，他根据传统说法提到，救主曾命令众使徒，十二年之内不得离开耶路撒冷。他还引用过约翰《启示录》，并且告诉我们，约翰本人曾在以弗所藉着神圣大能使一位死人复活。在其他段落，他也充分有力地证明了这种异端的错误。上述即是阿波罗尼乌驳孟他努主义者的内容。

---

① 欧美尼亚的主教，将会在第五卷的第二十四节提及。

塞拉皮昂对孟他努主义者

19. 据说，塞拉皮昂（Serapion）在马克西敏之后担任安提阿主教。阿波利拿里反驳这异端的多部作品，塞拉皮昂也曾有所提及。在写给卡里库斯（Caricus）和本丢（Pontius）的私人信函中，塞拉皮昂提到过阿波利拿里，而且给出自己对同一个异端的反驳，接着补充如下：

这样一来，你就可以知道，这个错误组织的所谓新预言遭到世界各地弟兄的厌恶。我随信寄上蒙福且受纪念的亚细亚希拉波利斯主教克劳狄·阿波利拿里（Claudius Apolinarius）的作品。

在塞拉皮昂的上述书信中，还留有一些主教的签名。其中有一位这样写道："我，奥勒留·居里扭（Aurelius Quirinius），一位殉道者，为你的福祉献上祷告。"还有一位，写有如下的话：

我，埃里乌·普布里乌·朱利乌（Aelius Publius Julius），（色雷斯境内殖民地）德贝图姆的主教（Bishop of Debeltum）。因上帝高居在天，蒙福的安恰鲁斯的索塔斯（Sotas）试图赶出百基拉身上的魔鬼，却被那些伪君子阻止。

其他一些主教也持有与此相同的意见，他们的签名和意见都在这份文献中得以保存。

小亚细亚,"弗吕家的异端"孟他努派在 2 世纪下半叶发源于此。孟他努派的中心发源地位于弗吕家,即现今土耳其中西部。它向西扩展至迦太基,并且在那里赢得关键人物德尔图良的皈依。在阿波利拿里(Apolinarius,活动于 177 年左右)的领导下,小亚细亚众主教把孟他努(Montanus)的追随者逐出教会;不过,孟他努运动一直延续到 6 世纪,直到被查士丁尼(Justinian)禁止为止。在查士丁尼禁教期间,弗吕家的孟他努主义者把自己关在教堂里,自焚而死。

爱任纽和罗马的教会分裂分子

20. 为了反驳那些在罗马歪曲教会健全教导的人,爱任纽写有多封书信。其中一封写给布拉斯图斯,名为《论分裂》(*On Schism*),还有一封写给弗洛里努斯,名为《论独一的主权或上帝并非恶的创造者》(*On the Sole Sovereignty or God is not the Author of Evil*),弗洛里努斯似乎持有并且捍卫恶源自上帝的看法。当弗洛里努斯纠缠于瓦伦廷的错误观点时，爱任纽编著《论数字8》（*Ogdoad*）①，并在这部作品中表明，他本人承继的乃是使徒的统绪。在这部作品的结尾，我发现他写有一段极为优美的评论，忍不住摘录如下：

> 凭着主耶稣基督，凭着他将要审判活人死人的荣耀降临，我恳请诸君，若想誊写这本小书，请务必比照抄本，细心改正，并且也誊写下这严肃的恳请。

这些言语提醒我们，古时真正的圣徒有多么细心精确。在上述写给弗洛里努斯的信中，爱任纽再次提到自己与波利卡普的关系：

> 弗洛里努斯，这些观点并未反映出健全的判断——至少如此。这些观点并没有与教会的教导保持一致，而且把持有这些观点的人都卷入到了极其不敬的景况之中。甚至教会外的那些异端也不敢宣称自己持有这样的观点。那些亲身领受过使徒教导的前代长老，也没有传给你这样的观点。当我还是孩童时，我看见你在下亚细亚（Lower Asia）与波利卡普在一起，你当时在帝国朝廷中享有高位，试图讨得他的喜悦。对于那时的事情，我记得比近来的事情还更为清楚。孩童时代的所学与心智一起成长，并且成为心智的一部分。因此，我甚至能够清楚地描绘：波利卡普坐下

---

① "On the Number Eight"，因为诺斯替主义者把上帝描述成八重的。——英译注
根据 Williamson 英译本和中译者本人对诺斯替主义的理解，此英译注不准确，这里指的是，某些瓦伦廷派人士相信，在丰沛圆满的上帝界 [Preloma，希腊原文有"丰沛、圆满"之意]，存在八个伊涌 [aeons，或译"分神体"]。参见 Hans Jonas，《诺斯替宗教》（*The Gnostic Religion*：*The Message of the Alien God and the Beginnings of Christianity*，second revised edition，Boston：Beacon Press，1963）179—182 页。此书有张新樟中译本（《诺斯替宗教：异乡神的信息与基督教的开端》，上海三联，2006 年）。——中译注

来与人谈话的地方，他的来去，他的性格，他的样子，他与众人的交谈，他如何提及自己与约翰和其他见过主的人之间的交流。他回想他们的话语、他们对主及其奇迹和教导的言说。这些事情，波利卡普直接听自那些亲眼看过生命之道①的人，而且与圣经完全相符。当时，藉着上帝的怜悯，我热切地聆听这些，并且不是记在纸上，而是刻在心里。因着上帝的恩典，我不断地反复思考这些。上帝可以为我作证，倘若那使徒般的蒙福长老听到任何一种这样的观点，他肯定会掩住耳朵，大声喊道："良善的上帝啊，你要我忍受这些到什么时候？"这是他的典型做法。他肯定会［迅速］逃离听到这些言论的坐立之处。在写给邻近教会以坚固她们的书信中，在写给一些弟兄以建议和劝诫他们的书信中，这都是显而易见的。

阿波罗尼乌的殉道

21. 在科莫都斯执政的同一时期内，我们的状况有所改善，因着上帝的恩典，和平临到普世各教会。在拯救之道的引领下，各族各民都开始虔敬地崇拜宇宙的上帝，其中包括不少以财富或家世著称的罗马人，他们领着全家和亲戚敬拜上帝。然而，憎恨良善、天性嫉妒的魔鬼无法忍受这些，他再度赤膊上阵，设计种种伎俩，图谋摧毁我们。他在罗马唆使一名奴才控告阿波罗尼乌，并且强行把阿波罗尼乌带到法庭——他在当时的信徒中以学识和哲学而为人称道。但是，这恶人

---

① 参见《约翰一书》1：1，"论到从起初原有的生命之道，就是我们所听见，所看见，亲眼看过，亲手摸过的。"——中译注

起诉的时机不对，按照当时的帝国法令，提出这类指控的人不得存活。于是，经法官佩伦尼乌（Perennius）宣判，这恶人的双腿马上即被打断。至于阿波罗尼乌，法官要求他在元老院答辩。在所有元老院成员面前，这位上帝至爱的殉道者为信仰做出极有感染力的辩护，却被处以斩首之刑，从而得以圆满此生。这大概是元老院的命令，因为当时一项古法依然盛行：倘若被带到法庭的人拒绝改变自己的观点，唯一的裁决就是斩首。阿波罗尼乌在佩伦尼乌审讯之时的确切话语及其在元老院的答辩词，都可在我所编撰的关于早期殉道者的记录中找到。

主教的承继

22. 科莫都斯当政第十年，①在埃洛特鲁斯担任罗马主教十三年后，其职位由维克多接任。同一年，朱利安卸任已担任十年的主教一职，德美特里乌（Demetrius）被任命为亚历山大主教。与此同时，上面曾提到著名的塞拉皮昂，时为使徒以来的第八位安提阿主教。提阿非罗统管巴勒斯坦的凯撒利亚，而前面提到的纳尔希苏斯仍在执掌耶路撒冷教区。其他的同时代人，还有哥林多主教巴克叙鲁斯（Bacchyllus）和以弗所主教波利克拉特斯。除了这些之外，当时尚有许多其他的杰出人物，我在此列举的只是那些将其正统信仰藉着书写流传至我们的人物。

复活节节期之争

23. 当时爆发了一次具有重大意义的争论。一方面，亚细亚所有的

---

① 189年。——英译批注

教会都认为，根据古代传统，应当守主的逾越节，节期是阴历十四日。①犹太人当天要照着诫命献祭羔羊。②节日当天，不管可能是星期几，必须结束禁食。但是，另一方面，普世的其他教会却有着不一样的庆祝习惯。根据使徒传统，他们持有如下现今依然流行的观点：禁食应当仅仅在主复活的那一天［即星期日］结束。③ 为此，主教们聚在一起，多次召开会议，大家一致同意，制定法令，藉着书信向各地教会传布这项法令，即我们庆祝主从死人中复活的奥秘，只应在星期日，而不应在其他日子，而且我们只应在这一天结束逾越节的禁食。现存一封由巴勒斯坦会议与会者写就的书信，这次会议的主持人是凯撒利亚主教提阿非罗和耶路撒冷主教纳尔希苏斯。还有一封书信来自讨论相同主题的类似会议，此次会议在罗马举行，由维克多主教主持。其他的书信，一封来自本都的主教会议，会议的主持人是资格较老的帕尔玛斯；一封来自爱任纽主持教务的高卢；一封来自奥斯罗内（Osrhoene）及所属城市；一封来自哥林多主教巴克叙鲁斯；还有多封书信也表达了同样的一致观点，并且做出了同样的表决。④

---

① 犹太历法的［正月］尼散月 14 日，满月之日，大概在阳历的三四月间。——中译注
② 参见《创世记》12：1—11 等。——中译注
③ 于是，争论由此产生，亚细亚教会严格遵守《出埃及记》12：6 的规定，坚持要在犹太新年阴历尼散月 14 日［守逾越节］，而其他教会则更愿意固定在星期日［守逾越节］。
④ 根据 http://ekklesiahistory.fttt.org.tw/big5/book05/chapter23.htm 的译注，此问题的症结在于：基督徒当在何日守复活节圣餐？亚细亚教会以犹太人的逾越节为基点，强调基督的死，其他教会以相传基督复活之日为基点，强调基督的复活。这一问题早已存于东西方教会之间。西方教会的观点后来逐渐被广泛接受。325 年尼西亚会议正式宣告，大公教会统一实行在复活日守逾越节/复活节的做法，定罪并且废止亚细亚教会迁就犹太教的习惯。少数不配合的人士，被称为"Quartodecimanians"，意即"守第十四日者"。但是，关于基督复活的具体日期，学术界并没有准确并一致的看法。可参见《加拉太书》4：10—11，保罗对谨守旧约律法的加拉太的犹太基督徒说："你们谨守日子、月份、节期、年份，我为你们害怕，唯恐我在你们身上是枉费了工夫。"另参见《歌罗西书》2：16—17，"所以不拘在饮食上、或节期、月朔、或安息日，都不可让人论断你们，这些原是后事的影儿，那形体却是基督。"——中译注

24. 然而，亚细亚的主教们却坚持自古以来流传下来的习惯，他们的领袖是波利克拉底（Polycrates）。他曾写信给维克多和罗马教会解释其所领受的传统，内容如下：

因此，我们谨守这日子，没有增添，也没有删改。当主重临的那末日，他将荣耀地从天临到，召回他所有的圣徒，那些在亚细亚睡去的杰出人士也将重新起来。比如，十二使徒之一的腓利及其两位成年的处女女儿，他们三人睡在希拉波利斯，他的第三位女儿活在圣灵里，安息在以弗所。还有约翰，他曾靠在耶稣的胸前，后来成为一位佩戴主教冠冕的祭司、殉道士、教师，他也睡在以弗所。还有睡在士每拿的波利卡普，他也是一位主教和殉道士。还有来自欧美尼亚的特拉塞斯，这名主教和殉道士也睡在士每拿。

此外，我还需要提到如下人物吗？主教和殉道士撒加里斯，他睡在老底嘉，蒙福的帕皮里乌（Papirius），阉人墨利托①，他全然地活在圣灵里，躺在撒狄；他们都在等待着自己从死里起来时从天而来的呼召。所有这些人都与福音书保持一致，②不偏不倚地守第十四日，把这一天当作逾越节的开始。而我，波利克拉底，你们所有人当中最微小的，也遵循着家族的传统。我曾跟随一些亲人，他们当中有七人曾是主教，我则是第八位。当那民除酵的时候，③

---

① 或作"守独身的墨利托"（Melito the celibate）。——中译注
② 据《约翰福音》12：1、6，耶稣被钉十字架当发生在逾越节那一天（Passover Day），按照犹太历法，这一天即为尼散月 14 日。——中译注
③ 那民指犹太人。所谓除酵节，指的是逾越节晚餐后的那个星期（参见《以西结书》45：21，"正月十四日，你们要守逾越节，守节七日，要吃无酵饼。"），在这星期内，家里不可用酵（参见《出埃及记》12：15—20，13：3—7）。这是逾越节的一种说法。另外一种用法，即指尼散月 14 日黄昏时开始吃的特别晚餐。（《利未记》23：4—5）在新约时代，上述两种用法交替使用，指称的都是这为期一周的节期。——中译注

我们的家族一直谨守这日子。因此，我的弟兄们哪，我既在主里活过六十五年，①又与来自世界各方的弟兄姊妹交换过意见，而且还从头到尾地研读过圣经，并不惧怕任何威胁。有人已比我更好地表达过，"顺从神，不顺从人，是应当的"。（使徒行传5：29）

在他写信时，身边还有一些与他持有相同看法的主教。关于这些主教，他写道：

> 我能举出许多主教的名字，这些主教就在我的身边，他们乃是应你的要求由我召集而来。倘若我写下他们的名字，名单将会很长。他们虽然看到我如此卑微，却依然认可这封书信，因为他们知道，我并非徒有满头白发，而是一直活在基督耶稣里。

对此，主持罗马教务的维克多，却认为他们异于正统，试图即刻就把亚细亚教会及其邻近教会的弟兄姊妹一起开除出共同体，他藉着书信将这样的观点公之于众，并且宣布对那里所有的弟兄姊妹施以整体性逐出教会的绝罚。但是，并非所有的主教都喜悦这样的举措，他们反而劝告维克多，应该追求和平、合一以及对邻人的爱。他们严厉批评维克多的言语，至今依然留存。在高卢主持教务的爱任纽就是其中的一位，他以高卢基督徒的名义致信维克多。他一方面坚持，只应在主日庆祝主复活的奥秘，另一方面却力劝维克多，不要因为一些教会对古代传统的遵循，就整体性地对他们施以绝罚。接着，他继续写道：

---

① 当从受洗日开始算起。——中译注

因为这场争论关涉的，不仅仅是日期，而且也是如何持守禁食。有的认为，应该禁食一天，有的认为，应该禁食两天，有的认为，应该禁食更多天，还有的把"一天"算作连续不断的四十个小时。① 如此不同的禁食方式，并非源自我们的时代，早在我们前人的时代，它们就已出现。他们显然没有理会严格精确的时间计算，而是单纯持守他们为将来而制定的习惯。尽管如此，他们都彼此和平共处。我们也应当如此，禁食上的差异恰恰坚固了我们在信仰上的一致。

此外，他还附加了一段历史性的叙述。我在此适当引述如下：

在这些人当中，也有一些在索特尔之前的长老，他们曾带领你现在所执掌的教会，我说的是：雅尼塞图斯、庇护、特勒斯福鲁斯和叙斯图斯。他们本人并没有守那日子②，而且也没有要在他们领导下的人这样做。然而，尽管在罗马守那日子比不守那日子更具挑衅性，他们依然与那些来自守那日子之教区的人和平共处。没有人因为守那日子遭到弃绝，在你之前的长老，他们虽然并不守那日子，却依然发圣体给那些来自守那日子之教区的人。在雅尼塞图斯的时候，蒙福的波利卡普曾造访罗马，他们两人尽管在其他事项上也略有分歧，但很快便达成和解，并不希望在这一问题上相互争论。雅尼塞图斯未能说服波利卡普，放弃对那日

---

① 根据传统算法，耶稣死于受难日［星期五］的下午三点，复活于星期日的上午七点，其中间隔四十个小时。这种算法是否导致了复活节前四十天禁食的大斋期，或者更有可能的是，这种算法的目的是否在于与耶稣的旷野禁食四十天保持一致，至今依然存在争议。
② 原文并无"那日子"字样，仅为"it"，根据上下文，当指守那日子，即守第十四日。下同。——中译注

子的持守，因为波利卡普一直如此持守，他追随的乃是主之门徒约翰以及其他所熟悉的使徒。波利卡普也未能说服雅尼塞图斯，持守那日子。雅尼塞图斯表示，他必须维持先前历任长老的习惯。尽管立场各异，他们依然彼此亲密交流，雅尼塞图斯还让波利卡普在教会中为圣体祝圣，这显然是出于对波利卡普的尊重。他们和平地彼此告别，整个教会的和平也得以维系：守那日子的继续持守，不守那日子的继续不持守。

为了教会的和平，爱任纽居中斡旋，不失为一位缔造和平的人，他这样的品性确实名符其实。① 为了讨论这问题，他不仅致信维克多，而且也修书其他多位教会领袖。

25. 上面提到的巴勒斯坦地区的两位主教：纳尔希苏斯和提阿非罗，连同推罗主教卡修斯（Bishop Cassius of Tyre）、多利买的克拉鲁斯（Clarus of Ptolemais），以及那些与他们一起聚集的人，就他们领受自使徒统绪的逾越节传统，写就一封长信，并且以如下文字作结：

> 我们试图把这封信的复本送到各个教区，为的是不推卸我们对那些轻易欺骗自己灵魂之人的责任。我们向你们指出，亚历山大人也与我们一样在同一天庆祝逾越节。我们彼此交换过多封书信，以确保我们对那圣日的同时持守。

---

① Ireaneus 的希腊文原意即"和平的"。

爱任纽及其同时代人的作品

26. 除了前面提到的书信和作品之外,爱任纽还著有一篇文笔精练却极富说服力的论文,名为《论知识》(*Concerning Knowledge*),为的是反驳希腊人。还有一篇论文名为《使徒宣讲的阐明》(*Demonstration of Apostolic Preaching*),题献给一位名为马西安(Marcian)的基督徒。另有一部内含多篇演讲词的小书,他在其中多次征引《希伯来书》和所谓的《所罗门智慧书》。上述即是我所知的爱任纽的作品。

科莫都斯在位三十年后离开人世。①佩尔提纳科斯(Pertinax)接续帝位,不到六个月,即由[塞普蒂默斯·]塞维鲁斯接替。

27. 当时教士的许多作品到现在都广泛留存,我自己就读过其中的一些作品,比如,赫拉克里图斯(Heraclitus)的《论使徒保罗》(*On the Apostle*);马克西姆(Maximus)的《恶的起源》(*The Origin of Evil*)和《物质的被造》(*The Creation of Matter*),这两个问题都是异端者经常讨论的;坎迪都斯(Candidus)的《创世六日》(*Hexameron*);阿皮翁(Apion)对上述同一主题的讨论;塞克图斯(Sextus)的《复活》(*The Resurrection*);亚拉比亚努斯(Arabianus)的一篇论文以及其他许多作家的作品,这些作家的年代和历史均不得而知。最后,还有许多其他的作家,他们的作品流传到我手中,我既说不出他们的名字,又对他们的生平一无所知。尽管如此,他们都是一些正统的作家,他们对圣经的解释显而易见地说明了这一点。

---

① 192/193 年。——英译批注

异端阿尔特蒙和提奥多图斯

28. 其中的一位作家著有一部反对阿尔特蒙（Artemon）异端的论文，①这篇论文与我们正在关注的这段历史时期有所关联，而且，在我本人所处的时代，撒摩撒他的保罗（Paul of Samosata）正试图复兴这种异端。被这位作家所反对的异端声称，救主只是人而已。作家认为，这种异端不过是新近的发明而已；那些引进的人为了使得这异端更能为人尊敬，就宣称它源自古代。这篇论文还列举出许多其他不同的论据反驳异端的渎神错误，然后继续写道：

他们宣称，他们所做的，正是他们所有的前人和使徒们亲自教导的，而且，这真教导一直持续到维克多的时候——他是彼得之后的第十三任罗马主教——可是从其继任者泽菲里努斯开始，真理就一直遭到歪曲。假若圣经不反对他们的话，他们的宣称就可能是值得信赖的。而且，许多维克多之前的基督徒作家也都捍卫真理，反对当时的不同异教和异端。我说的乃是查士丁、米尔提亚德斯、塔提安、克莱门和其他各位作家的作品，在所有这些作品中，基督都被当作上帝。有谁不知道，爱任纽、墨利托等人的作品都宣称，基督既是上帝又是人？有谁不知道，从起初以来，信实的弟兄姊妹所撰写的诗篇和赞美诗，无不称颂基督是上帝的道，并且称他为上帝？既然教会这样的理解都已被宣讲多年，维克多及其前任们又怎么会如这些异端所声称的，宣讲基督

---

① 据 Williamson 英译注，这部作品可能名为《小迷宫》（*The Little Labyrinth*）。其作者难以确定，莱特福特（Lightfoot）认为可能是希坡律陀（Hippolytus）。——中译注

仅仅是人的异端教导呢？他们非常清楚地知道，维克多绝罚过鞋匠提奥多图斯（Theodotus），他首次声称，基督仅仅是人而已，从而成为这种否认上帝之背道行为的始祖。既然如此，他们又这样地诋毁维克多，难道不感到羞愧吗？假若维克多附和他们渎神教导所宣扬的，又怎么会把发明这种异端的提奥多图斯逐出教会呢？

上述即是发生在维克多时期的事情。在担任主教十年后，维克多的职务由泽菲里努斯接任，此时大概是塞维鲁斯当政的第九年。① 关于泽菲里努斯时期，上述反异端一书的作者提到了另外一件事情：

> 在我的同时代，发生过这样的一件事情，我认为，若这事情发生在所多玛，② 也会对那里的人产生警告作用。有一位名叫纳塔里乌斯（Natalius）的认信者，被阿斯克勒皮奥多图斯（Asclepiodotus）和一名也叫提奥多图斯（Theodotus）的银行家蛊惑，偏离正道。这两人都是鞋匠提奥多图斯的门徒。提奥多图斯是第一位被维克多绝罚的人，因为他的思考方式，或者更确切地说，因为他不思考的方式。这两人劝服纳塔里乌斯担任这异端教派的主教，并且每月受俸十五两银子。加入他们之后，纳塔里乌斯常在异象中受到主的警告。我们慈悲的上帝和主耶稣基督并不想让这位曾见证过他受苦的人在教会之外灭亡。可是，纳塔里乌斯对这些异象几乎不予理睬，因为他已受惑于自己在其中的名声地位以及让如此多人败坏的贪婪。结果，他彻夜遭受圣天使们的鞭笞，

---

① 201年。——中译注
② 参见《马太福音》11：23，"迦百农啊，你已经升到天上，将来必坠落阴间；因为在你那里所行的异能，若行在所多玛，他还可以存到今日。"——中译注

受到极大的苦痛折磨。第二天一大早，他披麻蒙灰，①噙着泪水，急匆匆地跑到泽菲里努斯那里，跪倒在他面前，并且在教士与平信徒的脚下滚来滚去。他露出鞭痕，祈求怜悯。直到最后，他勉强获得重新领受圣餐（communion）的许可②。

此外，关于同样的这些人，我还想引用同一位作者的另一些描述：

> 他们并不害怕篡改神圣的圣经，他们毫不理会古代信仰的规矩，他们并不认识基督，他们不关心圣经的教导，却去追求一套支持其无神论的推理形式。倘若有人凭着圣经的某段引文向他们提出质疑，他们就会查验这段经文，看这段经文是否能转化成某种连接的或析取的三段论。他们放弃上帝的神圣圣经，转而研习"几何学"[测量土地]，因为他们来自尘土，③谈论的也是尘土，并不认识从天上来的那一位（the One）④。在他们当中，有的研习欧几里德的几何学，尊崇亚里士多德和提奥弗拉斯图斯⑤，有的近乎崇拜盖伦⑥。为了渲染其异端邪说，他们利用种种非信徒的手段，篡改圣经的单纯信仰，并且声称自己改正了圣经经文。

---

① 参见《但以理书》9：3，"我便禁食，披麻蒙灰，定意向主神祈祷恳求。"另参见《马太福音》11：21，《路加福音》10：13。——中译注
② 此处多义，也可译作"重新被接纳入教会[团体]之中"。不过，能不能领受圣餐，正是被教会接纳成为教会正式成员的基本标志。——中译注
③ 参见《创世记》3：19，"……你本是尘土，仍要归于尘土。"——中译注
④ 指耶稣，参见《约翰福音》3：31，"从天上来的，是在万有之上，是属乎地，他所说的也是属乎地。从天上来的，是在万有之上。"——中译注
⑤ Theophrastus（公元前371?—前287?)，他承继亚里士多德之职，担任逍遥学派（the Peripatetics）领袖，并对亚里士多德在植物学和自然史方面的著作多有校订。——中译注
⑥ Galen（130—约200），古希腊名医和医学作家，其理论据说一直到文艺复兴时期奠定了整个欧洲医学的基础。——中译注

我说这些，并不是无缘无故地诋毁他们。任何人若是愿意比较他们的抄本，就会发现我所言非虚。他们的不同抄本之间其实极不和谐，阿斯克勒皮阿德斯（Asclepiades）的抄本和提奥多图斯的抄本就很不一样。之所以可以接触到这么多手稿，乃是因为其门徒热衷于誊写这些所谓"被改正了的"——然而实际上却是被篡改了的——文本。上述抄本和荷尔摩非鲁斯（Hermophilus）的抄本也有很大不同。阿波罗尼亚德斯（Apolloniades）的不同抄本之间更是彼此不一：由于二手的篡改，早期抄本迥然不同于晚期抄本。那些抄写员要么并非信徒，不相信圣经出自圣灵的默示，要么邪灵附体，自以为比圣灵更为智慧，几乎不知道这样罪恶的轻率狂妄。他们不可能否认自己的罪行，因为这些抄本就出自他们自己的手笔，在此情况下，他们从教师们那里领受的并非圣经，因为他们不能从抄写所依据的文本中产生出原本。有人甚至认为，没有必要校勘圣经文本，只要简单否弃律法书和先知书即可。藉着一种邪恶无神的教导，他们跳进了毁灭深渊的最低层。

关于这些，至此已讲得足够充分。

评注　基督徒的苦难与申辩

关于发生在现今法国境内里昂的那次可怖迫害，由于优西比乌的描述充满细节，不难理解，使《教会史》这本书比起任何其同一内容的书来更多地受到西方教会的关注。一般以为，罗马是早期基督徒殉道最多的地方，但实情远非如此。在罗马帝国，比起北非诸省（特别是埃及）、巴勒斯坦、叙利亚以及小亚细亚的基督徒来说，受到迫害的意大利及罗马基督徒少多了。就拿在高卢里昂竞技场出现的恐怖场面来说，只有在亚历山大体育场发生的惨烈景象才能与之等量齐观。今天的人们甚至很难想象，在这样灭绝人性的杀人德比战中，究竟有着怎样的野兽一般的非人道做法——何况，被杀的人当中显然包括一些英勇的妇女和儿童。但是，任何一个以观看角斗表演、导致真正流血的模拟海战、囚犯赤手空拳与野兽搏斗为乐的社会，都会把像基督徒这样（对其来说）的陌生教派当作供公民取乐的对象。

人们通常还以为，在面对死亡时，绝大多数的早期基督教殉道者没有放弃信仰，而且表现得英勇无畏。由于人性的软弱，这实际上几乎不太可能，何况优西比乌相当诚实，向我们展示了事情的另外一面。他曾提到，一些人被折磨与死亡吓倒，由此放弃自己的信仰。优西比乌一般偏好记录"光辉的故事"，描述严阵以待的教会如何最终获得胜利。因此，他上述所记载的事实不仅真实可靠，而且值得称赞。然而，在恐怖的鬼门关面前，确实有不少人英勇无畏，直至死亡都在坚持自己的信仰，这些人的数量，不管是在当时还是在今天都同样地不可不谓大得令人惊异。因此，或许可以原谅优西比乌关于殉道的如下一些令人腻烦的重复说法："他圆满此生"、"他赢得胜利"，以及"他获得胜利者的冠冕"。

在没有遭遇普遍迫害的那几十年里，来自内部的挑战影响着教会的扩展与兴旺。在接下来的第六卷，优西比乌将提到，罗马曾有一批严苛的分裂主义者，他们试图把那些在监禁中背离信仰的人逐出教会。第五卷谈到孟他努主义的"弗吕家异端"，他们显然就是当时极端的千禧年主义灵恩派，沉溺于迷狂状态中说方言。正如第五卷这些记述中所清楚地表明的那样，现今保守派——自由派的两极对峙、种种神学极端，甚至基督教内（外）的种种异端，绝大多数都在十八个世纪以前就曾有预示。现今的教会与以前的一样，均以千禧年派与无千禧年派、灵恩派与非灵恩派的分野为其突出特征。

1952 年，新近发行的"修订标准版"（Revised Standard Version）圣经英译本引发一场盛行一时的争论，其起因如下：该译本将《以赛亚书》七章十四节译为"必有少女［詹姆斯钦定本（KJV）译作'童女'］怀孕生子，人要称他的名为以马内利"。显然，这场争论只是一千八百年前的老调重弹而已。至于那些显然的异端，诺斯替派在晚近各种激进的女性主义神学中有所反映，这些女性主义神学提倡，要么在崇拜上帝的同时崇拜智慧女神索菲亚（Sophia），要么抛弃上帝崇拜，转而崇拜索菲亚。就连 2 世纪关于应该在何时庆祝复活节的那场争论，直到今天依然分裂着基督教的东方与西方。有些事情从未有过改变。

在罗马帝国史上，在**马可·奥勒留**执政的最后三四年，177 年，高卢的维埃纳和鲁格杜努姆（即里昂）发生了正如第五卷开篇所描述的恐怖迫害，约在 180 年，非洲的西里乌姆（Scillium）也出现了同样残酷的迫害。这类迫害并没有遍及全帝国，而只是局部性的，煽风点火者乃是一些地方上的充满怒气的暴徒。尽管如此，这位皇帝并没有阻止查士丁在罗马当地的殉道。而且，当高卢总督问马可·奥勒留该如何裁决当地基督徒时，他以类似于图拉真的语言回复道：凡是放弃信仰的人，均予以释放，凡是坚持信仰的人，投给野兽，或者，若为罗马公民，则处以斩首之刑。不过，马可·奥勒留关注的乃是其他方面的事情：多瑙河前线的战事与帝国全境流行的瘟疫。180 年，他死于文多波纳（Vindobona，即维也纳），这可能也是由此次瘟疫引发的。

即使优西比乌承认，在**科莫都斯**（180—192）统治期间，"我们的状况有所改善，因着上帝的恩典，和平临到普世各教会"（第五卷第二十一节），然而，马可·奥勒留这个窝囊废儿子，很可能是一个道德败坏、耽于享乐的人。或许，正是享乐主义和极度愚蠢转移了他的注意力。192 年的最后一天，他最终被自己的摔跤教练掐死。

禁卫军掌握大权，他们把皇帝宝座拿来拍卖，并在 193 年先后杀死买得皇位的**佩尔提纳科斯**（Pertinax）和**狄迪乌斯·朱利亚努斯**（Didius Julianus）。驻守多瑙河的众军团随即宣布拥立总指挥官**塞普蒂默斯·塞维鲁斯**（193—211），他由此创立了塞维鲁王朝。塞维鲁斯生于北非的莱普提斯·马格纳（Leptis Magna，位于的黎波里附近），具有良好教养。他不仅改善了各省状况，而且还控制住了禁卫军。由于他在财政、法律和军事方面的改革，帝国国势得到增强。优西比乌在第五卷的描述大约到塞维鲁斯执政的第九年（约 202 年）为止。

第六卷 奥利金与亚历山大的暴行

从塞普蒂默斯·塞维鲁斯到德西乌斯

1. 当［塞普蒂默斯·］塞维鲁斯策划针对教会的迫害时，①各地均有不少虔诚的信仰斗士光荣殉道。特别是在亚历山大，来自埃及和底比德（Thebaid）各地的上帝之斗士，如同被带往一座巨大的竞技场一般，被带到亚历山大，在遭受种种折磨后死去，从而戴上了献给上帝的冠冕。其中就有列奥尼德斯（Leonides），他是奥利金之父，并以此闻名于世。列奥尼德斯遭受斩首之刑，留下当时年纪尚轻的儿子。奥利金从小就顺从圣言。2. 他的生平故事可以写成整整一部书。不过，我在此只是尽可能简要地记述一些事实，它们部分摘自他本人的书信，部分引自其尚存友人的回忆。

奥利金的青少年时代

要想讲述奥利金的故事，应从其摇篮时代开始讲起。塞维鲁斯当

---

① 约203年。——英译批注

政第十年，莱图斯（Laetus）担任埃及总督，继朱利安之后，德美特里乌刚刚接管亚历山大教区，迫害的星星之火已成燎原之势，数不胜数的人戴上了殉道的冠冕。如此的殉道激情也使奥利金受到感染，他当时还只是个孩子，却也想要直面危险投入斗争当中。实际上，若非神圣天意为了人类的益处，藉着他母亲采取行动，他差一点就结束了自己的日子。起初，她苦口婆心地恳求他体谅一位母亲的感受。当听到父亲被关入监牢的消息，他的脑子充满了成为殉道者的渴望。母亲看到他殉道的决心比以前更为坚定，连忙藏起他所有的衣服，好让他留在家中。年幼的他被滞留家中，满腔热情难以抑制，于是给父亲写了一封信，敦促父亲殉道，并且建议："为了我们的缘故，不要改变心意！"

少年奥利金敏锐机灵、对信仰全心投入，这大概可以算作第一个例证。他从小就接受研读圣经的训练，因而在信仰上打下了坚实的基础。其父曾经坚持，让他必须每天记忆和背诵经文，接受圣经研读训练，然后才能开始学习通常的课程。对于研读圣经，这孩子丝毫不觉得索然无味，反而是满心欢喜地投入学习。而且，他并不满足于仅在简单的字面意义上阅读经文，而是力图探求更多。他小小年纪，就总是追问父亲某段受默示的圣经经文所具有的内在意义，试图追寻对经文的更深刻解释。父亲假装责备他，告诉他不要追求超过年龄所及或者总是追问表面之外的意思，但暗地里却满心欢喜，并且向上帝献上感恩，因为自己居然配作这样一位儿子的父亲。据说，父亲经常站在这孩子的床前，趁他熟睡时充满崇敬地亲吻他的胸膛，就好像其中居住着神圣的灵一般，觉得这位充满前途的后生为自己带来了祝福。

在他不到17岁时，父亲圆满殉道，留下他和母亲以及六位年幼的弟弟。他们不仅失去了亲人，而且从此变得一贫如洗。父亲的财产全遭没收充入国库，举家由此陷入窘境，甚至缺乏生活的必需品。但是，藉着上帝的援助，他得到一位女士的收留。这位女士家境殷实，而且高贵大方，但信奉当时的一个著名异端分子。这位异端分子生于安提阿，在亚历山大颇有名声。她把他当作养子，将他也收留在自己家里，对他礼遇有加。奥利金难免与他有所接触，但在一开始他就清楚地表明了自己的正统信仰。这位异端分子名为保罗，精通修辞术，周围常常聚有不少听众，其中有许多异端分子和一些我们自己的人。然而，奥利金总是拒绝参与这位异端分子发起的祷告，他自幼年起就一直持守教会的规矩，并且"憎恨"（奥利金的原话）所有的异端邪说。由于父亲的敦促，奥利金在世俗学问上早就小有所成。父亲死后，他更是满怀热情地投身于人文学术。因此，他尽管年纪轻轻，挣得的收入却不菲。

3. 当时，亚历山大没有一位教理老师，由于受到恐怖的迫害，所有教师都逃亡了。于是，奥利金挺身而出，投入教学。连一些异教徒也来听他宣讲上帝的道。其中，第一位名叫普鲁塔克（Plutarch），他在度过自己高贵的一生之后，戴上了殉道冠冕。第二位是普鲁塔克的兄弟，他名叫赫拉克拉斯（Heraclas），堪称严谨过哲学生活。①他在德美特里乌之后继任亚历山大主教。18 岁时，②奥利金成为教理学校（the catechetical school）③校长。大约同一时期，亚历山大总督亚居拉

---

① 根据 Williamson 英译注和 Cruse 英译注，对于早期基督徒而言，所谓"哲学生活"，具有特别的实践意义，即践履苦修与自我否弃的生活。参下文关于奥利金苦修生活的描述。——中译注
② 204 年。——英译批注
③ 相当于初中，既有世俗教学，又有宗教教学。

(Aquila, governor of Alexandria) 发动了多次迫害。在历次迫害中，奥利金对所有的神圣殉道者，无论认识与否，都给予热诚帮助，因此在信徒中声名大作。无论是殉道者坐牢、受审甚至最后受审、还是被拉去受死，他都陪在他们身边，勇敢无畏地与他们交谈，而且还以亲吻向他们问安。周围的异教徒暴民好几次都想拿石头打他，多亏［上帝］神圣右手的帮助，他才不可思议地得以逃脱。

由于对基督之道的无畏热情，他在许多其他场合也被当作攻击目标，同样的天上恩典也总是一而再、再而三地对他加以保护。很多人都来聆听他教导神圣信仰，非信徒因此对他起了非常大的敌意，甚至派兵包围了他的住所。日复一日，针对他的迫害愈演愈烈，城内再也没有他的容身之处。他只好不停地变换住处，四处奔波。他之所以受到这样来自各方的逼迫，乃是因为他让多人皈依，从而受到了报复。［而他之所以能让这么多人皈依，］乃是因为他的言行举止绝妙地反映出了最真正的哲学。正如谚语有云，所行即所言，所言即所行（His deeds matched his words, …and his words his deeds）①，这也正说明了，在上帝的帮助下，他为什么能够让那么多人分享他的热诚。

德美特里乌时为亚历山大主教，他将教理学校完全委托给奥利金。很快地，就不断有学生前来求教，学生人数也因此不断加增。然而，奥利金却认为，教导［希腊］文典（literature）与教导神学并不协调一致，于是中断了关于文典的课程，视之为神圣研修的障碍。②同

---

① Williamson 说，此谚语出典柏拉图，却又未指明具体出处。——中译注
② 中译者以为，奥利金似乎在表明一种个体性和个别性看法，即他本人没有精力同时教导文典和神学，不想因为文典教导拖累神学教导，于是个人性放弃了文典教导。否则，他不会将文典书籍变卖给他人。Cruse 英译本的理解如下：奥利金认为，排他性地单单（exclusively）教导文典与教导文学并不协调一致，因为奥利金不可能否定文典教导的重要性。此说当可成立。——中译注

时，他觉得自己不可依赖他人的帮助，于是卖掉所有以前倍加珍爱的古典作品，倘若买书人每天付他三分之二钱银子（four obols）①，他就已经心满意足了。

他持守哲学生活多年，拒绝所有可能激发年轻人欲望的事物。他的生活很有规律，白天辛勤工作，晚上大部分时间则钻研圣经。他经常禁食，常常减少睡眠时间——他从来不睡在床上，总是睡在地上。最值得一提的是，他觉得自己必须遵守主敦促：不要带两件褂子，不要带鞋，②也不要为将来忧虑③。他所受的寒冷、他的赤身裸体和他的极端贫困，都让朋友们深感震惊并且深表关切，他们祈求他与自己共享财物。但是，他丝毫没有动摇。据说，他长年赤脚走路，除了最为必需的食物之外，他戒绝葡萄酒和其他一切食品。由此，他的身体状况确实受到了很大的影响。

他的生活方式堪称哲学生活的典范。在他的感召下，许多学生对哲学生活同样大发热心，甚至还有一些不信的异教徒、学者以及哲学家也被他深深折服，接受了他的教导。这些人相信圣道，在当时的迫害中表现出色，有的还被逮捕，在殉道中得着圆满。

学生殉道者

4. 其中首屈一指的，就是我先前提到过的普鲁塔克。当普鲁塔克被带往刑场时，奥利金一路陪同他，直到最后。普鲁塔克死后，城里的市民以为奥利金负有责任，差点要杀死他。这一次，又是多亏了上

---

① 直译为"4 奥卜尔"，1 奥卜尔相当于1/6 德拉克马（Drachma），三分之二钱银子还不到当时普通劳动者一天的工钱。参见本书第一卷第八节的相关注解。——中译注
② 参见《马太福音》10：10。——中译注
③ 参见《马太福音》6：34，"所以，不要为明天忧虑，因为明天自有明天的忧虑；一天的难处一天当就够了。"——中译注

帝的旨意，奥利金才得以获救。奥利金第二位殉道的学生，名叫塞仁努斯（Serenus），他藉着火刑证明了自己的信仰。赫拉克里德斯（Heraclides）来自同一所学校，他是第三位殉道的人，希罗（Hero）则是第四位殉道者，两人均遭受斩首之刑，前者当时还只是一名慕道者（catechumen），后者则刚刚受洗。除了这四人之外，同一所学校的第五位学生被宣布为信仰的斗士，此即另一位也叫塞仁努斯（Serenus）的学生，他遭受了残酷的折磨之后被斩首。至于妇人们，赫拉伊斯（Herais）还在参加受洗培训，就已如奥利金所说，接受了"火的洗礼"，从而结束此生。

5. 第七位［殉道者］是著名的波塔米娅娜（Potamiaena）。直到今天，在她的人民中间，依然回响着对这位女士的赞颂。其间，她正当如花妙龄，不仅身材姣好，而且聪明伶俐，因而求爱者甚众。为了捍卫自己无可指摘的纯洁与童贞，她不得不无休止地与求爱者争战。她和母亲马尔塞拉（Marcella）一同遭受了难以言表的残酷折磨，最终藉着烈火得以圆满。据说，法官亚居拉①曾对她全身各处施以种种可怖的酷刑，然后向她发出最后通牒，若是不从，就将她交给角斗士，任由他们侵犯。当被问到自己的决定时，她想了一会儿，给出了一个冒犯他们宗教的回答。旋即，她被判以死刑，由一位名叫巴西理得的士兵押往刑场。群众试图折磨她，并且用污言秽语辱骂她，而这位士兵却向她表示了极度的同情与善意，将这些群众一一推开。波塔米娅娜接受了他这样的同情，并且藉着如下允诺鼓励他：在离开人世后，她将为他向上帝代求，并且在不久后就会报答他为自己所做的一切。说

---

① 即时任亚历山大总督的亚居拉。——中译注

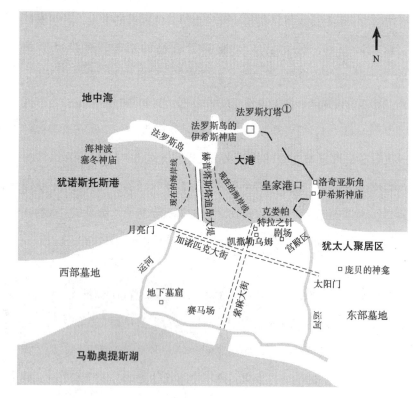

亚历山大城区图,该城由亚历山大大帝始建,在优西比乌所记载的历史时代,它既是埃及首都,也是其主要港口。该城建在一块狭长的地带上,此地带从地中海切出一部分水域,形成马勒奥提斯湖。一座大堤把这狭长的地带与法罗斯岛连接在一起,并且分出东、西两座港口。图下方正中的竞技场或赛马场(hippodrome or race course)曾多次见证基督徒所遭受的残酷迫害。

完这些,她在如下折磨中高贵且勇敢地死去:滚烫的焦油,一滴一滴慢慢地浇淋在她从头到脚的全身各处。此即这位高贵女孩所赢得的争战。

此后不久,出于某种原因,巴西理得的战友们要求他发出某种誓

---

① 古代七大奇观之一。——中译注

言。巴西理得对此表示拒绝，他公开承认自己是基督徒，并且坚持认为，作为基督徒，自己绝对不可发誓。①一开始，战友们以为他是在开玩笑，他一再加以确认。于是，他被战友们带到那位法官面前。在法官面前，他也并未掩藏自己的信念，于是被投入监牢。在主里的弟兄前去探访他，并且问他为什么会发生如此突然、如此不可思议的转变。据说，他这样答道：殉道三天后，波塔米娅娜在夜里向他显现，为他戴上冠冕，并且告诉他，她已为他向上帝代求，上帝也已应允她，在不久后就将他带给她。听完这些，教友们［藉着施洗］把主的印记授予他。次日，他被斩首，为主献上高贵的见证。据说，当时，波塔米娅娜还在许多其他的人梦中显现，向他们发出邀请，因而，在亚历山大，还有其他许多人突然接受了基督。

亚历山大的克莱门与犹大

6. 潘代努斯的继任者是克莱门。克莱门执掌亚历山大教理学校多年，以至于年幼的奥利金也有幸成为他的一名学生。在写作《杂记》一书时，克莱门在该书第一卷中创制了一份编年表，记录了直到科莫都斯死时的许多事件。② 显而易见，他写作此书的时代当为［塞普蒂默斯·］塞维鲁斯统治期间，这也是本卷正在描述的时代。

7. 正当其间，还有另一位作家犹大（Jude），他撰有一篇关于《但以理书》中七十个七③的论文，并在塞维鲁斯统治的第十年④结束了相

---

① 参见《马太福音》5：33—37，尤其34节上说，"只是我告诉你们，什么誓都不可起……"，又37节上说，"你们的话，是就说是；不是就说不是；若再多说，就是出于那恶者。"——中译注
② 192年12月31日，参见《杂记》（*Miscellanies*）1.21。
③ 参见《但以理书》9：24—27，另参见本书第一卷第六节的相关英译注。——中译注
④ 约为202—203年。——中译注

关记述。他也相信，常被谈论的敌基督的到来就要近了——当时的迫害太过惨烈，以至于许多人的头脑都失去了平衡。

奥利金的自阉

8. 奥利金还在亚历山大从事教导工作时做了一件事情。这件事情一方面充分证明了他年纪尚轻、心智尚不成熟，另一方面也清楚地表明了他的信仰与自制。"有为天国的缘故自阉的"（马太福音19∶12）。他居然荒谬地从字面上理解这句话，急切地想要成就救主的话语，同时也想以此预防来自非信徒的各种闲言碎语（因为，尽管年纪轻轻，他已不仅在男子面前，而且也在女子面前提供信仰方面的指导）。不久，他极力地避免引起大多数学生的注意，将救主的话语付诸实施。不过，不管他多么希望将此事隐瞒，这样的行为终究是瞒不住的。稍后，此事为执掌当地教会的德美特里乌所知晓。他对奥利金的莽撞行为虽深感震惊，但对其真挚的信仰热诚深表赞许，他告诉奥利金要振作起来，并且敦促他要比以往更热烈地投身教导工作。

这就是德美特里乌当时的态度。可是，没过多久，他看到奥利金声誉日隆、深孚众望，就为人性的软弱所趁，写信给普世的众位主教，企图将奥利金的自阉描绘成荒诞不稽、忍无可忍的举动。然而，与此同时，广受尊重的凯撒利亚主教、耶路撒冷主教以及巴勒斯坦主教却认为，奥利金配得最高荣誉，于是将他祝圣为长老。由此，奥利金的名声更为隆盛。德美特里乌拿不出什么证据指控他，于是就以奥利金多年前还是孩童时所做过的事情为证，对他进行恶意诽谤，而且还居然肆无忌惮地指控那些将其擢升为长老的人。

此事发生在不久之后。①当时，奥利金还在亚历山大忙于教导，将所有时间都毫不吝惜地花在神圣的研究和自己的学生身上，并且夜以继日地为那些前来求教的人提供信仰方面的指导。

纳尔希苏斯主教与亚历山大主教

塞维鲁斯执政十八年后，其子安东尼努斯［·卡拉卡拉］（Antoninus [Caracalla]）继承皇位。②与前述内容相关的是，当时亚历山大执掌耶路撒冷教区，他与许多人一样，在迫害中曾颇具男子气概地承认自己的信仰，并且得着上帝的护佑，得以幸存，因而被认为配得继任主教一职。亚历山大被任命为主教时，其前任纳尔希苏斯依然在世。③

9. 在耶路撒冷教区，当地教友代代留传着纳尔希苏斯所行过的种种奇迹。如下奇迹即是如此。有一次，在守逾越节时，执事们用完了守夜所需的灯油，会众们因此颇感沮丧。纳尔希苏斯看到这些，就吩咐那些负责照看油灯的人把水打回来给他。水打来后，他在水上方祷告，然后凭着对主的全然信靠，命人将水倒进油灯之中。水倒完后，因着神的大能，这液体的物理本性违背自然规律，从水变成了油。从那时直到如今，许多教友还保存着一些这样的灯油，以之作为奇迹的证据。

关于他，还有一段颇有意思的故事。某些卑鄙的可怜虫，一方面嫉妒他的大有能力和恪尽职守，另一方面又害怕会因为自己的恶行而被送上审判台，于是设计阴谋，散播针对他的恶意诽谤，企图以此阻

---

① 据 Williamson 英译注，当为 213 年。——中译注
② 211 年。——英译批注
③ 参见本书第六卷第十至第十一节。

止自己的受审。为了让听众相信他们的指控,他们先后发出毒誓。其中一人起誓道:"倘若所言非实,就让我被火毁灭!"第二人起誓道:"就让可怕的疾病肆虐我的身体!"第三人则起誓说:"就让我双眼变瞎!"尽管他们如此起誓,还是没能引起信徒的关注,因为大家都知道,纳尔希苏斯素来为人正直,而且颇有操守。然而,纳尔希苏斯本人不能忍受这样的恶毒攻击,再加上他早就想望哲学生活,于是,他离开教会,躲进偏远的沙漠和旷野,在其中隐居多年。对于这些事情,正义的大眼并未无动于衷,而是迅速向那些无神的伪誓者降下他们自己起誓时所发的毒咒。其中的第一人,他的房子被仅仅一个火星烧着,他和全家由此一起被火烧死。第二人得上了他自己所下咒的那种疾病,全身从头到脚都被感染。第三人得知两人的遭遇,开始害怕上帝的审判,于是公开承认自己曾参与了上述阴谋。由于自责,他不住地流泪,以至于双眼都被哭瞎了。上述即是这三人由于说谎而得到的惩罚。

10. 纳尔希苏斯已离开多时,而且又无人知晓他的去处。有鉴于此,邻近教会的领袖任命了另外一位主教,其名为迪乌斯(Dius)。不久,其主教一职接连由杰曼尼翁(Germanion)和格尔迪乌斯(Gordius)继承。在此期间,纳尔希苏斯又突然现身,仿佛从死里复活一般。在教友的恳求之下,他再度担任主教一职。由于他的哲学生活,更由于上帝对诽谤他的人所施行的审判,所有人都更为敬重他。

11. 当时,纳尔希苏斯年事已高,已无法再履行主教职务。上帝在夜间向另一教区的主教,即先前提到的亚历山大① 显现,呼召他与纳

---

① 参见第六卷第八节。

尔希苏斯一同执掌主教一职。仿佛回应神谕一般，亚历山大从其所在的加帕多家主教辖区启程前往耶路撒冷，为的是在那里进行崇拜，并且参观各处〔圣〕迹。对于他的到来，当地教友不仅表示热烈欢迎，而且还极力挽留他，因为其中一些虔诚信徒也在梦中得着异象：他们将走出城门，欢迎上帝为他们所选立的那位主教。此后，他们征得邻近教会主教的认可，把亚历山大强留下来。在我依然保存的一封书信中，亚历山大致信安提诺波利斯人（Antinoites）①，提到自己正与纳尔希苏斯联合执掌同一教区。此封书信的结尾如下：

> 纳尔希苏斯曾在我之前执掌主教一职，如今已 116 岁高龄，与我在公共崇拜中同工。他向你们问安，并且和我一样劝诫你们要同心合意。

安提阿的塞拉皮昂

安提阿主教塞拉皮昂退休，其主教一职由阿斯克勒皮阿德斯（Asclepiades）接替。在迫害期间，后者曾勇敢无畏地认信〔主〕。②关于他的任命，亚历山大在一封写给安提阿教会的书信中也曾提到：

> 亚历山大，耶稣基督的仆人和囚徒，写信给安提阿蒙福的教会，并且在主里向你们问安！在身陷囹圄时，我靠着神的眷顾得

---

① 即那些居住在尼罗河畔安提诺波利斯城的人。该城由哈德良兴建，为的是纪念他在此溺死的宠臣安提努斯。
② 据 Cruse 英译注，在早期教会，认信（confession，或译"承认"）与殉道（martyrdom）略有不同。两者都意味着，为信仰的缘故，信徒遭受了残酷折磨。两者的区别在于，认信意味着为信仰受苦，而殉道则意味着为信仰而死。因此，殉道也可视为最高程度的认信。另参见本卷后附有的英译者注释。——中译注

知,阿斯克勒皮阿德斯由于其伟大的信仰,成为最有资格担任主教的人选,并且被你们在安提阿的神圣教会任命为主教。就这样,神让我的镣铐变得轻省,不再难当。

此封书信的转交者是［亚历山大的］克莱门,这一点可从该信的结尾看出来:

> 亲爱的弟兄们,我藉着克莱门的手将这封书信送给你们。克莱门是一位蒙福的长老,你们已听说过他,而且即将认识他本人。靠着主的眷顾,他在我们这里时不仅坚固而且壮大了我们的教会。

12. 也许,塞拉皮昂还有其他一些作品尚存人世。但我手头仅仅存有他的如下作品:写给多姆努斯(Domnus)的几封书信,多姆努斯在迫害中跌倒,背离信仰,跟随犹太人的私意崇拜①;写给教士本丢和卡里库斯(Caricus)的几封书信;写给其他人的几封书信;以及一篇题为《论所谓的彼得福音》(Concerning the So-Called Gospel of Peter)②的论文。他之所以写作这篇论文,乃是为了驳斥此书中所包含的错误——在罗苏斯(Rhossus)教会③,有些人受到其中错误的引诱,宣扬非正统的教导。塞拉皮昂对此书的态度,从如下文字可见

---

① 参见《歌罗西书》2:23,"这些规条使人徒有智慧之名,用私意崇拜,自表谦卑,苦待己身,其实在克制肉体的情欲上是毫无功效"。所谓"私意崇拜",乃是指,崇拜的规条并非从神而来,而是源自人按照"私意"的自创。——中译注
② 据 Williamson 英译本,1886 年,此部第 2 世纪的伪经作品重被发现。——中译注
③ 据 Cruse 英译注,罗苏斯位于基利家,普鲁塔克(Plutarch)称之为"奥罗苏斯"(Orossus)。——中译注

一斑：

> 亲爱的弟兄们，如同接纳基督一样，我们也接纳彼得和其他使徒，但是，我们拒绝接受那些假冒他们之名写成的作品，因为前人并未将这些作品留传给我们。当我上次造访你们时，我以为，你们所有人都笃守真信仰，因此，在并未通读他们号称彼得作品的那本"福音书"的情况下，我单单说道："倘若读此书只是让你们之间产生一些无伤大雅的意见分歧，那就读它吧。"但是，当我得知［你们中间］有些人已被异端俘获时，弟兄们，我热切地盼望能再次造访你们，越快越好！我非常了解马克里安异端（Macrian's heresy）①，而且清楚地知道，他自相矛盾，并不明白他自己所说的。我从其他一些人那里借来这本福音书。这些人之所以研读此"福音书"，乃是因为其中反映了他们自己的教导，而他们所继承的［思想］正是来自那些被我们称为"幻影论者"（Docetists）②的人，同样，马克里安异端也是源自这些"幻影论者"。我已通读该书，并且认定，其中的绝大部分思想都符合救主的教导，但是仅有少许［错误的］添加。我将这些添加附在信后，好让你们得着益处。

亚历山大的克莱门

13. 关于克莱门的作品，我有《杂记》的全部八卷，他将之题名为《提图斯·弗拉维弗斯·克莱门关于对真哲学的认识的杂记》（*Ti-*

---

① William 英译本和 Cruse 英译本译作马西安（Marcian）。原文如此，疑有误。——中译注
② 该名称来自希腊词"*dokein*"，意为"似乎"、"仿佛"（to seem）。之所以用于这些人，乃是因为他们主张，上帝之子看似拥有肉体的本性，其实不然。

tus Flavius Clement's Miscellanies on the Knowledge of the True Philosophy）①；还有其八卷本的《基本原理》，他在其中将潘代努斯称为老师，并且分别阐述了他自己以及传统对圣经的解释。其作品还有：《劝勉希腊人》（Exhortation to the Greeks）②；题为《论教育者》（Paedagogus）的三卷本著述；《寻得救赎的富人》（The Rich Man Who Finds Salvation）③；一篇题为《论逾越节》（The Paschal Festival）的文章；几篇分别题为《论禁食》（On Fasting）、《论诽谤》（On Slander）、《要忍耐》（Exhortation to Endurance）和《写给新近受洗者》（For the Newly Baptized）的讨论文章；一部题为《教会法》（Ecclesiastical Canon）或《驳犹太化基督徒》（Against the Judaizers）的作品，这部作品题献给刚刚提到的那位主教——亚历山大。

克莱门的《杂记》犹如一件织物，不仅有关于圣经的内容，而且也谈到一些他认为有益的希腊作品。他将希腊人与非希腊人的观点相提并论，甚至就某些异端创始者的错误看法，不仅清楚地交代了其具体的历史背景，而且还提出修正，由此我们可以看出，这部作品的学识是何等的渊博。同时，他还在这织物中加入哲学家的论说，从而使得书名"杂记"更加名符其实。他还援引了一些有所争议的作品：《所罗门智慧书》、《西拉之子耶稣智慧书》（the Wisdom of Jesus the Son of Sirach）④、《希伯来书》、《巴拿巴书》、《克莱门前

---

① 据 Cruse 英译注，书名中的"Miscellanies"译自希腊文的"stromateus"，此词原意为"用以铺盖桌子或床的织物，色彩通常多种多样"。由此引申出"杂记"或"具有多种多样内容的书写作品"之意。下段首句即反映了此书的这一特征。——中译注
② 有中译本，王来法译，生活·读书·新知三联书店，2002年。
③ 英译者在本书第三卷第二十三节将此书名译作《得救的富人》（The Rich Man Who is Saved）。——中译注
④ 或译《便西拉智训》，次经。中译文可参考张久宣《圣经后典》，参见 http：//orthodox.cn/liturgical/bible/gap/.——中译注

书》和《克莱门后书》，以及《犹大书》。他也提到了塔提安的《驳希腊人》和也写过编年史的卡西安，以及犹太作家斐洛、亚里斯多布（Aristobulus）、约瑟夫、德美特里乌、尤伯勒姆斯（Eupolemus），这些犹太作家的作品表明，比起希腊人，摩西和犹太族的起源更为古老。在《杂记》第一卷中，克莱门自称，他简直就是众使徒的直接继承人。同样是在这一卷中，他许诺要写一部关于《创世记》的评注。

在《论逾越节》一书中，克莱门提到，几位朋友曾敦促他，为了后世的益处，他应该藉着书写，记录下那些从早期教会长者那里听来的口传传统。克莱门点名道姓地提到了这几位朋友，即墨利托、爱任纽等人，并且还引用了他们的敦促之辞。

14. 在《基本原理》中，他不仅简要地说明了所有的圣经正典经卷，甚至还解释了那些有所争议的作品，即《犹大书》和其他一些大公书信、《巴拿巴书》，以及所谓的《彼得启示录》。至于《希伯来书》，他认为，此封书信乃是保罗为希伯来人的缘故用希伯来文写就的，后由路加为希腊人的缘故小心谨慎地翻译成希腊文。正因为如此，此翻译文本才与《使徒行传》有着同样的风格与特色。这样一来，此封书信为什么缺乏保罗书信通常所具有的开篇话语"……使徒保罗"，也可以得到解释。正如克莱门所说：

> 鉴于希伯来人对他的偏见与猜疑，他颇有智谋，并未在书信起首写出自己的名字，以免冒犯希伯来人……那位蒙福的长老①

---

① 很有可能指的就是潘代努斯，他是亚历山大教理学校首任校长，也是克莱门的老师。

常说，主是奉全能者差遣做希伯来人的使徒，而保罗则是奉差遣做外邦人的使徒，保罗之所以谦卑地避免将自己描述成希伯来人的使徒，一是出于对主的尊崇，二是他乃为外邦人的使徒，写信给希伯来人，已属越界之举。

在同一部作品中，克莱门提到，关于四福音书写成的先后顺序，有一传自最早期教会长老的传统说法，即带有家谱的那两部福音书最先写成，《马可福音》紧随其后。马可跟随彼得多年，记得他所说的。当时，彼得藉着圣灵，在罗马公开宣讲福音。不少听众敦促马可，请他写下彼得的所有宣讲。马可这样做了，并且还送给他们每人一份复本。彼得得知此事后，并未表示反对，也没有加以宣扬。① 最后，约翰意识到，上述三部福音书已详细记录了外在的细节，于是在门徒的敦促下，在圣灵不可阻挡的驱使下，写下一部属灵的福音书。

先前提到的亚历山大，② 曾致信奥利金，并以如下文字谈及克莱门和潘代努斯：

> 我们承自先祖的友谊应不受干扰，而且应愈加温暖与持久，这正是上帝的旨意。那些在我们之前的、我们不久将与之联合的蒙福之人，乃是我们真正的先祖，比如，潘代努斯（我真正蒙福的老师）、神圣的克莱门（我的老师和恩人），以及其他像他们这样的人。藉着他们，我得以认识你，我的弟兄，你在各方面都是我最好的老师。

---

① 关于《马可福音》，请参见本书第二卷第四至第五节的相关描述。——中译注
② 参见第六卷第八、第十至第十一节。

奥利金的圣经研究

亚达曼提乌斯（Adamantius，此为奥利金的别名）曾经提到，在泽菲里努斯掌管罗马教会时，他曾造访罗马，"为的是看看最古老的罗马教会"。他在罗马短暂逗留，旋即返回亚历山大，重新满怀热情地投入教导工作。狄奥尼修斯主教也敦促甚至恳求他，继续藉着教导帮助教友。15. 从早到晚，一批又一批的学生聚集在他的讲堂里，让他难有喘息之机。这样一来，他自己就没有时间用来深入研究神学、解释和翻译圣经。于是，他把学生分成不同的小组，从中选出赫拉克拉斯，请他分担自己的教学任务。这位赫拉克拉斯，不仅充满神学热情，而且擅长世俗哲学。奥利金请他负责教导初学者，而自己则专心教导高年级的学生。

16. 奥利金辛勤注经，不仅因此精通希伯来语，而且还获得了一份至今仍在犹太人中流传的希伯来文原文文本。除了七十士希腊文译本之外，他还收集了一些其他的译本，其中有如下常用译本：亚居拉译本（the version of Aquila）①、叙马库斯译本（the version of Symmachus）②和狄奥多田译本（the version of Theodotion）③。此外，奥利金甚至还发现了一些久已失传的译本，使之重现天日。不过，他也无从知道，究竟是谁翻译了这些重被发现的译本。他只是说，他在阿克提

---

① 此亚居拉，即本书第五卷第八节提到本都的亚居拉，英译索引错将此一人当作两人。此希腊文译本注重直译，出现于公元 130 年左右，在犹太人当中颇受推崇。
　　关于此三希腊文译本的简介，可参见 Ernst Würthwein,《旧约文本：希伯来圣经导论》(Der Text des Alten Testaments: Eine Einführung in die Biliba Hebraica, 5. neuarbeitete Auflage, Stuttgart: Deutsche Bibelgesellschaft, 1988), 64—65 页。——中译注

② 形成于公元 179 年左右。——中译注

③ 据本书第五卷第八节，此人来自以弗所。此译本很有可能不是新译本，而只是根据希伯来原文对某译本的校订本。——中译注

姆（Actium）附近的尼哥波立（Nicopolis）发现了一份译本，或者，在某个类似的地方发现了另一份译本。在其《旧约五译》(Hexapla)①涉及《诗篇》的地方，他在上述著名的四个译本之外，又添加了第五种、第六种和第七种翻译。他特别提到，其中一份译本曾藏于罐中，在塞维鲁斯之子安东尼努斯［·卡拉卡拉］统治时期被发现于耶利哥。他将所有这些译本排成彼此相邻的平行纵列，放于希伯来文原文之后，从而编成所谓的《旧约五译》一书。此外，他还按照类似做法，将亚居拉译本、叙马库斯译本、狄奥多田译本这三份译本排在七十士译本之后，编成另外一部作品，即《旧约四译》(Tetrapla)。

此陶罐出土于耶利哥，曾被用于贮藏死海古卷（the Dead Sea Scrolls）。类似的陶罐储藏过奥利金曾使用的古卷。

---

① 之所以如此命名，乃是因为［此书每页］共有六列，排列次序如下：希伯来文［原文］、转写自希伯来文的希腊文译本、亚居拉译本、叙马库斯译本、七十士译本和狄奥多田译本。——英译注
另据 Williamson 英译注，此书仅有残片存世。——中译注

17. 在上述译者中，叙马库斯属于伊便尼派。此异端的追随者把基督仅仅看作是人，并且声称，基督乃是约瑟和马利亚的儿子。①正如先前所提到的，②他们坚持认为，应当以更为犹太的方式持守律法。叙马库斯的圣经注释（Commentaries of Symmachus）尚存于世，这些注释与《马太福音》针锋相对，显然持有与上述异端一样的观点。奥利金表示，他手头的叙马库斯译本及其注释，乃是得自某位名叫朱利亚纳（Juliana）的人，而朱利亚纳则是受赠于叙马库斯本人。

奥利金与众异端

18. 当时，曾追随瓦伦廷异端的安布罗斯（Ambrose），被奥利金所阐明的真理折服，得着光照，接受了教会的正统教义。奥利金声名远播，许多有教养的人都云集［亚历山大］，想要测试他的解经能力。为数众多的异端和不少杰出哲学家也对他表示密切关注，成为他的学生，向他讨教神学问题。若颇有天赋，他们也有可能跟他学习世俗哲学，比如几何、算术以及其他一些导论性课程。他还向他们介绍不同的哲学体系，与他们一起逐个讨论和批判这些哲学体系。结果，就连希腊人也承认，他是一位伟大的哲学家。对于那些天赋稍差的学生，他则推荐他们听取一些初级课程，以此做好领会圣经的准备。出于同一缘故，他认为，对于他本人来说，研习世俗学问和哲学具有首要的重要性。

关于奥利金的一些说法

19. 同时代的一些希腊哲学家经常在论文中提到奥利金的名字，奥

---

① 参见本书第五卷第八节。——中译注
② 参见第三卷第二十七节。

利金在世俗学问和哲学方面的成就由此可见一斑。有时，他们要么将自己的作品题献给他，要么赠送给他以求批评指正。我之所以提及这些，乃是因为波菲利①撰文②攻击我们，并且试图诋毁圣经及其解释者。波菲利是我的同时代人，住在西西里。他由于缺乏理据，无法对我们的教义提出什么破坏性的指控，于是转而谩骂和诽谤这些教义的解释者。他首当其冲的攻击目标就是奥利金。他声称，他从小就认识奥利金。不过，在百般中伤奥利金时，他却没有想到，他其实是在称赞奥利金。在觉得自己不会被识破时，波菲利总是编造谎言，只有在不得不说实话时，他才讲实话。他时而指控奥利金是一名基督徒，时而又充满钦佩地描述奥利金对哲学的投入。听听波菲利的如下言语：

犹太经书（Jewish Scriptures）满是荒谬可笑之处，某些人非但没有摒弃这些经书，反而竭力为此寻求说明，甚而诉诸那些与上述经书根本无法和谐一致的解释。他们没有为那些古怪的原作提供什么辩护，而只是给解释者献上一些华而不实的恭维而已。他们将摩西那非常清晰明了的陈述吹嘘成"谜"（enigmas），甚至视这些"谜"为充满隐匿奥秘的神谕，他们的判断力被虚荣迷惑了……这种荒诞不经的方法要归因于一个人。这个人，我小时候就遇见过他，他过去声誉颇高，现在因为身后遗作也依然享有盛誉。我说的正是奥利金，在教导上述学问的教师中，他颇为出名。他曾师从亚摩尼乌斯（Ammonius）③——我们时代最为杰出的哲学家。因为导

---

① 232—约305年，新柏拉图主义哲学家，他曾撰文十五卷攻击基督教，后得到优西比乌本人的回应。
② 据Williamson英译注，此书共十五卷，已佚。——中译注
③ 亚摩尼乌斯·撒卡斯（Ammonius Saccas，约175—242），亚历山大哲学家，曾教过普罗提诺（Plotinus，或译"柏罗丁"）。两人均被视作新柏拉图主义的创始人。亚摩尼乌斯有意没有留下任何著作。

师的帮助，奥利金知识渊博，不过，他并未采取导师那样的正确生活方式，而是反其道而行之。亚摩尼乌斯本是一名基督徒，出生于基督徒家庭，从小就接受父母的基督教教育。后来，他运用自己的理性，开始研习哲学，于是立即改变观念，过上以律法为准的生活。奥利金本是一名希腊人，接受的是希腊思想教育，竟然一头栽进异邦的鲁莽无知之中，在这样的鲁莽无知中兜售他自己和他的学识。他离弃律法，开始过上基督徒的生活。但是，在表达关于事物和神圣者的观点时，他却又像个希腊人，将希腊的思想与异邦的虚构臆造掺和在一起。他总是不断提及柏拉图，而且手头常常备有努梅尼乌斯（Numenius）、柯隆尼乌斯（Cronius）、阿波罗法内斯（Apollophanes）、龙基努斯（Longinus）、摩德拉图斯（Moderatus）、尼科马库斯（Nicomachus），以及一些著名毕达哥拉斯主义者的作品。他还阅读过斯多亚主义者凯勒蒙（Chaeremon）以及科尔努图斯（Cornutus）的作品，从中学习常用于解释希腊奥秘（Greek mysteries）的寓意解经法，并且将之应用于解释犹太经书。

以上陈述，出自波菲利驳基督徒一文的第三卷。关于奥利金的教导与渊博知识，他所言句句为真。但是，他说奥利金转变自希腊人的阵营，以及亚摩尼乌斯原本过着敬奉上帝的生活，后来却背离信仰陷入异教，显然是在说谎——敌基督教者什么都干得出来。如前所述，奥利金一直持守父母所教导的基督教信仰。亚摩尼乌斯的神圣哲学也甚为纯粹，从未有过改变，直到他生命的终结都是如此。① 关于这

---

① 优西比乌可能在此出错：亚摩尼乌斯·撒卡斯［的确］在晚年才不是基督徒；或者，就所引述文字而言，他谈到的可能是另外一位亚摩尼乌斯·撒卡斯，这位是基督徒。

些，从奥利金那些现存的著名作品中就可以看得一清二楚，比如，《论摩西和耶稣的和谐一致》（*The Harmony of Moses and Jesus*）及其为有识之士所珍藏的其他所有作品。

以上事实当可证明，诋毁奥利金之人的错误以及奥利金本人对希腊学问的精通。有人曾指摘奥利金对希腊学问过于投入，引发出他在一封书信中的如下申辩：

> 我曾全心专注于研究圣道（the word），关于我精通此道的说法四处传播，结果引来一些异端和一些在希腊学问，尤其在希腊哲学上颇有造诣的人。于是，我以为，我应该检验这些异端的观点，而且也应该省察这些哲学家关于真理的言说。我这样做，乃是遵循潘代努斯的模范，他是此中高手，曾帮助过我之前的许多人。我如此行，同时也是仿效赫拉克拉斯的榜样，他现为亚历山大的长老。在我开始听某位哲学教师讲课时，他已在这位教师门下受教五年之久。正是由于这位教师的影响，赫拉克拉斯致力于研究希腊文典，并且脱去平常所穿衣服，披上哲学家的斗篷，至今依然如此。

几乎同时，也就是奥利金还在亚历山大居住时，一位军人将来自阿拉伯总督的书信分别转交给德美特里乌主教和埃及总督。阿拉伯总督在信中请求两位，尽快将奥利金派往阿拉伯与自己会晤。奥利金确实造访过阿拉伯，但在完成使命后旋即返回亚历山大。之后不久，该城出现血腥的暴力行为。① 奥利金暗中离开亚历山大，前往巴勒斯

---

① 很可能指的是，卡拉卡拉在 215 年对亚历山大人的屠杀。

坦，在凯撒利亚定居。尽管奥利金尚未被按立为长老，当地众位主教还是邀请他在教会公开讲解圣经。关于这些，在关于德美特里乌的书信中，耶路撒冷主教亚历山大和凯撒利亚主教提奥克提斯图斯（Theoctistus）也提供了佐证：

> 他在信中写道，让平信徒当着众位主教的面讲道，这真是前所未有、闻所未闻。无论在何处，若有人具备造就弟兄的资格与能力，主教们总是会邀请他向众人讲道，比如，在拉兰达（Laranda）、以哥念、叙纳达（Synnada），我们如下蒙福的弟兄兼主教们，尼昂（Neon）、塞尔修斯（Celsus）和阿提库斯（Atticus），就曾分别邀请过欧伊尔皮斯（Euelpis）、保里努斯（Paulinus）和提奥多勒（Theodore）。在其他地方，情形恐怕也是如此，只是我们对具体情况一无所知。

上述即是奥利金所享有的尊荣，他尽管年纪尚轻，却受到同辈教士甚至异地主教的推崇。为了让奥利金尽快返回亚历山大，德美特里乌首先发信召唤，然后派出几位教会执事催促他。于是，奥利金回到亚历山大，重新以满腔热情投身于以往惯常的侍奉工作。

作家、主教和皇帝

20. 同一时期，活跃着许多学识渊博的教士，他们彼此之间的通信至今尚存，可在位于埃里亚①的图书馆中轻易找到，这座图书馆由当地主教亚历山大创建。正是在这座图书馆，我本人收集到了一些写作

---

① 即耶路撒冷，参见第四卷第六节。

本书的材料。

至于上述教士,贝里鲁斯(Beryllus)乃是阿拉伯地区波斯特拉(Bostra)的主教,他为我们留下了一些书信和值得赞赏的文章。希坡律陀(Hippolytus)则是另一教会的主教,他也为我们留下了一些书信和值得赞赏的文章。除此以外,我还保有一份该犹编撰的对话录,在泽菲里努斯任主教的时候,这位饱学之士在罗马发布此篇对话录,以回应弗吕家异端的支持者普罗克鲁斯。在这篇对话录中,他试图抵制其对手编造圣经新经卷的轻率和无耻,同时也提到,那位圣使徒[保罗]只写过十三篇书信,而其中并未包括《希伯来书》,因为甚至直到现今,还有一些在罗马的人并不认为《希伯来书》出自使徒保罗。

21. 安东尼努斯[·卡拉卡拉]在统治七年又六个月后,其皇位由马克里努斯(Macrinus)继承。①一年后,安东尼努斯[·俄拉加巴鲁斯](Antoninus [Elagabalus])接掌罗马统治权。在其当政的第一年,罗马主教泽菲里努斯在任职十八年后离开人世。卡里斯图斯(Callistus)接替其位,五年后将主教职位传给乌尔班(Urban)。

此后,安东尼努斯[·俄拉加巴鲁斯]执掌皇权仅四年后,亚历山大[·塞维鲁斯](Alexander [Severus])继承皇位。②与此同时,在安提阿教会,腓勒图斯(Philetus)接替阿斯克勒皮阿德斯的主教职位。

皇帝的母亲朱莉娅·马美娅(Julia Mamaea),是一位极为虔诚的妇人。当时,奥利金闻名遐迩,以至于她也有所听闻。她决定会晤奥

---

① 217年。——英译批注
② 222年。——英译批注

利金，以检验他备受推崇的神学家魅力。当时，她在安提阿逗留，因而派遣军人护送奥利金前来安提阿。奥利金在她那里稍作停留，向她陈明多项事情，以彰显上帝的荣耀、表明神圣教导的美妙。之后，奥利金连忙返回亚历山大，重新投入日常的侍奉工作。

22. 与此同时，希坡律陀著有多部作品，其中有一篇名为《论逾越节》(*The Paschal Festival*)，这部编年式作品提出，以十六年为一周期计算逾越节［复活节］的日期，并以亚历山大［·塞维鲁斯］登基的第一年作为起始年。其如下作品传到我的手中，即，《创世六日》(*Hexameron*) ①、《论创世六日之后所发生的》(*What Followed the Hexameron*)、《驳马西昂》(*Against Marcion*)、《论雅歌》(*The Song*)、《论以西结书的不同部分》(*Parts of Ezekiel*)、《论逾越节》和《驳一切异端》(*Against All Heresies*)。他的其他一些作品，很可能在别的地方可以找到。

奥利金在亚历山大的注释作品

23. 此时，奥利金开始编撰《圣经注释》(*Commentaries on Holy Scriptures*)。这乃是出于安布罗斯的推动，他不仅敦促奥利金如此行，而且还为奥利金尽可能地提供所需的一切。有超过七位的速记员按照一定间隔轮班，分别记录奥利金的口述，还有为数不少精于书法的抄写员，其中包括许多女孩。这一切都是出自安布罗斯的慷慨供应。他对神学的满腔热情，正是奥利金编撰《圣经注释》的最大动力。

与此同时，乌尔班在担任罗马主教八年后，由庞提安（Pontian）

---

① 此希腊文意为"［创世］六日"。

继任，泽本努斯·腓勒图斯（Zebennus Philetus）则在安提阿担任主教。在此期间，由于一项紧急的教会事务，奥利金借道巴勒斯坦造访希腊，在凯撒利亚被当地众主教按立为长老。此次按立引发了一场争论。关于此次争论、众主教关于此次争论的决议，以及奥利金在其青年时期为传扬圣言所写的其他一些作品，需要进行专门讨论，我已在《为奥利金辩护》一书的第二卷中曾作特别尝试。

24. 在《约翰福音注释》（Commentary on John）第六卷中，他提到他在亚历山大编撰了此注释的前五卷，但是，其注释此本福音书的全部作品，只有二十二卷流传至我们手中。在十二卷本《创世记注释》（Commentary on Genesis）的第九卷中，他表示，他在亚历山大不仅编撰了此注释的前八卷，而且还编成《诗篇1—25的注释》（Commentary on Psalms 1—25）以及《耶利米哀歌注释》（Commentary on Lamentations）。我们有《耶利米哀歌注释》中的五卷，他在这五卷中提到，他还著有两卷本的《论复活》（On the Resurrection）。此外，他在离开亚历山大之前，还撰有《论首要原理》（First Principles）①一书，并且在同一座城市编有十卷本的《杂记》，正如他在此书前言中所说的，时值亚历山大[·塞维鲁斯]统治时期。

25. 在注释《诗篇》第一篇时，他记载了如下旧约书目：

根据希伯来传统，正典经卷共有二十二部，这也是希伯来文字母表中的字母数。这些经卷即：

---

① 石敏敏的中译本，香港：道风书社，2002年。——中译注

《创世记》(这是我们的说法①，希伯来人则称之为 Bresith，即起始语"起初"的希伯来文);

《出埃及记》(Ouele smoth，即"这些是名字");

《利未记》(Ouikkra，即"于是他〔耶和华〕呼召");

《民数记》[(Ammes phekodeim)②];

《申命记》(Elle addebareim，即"……所说的话");

《嫩的儿子约书亚》(Joshua ben nun);

《士师记·路得记》(Sophetim③，两书在希伯来文原文合为一书);

《列王纪一》和《列王纪二》(Samuel，"被上帝所呼召的"，此为一卷);

《列王纪三》和《列王纪四》(Quammelch David，即"大卫的王国"，此为一卷);

《历代志书上》和《历代志书下》(Dabre iamin，即"年代记"，此为一卷);

《以斯拉书上》和《以斯拉书下》(Esdras 1 and 2)④ (Ezra，即"帮助者"，此为一卷)

《诗篇》(Book of Psalms) (Sphar thellim);

《所罗门箴言》(Proverbs of Solomon) (Meloth);

《传道书》(Ecclesiastes) (Koelth⑤);

---

① 即七十士希腊文译本的用法，下同。——中译注
② 意为"数点男丁的数目"(Of the mustered man)，优西比乌并未提供此语之翻译。
③ 希伯来文，意为"士师"。——英译注
"士师"是某段时期内以色列领袖的头衔，这段时期由比约书亚活得更久的长老治理期开始，直到王国建立为止。——中译注
④ 包括《以斯拉记》、《尼希米书》和《以斯拉三书》(Esdras 3)。——中译注
⑤ 意为"传道者"。——中译注

《歌中之歌》(Song of Songs) ① [并非某些人所以为的"歌中之众歌"(Songs of songs), *Sir assirim*)];

《以赛亚书》(*Iessia*);

《耶利米书·哀歌·书信》(Jeremias, Lamentations, and The Letter②)(*Jeremiah*,此为一卷);

《但以理书》(*Daniel*);

《以西结书》(*Ezekiel*)

《约伯记》(*Job*);

《以斯帖记》(*Esther*)。

在此书目之外,还有《马加比书》(Maccabees)(*Sar beth sabanai el*)。

在《马太福音注释》(*Commentary on Matthew*)的一开始,他捍卫教会正典,并且证实,他只知道四部福音书:

> 藉着传统,我认识到,在上帝的教会里,只有那四部福音书是毋庸置疑的。第一部福音书由马太编写,他原是税吏,后成为耶稣基督的使徒。为了犹太信徒的缘故,他用希伯来文写成这部福音书。第二部福音书由马可编撰,他之所以如此行,乃是为了遵从彼得的指示。在彼得的书信中,他也被视为儿子:"在巴比伦……的教会问你们安。我儿子马可也问你们安。"(彼得前书5:13)第三部福音书由路加写成。为了外邦信徒的缘故,路加写

---

① 和合本中文译本译为"雅歌"。——中译注
② 即圣经次经中的《巴录书》第六章(Baruch VI,或译"巴路克书"),参见张久宣《圣经后典》译本 http://orthodox.cn/liturgical/bible/gap/2maccn.htm。——中译注

就这部颇受保罗嘉许的福音书。之后，最后一部即是《约翰福音》。

在《约翰福音注释》第五卷中，奥利金就众位使徒的书信发表过如下看法：

> 保罗，这位新约的执事——不是凭着字句，乃是凭着精意①——从耶路撒冷远至以利哩古宣讲福音②。他并未向所教导过的全部教会发出书信，即使写信向某些教会，也只是短短数行而已。至于彼得，基督的教会建立于其上，阴间的众门不能胜过他。③他留下一封无可争议的书信［即《彼得前书》］，至于第二封书信［即《彼得后书》］是否为其作品，则还存在争议。关于那位曾靠在耶稣胸膛上的约翰，我还需要说些什么吗？他留下一部福音书，并在其中声称，关于耶稣所行的事，他还能写很多，若是一一写出来，就是这个世界本身也容不下（约翰福音21：25）。尽管被要求不可写出七雷所说的（启示录10：3—4），④他还是写下《启示录》一书。此外，他留下一封很短的书信［即《约翰一书》］，而且还可能写有第二封和第三封书信［即《约翰二书》

---

① 此句据 Williamson 英译本和 Cruse 英译本补充。疑典出保罗书信，参见《哥林多后书》3：6，"他叫我们能承当这新约的执事，不是凭着字句，乃是凭着精意。因为那字句是叫人死，精意是叫人活［'精意'或作'圣灵'］。"——中译注
② 参见《罗马书》15：19，"甚至我从耶路撒冷，直转到以利哩古，到处传了基督的福音。"——中译注
③ 彼得源自希伯来文，意为"石头"、"磐石"。后半句 Williamson 英译本和 Cruse 英译本补充。典出《马太福音》16：18，"我还告诉你，你是彼得，我要把我的教会建造在这磐石上，阴间的权柄不能胜过他"［"权柄"原文作"门"］。——中译注
④ 参见《启示录》10：4，"七雷发声之后，我正要写出来，就听见从天上有声音说：'七雷所说的你要封上，不可写出来'。"——中译注

和《约翰三书》]，这两封书信加起来也不到百行，不过，它们是否出自他的手笔，还存在争议。

在《希伯来书讲章》(Homilies on the Epistle to the Hebrews) 中，他写有如下评论：

> 《希伯来书》的用语并非像保罗所自称的那样粗俗（哥林多后书11：6）①，而且就句法而言乃是更为纯正的希腊文。本信内容精妙，并不亚于使徒保罗的真正书信……倘若我可以斗胆表明自己的看法，那我会说，就思想内容而言，本封书信是使徒保罗的，但就风格与结构而言，则是其他人的，此人记下使徒保罗的教导，并且就此给出自己的解释。早期教会将这封书信当作保罗真品，将之传承下来，肯定有其道理所在。因此，若有某间教会认定此封书信出于保罗，也是值得赞同的。但是，此信作者究竟是谁，只有上帝才知道。按照我们的传统，作者可能是罗马主教克莱门，也可能是编撰福音书和《使徒行传》的路加。②

奥利金与众主教

26. 亚历山大［·塞维鲁斯］当政第十年，③奥利金将教理学校委

---

① "我的言语虽然粗俗，我的知识却不粗俗，这是我们在凡事上向你们众人显明出来的。"——中译注
② 据《圣经：新国际版研读本》，德尔图良约在200年首次提及本书作者身份，他在《论谨慎》(De Pudicitia) 第二十卷中指出，巴拿巴乃是本信作者。宗教改革时期，路德认为，亚波罗才是本信作者。——中译注
③ 232年。——英译批注

托给赫拉克拉斯，从亚历山大迁居凯撒利亚。此后不久，德美特里乌在担任亚历山大主教四十三年后离开人世，其职位由赫拉克拉斯继承。

27. 当时，菲尔米里安（Firmilian）在加帕多家的凯撒利亚担任主教，他对奥利金推崇备至，不仅邀请奥利金协助管理教区，而且还为提高神学素养，亲自前往犹太地拜访奥利金。与此类似，耶路撒冷主教亚历山大和凯撒利亚主教提奥克提斯图斯，依旧把奥利金当作他们唯一的老师，不仅常常聆听他的教诲，而且还单单委托他负责解经等教会的教导工作。

色雷斯人马克西米努斯统治期间的迫害

28. 罗马皇帝亚历山大［·塞维鲁斯］当政十三年后离开人世，其皇位由色雷斯人马克西米努斯（Maximinus）继承。①亚历山大家里"大部分人都是信徒"，马克西米努斯对此曾深怀敌意。登基后不久，马克西米努斯随即发动迫害，下令单单处死教会领袖，因为他们乃是负责教导福音的人。正是在此时，奥利金写下《论殉道》(*On Martyrdom*)，并且将这篇文章献给安布罗斯和普罗托克特图斯（Protoctetus），后者是凯撒利亚的一位长老。马克西米努斯仅仅在位三年，迫害也持续了三年。上述两人均在迫害中遭受残酷的折磨，却依然高贵勇敢地承认自己的信仰。关于这次迫害持续的时间，奥利金在《约翰福音注释》第二十二卷中有所提及。

---

① 235 年。——英译批注

294 教 会 史

法比安与鸽子

29. 格尔迪安（Gordian）接替马克西米努斯，成为罗马皇帝。①庞提安担任罗马主教六年后，安特罗斯（Anteros）接替其位，一个月后，即由法比安（Fabian）取而代之。据说，法比安与其他人一起从乡下来到罗马，他之所以被任命为罗马主教，乃是由于神圣恩典所带来的神迹。其间，会众济济一堂，想要开会选出安特罗斯的继任者。法比安当时也在现场。许多杰出人士都在候选之列，没有一人提议法比安继任主教一职。但是，据说，突然之间一只鸽子飞来，停在法比安头上，正如圣灵以鸽子的形状降临在救主身上一般。②会众看到这些，仿佛受到同一圣灵的默示一般，异口同声、热情满怀地喊道："他是配得的！"于是，他们立即将他拥上主教宝座。

几乎同时，安提阿主教泽本努斯离开人世，其主教一职由巴比拉斯（Babylas）继承。在亚历山大，德美特里乌执掌教区四十三年后，由赫拉克拉斯接替，而教理学校校长一职则由狄奥尼修斯接任。狄奥尼修斯也是奥利金的学生。

奥利金的其他学生

30. 当奥利金在凯撒利亚讲学时，许多本地和外国学生都在他门下求学。其中的出类拔萃者有：提奥多勒（Theodore），他不是别人，正是我自己所处时代的那位受人爱戴的主教；格列高利（Gregory）③及

---

① 238 年。——英译批注
② 参见《路加福音》3∶21—22 等。——中译注
③ 优西比乌并未提及此人的称号，此人即通常所称呼的"行神迹者格列高利"（Gregory Thaumaturgus ["miracle worker"]）。他死于约 270 年，优西比乌当时还是一个孩童。关于格列高利的进一步细节，可参见本书第七卷的第十四节和第二十八节。

其兄弟亚特诺多勒（Athenodore）。兄弟两人原来都倾心专注希腊与罗马研究。但是，他们对奥利金循循善诱的教导心悦诚服，开始爱好哲学，并且将以往的激情完全投入到神学研究之中。两人在奥利金门下求学长达五年，在神学上颇有造诣，因此，尽管年纪轻轻，却双双当选为本都教会的主教。

尤里乌斯·亚非利加努斯

31. 当时，还有一位优秀作家，即［尤里乌斯·］亚非利加努斯①，他著有所谓的《切斯提》（*Cesti*）②一书。他写给奥利金的一封信，至今尚存。他在信中表示，《但以理书》中关于苏撒拿（Susanna）的故事，③乃是伪作。奥利金则回以一封长信。我手头还有一部亚非利加努斯的精妙作品，即五卷本的《年代记录法》（*Chronography*）。他在这部作品中提到，因仰慕赫拉克拉斯，他曾前往亚历山大。如前所述，这位赫拉克拉斯由于在哲学与世俗学问方面的杰出成就，被选为当地主教。亚非利加努斯还有一封书信尚存于世，即写给亚里斯蒂德的那封信。在这封信中，他探讨了《马太福音》和《路加福音》在基督家谱上的所谓不合之处。他清楚地表明，这两部福音书是和谐一致的。关于这些，我在本书第一卷曾经引述过。④

---

① 据 Williamson 英译注，生于公元170，卒于243年。——中译注
② ［意为］"带有绣花或镶边的腰带"（embroidered girdles），此标题表明，此部作品具有杂记风格。
③ 参见 Williamson 英译注，此段故事在七十士希腊文译本属于《但以理书》的一部分。但是，此段故事并不见于希伯来文圣经，而属于次经中的《但以理书残篇》第一章（即张久宣《圣经后典》中译本的《三童歌》，参见 http：//www.orthodox.cn/liturgical/bible/gap/）。——中译注
④ 参见本书第一卷第七节。——中译注

从这幅珍贵的照片可以看出基督教在凯撒利亚的发展状况。这块刻有马赛克图案的石头出土于海底,由于曾被沙子遮盖,图案得以留存。其中的希腊文引自《罗马书》13:3:"你愿意不惧怕掌权的么?你只要行善,就可得他的称赞。"(在照完这张照片后,这块石头被重新覆以沙子,得以恢复原状!)

奥利金在凯撒利亚的注释作品

32. 与此同时,奥利金正致力于撰写《以赛亚书注释》(*Commentary on Isaiah*)和《以西结书注释》(*Commentary on Ezekiel*)。流传到我们手中的有:前书关于《以赛亚书》第三部分的三十卷,直至论及旷野牲畜之默示的那段文字(以赛亚书30:6);二十五卷的全本《以西结书注释》。《以西结书注释》完成于奥利金访问雅典期间,也正是在这段时间,他开始注释《雅歌注释》(*Commentary on the Song of Songs*),并且完成前五卷的撰写。之后,他返回凯撒利亚,继续撰写《雅歌注释》,写完余下五卷。不过,此处并非列举其全部作品之处,这需要专书处理。这样的一份书目,我已附在《潘菲鲁斯传》中,本书乃是我为纪念这位同时代的神圣殉道者而撰写的。为了证明潘菲鲁斯对神学的热情,在谈及其所创建的图书馆时,我引述了馆中所藏的奥利金和其他教会作家的作品目录。

贝里鲁斯的错误

33. 我们曾在前面提到,贝里鲁斯乃是阿拉伯地区波斯特拉的主教。他引进与信仰相异的意见,扭曲教会的教义,竟然大胆宣称,在住在人们中间之前,①我们的拯救者和主并不存在,除了圣父的内居之外,他自身并无神性。因此,众多主教对他产生疑问,并且与之讨论。后来,奥利金与其他人士也被邀参与讨论。奥利金首先与贝里鲁斯谈话,以了解其所持观点。接着,奥利金指明其所犯错误,并且藉着理性帮助他重新回到以往所持有的健全信念。关于贝里鲁斯和因他而召开的主教会议,如今还有纪录存留于世,其中包括奥利金的提问、在波斯特拉所发生的争论,以及与此相关的一切。关于奥利金,还存在其他许多不同的说法,其中最为重要的信息已收入《为奥利金辩护》一书。本书是由神圣殉道者潘菲鲁斯和我本人联合撰写的,为的是回应对奥利金吹毛求疵的错误批判。

腓利普:是否一位基督徒皇帝

34. 执掌罗马皇权六年后,格尔迪安离开人世,继承皇位的是[阿拉伯人]腓利普(Philip [the Arab])。②据说,他是一名基督徒,在最后一次复活节守夜祷告时,曾想和信徒们一起在教会中做祷告。可是,当时的教会领袖不让他进去,直到他公开认信,承认自己是罪

---

① 参见《约翰福音》1:14,"道成了肉身,住在我们中间,充充满满的有恩典、有真理。"——中译注
② 244年。——英译批注

人，需要［在教会里］告解。反过来，要是他不做这些，他就不会被［教会］接纳，因为他受到多项指控。据说，他愿意遵从，并且敬畏上帝，凡事都表现得真挚且虔诚。①

35. 腓利普当政第三年，在执掌亚历山大教区十六年后，赫拉克拉斯离开人世，其主教职位由狄奥尼修斯接替。

奥利金成熟时期的作品

36. 此时，我们的信仰不断扩展，我们的教义也得到广泛与勇敢的传扬。奥利金已年逾六十。据说，他终于允许速记员记录他的讲演，这是他以前从未允许过的。在这段时间里，他写下总题为《真道》(The True Word)②的八篇论文，以反驳伊壁鸠鲁主义者塞尔修斯（Celsus）对我们的攻击。此外，还著有共二十五卷的《马太福音注释》(Commentary of Matthew) 以及我手头仅有二十五卷的《十二［小］先知书注释》(Commentary on the Twelve [Minor] Prophets)。至于其尚存于世的书信，我手头存有他分别写给皇帝腓利普本人、其妻塞维拉（Severa）以及其他许多人的书信。这些书信共有一百余封，曾由不同人士保管。我尽可能地将之搜集齐全，然后一一包好，好让它们不再散落四处。奥利金还曾致信罗马主教法比安和其他教会的领袖，讨论他本人是否正统的问题。关于此问题，我的《为奥利金辩护》第六

---

① 关于腓利普与基督教的关系，本卷之后的评注部分将有所讨论。
② 或译"真言说"或"真教义"(The True Discourse or Doctrine)（"逻各斯"[Logos] 是希腊语中意思最为丰富多变的词语之一）。塞尔修斯从异教角度攻击基督教的文字，不仅颇为重要，而且是已知最早的。奥利金对此的回应一般称为《驳塞尔修斯》(Contra Celsum)，正是依据这回应，塞尔修斯的大部分作品得以重构。另外，优西比乌把塞尔修斯当作伊壁鸠鲁主义者，但塞尔修斯极有可能是一名柏拉图主义者。

卷作出了详尽说明。

阿拉伯地区的错误，赫尔克塞特异端

37. 在阿拉伯地区，有些人提出一种不合真理的教训，他们主张，在死亡时，人的灵魂会和肉体一起死亡，在复活时，则会和肉体一起复活。一次大规模的主教会议特地为此召开，奥利金也被邀参加。在会议的公开辩论中，奥利金据理力争。因为他强有力的论证，那些此前走偏了的人心悦诚服地改正了原有的错误观点。

38. 与此同时，还出现了另外一种错误看法。这种看法源自一出现即被消除的赫尔克塞特异端（the Helkesaite heresy）。在一次关于《诗篇》第八十二篇的公开讲演中，奥利金曾提到此异端：

> 最近，有人在宣扬一种不虔不敬的渎神观点，即所谓的赫尔克塞特异端。这异端新近才在教会内部出现。我将向你们说明这异端的错误所在，好让你们不至于受到引诱。这异端拒绝接受圣经的部分经卷，即只采纳全部旧约和［四部］福音书，但完全拒绝使徒保罗的书信。他们主张，否认［真理］并没有什么大不了，明智之人在受到胁迫时可以口头否认［真理］，只要心里还是相信就好。此外，他们还编造出一本书，说什么这本书自天而降，任何人只要听人读到并且相信这本书，就可罪得赦免——这种赦免完全不同于我们藉着基督耶稣所得的赦免。

德西乌斯统治期间的迫害

39. 当政七年后，①腓利普的皇位由德西乌斯（Decius）接替。②出于憎恨腓利普的缘故，德西乌斯发动针对教会的迫害。在此次迫害中，罗马主教法比安在殉道中得着圆满，其主教职位由哥尼流（Cornelius）继承。

在巴勒斯坦的凯撒利亚，耶路撒冷主教亚历山大再次被带到总督的审判台前，第二次勇敢无畏地承认自己的信仰。尽管他白发苍苍，年事已高，却还是被投入监牢。在满有荣耀的见证后，他在狱中寿终正寝。玛扎巴内斯（Mazabanes）被任命为他在耶路撒冷教区的继承人。与亚历山大相似，巴比拉斯也在承认信仰后死于安提阿的狱中。此后，法比乌斯（Fabius）成为当地教会领袖。

在这次迫害中，恶魔拿出兵器库中的所有武器，使尽种种伎俩，不惜一切代价，对奥利金发动了前所未有的攻击。为了基督之道的缘故，奥利金遭受种种酷刑，不仅被带上镣铐，而且还被关入黑牢。数天之久，他的双脚被套上枷锁，并且双双被拉至四个孔的距离③。除此之外，他还高贵地忍受了火刑等敌人所能设想出的一切折磨。这一切酷刑的停止，乃是出于那位法官的命令，因为他极力地要避免判处奥利金死刑［，好让奥利金生不如死］。④此后，奥利金还为那些需要安慰的人留下了许多颇有助益的信息。上述这一切，在奥利金为数众

---

① 根据本书附录中的"皇帝和主教更替年表"和前注提到的《罗马皇帝辞典：从奥古斯都到查士丁尼》，应为五年。——中译注
② 249 年。——英译批注
③ 参见本书第五卷第一节的相关中译注。——中译注
④ 本书英译者将法官的行为理解为一种英勇行为，而 Cruse 英译注则认为，法官故意如此，为的是更长时间地折磨奥利金。中译注采纳 Cruse 译文，因为优西比乌的主旨在于，用敌人的残暴衬托出奥利金百折不挠的坚定信念。——中译注

多的亲笔书信中都有真实且详细的记载。①

狄奥尼修斯主教在埃及的获救②

40. 至于狄奥尼修斯的经历，我想征引他那封反驳杰曼努斯（Germanus）的书信。在这封书信中，狄奥尼修斯以如下文字谈及了自己的遭遇：

> 我之所以逃走，不是出于我自己的意思或毫无上帝的引领。我说这些，乃是当着上帝的面，上帝知道我是否在撒谎。甚至早在德西乌斯宣布发动迫害前，萨比努斯（Sabnius）已派出一名军警③追捕我，而我呢，则在家中等了他四天。他搜寻道路、河流和田野的各个角落，以为我会躲避到这些地方，却万万没有想到，我这个被追捕的目标竟然还留在家中。于是，他如同瞎眼一般，并没有到我家搜寻。四天后，上帝吩咐我离开，并且以非同寻常的方式为我开路，我和几名男仆以及一些弟兄得以一同上路。随后发生了一些事情，不仅证明我们的逃跑乃是出于上帝的眷顾，而且也表明，我们对一些人来说还是有点助益的。

接着，他作出一些评论，然后讲述了在逃跑后所发生的事：

---

① 奥利金在此次牢狱之灾中得以生还。七年后（约254年），由于此次遭遇带来的影响，他离开人世，被葬在推罗。
② 参见第七卷第十一节的相关描述。——中译注
③ 萨比努斯（Aurelius Appius Sabinus）于249—250年任埃及总督（prefect of Egypt）。军警（frumentarius）是驻扎行省的百夫长，其职责不仅为军事指挥，也须管理地方警务。关于杰曼努斯对狄奥尼修斯的指责，即狄奥尼修斯胆小怯懦，在迫害中逃跑溜走，详参见第七卷第十一节。

约日落时分,我们被士兵抓住,并被带往塔波西里斯(Taposiris)①。不过,藉着上帝的眷顾,提摩太当时正好还没有来到,未被抓住。后来,等他抵达时,发现房子空空如也,只有几位仆人在守卫,这才知道,我们已被抓走……那么,上帝又是如何显示出他的眷顾与怜悯呢?事实将显明这一切。提摩太在逃跑途中遇到一位村民,村民看到他张皇失措的样子,于是问他为何如此。这位村民本要前往参加婚宴——根据当地风俗,婚宴应彻夜庆祝。村民得知真相后,连忙赶到婚宴所在地,告知所有在座的人。一听到这些,大家一同起身,火速出发,冲进我们被拘捕的地方。一听到他们的大声呐喊,看守我们的士兵吓得马上落荒而逃。当他们靠近之时,我正躺在一张毫无遮盖的床垫上,以为他们是打劫的强盗,所以留在床上不动。当时,我身上仅有一件亚麻外衣,只好把放在旁边的其他衣服拿给他们。不料,他们却叫我起来赶紧逃走。我这才明白他们前来的用意。于是,我连忙大声请求他们,赶快走开别管我们,或者,倘若他们真想帮助我们的话,就最好在追捕我的人之前砍掉我的头颅。当我这样大声叫唤时,正如我的同伴所知道的,他们强行把我拉起来,而我又奋力躺回地上。于是,他们只好抓起我的双手双脚,把我拖到外面。跟着出来的还有:该犹、福斯图斯(Faustus)、彼得和保罗,他们都是所有这一切的见证人。正是他们,扶我起来,将我带出村子,然后把我放在无鞍的驴背上,让我得以逃脱。

以上即是狄奥尼修斯关于自身经历的记述。

---

① 据 Williamson 英译注,位于亚历山大西南约三十英里处。——中译注

亚历山大的殉道者

41. 关于亚历山大殉道者在德西乌斯迫害期间所遭受的折磨,他在写给安提阿主教法比乌斯的一封信中提供了如下记述:

> 针对我们的迫害,并非始于皇帝的法令,而是早在整整一年前就已发生。给本城带来不幸的是一位预言家,他究竟姓甚名谁,已无从知晓。他唆使异教群众反对我们,鼓吹他们的异教迷信,直到他们以为,唯一的真宗教信仰模式,就是杀死我们。①
>
> 首先,他们抓住一位名叫梅特拉斯(Metras)的老年人,命令他说渎神的话。他表示拒绝,他们就用棍棒打他,用尖头芦苇戳刺他的脸和双眼,然后把他拖到城郊,用石头打死。接着,他们把一位名叫奎因塔(Quinta)的女信徒带到偶像庙,想强迫她拜偶像。她充满厌恶地转过脸去,他们就绑住她的双脚,将她放在凹凸不平的路上拖着游街,不停地抽打她,还故意让她撞上大石块,一直拖到城郊,然后同样用石头将她打死。之后,他们成群结队,闯入虔敬之人的家中,攻击、抢劫和掠夺自己的邻居,把贵重物品据为己用,将不那么值钱的木制用品扔到街头付之一炬,使得整座城市看起来像已沦于敌手一般。信徒们逐渐退却让步,正如保罗所说的那样,甘心忍受自己的财产被人夺去。②而且,我还知道,除了一个可能的例外,无人否认主。

---

① 参见《约翰福音》16:2,"并且时候将到,凡杀你们的,就以为是侍奉神"。——中译注
② 参见《希伯来书》10:34,"因为你们体恤了那些被捆锁的人,并且你们的家业被人抢去,也甘心忍受,知道自己有更美、长存的家业"。另外,Williamson 英译注指出,狄奥尼修斯显然承认,保罗就是《希伯来书》的作者。——中译注

他们还抓住一位人人称羡、年事颇高的处女阿波罗尼娅（Apollonia），敲掉她所有的牙齿，并且在城门前架起柴火堆，威胁她说，除非她重复他们所说的渎神言语，不然就将她扔进火堆。她请他们先给自己一点喘息时间，他们一把她放开，她就猛地跳进火堆，被活活烧死。塞拉皮昂（Serapion）则被他们在家中逮住。他们对他施以酷刑，打断他的四肢，然后将他头朝下从楼上扔下。

无论白天还是黑夜，我们都不能在大道小路、街头巷尾抛头露面。随时随地都满是他们的叫嚣，倘若有人拒绝重复他们的渎神言语，肯定会被马上拖走烧死。如此这般的残暴情形，持续了很长一段时间，直到他们之间出现混乱和内斗为止。于是，这些恶人以往针对我们的残暴，转而变成他们彼此之间的伤害。他们再也无暇虐待我们，我们就这样得到了片刻喘息。可是，以往对我们较为友善的皇权①却转易他人之手，消息传来，让我们感到恐怖的威胁正在临近。帝国敕令确实接踵而来，几乎正如我们的主以令人生畏的口吻所预言的："倘若能行，连选民也就迷惑了。"（马太福音24：24）恐怖的威胁无处不在。有些颇有名望的人出于害怕立刻前去敬拜偶像，有些担任公职的人由于职务需要也同样如此行，还有的人则是被旁观者②拖去的。经点名，他们一个接一个地靠近那些不洁净且不神圣的祭品。有的满脸苍白，不住地发抖，就好像不是在献祭，而是在被当作祭品献给偶像一般，引起围观群众阵阵嘲笑。显而易见，他们确实是十足的懦

---

① 即阿拉伯人腓利普的皇权。
② 采 Cruse 英译本译作"熟人"（their acquaintance）。英译本原作"旁观者"（bystanders），Williamson 英译本则作"暴徒"（the mob）。——中译注

夫，害怕死亡，也害怕献祭。有的则急切地快步跑向祭坛，似乎想要表明，他们从未当过基督徒。关于这些人，主确实曾经预言过，他们要想得救，实在困难。①至于其他人，有的分别跟随上述三种人的脚步，有的逃离，有的被捕入狱。在那些坐监的人当中，有的没受多久酷刑就背离了信仰，有的因持守信仰的缘故已遭长期禁闭，却在被带往法庭之前放弃了信仰。

然而，主蒙福的坚毅柱石，得着主自己的坚固，并且按照自身信仰的热心程度得着相配的力量与忍耐，为主国度的缘故成为光荣的殉道者。其中的第一位即是朱利安（Julian），他身患痛风，无法站立和行走，只好由两人抬进法庭。这两人之中，一人即刻否认［信仰］，另一人名柯隆尼昂（Cronion），别名欧努斯（Eunus），像老迈的朱利安一样，他也承认了主。于是，两人被绑在骆驼上，在整座城市——你知道这座城市有多大——游街示众，边走还边挨鞭笞，最后在众人围观之下被活活用生石灰烧死。在两人被带走执行火刑的时候，一位名叫别撒斯（Besas）的士兵也站在旁边，他对群众的辱骂加以斥责，引来群众的大声谩骂。在信仰的大战中，这位为上帝而战的英勇斗士表现得勇敢无畏，最后也被带上法庭，被处以斩首之刑。还有一位名叫马卡尔（Macar）的人，本是利比亚人，他确实名符其实，得蒙祝福，②他拒斥法官要他否认信仰的百般努力，最后被活活烧死。此后，厄皮马库斯（Epimachus）和亚历山大（Alexander）双双长期坐牢，

---

① 暗指《马太福音》19：23。——英译注

《马太福音》19：23—24，"耶稣对门徒说：'我实在告诉你们，财主进天国是难的。我又告诉你们，骆驼穿过针的眼，比财主进神的国还容易呢！'"——中译注

② "makar"希腊文原意为"蒙福的"，其复数形式正是"八福"中每一句的起首词（马太福音5：3—11）。

遭受过无数次的鞭打与刀刮①，最后也在生石灰中被活活烧死。

与他们一同殉道的还有四位女士。亚摩纳丽昂（Ammonarion）乃是一名圣洁的处女，她直截了当地向法官表示，绝不会重复他要她说的话，尽管饱受残酷折磨，也依然持守自己的承诺，结果被带走处以极刑。在其他女士中，有梅尔库丽娅（Mercuria），她是一位优雅的长者；还有狄奥尼西娅（Dionysia），她是多名孩子的母亲，却爱主胜过爱自己的孩子②。总督对她们多次用刑，却一无所获，于是恼羞成怒，停止用刑，用剑将她们刺死。至于亚摩纳丽昂，她乃是斗士之中的斗士，替上述两位女士承受了所有的酷刑折磨。

三位埃及人，希罗（Hero）、阿特尔（Ater）和伊斯多勒（Isidore），与一位年仅十五岁的少年一道被人告发。这位少年名叫狄奥斯科鲁斯（Dioscorus），[法官]先是以为他能被轻松说服，于是就试着用言语引诱他。然后又以为他很容易被刑罚屈服，就用各种酷刑折磨他。结果，狄奥斯科鲁斯既没有被言语劝服，也没有在酷刑前退缩。于是，[法官转而对付其他人，]极其残暴地把他们打得皮开肉绽，甚至骨头尽断，然后把奄奄一息的他们扔进火里。至于狄奥斯科鲁斯，他在公众面前表现非凡，颇得拥护，在私底下又连连给出满有智慧的回答，让法官大为吃惊。于是，法官说道，鉴于他年纪尚轻，就给他一段时间好好考虑，接着就

---

① 据 Cruse 英译注，此处提到的乃是一种用来刮肉的金属刑具。——中译注
② 因为信仰基督的缘故，这位母亲拒绝否认信仰，宁可抛下自己的孩子，直面死亡，故采用 Cruse 英译本译文（"but did not love them more than the Lord"），原英译本作"but just as devoted to the Lord"，Williamson 英译本作"but just as devoted to her Lord"。另参见《马太福音》10：37，"爱父母过于爱我的，不配作我的门徒；爱儿女过于爱我的，不配作我的门徒"，另参见《路加福音》14：26 及《新国际版研读本圣经》对此的注解。——中译注

把他放走了。

还有一位名叫尼梅西昂（Nemesion）的埃及人。他被错误地指控与强盗有勾结。刚在百夫长面前澄清完这项荒谬的指控，他又被指控是一名基督徒，于是被戴上镣铐，押到总督面前。这总督是一位极不正义的法官，下令对他施以比强盗该受刑罚两倍重的刑罚，包括鞭笞与拷打，然后将他与几名强盗一同烧死，从而让他得着与基督类似的尊荣。①

此外，在法庭前，站着几位士兵，即亚蒙（Ammon）、芝诺（Zeno）和英格努斯（Ingenuus），还有一位名为提阿非罗（Theophilus）的老者。当某人被当作基督徒提审、快要否认［基督］时，他们就站近一些，咬紧牙关，并且用脸部和手部动作向此人示意。趁众人转向他们但未能抓着他们的时候，他们跑到此人面前，告诉他说，他们是基督徒。总督及其助手大受惊吓，而那些被指控之人则全都大得鼓励、勇敢无畏地等待着将要遭受的折磨。至于上述几位士兵，他们为自己的见证深感自豪，在得胜中跨步走出法庭。

42. 在城市、乡村，还有许多其他人被异教徒打得皮开肉绽，甚至骨头尽断。举一个实例想必足以说明。伊什里昂（Ischyrion）被某位官员雇为男仆。当雇主命他献祭时，他表示拒绝，结果受到雇主的凌辱。他依旧坚持，再次遭到雇主的虐待。他还是不屈不挠，最后雇主拿起一根长棍，刺穿他的内脏，将他杀死。

此外，我还有必要提及那些为数众多的在旷野山岭飘荡、时

---

① 耶稣基督曾与两位强盗一同被钉上十字架，参见《路加福音》23：32—43 等。——中译注

时可能饿死、渴死、冻死、病死、遭强盗抢掠、被野兽吞食的人吗？①得以幸存的人都十分尊敬那些蒙拣选的得胜者②。仅举一例说明之。凯勒蒙（Chaeremon），这位年事已高的尼罗波利斯主教（Bishop of Nilopolis）携妻③逃进阿拉伯的山中，从此一去不返。教友们虽四处搜寻，却怎么也找不到他们或者他们的遗骸。此外，还有不少人也逃进这一地区，却被蛮族撒拉森人（Saracens）掳为奴隶，有的历尽艰辛被高价赎回，有的直到如今也没有可能被赎回。

[亲爱的弟兄，我之所以写给你这份长篇记述，并非出于无聊，而是为了让你知道，我们所遭受的迫害有多么骇人听闻。而且，那些有更深感触的人还可以告诉你更多……]④

甚至那些来自我们中间的神圣殉道者——他们如今正在基督的国度里，与他作伴，与他同坐，分有他的权柄，而且还与他一同审判⑤——在世时也接纳那些曾跌倒、被指控向偶像献祭的弟兄。他们看到这些弟兄的重新皈依与悔改，确信这些弟兄能够得着主耶稣基督的悦纳，因为他所喜悦的绝不是罪人的死亡，而是

---

① 参见《希伯来书》11：35—38，尤其是38。——中译注
② 当指由此殉道的信徒。——中译注
③ Cruse 英译本译作"同伴"（partner）。使徒或主教已婚，这在早期教会并不罕见。比如，使徒彼得娶有妻室，参见《马可福音》1：30，"西门〔彼得〕的岳母"，《哥林多前书》9：5，"难道我们没有权柄娶信主的姊妹为妻，带着一同往来，仿佛其余的使徒和主的弟兄并矶法〔即彼得〕一样么？"另可参见本书第三卷第三十节的相关注解。——中译注
④ 英译本可能故意漏译此段。中译文据 Cruse 英译本补译。——中译注
⑤ 此种观念当源自启示文学的传统（apocalyptic tradition），具有无千禧年派的色彩。参见《但以理书》7：18，"然而，至高者的圣民，必要得国享受，直到永永远远"；7：27，"国度、权柄和天下诸国的大权，必赐给至高者的圣民"；《马太福音》19：28，"耶稣说，'我实在告诉你们：你们这跟从我的人，到复兴的时候，人子坐在他荣耀的宝座上，你们也要坐在十二个宝座上，审判以色列十二个支派'"；《路加福音》22：29—30，"我将国赐给你们，正如我父赐给我一样，叫你们在我国里，坐在我的席上吃喝，并且坐在宝座上，审判以色列十二个支派"；《启示录》20：4—6，尤其是6，"在头一次复活有份的有福了、圣洁了，第二次的死在他们身上没有权柄。他们必作神和基督的祭司，并要与基督一同作王一千年"，等等。——中译注

罪人的悔改。于是，他们就接纳这些弟兄，允许这些弟兄以"旁观者"（bystanders）的身份重新回到教会，并且与这些弟兄在祷告和筵席上一同交通。亲爱的弟兄，不知你对此有何建议？我们应该怎么办呢？我们应该认同他们的意见，温柔地对待蒙他们怜悯的人？还是我们应该把他们的决定判定为不适当的，从而推翻他们的做法？

诺瓦替安异端

43. 狄奥尼修斯提及在迫害中因软弱而跌倒的人，这不是无缘无故的。当时，罗马教会有一位长老诺瓦图斯［诺瓦替安］（Novatus [Novatian]）①，他自负傲慢，极为轻视这些曾经跌倒的人，甚至以为，即使他们竭力证明自己重新皈依和悔改的真心诚意，也不会再有得救的希望。由此，他成为一个新派别的领袖，该派别成员骄傲地把自己称为"纯净者"（the Pure）。为了应对这一状况，在罗马召开了一次大规模的主教会议，与会人员不仅有六十位主教，还有为数更多的长老与执事；与此同时，在地方各省、各地神职人员则考虑下一步该做些什么。大会一致通过以下决议：诺瓦图斯、其自以为是的同伴，以及所有接受其充满敌意和毫无人性之观点的人，应被视为已自绝于教会，并且，应该善待那些曾经跌倒的教友，用悔改的良药医治他们。

我手头有一封罗马主教哥尼流写给安提阿主教法比乌斯的书信，哥尼流在信中记述了罗马会议的情况，并且介绍了意大利、非洲及其邻近教区的相关意见。此外，我还有一封由西普里安（Cyprian，或

---

① 大多数希腊作家写作"Novatus"，但拉丁作家则写作"Novatianus"，毋庸置疑，后者是正确的。正是此人创建了诺瓦替安派。当时确实有一位名叫诺瓦图斯（Novatus）的人，不过，他并非创建诺瓦替安派的诺瓦替安，而是一位认同诺瓦替安分子的迦太基长老。

译"居普良")及其在非洲的同工发出的拉丁文书信,他们在信中明确赞同,应该帮助那些在试探中跌倒的人,而且应当将此异端的始作俑者及其同党绝罚出大公教会。附在这些之后的还有哥尼流的两封书信,一封谈及罗马会议的各项决议,另一封提及诺瓦图斯的所作所为,正是从后者,我将有所引述。在这封信中,哥尼流向法比乌斯描述了诺瓦图斯的性格特点:

> 你可能早就知道,这出色的家伙很久以来就颇为觊觎主教一职。起初,他极力隐藏野心,利用认信者们的支持,掩饰他的疯狂和愚蠢。不过,有四位认信者密切注意着他的一举一动。他们是马克西姆(Maximus)——我们中间的一位长老——和乌尔班(Urban)、希多尼乌斯(Sidonius)和塞勒里努斯(Celerinus)。马克西姆和乌尔班在迫害中两次认信,因而声名卓著。塞勒里努斯在迫害中虽肉体软弱,但藉着信仰的坚固,忍受种种折磨,最终胜过了那恶魔。四人发现,他矫揉造作,口是心非,作伪证,说谎话,与人交往不仅作风野蛮,而且虚情假意。于是,四人返回圣教会,当着众位主教、长老和平信徒的面,揭露他暗中隐藏的种种丑恶伎俩,并且为他们自己的愚蠢而痛悔哀哭,因为他们曾受到[诺瓦图斯]这奸诈恶毒的野兽的蛊惑,短暂离开教会……
>
> 亲爱的弟兄,就在很短的时间后,他发生了非同寻常的转变!这个令人惊奇的人居然发出最最恶毒的誓言,保证自己不再觊觎主教职位。接着,他就像从机器中被弹出一样,在突然之间以主教的身份出现。这位"教会教义的斗士"企图攫取那没有从天上赐给他的主教职位,选出两位早已声明放弃救恩的助手,派他们

前往意大利的一个偏僻地区，以欺骗当地的三位主教。他利用这三位主教的愚昧无知、头脑简单，催促他们火速赶来罗马，与其他主教一起调停罗马教会的内部纠纷。在抵达后，他们由于头脑简单，未能识破这恶棍的诡计，结果被一些与他一样的分裂分子缠住喝酒，最后被灌得酩酊大醉。到了第十时①，趁着他们醉意还浓，他就强迫他们，藉着他们虚假与非法的按手，让自己成为主教。之后不久，其中一位主教返回教会，泪流满面地为自己的过失表示忏悔。由于在场的所有平信徒都为他求情，于是我们把他视作一名平信徒，重新接纳了他。至于其他两位，我们任命了两位继任人取而代之，并且把这两位继任主教派往所辖教区。

这位"福音的斗士"当时并不知道，一个大公教会②只能有一位主教。不过，他肯定很清楚，教会中有四十六位长老，七位执事，七位副执事，四十二位助祭（acolytes），驱魔师、读经师和看门人共五十二位，以及一千五百多名寡妇和其他有困难的人。上述所有人都仰赖于主恩典与爱的供养。然而，不管是如此巨大的侍奉人数——这对于教会来说是必需的，而且靠着上帝的恩典正在不断增长——还是数不胜数的平信徒，都不足以让他回转心意，弃绝愚蠢无望的野心而回到教会……

他究竟为什么这么想当主教呢？难道是因为他从小就在教会长大，而且为教会的缘故打过许多危险的仗？绝不是因为这些。撒旦附在他身上已有相当长一段时间，正是由于撒旦的诱引，他才成为信徒。当驱魔师试图为他治疗时，他却突然重病缠身，以至

---

① 大概相当于下午四点。
② 据 Cruse 英译注，"大公"在此处意为"正统"（orthodox）或"正典"（canonical）。另据 Williamson 英译注的估算，当时罗马基督徒大概有三万到五万人。——中译注

于被认为命不久矣。于是,他躺在床上接受了点水礼① ——果真如此,应该可以说,这样的一个人确实接受了洗礼。但是,他在病愈后,不仅没有履行教会的其他规定程序,而且没有接受主教的印记。倘若没有这些,他又怎么能接受圣灵呢?……

由于胆小懦弱、贪生怕死,他在迫害中曾否认自己是长老。有一次,他把自己关在一间屋里,执事们恳请他走出房间,以履行长老应尽的义务,即帮助那些处于危险之中或有所需要的教友。他不仅不听劝告,而且勃然大怒,并且声称自己不愿再做长老,因为他已经爱上了另外一种哲学……

这令人惊奇的家伙离弃了上帝的教会。正是在这教会里,他蒙主教的悦纳,被按立为长老。当时,所有教士和很多平信徒都反对主教的这一决定,他们认为,一位因卧病在床而接受点水礼的人,不应被按立成任何一个等级的教士。于是,主教只好请求大家破例,单单按立他一人。

接着,哥尼流提到另外一件事,这也是此人所做过的最荒谬恶行:

在献祭后,他开始向众人分发圣餐。他把圣餐放到他们手中,握住他们的手,不是要他们说什么祝福的话,而是强迫这些不幸的人发出如下誓言:"凭着我们主耶稣基督的血和肉,我发誓,绝不背叛你,回到哥尼流那里去",否则就不让他们离开。这些可怜的人若不首先诅咒自己,就不能领杯;若说"阿门"而不

---

① 并未浸入水中,只是点水或泼水而已。

说"我不会回到哥尼流那里去",就不能领饼……

不过,他现在早已陷入孤家寡人的无望境地,因为每天都有教友离弃他,回到教会。摩西即是其中一人。他最近刚刚蒙福殉道,做出了美好的光荣见证。当摩西还在世时,他看穿了他[诺瓦图斯]的愚蠢与狂妄,于是不再与他和其他五位同样背离教会的长老有任何交通①。

在书信的结尾处,哥尼流点名道姓地一一列举了曾参与罗马会议、共同斥责诺瓦图斯愚蠢错误的众位主教,并且在各自的名字后附上了他们各自所管理的教区名称。至于那些未到罗马与会,但写信赞成会议决议的主教,哥尼流也在信末一一列举了他们的名字和各自发信城市的名称。上述即是哥尼流写信给安提阿主教法比乌斯所通报的相关情况。

狄奥尼修斯论悔改

44. 对于[诺瓦替安派]这样的分裂倾向,法比乌斯似乎略有认同之意。于是,亚历山大的狄奥尼修斯给他写了一封信。狄奥尼修斯在信中谈及悔改,并且描述了在亚历山大刚刚殉道的信徒所遭受的折磨。其中,如下记述尤其让人深感诧异:

在我们中间,曾有一位名叫塞拉皮昂(Serapion)的老年信徒,他大半辈子生活得无可指摘,不料却在迫害中跌倒。他一次

---

① Williamson 英译本作"中断一切交往"(broke off all contact),Cruse 英译本作"the communion"。此处指的应不是交际性的接触与往来,而是教会生活的应有内容,比如一同祷告、一同领受圣餐,等等。——中译注

又一次地祈求［赦免］，却无人聆听，就因为他向偶像献过祭。他患了重病，昏迷了整整三天。到了第四天，他稍有恢复，就立刻把孙子叫到身边："孩子，你还想让我活多久？"然后告诉孙子："让我快快死去吧！赶紧去叫一位长老来！"话一说完，他又重陷昏迷之中。小孩找到一位长老，可是，天色已晚，长老又身染疾病，不能前来。不过，我之前下过命令，垂死者若渴求赦免，特别是他们之前早就如此渴求，就应该得到赦免，好让他们满有盼望地离开人世。于是，长老交给小孩一份圣体（Eucharist），并且嘱咐他，应把圣体放入水中浸泡，然后滴到老人的口中。小孩回来后，塞拉皮昂再度醒来，说道："孩子，是你吗？长老不能来，你必须尽快按照他的吩咐做，好让我离开。"孩子把圣体浸入水中，然后滴到他的口中。老人吞完一些圣体后，就死了。显然，在没有得着赦免之前，他的生命就一直在维系着，难道不是这样吗？既然他的罪已被抹去，那么他能不能因为所做的善行而得到认可呢？

狄奥尼修斯的其他书信

45. 现在，让我们来看看，在诺瓦图斯扰乱罗马教友时，狄奥尼修斯写给了他一封怎样的书信。诺瓦图斯曾经抱怨，他之所以背叛和分裂教会，乃是因为受到一些教友的强迫。［狄奥尼修斯就此回应道：］

狄奥尼修斯向主内弟兄诺瓦替安（Novatian）①问安！倘若真如你说，你是被迫如此，那你就应自愿退职以示清白。与其分裂

---

① 狄奥尼修斯正确地写出了此异端的名字。——中译注

上帝的教会，不如为此忍受一切苦难；在我看来，为防止分裂而殉道，比起为避免拜偶像而殉道，更为荣耀。因为后者是为了自己单个灵魂的缘故，而前者乃是为了全体教会的缘故。倘若你现在就能劝服或强迫那些教友重新回到合一里，那么你所复得的就会大过你的过失，因为后者将会在前者得到的赞颂中被忽略不计。但是，倘若你无力说服那些教友，那你就尽力拯救你自己的灵魂吧。我为你献上祈求，愿你一切顺利，紧紧抓住在主里的平安！

46. 此外，他给埃及教会写过一封名为《论悔改》（*On Repentance*）的书信，表达自己对那些曾跌倒之人的看法，并且还提及罪过的不同等级。关于悔改这一主题，他还曾写过两封书信：一封是写给赫尔默波利斯主教科隆（Bishop Colon of Hermopolis）的私人信件，至今尚存；另一封则是为了劝诫他自己在亚历山大教区的群羊。他的存世信件还有：写给奥利金的一封书信，信中讨论的是殉道；写给老底嘉（Laodicea）教友的一封书信，当地主教名为特吕米德勒斯（Thelymidres）；写给亚美尼亚教友的一封书信，当地主教名为梅鲁扎内斯（Meruzanes），他也曾撰文讨论过悔改问题。在上述书信之外，他曾回信给罗马的哥尼流，讨论后者来信中对诺瓦图斯的批评。他在此封书信中表示，基利家省的大数主教赫伦乌斯（Bishop Helenus of Tarsus），连同其他几位主教，即加帕多家的菲尔米里安主教和巴勒斯坦的提奥克提斯图斯主教，联名邀请他到安提阿参加那里举行的主教会议。在这次会议上，有些人试图支持诺瓦图斯的分裂主张。他接着写道，他已获悉，法比乌斯已经睡去，德美特里安（Demetrian）已获任命，继任安提阿主教一职。此外，关于耶路撒冷主教，他写道："亚历山大,这位蒙福的人曾被下监,如今已进入安息。"

另外,狄奥尼修斯还有一封书信存留人世①,收信对象是罗马教友,由希坡律陀转交。他写给罗马教会的书信还有如下多封:《论平安》(On Peace);《论悔改》(On Repentance);写给当时还支持诺瓦图斯观点的那几位认信者的书信;这几位认信者回到教会后,还收到过两封来自狄奥尼修斯的书信。他还写过其他多封书信。即使在如今,凡有心专门研究这些作品的人,也必会满有收获。

一座基督教的洗礼盆,发现于北非的莱普提斯·马格纳 [Leptis Magna,位于的黎波里(Tripoli)附近],此地是塞普蒂默斯·塞维鲁斯的出生地。优西比乌在《教会史》中并未提及此地。

---

① Cruse 英译本提到,此封书信名为《论执事之职分》(On the Office of Deacons)。——中译注

在罗马竞技场上,环绕着一排火刑柱,柱上挂满了基督徒殉道者,部分火刑柱已被点燃。还有一头蓄势待发的狮子,准备攻击一群正在祈祷的基督徒。《基督徒殉道者的最后祈祷》(The Christian Martyr's Last Prayer),热若梅(Jean-Léon Gérome)作于1883年[沃尔特斯美术馆,巴尔的摩(The Walters Art Gallery, Baltimore)]。

评注　优西比乌的视野

在篇幅最长的第六卷中，优西比乌将焦点放到奥利金身上。在其历史记述中，关于奥利金的细节，远比关于其他人物的细节多得多。其中缘由不难找到。奥利金是基督教世界前三百年内最优秀的思想家之一，被优西比乌及其所尊敬的前辈潘菲鲁斯视为大师。两人在神学上均极为推崇奥利金，甚至不能坐视这位大师在教义方面受到攻击，以至于共同撰写了一部《为奥利金辩护》，《教会史》中也有部分为奥利金申辩的内容。奥利金在凯撒利亚度过余生，并为当地图书馆的配书作过贡献。优西比乌身为凯撒利亚主教，不仅在地理意义上可说是奥利金的继任者，而且正如他自己所表明的，他还从当地图书馆汲取过大量的写作资料。

显而易见，优西比乌在历史记述中倾向于东方的而非西方的地中海世界，倾向于希腊的而非拉丁的基督教世界。尽管他曾在之前几部作品中征引过德尔图良，但他很少提到过德尔图良和其他拉丁教父。203年，佩尔培图阿（Perpetua）、菲里西塔斯（Felicitas）及其同伴在迦太基竞技场殉道，优西比乌显然对此一无所知。诚然，他颂扬在罗马罹难的使徒般的殉道者，征引罗马主教的继承统绪，颇为关注在高卢发生的迫害和在意大利出现的诺瓦替安异端；而且，他的历史记述也以罗马皇帝的统治时期为框架。但是，在本书所讲述的事件中，最经常出现的视野乃是埃及、巴勒斯坦、叙利亚、小亚细亚，这些地区都是优西比乌最为熟悉的。此外，到当时为止，全帝国范围内最严重的迫害事件确实都是发生在东方，尤其是在埃及。令人悲叹的是，在早期教会史上，"理论的"东方同时也是那些最伟大思想家和神学家的故乡，尽管"实际的"西方也涌现过像德尔图良以及后来的奥古斯丁这样的伟大人物，并且确实对教会的教义和思想有过不少贡献。

塞普蒂默斯·塞维鲁斯（193—211年在位）执政晚期，零星爆发过几次迫害事件。这些迫害不仅事态严峻，而且分布区域广泛。此即本卷开篇时的情形。不过，塞维鲁斯应对上述迫害负责吗？优西比乌无疑是这么认为的，这可以从他的如下开篇之语看得出来："当塞维鲁斯策划针对教会的迫害时"。令人惊奇的是，历史学家对此多表怀疑，在描述塞维鲁斯的执政情况时，他们很少提及他对基督徒的态度。不过，有一位古代作家，即埃里乌斯·斯巴提亚努斯（Aelius Spartianus），在其《奥古斯都史》（Augustan History）中表示，塞维鲁斯"采用严厉刑罚，禁止人们皈依犹太教，若有人皈依基督教，也是采用类似刑罚"（"塞维鲁斯"[Severus] 17.1）。与以往一样，当时迫害的首要煽动者还是地方上的暴徒，塞维鲁斯对此类迫害事件作过回应，其语气可能比图拉真或马可·奥勒留的更为强硬。211年，在一场对苏格兰人的战役后，塞维鲁斯死于不列颠的约克（York）。

塞维鲁斯之子**卡拉卡拉**（Caracalla，211—217年在位）与兄弟格塔（Geta）同室操戈，最后，卡拉卡拉将格塔刺死在他们的母亲的怀抱中，从而继承皇位。卡拉卡拉的统治充满政客风范。他给予帝国所有自由居民以公民权，试图与罗马的东方宿敌帕提亚修好。他建有多处规模宏大的浴池，部分遗址如今依然矗立在亚壁古道（the Appian Way）的罗马终端附近，而且直到今天都被用作表演歌剧的舞台。在东方进行的一场战役中，卡拉卡拉遭禁卫军首领马克里努斯刺杀。

马克里努斯（Macrinus，217—218年在位）远征帕提亚，试图以军事胜利证明自己篡位的合法性。不料，他被帕提亚人击败，之后又被忠于塞维鲁王朝（the Severan Dynasty）的军队俘虏和杀害。塞维鲁王朝由此复辟。

赫里奥加巴鲁斯（Heliogabalus，218—222年在位），谣传是卡拉卡拉的亲生儿子，其实是他远房堂兄弟的儿子。赫里奥加巴鲁斯本是叙利亚太阳神"俄拉加巴尔"（Elagabal）的大祭司。这位当时只有十几岁的少年来到罗马，身穿丝绸衣裳，颈戴珍珠项链，面涂绯红胭脂。他与卡利古拉如出一辙，只不过更加怪异和多彩。他试图把俄拉加巴尔立为罗马至高神。但是，由于其行为的愚蠢堕落和对声色的全然沉溺，他的祖母和姨妈发动政变，将躲在厕所里的他刺死。

继承皇位的是其堂兄弟**亚历山大·塞维鲁斯**（222—235年在位）。正是他，重新把罗马政府带回清醒和节制之中。他向元老院征求意见，减免税收，推动公共工程，并且在全帝国境内建立起一整套完备的初级学校系统。而且，从塞普蒂默斯·塞维鲁斯开始，基督教世界似乎经历了一段和平时期。在《奥古斯都史》(*Augustan History*)中，拉姆普里迪乌斯（Lampridius）写道，在亚历山大·塞维鲁斯统治期间，"基督徒被允许存在"(*Severus Alexander* 22.4)。按照优西比乌的记述，亚历山大的教母朱莉娅·马美娅（Julia Mamaea）曾邀请奥利金到安提阿与之会晤（第六卷第二十一节），而且，甚至皇帝家里"大部分人都是信徒"（第六卷第二十八节）。这些说法肯定过于夸张。235年，亚历山大与母亲一起在日耳曼前线被哗变军团杀害。塞维鲁王朝由此覆灭。

这也标志着罗马帝国一段恐怖时期的开始，在之后的半个世纪里，内战频仍，帝国四分五裂。从235年至284年（戴克里先的登基年），共有二十位皇帝，有的皇帝登基仅有数月即遭刺杀。以下即是通常认可的皇帝清单：

色雷斯马克西米努斯（Maximinus Thracian 235—238）

格尔迪安一世和二世（Gordian I and II 238）

巴尔比努斯和普皮尔努斯（Balbinus and Pupienus 238）

格尔迪安三世（Gordian III 238—244）

阿拉伯人腓利普（Philip the Arab 244—249）

德西乌斯（Decius 249—251）

加鲁斯（Gallus 251—253）

埃米里亚努斯（Aemilianus 253）

瓦莱里安（Valerian 253—260）

加里努斯（Gallienus 253—268）

克劳狄二世（Claudius II 268—270）

奥勒良（Aurelian 270—275）

塔西佗（Tacitus 275—276）

弗罗里亚努斯（Florianus 276）

普罗布斯（Probus 276—282）

卡鲁斯（Carus 282—283）

卡里努斯（Carinus 283—285）

努梅里安（Numerian 283—284）

不过，即使是这份清单，也颇具误导性，因为它只包括了上述二十位得到元老院认可的皇帝。其中的大多数皇帝都有各自的对手，这些对手背后都有强大的军队撑腰，而且往往都控制着帝国的相当一片领土。在此期间，总共有五十甚至六十多人自立为帝。面对这样一份令人困惑的皇帝清单，我将不再一一撰写微型传记，以其统治期间是否发生过与基督教有关的重大事件为标准，简要介绍如下几位皇帝——优西比乌在《教会史》第六卷中提到了其中的两位：

阿拉伯人腓利普（244—249年在位）原是约旦的一名酋长，后成为禁卫军首领。他发动政变，推翻格尔迪安三世。他娶有一名基督徒妻子奥塔西里娅·塞维拉（Otacilia Severa）。不仅如此，优西比乌还曾引人注目地声称，"据说，他是一名基督徒，……曾想和信徒们一起在教会中作祷告"（第六卷第三十四节）。假若确实如此的话，那么，腓利普而非君士坦丁，才是第一位基督徒皇帝。但是，腓利普皈依之说相当可疑。优西比乌在提及此事时，使用"据说"或"有理由相信"的字样，其中语调颇为谨慎。而且，在腓利普当政期间，罗马正在庆祝建城一千周年，假若皇帝公开表明自己的基督教信仰，那么这肯定会引发分裂。伊斯兰教的出现还要等到未来的四百年后，当时的阿拉伯人能够而且确实有人皈依基督教。根据优西比乌的说法，"出于憎恨腓利普的缘故"，之后继任的那位皇帝对教会展开迫害。① 由此，我们至少可以断言，腓利普对基督教态度友善。249年，腓利普试图镇压德西乌斯领导的叛乱，却被其在维罗纳（Verona）附

---

① 参见本卷第三十九节。——中译注

近杀死。

对基督徒而言，**德西乌斯**（249—251年在位）在罗马政策史上引入了一种急剧的变化。以前，对教会的迫害往往零星发生，而且只是局部行为。如今，迫害成了一种遍及帝国全境的系统行为：德西乌斯授权创建网络，逐城逐区、挨家挨户地搜捕基督徒。他与其他异教徒一样持有如下看法：基督徒应对帝国的动荡不安负责。他觉得，只有返回传统的诸神崇拜和皇帝崇拜，罗马才能复兴。他颁布敕令，要求所有公民都必须当着特派专员的面作一次崇拜——往往只是往皇帝半身像前的祭灯投一把香而已。之后，人们会得到一份证明已献过祭的证书。若有人拒绝献祭，则会被投入监牢，或被卖作奴隶，或被处以极刑。

基督徒的反应方式有四。有的逃入或躲进墓窟和其他地方。有的在压力和"献祭"下崩溃，因此被称为"跌倒者"（*lapsi*）。有的因为有朋友在政府里的缘故，尽管没有献祭，却搞到证书，因此被称为"持证书者"（*libellatici*）。还有的难以置信地勇敢和忠信，他们拒绝献祭，因此被称为"认信者"（confessors），若被投入监牢、遭受折磨和死亡，则被称为殉道者或"见证者"（witnesses）。

优西比乌曾描述过在亚历山大和凯撒利亚发生的暴行，以上即是其政治背景。幸运的是，德西乌斯不久战死沙场，其短暂统治就此告终，其极端做法也因此遭到阻止，没有得到更大程度的实现。

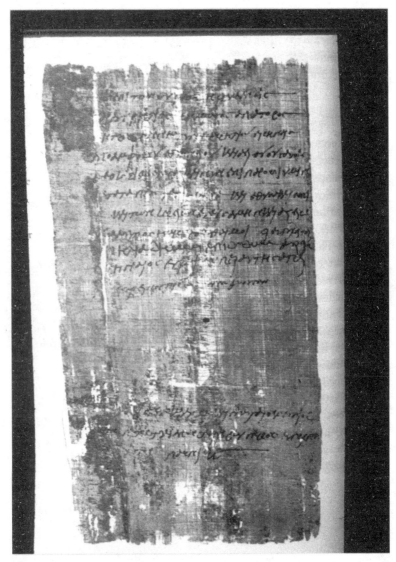

皇帝德西乌斯在250年所要求的献祭证书（*Libellus*）。图中文字意为："我一直以来都向诸神献祭。现在，当着您的面，遵从您的命令，我已献过祭，洒过酒，吃过祭品。我请求您证明我的如下声明：……我，奥勒丽娅·德摩斯（Arelia Demos）已口述过此声明。由于她不会写字，我，奥勒里乌斯·伊利内乌斯（Aurelius Ireneus）（她的丈夫）代笔写下这份声明。我，特派专员奥勒里乌斯·萨比努斯（Aurelius Sabinus）亲眼目睹了你的献祭"[吕兰德斯图书馆，曼彻斯特（Lylands, Manchester）]。

上图：罗马南部的圣卡里斯图斯墓窟（the Catacomb of St. Callistus），过道两侧的壁龛。

下图：罗马的圣塞巴斯蒂安墓窟（the Catacombs of St. Sebastian），基督教的象征符号（从左至右）：锚——象征着盼望和确据；鱼——"耶稣基督是上帝之子和救主"这句话的各个希腊文首字母所拼成的词；符号"*Chi-Rho*"——"基督"这个词的希腊文前两个字母的叠加形式。

罗马圣塞巴斯蒂安墓窟内的残片,其上刻有彼得和保罗的名字。

第七卷　狄奥尼修斯与异议者

从加鲁斯到戴克里先

在写作《教会史》第七卷的过程中，伟大的亚历山大主教狄奥尼修斯的书信将再次对我的任务有所助益。我将从这些书信开始记叙。

加鲁斯的愚蠢

1. 德西乌斯作王不到两年，就与儿子一同被杀，王位由加鲁斯继承。①正是在同一时期，奥利金离开人世，享年69岁。② 在写给赫尔玛蒙（Hermammon）的信中，狄奥尼修斯曾这样谈论过加鲁斯：

> 加鲁斯没有注意到德西乌斯所犯的错误，也未能避免德西乌斯的失败之处，反而眼睁睁地在同一块石头上一再绊倒。当统治日渐昌盛、诸事发展亦如其所愿时，他驱逐那些为其平安和健康

---

① 251年。——英译批注
② 德西乌斯在公元251年被杀。约在公元254年，奥利金死于瓦莱里安统治期间。

向上帝代求的圣徒。赶走这些圣徒的同时，他也赶走了他们为其所作的祈祷。

先前异端分子的再洗礼；撒伯里乌派

2. 在罗马城中，当哥尼流担任主教约三年时，卢修斯（Lucius）被选为其继任者，但任职不到八个月，卢修斯就死了，其职位由司提反（Stephen）接替。狄奥尼修斯关于洗礼的第一封信就是写给司提反的。当时出现了一系列争论，即是否有必要让那些摒弃各样异端的人藉着洗礼（或再洗礼）获得洁净。在这些争论中，一种古旧习俗逐渐占据上风：只要祷告和按手就足够了。**3.** 迦太基主教西普里安在当时第一个坚持认为，这些人只有藉着洗礼得着洁净之后，才能被重新接纳。然而，司提反认为，任何革新举措，若违背起初就已建立的传统，就都是错误的，并且为此非常生气。

4. 为此，狄奥尼修斯特地给司提反写了一封长信。在信的末尾，狄奥尼修斯表示，随着迫害的减少，各地教会已纷纷弃绝诺瓦图斯的革新举措，并且逐渐恢复了彼此之间的和平。他在信中这样写道：

5. 我的弟兄，在东方及更远地方的教会，先前是彼此分裂的，如今又重新合而为一；这些教会的领袖同心合意，而且都为和平的突如其来而感到欣喜若狂，其中有安提阿的德美特里安、凯撒利亚的提奥克提斯图斯、埃里亚的玛扎巴内斯、推罗的马里努斯（Marinus，自从亚历山大长眠之后）、老底嘉的赫里奥多鲁斯（Heliodorus，自从特吕米德勒斯安息之后）、大数的赫伦乌斯,以及基利家、菲尔米里安和加帕多家的所有教会。我在此提到的只是一些较有名望的主教,以免这封信显得过于冗长乏味。此外,整个叙利亚和阿拉伯半岛——这里有你经常不断地提供帮助并且保持书信往来的教会——以及美索不达米亚、本都和庇推尼,总而言之,因为弟兄般的和睦与爱,各处的人都充满喜乐,并且为此向上帝献上赞美。

司提反完成两年任期后,其职位由叙斯图斯[二世](Xystus [II])①接替。狄奥尼修斯关于洗礼的第二封信,就是写给叙斯图斯[二世]的。他在信中引述司提反和其他主教的观点,并且写有如下评论:

司提反在先前信中提到赫伦乌斯、菲尔米里安,以及所有来自基利家、加帕多家、加拉太和毗邻省份的人,并且表示,他以后不会与这些人打交道,因为他们为异端分子重新施洗。想想看,这是一件多么严肃的事情啊。最大规模的主教公会早已通过决议:凡从异端回转的人,均应首先接受教导,然后才能从旧罪的污秽中重被洗净。因此,我曾致信司提反,恳请他关注此事……我也曾写信给我所亲爱的与我同为长老的狄奥尼修斯和腓利门(Philemon),这两位以前与司提反持有相同观点,而且还特地为此给我写过信。

6. 狄奥尼修斯在同一封信中还提到,撒伯里乌派异端(Sabellian

---

① 通常写作"Sixtus II"。——中译注

heretics）①在当时人数众多：

> 正从彭塔波利斯（Pentapolis）的多利买城②散布出的教义是不虔敬的，这种教义公然亵渎全能的上帝、我们主耶稣基督的父，全然不信他的独生子、万有的首生者、道成肉身的人，并且对圣灵漠不关心。当来自双方的一手文献传到我这里时，当双方的弟兄也准备就此到我面前进行辩论时，藉着上帝的帮助，我试图以专业讨论的方式处理这个问题，于是尽我所能写下多封书信。我现在把这些书信的副本寄给你。

狄奥尼修斯论其他异端

7. 在关于洗礼的第三封信中，狄奥尼修斯向罗马教会的长老腓利门写道：

> 我本人曾暂且容忍过那些异端分子之邪恶观点对我灵魂的污染，阅读过他们的著述与学说。不过，我也从中受益：我凭自己就能驳倒他们，并且更加厌恶他们。事实上，我们当中的一位长老曾劝阻我这样做，以免我陷入他们的邪恶泥潭，使我的灵魂受到伤害。他没有错，但是从上帝而来的如下异象让我得着力量，一个声音吩咐我说："阅读手边的每一样东西，因为你有能力检验它们，这种能力就是你为什么会信仰的原因。"我领受了这异象，

---

① 在罗马遭到卡里斯图斯（约220年）谴责的撒伯里乌认为，圣父、圣子和圣灵只是独一上帝（the one God）在行为中藉以显现自己的不同形态的名称而已。他们也被称为形态论的神格唯一论者（Modalistic Monarchians）和圣父受难论者（Patripassians）。
② 位于昔勒尼加（Cyrenaica），在现今利比亚东部。——中译注

因为它符合使徒给那些更有才干之人的箴言："成为精明兑换银钱的人。"①

然后，他在评论众异端时继续说：

这就是我从我们蒙福的父亲（pope）②赫拉克拉斯那里所领受的规矩和习惯。那些抛弃异端的人，他们一方面与教友一起共享圣餐，另一方面却又被指控经常就教于一些非正统的教师。于是，他把这些人逐出教会，对他们的种种祈求充耳不闻，直到他们就自己曾从众抵挡者那里所听到的做出公开忏悔，才重新接纳他们，而且没有要求他们再次受洗，因为他们先前已从他那里领受过神圣的洗礼。

在关于此问题的一段冗长讨论后，他补充道：

非洲人不是新近才引进这样的习惯。很久以前，在我前任诸位主教的时代，在以哥念、叙纳达和许多其他地方，不少人数众多的教会以及主教公会早就采取了这样的做法。我不敢推翻这样的决定，让大家卷入冲突和争论。"不可挪移你邻舍的地界，那是

---

① 这句遗言（*agraphon*）常被众教父引用，可能出自耶稣或保罗之口。——英译注
可参见《路加福音》19：11—27 或《马太福音》25：14—30 关于十锭银子的比喻。套一句时髦的话说，才干越大，责任就越大。——中译注
② 狄奥尼修斯用"pope"（希腊文、拉丁文均为"*papa*"）一词称呼自己的前任，就亚历山大主教被称为"pope"而言，他提供了这方面已知最早的例子。——英译注
根据 Williamson 和 Cruse 英译注，在当时，"pope"/"*papa*"并非罗马主教的专利，也常用于一些年高德劭、受人尊重的神职人员。将此称呼运用于罗马主教，已经是两代人之后的事情。——中译注

先人所定的"（申命记 19：14）。

他关于洗礼的第四封信，收信人是罗马的狄奥尼修斯，后者当时已被按立为长老，并且很快就会成为主教。在这封信中，亚历山大的狄奥尼修斯提到诺瓦图斯，一方面对其广博学识和优秀品格赞赏有加，另一方面却又说道：

> 8. 我有充分的理由憎恨诺瓦替安派：他分裂教会，诱使教友亵渎和玷污上帝，引入关于上帝的不虔敬的学说，并且诽谤我们最仁慈的主耶稣基督，说他缺乏怜悯。他似乎嫌所有这些还不够，把神圣洗礼放到一边，废除之前应有的信仰和认信，甚至在还可以希望圣灵留存或回归时，他就彻底赶走了圣灵。

9. 第五封信的收信人是罗马主教叙斯图斯［二世］，狄奥尼修斯在信中针对异教徒提出多项指控，并且提到这样一件事：

> 我的弟兄，我现在碰到一个问题，真的很需要你的建议，因为我担心自己会犯错误。会众中有一个人，他在我被按立之前——我想，可能甚至在蒙福的赫拉克拉斯被任命之前——就已是一名虔诚的教友，他最近刚刚受洗，并且在洗礼时聆听到问与答这一道环节。在洗礼后，他哭着来到我面前，跪倒在我脚下忏悔道，他以前在异端那里接受的洗礼跟我们的不一样，那洗礼充斥对上帝的亵渎与玷污。他说，他现在心如刀绞，在有过如此不洁不敬的言行后，他甚至不敢抬起双眼看上帝。他乞求藉着再次受洗得到纯粹的洁净、接纳与恩典。我不敢这么做，只是对他

说，他长期以来都与我们在一起团契，这已足够，不必再次受洗；他已听过领圣餐时的祷告，而且与我们一起说过阿们，他已在台前站过，并且亲手领受过圣餐，与我们共享主的身体与宝血已经很长时间。因此，我不敢从头开始重塑他。于是，我敦促他鼓起勇气，并且以坚定不移的信仰和满有把握的盼望共享这些圣物。但他还是不住地忧伤，一接近台前就瑟瑟发抖，而且即使得到邀请旁观圣餐礼，他也几乎无法祷告。

除了上述几封信件之外，狄奥尼修斯及其教区曾致信叙斯图斯及罗马教会，以很大篇幅探讨洗礼这个主题。此外，他还给罗马的狄奥尼修斯写过一封信，此信保存至今，其中涉及卢西安（Lucian）。

瓦莱里安对基督徒的迫害

10. 加鲁斯及其同伙统治不到两年，就被瓦莱里安及其儿子加里努斯取而代之。在写给赫尔玛蒙的信中，狄奥尼修斯描述如下：

> 约翰在《启示录》中说："又赐给他说夸大亵渎话的口。又有权柄赐给他，可以任意而行四十二个月。"① 瓦莱里安一前一后的表现真是令人惊诧莫名。早先，他对上帝的子民温和而友善；对待他们，之前没有任何一位皇帝有他这么和善，即使那些据说是基督徒的皇帝也没有这么和善，这在开始时是显而易见的。他友好地接纳虔诚的人，甚至让他们充满自己的整个宫殿，使之变成上帝的一间教堂。但是，由于埃及术士教师与首领［马克里安］

---

① 引自《启示录》13：5，原文说的乃是"一个兽"。

的劝诱，纯洁且神圣的人——他们单单凭着言语和呼吸，就能驱赶邪恶的魔鬼——被当作阻碍恶心咒语的对手，遭到迫害与杀戮。由于受到蛊惑，他开始举行不洁不敬的邪恶仪式，采用令人厌恶的伎俩，进行不吉不洁的献祭，比如，割断男孩的喉咙，扯下新生婴儿的重要器官，撕碎上帝的杰作仿佛带来快乐一般……

马克里安曾为帝国掌管国库，结果却显得既没有合乎理性的头脑，也没有天下为公的心智（a catholic mind）①。现在，他已落入先知曾预言过的诅咒，"愚顽的先知有祸了！他们随从自己的心意，却一无所见"。②他没有领会上帝眷顾的无所不在，不曾明白在万有之先、贯于万有之中、超乎万有之上的上帝的审判。③他成为上帝大公教会的敌人，疏离于上帝的怜悯，并且自我放逐、让自己尽可能远地偏离救赎，这些在在表明，他的确人如其名④……因着他的欺哄，瓦莱里安也深陷其中，不但蒙羞受辱，而且遭到虐待。⑤正如以赛亚书所说，"这等人拣选自己的道路，心里喜悦行可憎恶的事。我也必拣选迷惑他们的事，使他们所惧怕的临到他们"（以赛亚书66：3—4）。

---

① 根据 Williamson 英译注和 Cruse 英译注，狄奥尼修斯这里运用双关语进行讽刺。Williamson 英译本保留些许原有风格："As first he held office as accountant to the whole imperial exchequer, but left Catholic principles wholly out of account"。此处 "whole" 和 "catholic" 希腊文为同一词根。——中译注
② 《以西结书》13：3 的七十士译本。
③ 参见《歌罗西书》1：17，"他在万有之先，万有也靠他而立。"另参见《以弗所书》4：6，"一神，就是众人的父，超乎众人之上，贯乎众人之中，也住在众人之内。"——中译注
④ "Makros" 在希腊文里意为 "远离"（far off）。另外，此段运用 "catholic" 一词，一语双关。
⑤ 据 Williamson 英译注，瓦莱里安曾被波斯王萨普尔（Shapur）俘虏并遭其虐待。参见以下第三节相关注释。——中译注

[马克里安]想做皇帝，都想疯了，但皇袍却遮掩不住他残缺的身体。① 马克里安还曾举荐自己的两个儿子，两人因此承袭父亲的罪，预言于是得着应验，"恨我的，我必追讨他的罪，自父及子，直到三四代"（出埃及记20：5）。马克里安没能实现自己的罪恶野心，却将它们转移到自己儿子头上，而且把他对上帝的邪恶与憎恨也转移给他们。

11. 凭着对上帝的热诚，狄奥尼修斯及其同工忍受了肆虐一时的迫害。这明显体现在他旨在反驳杰曼努斯——这位主教试图污损他的名誉——的一封长信中：

> 我不得不传扬上帝赐予我的神奇仁慈，这是一种荒唐且愚蠢的冒险，但是，既然"隐藏君王的秘密是好的，但对上帝的作为却应隆重宣而告之"②，那我就好好回应一番杰曼努斯的攻击。我不是独自去到埃米里亚努斯③ 面前，与我同行的有与我同为长老的马克西姆和福斯图斯、优西比乌（Eusebius）和凯勒蒙（Chaeremon）三位执事，以及一位来自罗马的弟兄。埃米里亚努斯一开始并没有说"不可聚会"这样的话，因为这对直接切中问题的根本的人毫无用处。④他反而命令我放弃我的基督教信仰，他以

---

① 马克里安是跛子。
② [次经]《多比传》（Tob.）12：7。——英译注
　参见《圣经后典》张久宣中译文，"保守国王的秘密乃是一种美意，然而上帝所做的事理，应该传遍四面八方，这样他就会受到赞美与敬仰。如果你们行善，灾祸就不会轮到你们。"（http://orthodox.cn/liturgical/bible/gap/）。——中译注
③ 258年在埃及任代理总督。
④ 问题的关键并不在于他们是否聚会，而在于他们是否为基督徒，对基督教这种新兴宗教的敌意由此可见一斑。——中译注

为，只要我转化了，其他人也就会跟着转化。但是，我实际上回答道："顺从神，不顺从人，是应当的"（使徒行传5：29），我敬拜那独一的上帝，不敬拜其他的神，并且永远不会停止做一名基督徒。于是，他命令我们到瑟夫罗（Cephro）去，这是一座靠近沙漠的村庄。也许，你对我们当时的谈话有兴趣，那就请参阅如下官方记录：

狄奥尼修斯、福斯图斯、马克西姆、马尔塞鲁斯和凯勒蒙被带到法庭，代理总督埃米里亚努斯说："我曾告诉过你，我们的主人[瓦莱里安和加里努斯]向你所展示的慷慨：倘若你做自然的事情，敬拜那些维系他们统治的神明，并且忘掉那些不自然的事情，你就能获得自由。对此你怎么说呢？我想，你不会不对他们的慷慨感恩戴德，他们之所以这样建议，乃是为了你本人的益处。"

狄奥尼修斯：并非所有人都敬拜所有神明，每个人只是敬拜他自己相信的神明。我们敬拜那独一的上帝、万物的创造者，他将帝国委托给他最喜爱的奥古斯都瓦莱里安和加里努斯，为了他们的统治不至于动摇，我们向他不住地祈祷。

执行总督埃米里亚努斯：谁阻止你们在敬拜自然众神明的同时，也敬拜这个神明——如果他是神明的话？你们得到的命令是：敬拜众神明以及敬拜众所周知的众神明？

狄奥尼修斯：我们不敬拜其他的神。

埃米里亚努斯：看来，你对奥古斯都们的宽宏大量，既不感恩戴德，而且感觉迟钝。你不可以继续留在这座城市，必须到利比亚的瑟夫罗去，此地乃是我奉奥古斯都们的命令为你选择的。在任何情况下，你和任何其他人都不得举行聚会，不得进入所谓的墓地。① 你们将受到严密监控。倘若有谁没有去那指定的地方，或者有谁被发现出现在任何聚会上，那他就是自陷险境。走吧，马上就去那指定的地方！

我当时正在生病，他不但没有给我哪怕是仅仅一天的缓冲，反而催我赶紧上路。这样一来，我哪有时间好好思考举行聚会或是不举行聚会？……尽管如此，我们还是公开举行与主同在的聚会，我费尽周折，召集那些在［亚历山大］城内的人，仿佛我就与他们同在一样——"我身子虽不在你们那里，心却在你们那里"（哥林多前书5：3）。一间大规模的教会开始在瑟夫罗形成，一些人从城里跟我们来到这里，其他人则从埃及其他地方来加入我们。上帝在那为我们打开传道的门（歌罗西书4：3）。起初，我们遭受迫害、被人投石，然后，有些异教徒抛弃偶像转向上帝。藉着我们，圣道第一次在他们之中播下种子。正是因为这样，上帝把我们放逐到他们中间，当我们完成使命时，就又把我们带离。

埃米里亚努斯打算把我们转移到他认为更为艰苦、更像利比亚的地方，因此下令［散居各地的基督徒］到马勒奥提地区（Mareotian）汇集，然后将不同的人群分派到不同的村庄。他将我们安排到离公路较近的地方，为的是可以在第一时间逮捕我们。显然，他如此安排，乃是因为：无论他什么时候决定抓捕我们，就可以轻而易举地抓到。至于我，当被告知要到瑟夫罗去时，我对其位置一无所知，而且此前几乎从未听说过这个地名。尽管如

---

① "*Koimeterion*" 在希腊文中意为"睡觉的地方"，这是一个仅由基督徒使用的语词，基督徒常常在殉道者的坟墓里举行聚会。

此，我还是心态良好地启程上路，并没有引起任何麻烦。但是，当接到搬往克鲁提昂地区（Colluthion）的命令时，我大为光火，恼怒不安。我比较了解这个地区，听说那里没有什么教友或者值得尊敬的人，反倒是常有匪徒抢劫客旅。但是，有教友藉着如下提醒鼓足了我的勇气：该地区离［亚历山大］更近，瑟夫罗的经历已让我们得着更多来自埃及的弟兄，我们的会众因而也分布更为广泛；而且，我们离最爱最亲的人可以更近一些，他们也可以过来看我们，并且留下来过夜。此外，当地是远离城市中心的郊区，有可能举行聚会。后来发生的事情的确如此。

在进一步详细描述他的英勇行为后，他继续写道：

确实，杰曼努斯做过多次信仰告白，也忍受过很多事情，他的确能以此自豪。他忍受过的那些事情，我也一一经历过：判决、没收财产、放逐、抢夺财物；丧失特权；鄙视世俗荣耀、轻视来自总督或议会的赞扬；或者总督和议会反过来的恐吓、吼叫、威胁、迫害、流放、痛苦以及各种各样的折磨——所有这些，在德西乌斯和萨比努斯统治时都在我身上发生过，并且在埃米里亚努斯统治下依然继续发生。但是，杰曼努斯在哪里呢？关于他还有什么说法呢？由于杰曼努斯，我陷入全然的愚蠢之中，我不能再继续愚蠢下去，因此，我将为那些对此已有所了解的教友略去更进一步的细节。

在一封写给多米提乌斯（Domitius）和狄迪姆斯（Didymus）的信中，他再次提及迫害中发生的事情：

没有必要说出我们人民的姓名，他们人数众多，而且你们也不认识。你们只要知道：男人与女人、男孩与长者、女孩与老妪、士兵与平民、各种族与各年龄的人们，一些人遭受笞刑和火刑，其他人被剑刺——所有人都在战斗中得胜，并且领受了冠冕。至于其他一些人，时间长得还不足以使他们变得能够被上帝接受，我自己的情况显然也是如此。我一直被搁置着，直等到他以为合适的时候。关于这时候，他曾说过："在悦纳的时候，我应允了你；在拯救的日子，我搭救了你"（哥林多后书6：2；以赛亚书49：8）。现在，既然你们打听过我们的情况，你想必已经听说，一名百夫长和一帮地方官员，加上他们的士兵及随从，准备将我们——该犹、福斯图斯、彼得、保罗和我——像对待犯人一样带走，我们表示拒绝。于是，一群来自马勒奥提斯的人用暴力将我们强行拖走。如今，只有该犹、彼得和我远离教友，被囚禁在利比亚一个偏僻且炎热的地方，离帕勒托尼乌姆（Paraetonium）有三天的路程……

留在城里的诸位长老——马克西姆、狄奥斯科鲁斯（Dioscorus）、德美特里乌（Demetrius）和卢修斯（Lucius）——已转入地下，秘密探访教友。人们更为熟知的福斯提努斯（Faustinus）和亚居拉（Aquila）则正在埃及各地流浪。比起那些死在岛上的人来说，福斯图斯、优西比乌和凯勒蒙几位执事活得更久一些。其中，优西比乌得着上帝的扶持与装备，帮助那些身陷囹圄的认信者，并且执行：埋葬蒙福殉道者的遗体这个危险任务。即使到现在，总督还将那些被带到他面前的人判以残酷的死刑，其他人要么被鞭笞成碎片，要么被绑在监牢中，禁止任何人来探视，违者也将随时抓捕。但是，藉着教友们的坚定不移和不屈不挠，上帝给那些饱受折磨的人带来了些许安慰。

应该指出的是，上述的优西比乌执事，不久即被任命为叙利亚的老底嘉主教。与此同时，马克西姆长老在亚历山大接替狄奥尼修斯。在我们时代发生的迫害中，长寿的福斯图斯在生命尽头高贵地告白信仰，与狄奥尼修斯一样被处以斩首之刑，藉着殉道圆满一生。

凯撒利亚的殉难

12. 在瓦莱里安迫害期间，巴勒斯坦的凯撒利亚有三名承认基督的杰出认信者，他们成为野兽的口中之食，从而也戴上殉道者的冠冕。这三人就是普里斯库斯（Priscus）、马尔库斯（Malchus）以及亚历山大。据说，他们三人本是农村居民，开始时为自己的冷漠与懒惰备感自责。他们不是急于获得殉道者的冠冕，而是蔑视那时唾手可得的奖赏。在彼此讨论后，他们启程前往凯撒利亚，来到法官面前，从而遭遇前述结局。此外，他们还说，除了这三人之外，城中的一名妇女也遭受了同样的折磨，不过，她属于马西昂异端。

加里努斯结束迫害

13. 不久，瓦莱里安被野蛮人俘虏成为奴隶。① 其子成为唯一的皇帝，在统治上更加谨慎，并且立即以如下措辞发出敕令，停止对我们的迫害：

皇帝凯撒·普布里乌·李锡尼·加里努斯·皮乌斯·腓力

---

① 波斯国王萨普尔一世（Shapur I）入侵安提阿，并于公元260年将瓦莱里安投入监狱。

斯·奥古斯都（The Emperor Caesar Publius Licinius Gallienus Pius Felix Augustus）致狄奥尼修斯、皮纳斯（Pinnas）、德美特里乌（Demetrius）等主教。我已下令，全世界都应宣扬我慷慨宽大的益处。他们［非基督徒］必须离开所有的［基督徒］崇拜场所，这样一来，若有人想找你们麻烦，你们也可采用此项敕令的规定应对他。你们现在所得到的行动自由，其实也是我长期以来就准许你们的。相应地，我的首席大臣居里扭会负责这项敕令的贯彻实施。

为清晰起见，上述引文译自拉丁文原件。此外，这位皇帝还曾向其他主教发布过敕令，允许他们重新获得那些所谓"墓地"的地方。

14. 当时，叙斯图斯［二世］仍在掌管罗马教会；德美特里安则在法比乌斯后统领安提阿教会；菲尔米里安主持加帕多家的凯撒利亚教会；格列高利及其兄弟亚特诺多勒（Athenodore）带领本都教会，两人均是奥利金的学生。在巴勒斯坦的凯撒利亚，提奥克提斯图斯临死之际，多姆努斯（Domnus）成为主教，不过，没过多久，就被我们现在的主教提奥特克努斯（Theotecnus）接替。他也来自奥利金的学校。而在耶路撒冷，当玛扎巴内斯退休时，叙梅纳乌斯（Hymenaeus）接掌职位，此人与我同时代，多年以来表现优异。

凯撒利亚的马里努斯与阿斯图里乌斯

15. 当时，各地教会均享有和平。然而，在巴勒斯坦的凯撒利亚，有一位名叫马里努斯的军人。他在军中享有多项荣誉，并且由于出身与财富而显得出类拔萃。因为对基督的见证，他在如下情形中被斩首。在罗马人当中，葡萄藤条是一种荣誉标志，得到它的人就可成为百夫长。当时，有一职位空缺，论资排辈，马里努斯是排第一位的候选人。但是，当他正要得到这项荣誉时，某人走上审判席声称，根据长期以来就已创制的法律，马里努斯没有资格享有任何罗马官阶，因为他是一名基督徒，而且从未向皇帝献过祭，因此，百夫长的职位应该轮到某人自己。法官雅卡欧伊斯（Achaeus）起初问马里努斯想如何反驳，看到他坚定承认自己的基督教信仰，就给他三个小时以重新考虑。

当马里努斯离开法庭时，当地主教提奥特克努斯牵着他的手，把他领到教堂。一进教堂，提奥特克努斯就把他带到祭坛前，掀起披风，指着身侧佩戴的剑。然后，他又拿来神圣的福音书，放在他面前，问他更想要哪一样。

他毫不迟疑地伸出右手，抓住圣书。"那就抓得紧一些，"提奥特克努斯对他说，"紧紧抓住上帝，藉着他的大能，你将获得你所选择的。平安地去吧。"就在他正要回去时，一名传令官向他宣布，时间已到，并且传唤他进入法庭。站在法官面前，他展现出对信仰的更大热情。于是，他被立即带走行刑，从而得着圆满。

16. 在那里［凯撒利亚］，阿斯图里乌斯（Astyrius）也因其为上帝所喜悦的勇敢而得着纪念。他是罗马元老院的一员，深得众位皇帝的宠爱，并且由于出身和富裕而颇有名望。上述殉道者得着圆满时，他就在现场。他用肩扛走殉道者的遗体，为之盖上贵重华丽的长袍，并且按照合宜方式予以厚葬。关于此人，还流传着许多其他故事，这些故事的讲述者乃是他的朋友，这些朋友一直活到我这个时代。以下的非凡故事即是如此。

17. 在凯撒利亚·腓立比（Caesarea Philippi）①——腓尼基人称之为潘尼亚（Paneas）——有一座名为潘内昂（Paneion）的山，山间泉水乃是约旦河的源头。据说，在某个节日，有人会被当作祭品扔进泉水，由于魔鬼的力量，此人会神奇消失——这个现象被目击者看成神迹。有一天，当此现象正发生时，阿斯图里乌斯就在现场。他看到人群为此惊异，就为他们这样的幻觉感到可怜。于是，他抬头仰望天空，藉着基督向上帝祈求：压制欺骗群众的魔鬼，并且不让他们再受欺骗。据说，在他祷告后，祭品突然浮出水面。于是，他们的神迹就这样被终止，那里甚至再也没有出现过神迹。

这幅壁画来自圣马塞里努斯（Marcellinus）和彼得的墓窟。图中患有血漏症的妇女试图触摸耶稣的衣角，以求得到医治（马可福音 5：25 以下）。根据优西比乌的记载，这位妇女来自凯撒利亚·腓立比。

---

① 不是大希律王在地中海沿岸所建的美轮美奂的凯撒利亚城。凯撒利亚·腓立比位于加利利海以北，是希律之子分封王腓力重建的城市，他将罗马皇帝凯撒提庇留及其名字合并为此城名。

耶稣的雕像

18. 既然我已提到这座城市,就不应略去如下故事,而是应当记录下来,留给我们的后世。神圣福音书[马可福音5:24—34]曾提到,一位患有血漏症的妇人曾得着救主的医治。他们说,这妇人便是来自此城。在这座城市,她的家得到专门标示,而且各种关于她得着救主恩惠的美妙纪念物也依然存留。她家门口有一块高高立起的石头,石基上刻有一尊青铜雕像:一位妇人屈膝跪着,伸出手来,像在乞求什么。正对着这尊铜像的是另一尊青铜雕像:一位男子站立着,他优雅地披着双层斗篷,单手伸向那妇人。在他脚前的石基部分长出一种奇异的药草,这药草爬上他那青铜双层斗篷的褶缝,可做任何疾病的解毒剂。他们说,这尊雕像反映出耶稣本人的容貌,并且在我的这个时代还存留于世。我曾在该城逗留,亲眼见过这座雕像。① 我还检视过一些彩色肖像画,在这些肖像画中,使徒彼得与保罗甚至基督本人的容貌都得到很好的保存。很久以前,那些外邦人就领受过我们救主的益处,他们这样做并不让人觉得惊奇。何况,古代外邦人本就习惯于以这种毫无保守的方式把他们尊崇成救主。②

雅各主教的宝座

19. 按照所说,雅各被称为基督的兄弟。他是耶路撒冷教会主教,

---

① 根据优西比乌的《基本要道》(*General Elementary Introduction*,引自 J. P. Migne 编,《希腊教父集》[*Patrologia Graeca*],Paris:1857, 24, 541),在305年过后不久,东罗马皇帝马克西敏·达伊尔毁掉这座雕像。但是,后来的历史学家索佐门(Sozomen)(《教会史》[*Church History*] 5.21)和菲洛斯托尔吉乌斯(Philostorgius)(《教会史》[*Church History*]》7.3)声称,这是背教者朱利安干的。既然两位皇帝都有可能,笔者还是倾向于优西比乌的说法。

② 凯撒利亚·腓立比是一座以外邦人(即非犹太人)为主的城市。另,保罗曾被路司得城人当作神明崇拜,参见《使徒行传》14:8—13。——中译注

并且是从救主和众使徒那里领受此职位的第一人。直到今天，其主教宝座还得以留存，并且受到后来继承主教职位的弟兄们的崇敬，正如上帝所爱的圣徒们从古到今受到人们的崇敬一样。

亚历山大的冲突与瘟疫

20. 除上述信件外，狄奥尼修斯还写过一些"节日信函"，在其中严肃认真地表达了对逾越节［复活节］的看法。其中的一封是写给弗拉维夫（Flavius）的，另一封则是写给多米提乌斯和狄迪姆斯的。他在第二封信中提出了一个基于八年循环的法则，并且以此证明：除了在春分之后，其他任何时间都不应庆祝复活节。此外，他还致信亚历山大的诸位同工长老以及其他地方的一些人。在他写这些信时，迫害仍在继续。

21. 当和平几乎完全实现时，他回到亚历山大。但是，派系斗争再次爆发，城中所有教友分裂成两个敌对阵营。他不可能对此视而不见。在复活节时，他好像身处异乡一般，在亚历山大藉着书信与他们交流。之后，他给一位名为希拉克斯（Hierax）的埃及主教写了另一封节日信函，在信中这样谈及亚历山大的派系斗争：

> 毫不令人奇怪的是，我发现，藉着书信沟通也是困难重重，因为我甚至和我自己也不能达成对话或者进行思考。确实，我必须写信给那些与我属于相同家族、教会和思维的教友，但是，我似乎不可能写完这样的书信。别说是到国外，就是从最东边到最西边，也比从亚历山大到亚历山大更容易走。走过那条贯穿市中

心的街道，都比两代以色列人穿过那无路可走的大沙漠更为艰难！我们的众海港反映的乃是那曾分开而吞没埃及人的大海，在这些海港经常发生谋杀，血流成河如同红海一般。而流经城市的河流〔尼罗河〕一度似乎比以色列的沙漠还要干涸，但是，它在另一段时期又漫过公路和田野，如同在挪亚时代即将来临的洪水威胁。而且，这条河流总是因为鲜血、谋杀和溺水而受到污染，就像它以前因为法老的缘故被摩西变成血水而又充满恶臭一般。这次恶臭的来源有地上吹来的、海里漂来的、河中散发出来的，以及海港上空薄雾带来的，这些薄雾呈露水状，形成自尸体彻底腐败后所释放出的物质。然而，人们居然还感到大惑不解：为何流行病持续不停、为何种种顽疾重病肆虐、为何死法多样，以及为何这座大城市人口锐减。① 根据因公共食物配给而进行的登记，以前年龄在40岁至70岁之间的人，要多于现在年龄在14岁至80岁之间的人，而且，现在那些看起来最年轻的人，被认为与很早以前最老的人在年龄上相当。尽管人类正在减少，尽管人类即将灭绝，他们还是无动于衷。

22. 后来，当瘟疫在战争之后接踵而来、节日即将来临之际，他再次致信教友，并且谈到这场灾难：

这很难说是一个应该举行庆祝的时候。唉！一天又一天，到处充满对已死之人和将死之人的哀悼与悲叹。以前是如何描述埃及人丧失头生子之痛的，现在的情形也是如此：没有一家没有死

---

① 250年，瘟疫爆发，接下来在罗马帝国全境肆虐达十五年之久。

者，而且，我多么希望，每家只有一位死者啊！

而且，在此之前，许多骇人听闻的事早就临到我们。起初，我们被驱逐、迫害和屠杀，但即使在那时我们也持守自己的节日，而且我们遭到攻击的每一处地方，无论旷野、沙漠、船只、客栈，还是监牢，都变成我们庆祝节日的场所。那些得着圆满的殉道士在天堂里参加盛筵，以最灿烂欢快的方式庆祝节日。之后，战争和饥荒一并袭来，向我们，也向异教徒。尽管我们得益于异教徒彼此之间的伤害，但我们还是不得不独自忍受异教徒加给我们的伤害。也正因如此，我们再次在基督的平安里得着独独赐予我们的喜乐。在最短暂的喘息过后，疾病突然临到。对于他们而言，这场瘟疫前所未有地骇人听闻，正如他们的一位历史学家所说，"在所有事情中，这是唯一一件结果比预想更为糟糕的事情"①。即使这场瘟疫对异教徒影响更大，但我们也未能幸免。对于我们而言，这场瘟疫无疑是一次不亚于其他试炼的磨砺和考验……

在这场瘟疫中，我们绝大多数的教友都活出了爱与忠诚。他们不遗余力，单单为对方着想，不顾个人安危地照料病患，即使染上疾病，也以欣然态度告别人世。许多原本照料和医治病患的人，将死亡转移到自己身上，就此死去。那些最为优秀的教友——他们中有长老、执事和平信徒——就这样失去了自己的性命。他们这样的死亡乃是基于坚定的信仰与虔诚，从任何方面看都不亚于殉道。他们还收拾圣徒的遗体，将这些遗体合上眼睛、

---

① 修昔底德（Thucydides）的《伯罗奔尼撒战争》（*Peloponnesian War*）2.64，描述了雅典所发生的瘟疫。

闭上嘴巴,并且扛在肩上带走。他们拥抱这些遗体,在清洗后为之穿上葬衣。不久后,他们自己也得到了同样的服侍。

异教徒的情形,则与此截然相反。他们推开刚有疾病端倪的人,逃离至亲至近的人,更有甚者,将半死不活的人丢在路边,像对待垃圾那样对待那些未得埋葬的尸体,希望藉此逃避致命的瘟疫,然而,尽管他们竭尽全力,这瘟疫依然难以逃脱。

在此封书信后,城市重新恢复和平,他再次向埃及教友发出一封节日信函。其他书信紧随其后。在这些书信中,至今尚存的有一封关于安息日的信和一封关于属灵操练的信。

加里努斯的成就

在写给赫尔玛蒙和埃及教友的一封信中,他花了不少笔墨,讲述德西乌斯及其继任者的邪恶,并且提到加里努斯治下的和平:

23. 在挑唆一位皇帝并且攻击另一位皇帝后,他① 及其整个家族突然烟消云散,加里努斯被歌颂赞美,并且得到所有人的认可。他既是一位旧皇帝,又是一位新皇帝:他既在他们之前,又在他们之后。[正如先知以赛亚所说,"看哪,先前的事已经成就,新事如今正在兴起"。②] 就像阳光被云雾遮蔽,只有在云雾移去或散开后,阳光才会再次出现,加里努斯的情形也是如此,

---

① 即马克里安,他挑唆瓦莱里安迫害基督徒,并且企图取代加里努斯[成为皇帝]。后来,他及其儿子死于战斗之中。

② 英译本未译,根据 Williamson 英译本和 Cruse 英译本补译("See, the earliest things have come out, and new things shall now arise"),与如下和合本中译文略有不同:"看哪,先前的事已经成就,现在我将新事说明;这事未发以先,我就说给你们听"(以赛亚书 42:9)。——中译注

他依然是先前的他，而企图篡夺帝国大权的马克里安已不复存在。在这样的邪恶得以清除后，他统治的国家如今处处繁荣昌盛。

接着，他暗示出写就这封书信的时间：

> 我观察不同皇帝统治的年头，并且注意到，那些名盛一时的邪恶皇帝，很快就被人遗忘，相较而言，他更加敬畏，也更加爱上帝，正要度过执掌王权的第九年。在其统治期间，我们的确可以持守那节日。

涅坡斯及其教派

24. 除所有这些书信之外，他还撰写过两部名为《论应许》(*On Promises*)的作品，这两部作品均因一位埃及主教涅坡斯（Nepos）而起。涅坡斯主张，当以一种更犹太的方式解释圣经对圣徒所作的应许，并且以为，世上将有一放纵肉体的千禧年。关于这主题，他曾著有《寓意解经者的反驳》(*Refutations of the Allegorists*) 一书，试图藉约翰《启示录》佐证自己的奇异观点。① 为作回应，狄奥尼修斯写下两部《论应许》，第一部阐释自己的教义观，第二部则讨论约翰《启示录》，并且提及涅坡斯：

> 他们主张，基督的国度将在地上降临，并且把涅坡斯的一篇相关论述当作无可争辩的凭据。一般而言，我不仅认同而且热爱

---

① 也就是说，他反对像狄奥尼修斯这样对《启示录》的字面解释。

涅坡斯，因为他的虔诚与勤奋、对圣经的深入研究及其如今依然让教友得着鼓励的赞美诗；而且，我非常尊重他，很不情愿批评他，何况他现已安息长眠。但是，真理高于一切，我们应该尊重真理，批判谬误。假若[涅坡斯本人]当着我的面口头宣扬他的观点，那么，我就不必写作，直接跟他交谈就足够了——即以问与答的方式劝服对手①。但是，他却写了一本书。某些人觉得，这本书很有说服力，有些教师甚至对此书评价甚高，以为其中隐含了某种伟大奥秘——这些教师认为律法书和先知书毫无价值，于是抛弃福音书，并且轻视使徒保罗的书信②。他们不让我们那些单纯的教友拥有高贵的思想——我们的主将在荣耀中显现，而我们自己则会从死里复活，被召集在一起，并且要被变成像他那样——③而是劝导他们要喜悦当下，在主的国度中期待那些琐碎的、会朽坏的东西。④这样一来，我们别无他法，只能用笔头与涅坡斯弟兄一起探讨，就好像他在场一般……

如你所知，这种教导长期以来在阿尔斯讷（Arsinoe）颇为流行，当地教会也因此四分五裂。我前往那里，召集带领各村会众的长老与教师（以及任何自愿参与的平信徒）举行会议，敦促公开探讨此种教导。他们拿来此书，把它当作某种无懈可击的堡

---

① 参见《提摩太后书》2：25，"用温柔劝诫那抵挡的人。或者神给他们悔改的心，可以明白真道"。——中译注
② 根据 Williamson 英译本和 Cruse 英译本补译。此句并举律法书、先知书、福音书和使徒[保罗]书信，对理解圣经正典的形成过程颇具意义，英译者却将之简单缩译为"dieregarding Scripture"（轻视圣经）。饶有意味的是，智慧文学、约翰《启示录》和其他非保罗书信等并不在其列。——中译注
③ 参见《马可福音》13：26—27，"那时，他们要看见人子有大能力、大荣耀，驾云降临。他要差遣天使，把他的选民从四方、从地极直到天边，都招聚了来"；《约翰一书》3：2，"亲爱的弟兄啊，我们现在是神的儿女，将来如何，还未显明；但我们知道，主若显现，我们必要像他，因为必得见他的真体。"——中译注
④ 这种所谓的[强调]"当下的"末世论，现代代表为布尔特曼（Rudolf Bultmann）。——中译注

垒。我和他们坐在一起，接连三天，从早到晚地批评书中内容。我们一起讨论，不仅颇有章法，而且彼此克制地对待其中的问题、异议和共识。在这样的过程中，教友们的坚定、真诚、逻辑和理智都给我留下深刻印象。我们拒绝盲目墨守旧有的观点，拒绝逃避问题，而是竭尽全力地试图抓住问题并解决它；我们也不会因为改变自己的观点而感到羞耻；我们凭着良心和真诚，凭着对上帝的单纯信靠，接受有圣经作根据的一切可能结论。最终，此种教导的始作俑者克拉西昂（Coracion）被完全说服，他当着所有在场教友的面，同意并且发誓，对这主张，他不再固守，不再辩论，不再提及，不再传授。至于其他人，其中一些对此次会议和所达成的和谐感到欣喜。

约翰《启示录》

25. 接着，他谈到约翰《启示录》：

我们的一些先辈彻底拒斥此书，并且对其逐章进行批评，认为此书既没感觉，又无理性，而且连标题也是错的。在他们看来，从任何意义上而言，此书既不是约翰的，也不是"启示录"，因为遮盖其上的无知之幕太过深厚，而且其作者既非使徒，也非圣徒，甚至还不是教会成员，而是克林妥。此人是克林妥教派的创立者，试图给其伪作贴上令人尊敬的作者名。据说，他教导如下教义：基督的国度将在地上降临，并且满足他所梦寐以求的：贪吃暴食、纵欲无度的盛宴，狂喝暴饮的酒会，嫁夫娶妻的喜筵，而且他还为此想出许多更为可敬的名称，比如欢庆、献祭以及牺牲。

然而,我不敢拒斥此书,一方面是因为许多教友对它颇为敬重,另一方面则是本人智力不足以作出恰当评判。我以为,对此书的解释堪称非同寻常的奥秘。我不理解它,只能揣测其中言辞可能具有更深一层的含义。我不能凭着自己的理性作出衡量与判断,只能更多地依靠信仰,这样一来,我才能得出结论说,它们太过高深,超乎我的理解。我不拒斥自己所不能理解的,但是却对自己的不能理解感到相当困惑。

他逐一考察完《启示录》全书,并且证明,此书不能从字面理解。接着,他继续写道:

那先知写完预言后,向包括他本人在内的遵守预言者说出如下祝福:"看哪!我必快来。凡遵守这书上预言的有福了。这些事是我约翰所听见、所看见的。"(启示录22:7—8)因此,我不会否认,他名为约翰,而且此书作者是某位约翰,一位神圣的、得着默示的作家。但是,我不同意,他就是使徒约翰、西庇太的儿子、雅各的兄弟——这位使徒曾写有《约翰福音》和大公书信①。从各自的特点以及所谓《启示录》的风格和形式来看,我推断,作者不是同一个人。无论是在福音书还是在大公书信中,福音书作者从未以第一或第三人称称呼自己。然而,《启示录》作者一开篇就提到自己:"耶稣基督的启示……他就差遣使者晓谕他的仆人约翰。"(启示录1:1—2)接着,他开始写信:"约翰,写信给亚

---

① 值得注意的是,这里为单数,很可能只指现在所谓的《约翰一书》。下同。——中译注

西亚的七个教会……恩惠、平安归与你们"(启示录1：4)。然而，福音书作者甚至在大公书信的开头也没有写下他的名字，而是以关于神圣启示的奥秘作为开始："论到从起初原有的生命之道，就是我们所听见，所看见，亲眼看过，亲手摸过的。"(约翰一书1：1)正是关于这一启示，主曾向彼得这样祝福道："西门·巴约拿，你是有福的，因为这不是属血肉的指示你的，乃是我在天上的父指示的。"①在约翰现存的第二封或第三封书信中②，即使它们篇幅短小，约翰这名字也未见提及，作者只是不指名道姓地把自己称为"作长老的"③。但是，《启示录》的这名作者并不满足于仅仅提到自己的名字一次，他在下文再次提到自己的名字："我约翰就是你们的弟兄……曾在那名叫拔摩的海岛上"(启示录1：9)。他甚至在结尾处还说："看哪，我必快来。凡遵守这书上预言的有福了！这些事是我约翰所听见、所看见的。"(启示录22：7—8)

由此，我们有理由相信，作者是约翰。但是，是哪一位约翰呢？他的确没有说过，如同在福音书中那样，他是主所爱的那门徒、曾靠在主胸膛的那位、雅各的兄弟、亲眼看过并亲耳听过主的那位。假若他想表明自己的身份，那么他肯定就会采用其中的某个称呼。但是，他没有采用任何一个这样的称呼，只是自称为我们的弟兄、与我们同工的、为耶稣作见证的、蒙福得以看见和听见启示的。不难想象，很多人都取了与使徒约翰相同的名字，一方面是因为他们爱戴和尊重使徒约翰，另一方面则是因为他们

---

① 参见《马太福音》16：17。英译本未译此句。根据 Williamson 英译本和 Cruse 英译本补译。饶有意味的是，此句及下文是（尤其基督公教）推崇彼得的重要圣经根据。——中译注
② 当指《约翰二书》和《约翰三书》。——中译注
③ 参见《约翰二书》1，《约翰三书》1。——中译注

想要像使徒约翰那样为主所喜爱。这样的情形，正如保罗和彼得的名字经常被信徒用来作自己孩子的名字一样。在《使徒行传》中，有一位别名马可的约翰，巴拿巴和保罗曾与他同行。他是那作者吗？不太可能。因为正如圣经所记，他没有跟随他们到亚细亚去："保罗和他的同人从帕弗开船，来到旁非利亚的别加①，约翰就离开他们回耶路撒冷去"（使徒行传 13：13）。我认为，在亚细亚另有一位约翰，因为据说以弗所有两座被认为属于"约翰"的坟墓。

观念、用语和语法都在在表明，有两位不同的作者。福音书与大公书信彼此一致，它们的开篇相似。一个说："太初有道"；另一个说："从起初原有的……"。一个说："道成了肉身，住在我们中间"；另一个则以意思一致而略微不同的用语说："论到……生命之道，我们所听见，所看见，亲眼看过，亲手摸过的。这生命已经显现出来，……"。此前奏旨在于反对那些否认我主道成肉身的人②。细心的读者不难发现，两者共有［如下用语］：生命，光，脱离黑暗，真理，恩典，喜乐，主的血与肉，审判，罪得赦免，神爱我们，彼此相爱的命令，遵守一切诫命，胜过世界、魔鬼、敌基督，圣灵的应许，上帝收养众子③，信、圣父和圣

---

① 旁非利亚是小亚细亚沿海的一个行省，位于吕家和基林家之间。别加是旁非利亚的首府，离地中海约八公里。——中译注
② 即所谓的幻影论者（Docetists），他们否认基督真实的人性，以为基督只是看似有身体，其实只是幻影而已。有学者进而认为这是针对诺斯替派（尤其是克林妥派）的幻影基督论。——中译注
③ 或译"领养"。收养在希腊人和罗马人当中是常有的事，他们给予养子以亲生子所具有的一切的权利，包括财产继承权。若是皇帝，也可将皇位传给养子。
据 Williamson 英译注，"收养"一词保罗曾用过五次（和合本译作"得着儿子的名分"），约翰虽然从未使用过，但具有相似看法。参见《约翰福音》1：12，"凡接待他的，就是信他名的人，他就赐他们权柄，作神的儿女"；《约翰一书》3：1—2，"你看父赐给我们是何等的慈爱，使我们得称为神的儿女；我们也真是他的儿女。世人所以不认识我们，是因未曾识他。亲爱的弟兄啊，我们现在是神的儿女，将来如何，还未显明；但我们知道，主若显现，我们必要像他，因为必得见他的真体。"另参见《罗马书》8：14—15、23，9：4；《加拉太书》4：4—6；《以弗所书》1：5 等。——中译注

子（散见各处）。总而言之，福音书和大公书信拥有许多相同特征。

但是，《启示录》与上述作品迥乎不同，甚至可以说，即使在音节上也与上述作品几乎没有相同之处。①暂且不说福音书，大公书信没有提及启示，《启示录》也没有谈及大公书信。倒是保罗在其书信中对启示有所暗示，只是没有把这些启示记录下来。②

风格也表明了不同。福音书和大公书信，不仅希腊文书写得毫无差错，而且在措辞、逻辑和句法方面均具有高超技巧。其中没有出现过什么蛮族用语、语法错误或者粗俗言辞。显然，上帝赐福了这两部作品的作者，让他拥有知识的恩赐和言语的恩赐。我不否认，另一位作者也看过启示，并且得着知识的恩赐与说预言的恩赐，但是，就措辞和风格而言，其希腊文并不地道。此外，他还采用蛮族用语，并且偶尔使用粗俗言辞。现在，我没有必要在此一一举例，因为我不想——完全不想——对此加以嘲笑，只是想证明上述作品的不同而已。

狄奥尼修斯的书信

26. 除上述书信之外，狄奥尼修斯还有多封信件存世，比如，他曾因反驳撒伯里乌（Sabellius），分别致信百尼基主教亚蒙（Ammon）、特勒斯福鲁斯、优弗拉诺尔（Euphranor）、亚蒙（再一次）以及优波鲁

---

① Williamson 在英译注中对此提出质疑，《启示录》与《约翰福音》确有不少相似之处，而且，两者共有数百字的词汇，而这些词汇又是《约翰一书》所缺乏的。——中译注
② 参见《哥林多后书》12：1—4，"……如今我要说到主的显现和启示……一个在基督里的人……他被提到乐园里，听见隐秘的言语，是人不可说的"；《以弗所书》3：3，"[神] 用启示使我知道福音的奥秘……"以及《歌罗西书》1：26，"这道理就是历世历代所隐藏的奥秘，但如今向他的圣徒显明了。"——中译注

斯（Euporus）。他也曾就相同主题撰写过四篇论述，并且寄给在罗马与他同名的那位。我藏有他许多其他的信件和作品，例如一篇论自然的作品，此作品是为其少年助手提摩太所写的，以及一篇论诱惑的作品，此作品是献给优弗拉诺尔的。在写给彭塔波利斯主教巴西理得（Basilides）的一封书信中，他说他已写完一篇关于《传道书》开头部分的注释。关于狄奥尼修斯，就写到这里。让我们转而描述我们自己这一代吧。

撒摩撒他的保罗

27. 叙斯图斯［二世］执掌罗马教会十一年后，①狄奥尼修斯接替其主教职位，他与亚历山大主教同名。接着，德美特里安在安提阿离开人世，其主教职位由撒摩撒他的保罗接替。这位保罗持有一种轻视基督的观点，将基督视作凡人，公然违背教会的教义。因此，亚历山大的狄奥尼修斯接到参加公会议的邀请。② 狄奥尼修斯以年事已高和身体虚弱为由，推迟出席会议，同时就此议题发出一封书信。但是，其他牧者则从各地紧急赶往安提阿，以应对这基督羊群的破坏者。

安提阿公会议

28. 在这些牧者中，最为杰出的有：加帕多家的凯撒利亚主教菲尔米里安、本都的牧者格列高利和亚特诺多勒两兄弟、大数［主教］赫伦乌斯、以哥念的尼科马斯（Nicomas of Iconium）、耶路撒冷的叙梅纳乌斯、凯撒利亚附近的提奥特克努斯，以及马克西姆（Maximus）——他在波斯特拉（Bostra）带领教友，表现优异。为了这一目的，还有更

---

① 实为十一个月。从 257 年 9 月到 258 年 8 月，叙斯图斯担任主教。
② 此次会议在安提阿召开，旨在于调查保罗的教义主张。

多的人，包括许多长老与执事在内，汇集安提阿。不过，上述这些人乃是其中最为出类拔萃的。在多场会议上的多次辩论和问询中，那撒摩撒他人及其同党竭力隐藏或伪装自己的异端主张，而其他人则尽其所能地揭示和暴露他反对基督的异端邪说和亵渎言语。

其间正值加里努斯执政第十二年，狄奥尼修斯辞世。他作为主教，执掌亚历山大教会已达十七年，其继任者是马克西姆（Maximus）。加里努斯在位十五年后，皇位由克劳狄［·哥提库斯］（Claudius Gothicus）接替，后者在即位第二年就把统治大权传给奥勒良。

保罗遭到绝罚

29. 在其统治期间，最后一次由大量主教参与的公会议在安提阿举行。此次公会议揭露出那异端领袖，谴责其异端邪说，并将他从普世大公教会逐出。在揭下异端虚伪面具的过程中，马尔基昂（Malchion）功不可没。他颇有学识，时为安提阿一所希腊文修辞学校校长，由于在基督里的完全信仰，他被任命为当地教会长老。他将自己与保罗的多次论辩速记下来——这些记录至今尚存——他一人就足以揭露那狡诈的欺骗者。

30. 随后，上述牧者达成一致，联名致信罗马主教狄奥尼修斯和亚历山大主教马克西姆，同时抄送帝国各省教会。这封信不仅讲述了他们的热诚努力、保罗的异端邪说，以及他们与保罗的论辩，并且概要地描述了保罗的生平与作为，内容如下：

赫伦乌斯、叙梅纳乌斯、提阿非罗、提奥特克努斯、马克西姆、普罗克鲁斯（Proclus）、尼科马斯、埃里安（Aelian）、保罗（Paul）、伯兰乌斯（Bolanus）、普罗托格内斯（Protogenes）、希拉克斯、优提丘斯（Eutychius）、提奥多勒（Theodore）、马尔基昂、卢修斯（Lucius），以及邻近教会的所有其他成员（包括主教、长老、执事和众教友），向我们亲爱的主内弟兄：狄奥尼修斯、马克西姆和普世各教会的主教、长老和执事众同仁，向整个的大公教会问安……

为了矫正这极具破坏性的教导，我们甚至邀请更远地方的主教前来参与，比如，亚历山大的狄奥尼修斯和加帕多家的菲尔米里安，二人都已故去。前者曾致信安提阿，不过，收信人不是那异端领袖，而是整个教区，因为他认为，那异端领袖不配与自己进行私人通信。信后附有此信副本。菲尔米里安则两度来到此地，谴责保罗的新奇观点。我们和许多其他人都耳闻目睹了这一切。保罗一答应改变观点他就中止行动，希望事情在不让圣道受到攻击的情况下得到解决。但是，他受骗了，保罗这人否认了自己的上帝、主以及从前所持守的信仰。对这人否认上帝的邪恶，菲尔米里安终于了然于胸，于是第三次启程前往安提阿，最后走了差不多一半，到达大数。我们向他发出召唤，期待他的到来，可是，他那时已走到了生命的尽头。

接着，他们继续描述［保罗的］生活方式：

既然他已抛弃信仰的准则，转向虚假错误的教条，我们就没有必要判断这样一个教外之人的行为。以前，他一文不名，既没有从先人那里继承什么遗产，也未能凭着技艺或职业获得什么收入，现在，他劫掠教会，勒索教友，藉着种种非法手段聚敛了大量财富。他一方面剥夺受害者的权利，另一方面却因为报酬的缘故允诺帮助他们，结果却总是食言。他从那些诉讼缠身的人那里榨取钱财，利用他们急欲摆脱官司的心态轻松得利。他把敬虔当成了得利的门路。①他野心过大，高傲无知，不仅用世俗荣誉装点自己，而且不满足于已有的主教称号，想要获得行省财政长官（ducenarius）②的头衔。在大批护卫的簇拥下，他大摇大摆地穿过集市，趾高气扬地走到公众面前，大声念读或背诵信件。由于他这样自我膨胀的炫耀与傲慢，信仰不仅名声被污，而且惹人生厌。

这骗子极力包装和炫耀自己，借此在教会聚会中欺骗那些单纯的灵魂，他模仿这个世界的统治者，坐在专门准备好的讲台和高高在上的宝座上——这对于一个基督的门徒来说是多么不恰当啊！——或者坐在隔间（secretum）③里。他在台上还不断地拍腿跺脚。若有人没有像在剧院里那样拍手欢呼或晃动手帕，或者没有像他那些不守规矩的男女党羽一般喊叫跳跃，就会遭到他的嘲笑和侮辱。对那些已离世的圣言解释者，他公然进行粗俗的谩骂攻击，同时自吹自擂，好像自己不是一位主教，而是一名诡辩专

---

① 《提摩太前书》6：3—5，"若有人传异教，不服从我们主耶稣基督纯正的话与那合乎敬虔的道理，他是自高自大，一无所知……他们以敬虔为得利的门路。"——中译注
② 行省财政官（procurator），俸禄丰厚，年薪为五千两银子（20万塞斯特斯［sesterces］）。——英译注
关于"procurator"这一官职，参见本书第一卷第九节的相关中译注。另，1塞斯特斯约等于四分之一"denarius"。故此折算数目。参见本书第三卷第二十节的相关中译注。——中译注
③ 法官或者地方长官的私人房间。——英译注
据 Cruse 英译注，"secretum"是地方法官处理案子的座位或位置，[无关人员]不得进入。这座位或位置一般均设在高处，周围设有栏杆和帘子，使得地方法官与在场人员隔离。"Secretum"来源于拉丁文"secerno"，意为"隔离"。——中译注

家或江湖骗子。

所有献给我们主耶稣基督的赞美诗,都被他当作近人作品而加以禁止。然而,在伟大的复活节那一天,他居然指派众妇人在教堂中央为他自己唱赞美诗,——这些赞美诗让人听得战栗发抖!而且,邻近区域与城镇那些阿谀奉承的主教与长老也得到他的允许,在讲道时同样如此行。他不愿承认,上帝之子是从天而降的①(所附多份记录充分证明了这一点,特别是他关于耶稣基督是"从下面来的"之类的说法)。可是,那些唱诗歌颂他的人却声称,他们这位不虔敬的教师乃是一位从天而降的天使。对此,他没有加以阻止,而且,在他们这样说的时候,他本人就在现场,而且表现得非常自大。

那么,他的"属灵新娘"(spiritual brides)——安提阿人这样称呼她们——以及其长老和执事们的"属灵新娘"又是如何呢?他与他们一起隐藏这项罪行,以及其他无可救药的罪行。他们一方面对他感恩戴德,一方面又心存恐惧,根本不敢指控他在言语和行为上的罪过。而且,他甚至还让他们变得富有,以确保其忠诚和钦佩。亲爱的弟兄,尽管我们知道,有很多人在为这样的"属灵新娘"作淫媒时站立不住,也有许多人有同样如此行的嫌疑,但是,我们也知道,主教和全体神职人员应在一切善工上作众人的榜样。即使我们承认,他没有做任何淫乱的事情,那么他至少也应该避免这般举动所引起的猜疑,以免使别人在效仿他时误入歧途。他遣走一位妇人,却又把两位年轻漂亮的姑娘留在身边,一同过着奢侈且毫无节制的生活,而且无论走到哪里,都

---

① 参见《约翰福音》3:13,"除了从天降下仍旧在天的人子,没有人升过天。"——中译注

把她们带在身边。他自己都如此行，他又怎么能够做到责备别人，或者像经上所写的那样建议别人不再与某位妇人交往，以免跌倒？毫不奇怪，关于这些所有叹息与悲泣都只是私下里的，因为他们如此忌惮于他的专制与权力，以至于不敢对他提出指控。但是，正如我们以前说过的，倘若某人列在我们数中，①有大公的信仰，他就会被认为应对这些事负有责任。然而，对嘲弄奥秘又以卑鄙的阿尔特玛斯（Artemas）②——为什么我们不应提到他的父呢？③——异端而自我夸耀的人，我们并不觉得有义务要求进行一次清算……

既然他反对上帝并且拒绝服从，我们只好绝罚他，将他逐出教会，并且为了大公教会的缘故任命另一位主教取而代之。因着上帝的眷顾，我们满有确信地［选择］多姆努斯（Domnus），其父蒙福的德美特里安曾以优异表现执掌过同一教区。④他［多姆努斯］具备作主教所要求的全部优秀品质，因此，我们告知你们［对他的任命］，这样你们就可以写信给他，与他藉着信件［建立］彼此的交流。但是，请先让这位同仁写信给阿尔特玛斯，与他及其同党彼此交流。⑤

正如上文所说，保罗失去了正统信仰和主教职位，其安提阿主教一职由多姆努斯接替。但是，保罗拒绝交出教会建筑所有权。由此，

---

① 参见《使徒行传》1：17，"他本来列在我们数中，并且在使徒的职任上得了一份。"——中译注
② 在第五卷第二十八节中，优西比乌称他为阿尔特蒙（Artemon）。
③ 参见《约翰福音》8：42—47 关于"你们的父魔鬼"的相关经文。——中译注
④ Williamson 指出，这位德美特里安是一位已婚主教。——中译注
⑤ 据 Williamson 英译注，按照哲罗姆的说法，此封书信当出自马尔基昂之手。此外，书信多处模仿狄摩西尼（Demosthenes）和卢西安（Lucian）的字句。——中译注

279 一份请愿书被呈交给皇帝奥勒良。皇帝对此的裁决极其公平。他发出敕令，建筑归于那些与意大利和罗马各位和主教有着书信往来的人。相应地，这个有问题的人被世俗权威以最羞辱的方式撵出教会。

这就是奥勒良当时对我们的态度。但是，随着其统治的继续，他开始改变态度。如今，出于某些顾问的压力，他发动对我们的迫害。这使得各处议论纷纷。但是，就在他几乎要签署法令反对我们时，神圣正义抓住了他的手，也就是说，挫败了他的计划。这清楚地表明，这个世界的统治者将会发现，攻击基督的教会并非易事，除非护卫我们的那只手，为了在选定时候惩罚我们，使我们归正，从而将之当作神圣的审判加以允许。无论如何，奥勒良执掌皇权六年后，[皇位] 被普罗布斯①接掌。普罗布斯执政大概同样长的时间，之后由卡鲁斯及其儿子卡里努斯和努梅里安接任。父子三人执政不到三年，政权落入戴克里先及其所引介的人之手。②正是在他们的统治下，在我本人所处的时代，发生了对我们的迫害和对教堂的毁坏。此前不久，罗马主教狄奥尼修斯任职九年后，腓力斯接替其职。

摩尼派异端

31. 与此同时，一个疯子开始用属灵错觉武装自己——其名字 [摩尼]③正反映出他是被邪灵附身的异端。他受到上帝敌人撒旦的唆使，
280 试图毁灭多人。正如其言谈举止所揭露的，他的生活方式野蛮，而且生来充满魔性又狂躁不安。他企图冒充基督。有一次，他自称保惠

---

① 从275年至276年，在奥勒良与普罗布斯之间，塔西佗和弗罗里亚努斯曾作过短暂统治。
② 284年。——英译批注
③ 据Cruse英译注，疯子的希腊原文为"*manes*"，而优西比乌故意把摩尼的波斯名字"Mani"用希腊文写作"*Manes*"，以作发挥。——中译注

师——即圣灵。这说明他是个自以为是的疯子。还有一次，他效颦基督，选出十二位门徒，作为其新奇观点的同伴。他找寻早已灭绝的无数异端，从中收集种种错误且邪恶的教条，将它们拼凑在一起，然后从波斯用这样的致命毒药污染我们的世界。源自其名的邪恶名字摩尼教至今仍普遍使用。此即错误的所谓知识①的根基。

同时代的神职人员

32. 腓力斯带领罗马教会五年后，优提希安（Eutychian）继任其职。不到十个月，我的同时代人该犹接替主教一职，服侍将近十五年。其继任者是马尔塞里努斯（Marcellinus），后在大迫害中罹难。

其间，安提阿主教之职由多姆努斯传给提麦乌斯（Timaeus），后又由我的同时代人西里尔（Cyril）继任。在其任职期间，我得以认识多罗特乌斯（Dorotheus）。他是安提阿的长老，博学多闻，富于神学热情，精通希伯来文，能阅读和理解希伯来圣经，而且颇具人文素养、对希腊基础教育也如数家珍。不过，他生来即为阉人。皇帝本人则视之为奇迹，与他结交，并且任命其主持推罗的皇家染坊。听说，他还在教会中讲解圣经，不仅得当，而且让人信服。

继西里尔后，提兰努斯（Tyrannus）成为安提阿主教。在其任职期间，对教会的攻击达到顶点。

在老底嘉，来自亚历山大的优西比乌接替苏格拉底（Socrates）的主教一职。这还得追溯到保罗事件。由于此次事件，优西比乌来到叙利亚，当地热情洋溢的神学生们极力地挽留他，不让他回家。他信仰虔诚，堪称我们同时代人的最佳榜样之一，这一点在先前引述的狄奥

---

① 当指诺斯替主义，参见本书第一卷第一节的相关中译注。——中译注

尼修斯书信中就已表露无遗。其继任者是安纳托里乌斯（Anatolius），这真可谓是一个好人接替了另一个好人。他也生于亚历山大，学识渊博，精通哲学，在算术、几何、天文和其他学科、逻辑、物理和修辞方面均有登峰造极的造诣，在我们最优秀的同时代人中位列第一。正是由于这样的缘故，亚历山大市民请求他建立一所具有亚里士多德传统的学校。在亚历山大皮鲁切乌姆（Pirucheum）①被围攻期间，他立功无数，而且均得到记录——这是官员所能享受的一种特殊优待。我在此仅征引其中一例。

当被围攻者已吃光小麦、饥饿比城外敌人更为可怕时，[安纳托里乌斯]想出如下办法。城市的另一半站在罗马人一边未遭围攻。当时，优西比乌还没去叙利亚，正在当地。他声望颇高，甚至连罗马统帅也都知道他。安纳托里乌斯告诉优西比乌，那些被围攻之人正处于饿死的边缘。于是，优西比乌请求罗马统帅予以关照：赦免那些来自敌军的逃亡者。在得知指挥官同意请求后，安纳托里乌斯召集亚历山大的元老开会，并且首先呼吁他们向罗马人伸出友好的右手。面对众人对此项提议的愤怒，他回答道："倘若我们允许那些对我们来说没有用处的人——老迈的男人女人以及年幼的孩子——离城而去，我相信，你们不会表示反对。在死亡来临之际，我们为什么要将这些人留在身边呢？我们应将小麦分给守城的青壮年，可为什么要让那些伤残人士活活饿死呢？"

藉着上述理由，他说服与会人士。那些军队用不上的人均得到离开的许可，而他由此便可解救几乎所有被围攻者。他首先安排那些属于教会的人逃离围城，然后是城中剩下的其他人，不管年龄多大——

---

① 或作"Bruchium"，亚历山大的希腊[语]区。

并不只是那些在会议表决中被指定的人,而且还有大量的人穿上女人的衣裙,把自己打扮成女人的样子。按照他的计划,这些人趁着黑夜离开家门,迅速赶往罗马军队的营地。优西比乌在那里接应他们,像父亲和医生那样给予这些受害者以温柔的照顾。以上即是两位成功侍奉老底嘉教会的牧者:靠着上帝的眷顾,他们在战事到来前离开了亚历山大。安纳托里乌斯的著作,虽数量不多,但留给我们的作品却足以展示其滔滔的辩才与渊博的学识。在这些作品中,他曾特别就该何时庆祝复活节的问题提出过自己的见解,我对此引述如下:

引自安纳托里乌斯关于复活节的准则

每十九年一循环的开端,是第一年第一月的新月,按照埃及人的历法,此即法梅诺特月的第二十六天(26 Phamenoth);按照马其顿人的历法,即狄斯特鲁斯月的第二十二天(22 Dystrus);或者按照罗马人的历法,即四月初一前的第十一天[3月21日]。在这一天,太阳已穿过黄道十二宫第一宫的第四天。这十二宫中的第一宫是二分宫(equinoctial sign)①,即第一月和行星周转的起点。之前的第十二宫则是最后一月和行星周转的终点。因此,若有人将第一月置于其中,并且相应计算出逾越节在此月第十四天,这就大错特错了。〔这并非我自己的主张,乃是甚至早在基督之前就为犹太人所知并被他们认真观测到的事实,斐洛、约瑟夫、穆瑟乌斯(Musaeus)、两位亚加托布利(Agathobuli)都可以为此作证,后两人是伟大的亚里斯多布的老师,并且因此而闻名于世。他〔亚里斯多布〕是七十士之一,曾为托勒密·费拉德弗

---

① 即春分之宫或秋分之宫。——中译注

斯（Ptolemy Philadelphus）及其父亲翻译希伯来圣经，而且还将关于摩西律法的注释作品献给这父子二人。〕

在处理关于出埃及的问题时，这些作者说，献逾越节的祭，应在第一个月月中春分过后，而且认为，这春分发生在太阳经过太阳（或者黄道带内）活动周期的第一宫后。亚里斯多布补充说，不仅是太阳，而且还有月亮，此时都会经过一个二分宫。这样的宫有两个，一个在春季，一个在秋季，彼此在直径上相对，而逾越节那一天是日落后那个月的第十四天，因此月亮将如满月时那样在直径上与太阳相对。于是，太阳将位于春分的那一宫，而月亮则必然在秋分的那一宫。我知道，他们还提出过许多其他论证，并且进而指出，逾越节和除酵节均应在二分宫后庆祝。对有些人来说，盖在摩西律法的帕子已被移开，他们如同靠着镜子的返照一般，得以敞着脸看见基督①。我们不应该要求这样的人提供佐证。根据希伯来历法，第一个月横跨二分点（the equinox），以诺（Enoch）的作品也能证明这一点。②

〔安纳托里乌斯〕还留给我们一篇共分为十部分的《算术导论》(*Introduction to Arithmetic*)，以及多部神学著作。巴勒斯坦的凯撒利亚主教提奥特克努斯首先将其按立为主教，想让他在自己死后继承主教职位。事实上，他们俩确实在短期内一同主持过当地教会。由于保罗事件，他受召到安提阿参加会议。在经过老底嘉时，他因当地教友的

---

① 参见《哥林多后书》3：15—18，"然而直到今日，每逢诵读摩西书的时候，帕子还在他们心上。但他们的心几时归向主，帕子就几时除去了。主就是那灵；主的灵在哪里，哪里就得以自由。我们众人既然敞着脸得以看见主的荣光，好像从镜子里返照，就变成主的形状，荣上加荣，如同从主的灵变成的。"——中译注
② 《以诺一书》(1 Enoch) 72：6、9 以下，另《犹大书》(Jude) 14 曾提及此书。

挽留而停留于此，其间优西比乌业已长眠。

老底嘉、凯撒利亚、耶路撒冷和亚历山大的教会领袖

当安纳托里乌斯也离开人世后，司提反成为当地主教，他是［戴克里先］大逼迫前的最后一任老底嘉主教。他因哲学知识和世俗学问而备受尊敬，但并未相应地献身神圣信仰，正如大逼迫所证明的，他并非一名真正的哲学家，而更多的是一个怯懦的伪君子。但是，教会及其各项活动并没有因为他的缘故而遭到毁灭，而是藉着上帝亲自拣选的一个人得着解救，此人名为提奥多图斯（Theodotus），他的行为证明他确实人如其名。① 他精通医治身体的科学，堪称一流。凡有求于他的人，他总是以善良诚挚相待，并且表现出真正的同情。正是由于这个缘故，他在医治灵魂方面也无出其右者。此外，他也在神学研究方面也投入良多。

在巴勒斯坦的凯撒利亚，提奥特克努斯尽心尽力地恪守主教职责，在其死后，主教一职由亚伽皮乌斯（Agapius）接替。后者也为子民的福利辛勤工作，并且慷慨地照顾穷苦人。在其任职期间，我得以认识当地教会长老潘菲鲁斯。他是一位最有辩才的人，也是一名真正的哲学家。描述他的背景和特点并非易事，不过，我还是专门为他写了一本书，分别记录他的生活细节、他所建立的学校、他在大逼迫期间所遭受的折磨、对信仰的告白以及最终获得殉道冠冕。他肯定是那座城市中最令人钦佩的人。

此外，在我同时代的人中，还有两位世上罕有的杰出人物，一位是亚历山大的长老比埃里乌斯（Pierius），另一位是本都各教会的首席

---

① "Theotecnus"在希腊语中意为"上帝所赐予的"。

主教梅勒提乌斯（Meletius）。前者因生活上的全然守贫和哲学上的精深研究而声名卓越，不仅神学造诣深厚，而且布道技巧娴熟。梅勒提乌斯——有学问的人都习惯称他为"*Mellifulous*"，即阿提卡之蜜——是一位博学多才的学者，他在演说上特别有恩赐，在博学方面更是无与伦比，而且在所有分支学科上都极有造诣。你若见过他一次，就会得出这样的结论。此外，他也因德行而卓尔不群。我注意到，在大逼迫期间，他在巴勒斯坦全地被追捕了整整七年。

在耶路撒冷教会，扎布达斯（Zabdas）接替叙梅纳乌斯成为主教。没过不久他便辞世，其职位由赫尔默（Hermo）继承。他是直到我这个时代大逼迫发生时为止的最后一位耶路撒冷主教，其所继承的使徒宝座保存至今。

在亚历山大，狄奥尼修斯之后在任十八年的主教马克西姆，由提奥纳斯（Theonas）接替。在其任职期间，阿基拉斯（Achillas）和普里斯库斯（Priscus）一起成为长老，而且颇受尊重。他［阿基拉斯］展示出作为哲学家的超凡能力，而且具有与福音相应的品性，因而被委托带领那所神圣信仰的学校。提奥纳斯殚精竭虑十九年后，彼得（Peter）继任亚历山大主教，他任职十年有二，表现十分优异，因而同样颇受尊重。他带领教会不到三年就发生了大逼迫。在其余生，他恪守纪律，继续关注教会利益，这是显而易见的。这样导致的结果是：大逼迫第九年，他被斩首，从此戴上殉道冠冕。

在上述几卷中，我致力于描述从我们救主出生到我们崇拜场所被毁坏之间的统绪传承，时间跨度长达三百零五年。现在，为了我们后世的信息，我将记述，在我自己这个时代，那些为真信仰英勇斗争之人所经受的种种折磨，以及这些折磨的性质与范围。

评注　亚历山大的狄奥尼修斯

本卷的许多内容均来自亚历山大主教狄奥尼修斯的书信。他通常被称为大狄奥尼修斯（Dionysius the Great），优西比乌对其颇为尊重，并且把《教会史》中第二多的篇幅题献给他。正如优西比乌所引述的，这些书信内容广泛，既有关于悔改异端是否应再次受洗的问题，也有关于何时庆祝复活节的争论。狄奥尼修斯撰写这些书信时，埃及的情形十分复杂：时断时续的迫害、公民的意见不合，以及让事态变得更为严峻的瘟疫。这场骇人听闻的瘟疫席卷整个亚历山大城，其夺走的牺牲者远比宗教压迫多得多。在这样的情形中，狄奥尼修斯以主教——牧人的真正含义——的姿态出现，不仅心胸宽广，而且对悔改者态度开明。

从狄奥尼修斯的通信中，优西比乌借用不少资料用于自己的历史记述。诚然，按照今天的历史编撰标准，这种借用显得过多，但他的做法并非剽窃，因为他从来都会说明所征引文献的作者归属。而且，假若没有优西比乌这样的借用，今天我们就不会拥有如此重要的原始资料。狄奥尼修斯留存下来的绝大多数文献，仅仅是藉着优西比乌和阿塔那修（Athanasius）才得以保存。

通过书信，狄奥尼修斯以引人入胜的细节展示出当时的教会生活。他也是一名具有批判精神的优秀学者，对《启示录》作者归属的明晰讨论就清楚地表明了这一点。直到他那个时代，新约最后一卷被普遍认为是使徒约翰的作品。狄奥尼修斯却令人信服地将之归于小亚细亚的另一位约翰。此观点当时非常超前，今天多数新约学者也都持这样的观点。

第七卷还描述了两件最为有趣的物品：凯撒利亚·腓立比的耶稣雕像及其同父异母兄弟雅各在耶路撒冷的主教宝座。文中提及耶稣及其使徒的画像，这一点尤其重要。反对崇拜任何雕像的第二条诫命①彻底毁掉了犹太人的艺术，然而，对于外邦基督徒而言，只要他们不崇拜肖像，就不会因为肖像感到类似的约束。相应地，耶稣铜像确实能在像凯撒利亚·腓立比这样的外邦人聚居地风行一时，而优西比乌也声称自己亲眼看过。这也可以解释：为什么所有人物雕像或半身像都是外邦人的（多为君王）而没有一个犹太人的。

似乎从西门·马古斯起，神职人员就已开始在道德方面或教义方面（通常两方面均有）腐败堕落，撒摩撒他的保罗对主教职位的歪曲只是这一现象的可悲延续而已。诺瓦替安则是又一个明显的例子，这位保罗与如今那些堕落的电视使徒（television apostles）同出一宗。

在罗马的政治舞台上，那些其余的"军人皇帝"在第七卷中均

---

① 参见《出埃及记》20：4—6，"不可为自己雕刻偶像；也不可作什么形像仿佛上天、下地和地底下、水中的百物。不可跪拜那些像；也不可侍奉它，因为我耶和华你的神，是忌邪的神。恨我的，我必追讨他的罪，自父及子，直到三四代；爱我、守我诫命的，我必向他们发慈爱，直到千代。"——中译注

有提及。**加鲁斯**（251—253）流放某些教会领袖，继续对基督教施加一定压力。优西比乌引述过狄奥尼修斯的如下陈述："他驱逐那些为其平安和健康向上帝代求的圣徒。赶走这些圣徒的同时，他也赶走了他们为其所作的祈祷"（第七卷第一节）。罗马主教哥尼流即是其中一员。不过，并无证据表明，加鲁斯重新发动了对教会的大规模迫害。加鲁斯及其继任者埃米里亚努斯（253年）均被军团叛乱者刺杀身亡。

瓦莱里安（253—260）及其儿子**加里努斯**（253—268）成为共治皇帝，分别管辖罗马帝国的东半部和西半部。他们的联合执政面临种种危机：在莱茵河——多瑙河边境，日耳曼部落和哥特部落已史无前例地冲入帝国疆土；在近东，波斯重新复兴，萨普尔一世（Shapur I）率领大军正进逼叙利亚；在地中海航线上，海盗四处出没，陆上干道也受到众多强盗侵扰。这一切似乎还不够严重，一场瘟疫在埃及爆发，随后在帝国全境扩散，肆虐达十五年之久。狄奥尼修斯在书信中鲜明生动地描绘了发生在亚历山大的这场自然灾害。没过多久，罗马的死亡人数也每日高达五千人。

事实证明，瓦莱里安不足以胜任军队统帅。他率军出征，却在260年6月被波斯人俘虏。他是第一位沦为阶下囚的罗马皇帝。波斯波立（Persepolis）附近的一座岩石浮雕仍然存有这样的画面：瓦莱里安被锁链捆着，跪伏在地，在他面前骑在马背上的则是胜利者萨普尔。不久后，他就屈辱地死于监牢。然而基督徒却不为此悲叹。起初，瓦莱里安对教会十分友善。但是，他很快就调转方向，重新发动对教会的残酷迫害。按照优西比乌的描述，在瓦莱里安转而崇拜半魔半鬼（quasi-devil）的过程中，术士马克里安扮演了一个极其邪恶的引诱角色。又一次，教会领袖成为特别的攻击靶子，比如罗马主教叙斯图斯和迦太基主教西普里安。

在父亲死后，加里努斯独自执掌帝国。他对东部和西部的罗马敌人进行了更为有效的防御。他改革军团，提高了其战术素养。与此同时，他也是一位有理智、有教养的人，堪与哈德良媲美。其妻萨罗尼娜（Salonina）皇后是一名基督徒。而加里努斯本人虽未皈依，但并未继续其父亲的迫害政策，反而在罗马历史上第一次颁布宽容赦令，下令归还所有教会财产。这项敕令，优西比乌在第七卷第十三节曾有引述。

加里努斯的成功统治达十五年之久，是那个动荡年代当政时间最长的皇帝。最后，他的伊利里（Illyrian）参谋发动政变，将之刺杀。其中一位参谋登上皇位，成为**克劳狄二世**（Claudius II, 268—270）。这位克劳狄曾击败过哥特人，因而被称为"哥提库斯"（Gothicus）"。两年后，他死于瘟疫。

另一位伊利里人**奥勒良**（270—275）接掌皇位。尽管他的确将达细亚输给哥特人，但是，他抵御住了日耳曼人对意大利的攻击，并且还俘虏了反叛者帕尔米拉（Palmyra）的皇后**季诺碧亚**（Zenobia）。他重新建立莱茵—多瑙防线，并采取措施稳定经济、控制通货膨胀。他还建有著名的奥勒良墙（Aurelian Wall）。这座城墙环绕罗马城，长12英里，高20英尺，部分城墙留存至今。在宗教政策而言，他拥护"不可战胜的太阳"（Sol Invictus），尊奉其为宇宙的至高神①。不过，他对基

---

① 凯利（J. N. D. Kelly）认为，这反映出当时的一种流行现象，即"用一神论之观点来诠释传统的多神论"。详参见氏著，《早期基督教教义》（*Early Christian Doctrines*），康来昌译，台北：中华福音神学院，2003年，第8页。——中译注

督教相当宽容。教会曾向他呼求制裁撒摩撒他的保罗,他做出了倾向教会的裁决。但是,没过多久,奥勒良就改变政策,策划再次发动对基督徒的迫害,不料却遭幕僚阴谋算计,被刺身亡。

接下来的一系列皇帝都非常短命,还没坐稳皇位就遭谋杀。塔西佗(275—276)经由元老院选出,接下来的几位皇帝均是伊利里人,并且都是由军队推举的,他们分别是:弗罗里亚努斯(276)、普罗布斯(276—282)、卡鲁斯(282—283)和努梅里安(283—284)。

最后一位伊利里人皇帝是戴克里先(Diocletian, 284—305),他结束了罗马内战,堪称第3世纪一位最有能力的皇帝之一。然而,就其教会政策而言,正如我们将要看到的,他也是一位最具毁灭性的皇帝之一。

第八卷 大 迫 害

从戴克里先到加勒里乌斯

在前七卷中，我记述了使徒的统绪；在这第八卷里，我将谨慎描述我自己所处时代的事件，这些事件对于未来的世代来说至关重要。

基督教的发展

1. 在我所处时代的迫害到来之前，敬畏上帝的消息藉着基督在全世界的传递，所有的人，无论是希腊人还是非希腊人，都把此消息当作荣耀与自由。统治者们一方面将我们的人民从［异教］献祭的折磨中解放出来，另一方面善待他们，甚至容许他们掌握行省大权。在皇宫中，皇帝们容许皇室成员——妻子们、孩子们和仆人们——公开践行信仰，①给予忠诚的多罗特乌斯（Dorotheus）和著名的格尔格尼乌斯（Gorgonius）之类的人比其同辈仆人或官员更高的恩宠。所有总督都对教会领袖礼遇有加，每座城市都有大型聚会，会众进行崇拜的旧

---

① 其中包括戴克里先的妻子和女儿。——中译注

教堂已被宽敞明亮的新教堂取代。所有这些都在日新月异地发展着，上帝的圣手护佑着他的子民，使他们免遭嫉妒与密谋，只要他们依然配得这样的护佑。

但是，更大的自由也带来傲慢与懒惰。我们开始相互嫉妒和彼此攻击，以语言为武器的战争由此爆发。教会领袖攻击教会领袖，平信徒之中则派系林立、彼此对抗，那种不能言喻的伪善与借口都已达到罪恶的极致。最后，当仍然有很多人参加聚会时，上帝的审判以其惯有的怜悯逐渐开始介入，迫害从我们军队中的弟兄开始。然而，由于身陷愚昧，我们没有努力向上帝赎罪，而是像无神论者那样，假想我们的事不会（被上帝）注意到，于是我们从一种邪恶步入另一种邪恶。那些被当作牧师的人，丝毫不因敬畏上帝而受到约束，彼此之间激烈争吵，只是为冲突、威胁、妒忌和怨恨添油加醋，并且还疯狂地要求得到梦寐以求的残暴权力。于是，正如耶利米所记述的，主在愤怒之中羞辱自己的女儿锡安城，并且将以色列的荣耀从天扔下（耶利米哀歌2：1—2）。而且，正如《诗篇》所预言的，他弃绝与仆人所立的盟约，并且——通过毁坏教会——把自己的至圣所践踏于地，高举他仆人仇敌的右手，不在战斗中扶持他仆人，让他仆人蒙羞。①

教会的倾覆

2. 当我亲眼看到那些用于崇拜的房屋被毁坏得只剩地基，亲眼看到受圣灵默示的神圣经文在公共广场中央被付之一炬，亲眼看到教会的牧师或满怀羞愧地东躲西藏，或身陷囹圄在大庭广众之下遭受敌人的嘲弄时，经上所述的预言就这样在我所处的时代得着应验。但是，

---

① 优西比乌在此对《诗篇》89：39—45 的引用较为随意。我对此有所精简。

我既不会描述他们悲惨的不幸遭遇,也不会记述他们在大迫害到来之前彼此之间的争吵与残暴,我只想证明上帝审判的正当性,这就足够了。我也不会提及那些在迫害中使自己的拯救之舟彻底毁坏①的人,以及那些因为自己的自由意志而彻底旋入深渊的人。在我的历史记述中,我将仅仅纳入那些首先对我们自己,然后对后人有所裨益的内容。此后,我们将继续扼要地描述那些为圣言殉道之人所经历的神圣而严酷的考验。

在戴克里先统治第十九年的三月,正是受难节[复活节]临近的时候,他下达一道敕令,命令各地拆毁教堂、焚烧圣经。任何身居高位的基督徒都将失去原有的地位与身份,而皇室中的基督徒如果继续表明自己的基督教信仰就将身陷囹圄。这是针对我们的第一道敕令。紧接着,其他敕令接踵而来,各地教会的领袖因此被投入监狱,同时被以各种方式强迫献祭。

磨难与殉道者

3. 不少教会领袖都英雄般地忍受住各种可怕的折磨,而难以计数的人却由于胆小怯懦,麻木自己的灵魂,屈服于这第一次的攻击。至于其他人,每一位都遭受过一系列各式各样的摧残:有人被无情鞭打,有人则被拷问和施以刮刑致死。人们经历了不同的残酷折磨:有的人被推到那些令人厌恶、毫不神圣的祭物前,然后被释放,就好像他已经献过祭,尽管当时他并没有那样做;有的人根本就没有接触过那些令人厌恶的东西,却被说成已经献过祭,只好在误解中黯然离开。还有的人,已经半死不活,被当成尸体扔掉;有的人已经自愿献

---

① 参见《提摩太前书》1:19,"有人丢弃良心,就在真道上如同船坏了一般。"——中译注

了祭,却仍被抓住脚拖出好长一段距离。有的人声嘶力竭地喊道,自己没有献祭,而且永远也不会献祭;有的人则大声宣称自己是基督徒,因为救主的名而感到光荣。这样的呐喊遭到一大群士兵的阻拦,士兵们狠捆他们的嘴,猛击他们的脸。信仰之敌人的最高目的就是显出已经实现了自己的意图。然而,这样的手段在对付神圣的殉道者时失败了。我应该怎样形容这些殉道者才算恰当呢?

4. 无论是在针对我们的迫害爆发时,还是在此前很长时间里我们拥有和平时,数不胜数的殉道者对崇拜全宇宙的上帝都表现出一种非凡的热情。在德西乌斯和瓦莱里安[两位皇帝]之后的时期内,得掌大权的他① 早已开始密谋反对教会,或者说,他正从这种图谋的沉睡中苏醒过来。他首先攻击军营中的基督徒,他以为,如果在军营内取得胜利,他就可以轻而易举地征服其他基督徒。当时的许多士兵都乐意成为平民,这样他们就不至于中止对造物主的崇敬。总指挥官,不管他是谁②,首先开始迫害士兵,他把士兵分群别类,让他们选择或者服从敕令,保持现有的军阶,或者违抗敕令,剥夺现有的军阶。大量属于基督国度的士兵毫不犹豫地选择承认信仰,而不是保留自己表面上的荣耀与财富。在各地,一些士兵已然为忠诚与虔信的缘故不仅丧失荣誉,甚至还遭遇死亡;阴谋的煽动者当时显然还不敢贸然大开杀戒,而只是局部有所动作,因为他担心信徒的数量过于庞大,从而犹豫不决,没有对所有信徒立即发动战争。但是,一旦他做好准备,正如各城各地的人们有目共睹的那样,上帝之殉道者的数量与崇高就

---

① 可能是撒旦,但更可能是加勒里乌斯,这个狂热的异教徒于293年成为戴克里先在东部的凯撒或曰副皇帝(vice emperor),而且引诱戴克里先开始对基督徒的迫害。
② 文图里乌斯(Venturius),优西比乌在《编年史》中提到过这个名字。

难以用言语恰切地形容了。

小亚细亚的首批殉道者

5. 当反对教会的敕令在尼哥米底亚（Nicomedia）颁布并被张贴于公共场所时，一位杰出人士 ① 被自己炽烈的信仰所感动，把布告撕下，扯成碎片——尽管当时在同一座城市里有两位皇帝［戴克里先和加勒里乌斯］。他只不过是当时杰出人士中的第一人而已，这些人忍受着无畏行为带来的苦难后果，持守着一种喜乐的信念，直到生命的最后一息。

6. 无论是希腊人还是非希腊人，在所有因品德和勇气而得到赞扬的人当中，多罗特乌斯和像他那样的皇室仆人最为突出。他们受到主人们的高度礼遇，主人们用给予自己孩子一样的喜爱之情对待他们。然而，他们将种种形式的受难与死亡视为比俗名与奢华更为宝贵的财富。②请允许我举一个例子来说明在这些人身上究竟发生了什么。

前文所提及的统治者，在他们当政期间，某人被带到公共场所勒令他献祭。他拒绝了，于是遭全身赤裸地吊起来鞭打，一直到他求饶屈服为止。但是，这种做法也没能让他屈从。于是，他们就把盐和醋混合起来，倒在他那已露出骨头的伤口上。对于这样的折磨，他不屑一顾。于是，他们又拿出一个点燃的火盆，炙烤他的身体，就像在烧

---

① 优俄提乌斯（Euethius），303年2月24日在尼哥米底亚殉道，这一天正是敕令的颁布日。
② 参见《希伯来书》11：26，"他看为基督受的凌辱比埃及的财物更为高贵，因他想望所要得的赏赐。"——中译注

烤那些用来吃的肉一样——而且不是一下子就炙烤全部，而是一点一点地慢慢烤，以免他太快死去从而得到解脱。在如此这般的折磨中，他不屈不挠地坚守住了自己的立场，光荣赴死。这就是某位皇室仆人的殉道，他确实配得上自己的名字：彼得（Peter）。

其他人的殉道也绝不逊色于彼得的殉道，但是，由于篇幅所限，我在本卷中只能记述多罗特乌斯、格尔格尼乌斯和其他皇室仆人的经历，他们遭受在一连串的痛苦折磨之后被处以绞刑。

当时，安提姆斯（Anthimus）在尼哥米底亚主持教会，由于他为基督作见证的缘故遭受斩首之刑。在他死后，因为尼哥米底亚宫中的一次火灾，殉道者甚众。我不知道这次火灾的起因；当时谣言四起，说我们的人要对此负责。① 于是，按照皇帝的敕令，或整户或成群的基督徒死于刀剑之下，其他一些人则被判以火刑，男男女女们满怀神圣的热情跳入火海中。还有一些人被行刑者绑上船，随后被扔进大海。至于那些已按照恰当礼仪下葬的皇室仆人，他们的尸体不但被人挖出，并且也被扔进海里——这种行为出于如下荒诞念头的驱遣："否则，他们在坟墓中会被当作神明受到崇拜"。

这就是大迫害刚开始时在尼哥米底亚发生的一些事情。此后不久，在梅里特内和叙利亚发生了一次试图推翻现任皇帝②的政变，皇帝随即下令，把各地教会领袖都套上镣铐投入监狱。由此出现的景象，真是难以用笔墨形容。数不胜数的人在各地被关押起来。原先为杀人犯和盗墓贼准备的监狱现在却装满主教、长老、执事、读经师和

---

① 这不禁让人联想到尼禄时代的罗马火灾案。——中译注
② 梅里特内（Melitene）是罗马帝国小亚美尼亚（Armenia Minor）行省的首府。这场政变在他处未见记载。

驱魔师，以至于再也没有足够的地方关押罪犯。

在第一道敕令后，其他敕令接踵而来。根据这些法令，被关押的人如若献祭，就可重获自由；如若拒绝献祭，就会被持续不断的折磨弄成残废。哎，人们怎么能数得清楚各省殉道者的人数呢，特别是那些在非洲毛里塔尼亚、底比德和埃及殉道之人的数目呢？这时，一些人离开埃及，逃到外城外省，在那些地方因为殉道的缘故而卓然超群。

腓尼基的殉道者

7. 我们知道那些在巴勒斯坦和腓尼基的推罗的著名人物。看到他们，有谁不震惊于那难以计数的鞭打和这些超绝的信仰斗士所表现出的不屈不挠；当他们受到豹子、各种各样的熊、野猪以及被热烙铁驱赶的公牛攻击时，有谁不震惊于他们与这些受到驱策的吃人野兽之间的较量；有谁不震惊于面对吃人野兽，这些高贵之人展现出来的那令人难以置信的勇气？

这些情况发生时，我自己就在现场，我看到，我们救主耶稣基督的神圣力量——这些人所见证的对象——显然与这些殉道者同在，并且向殉道者们显明了其同在：吃人野兽有时不敢触碰甚至不敢接近那些为上帝所爱的人，而是攻击那些从外面驱策它们的人。按照行刑者的指令，神圣的斗士们赤身裸体地站着，挥手吸引那些野兽靠近自己，野兽却不能触碰到他们。或者，当野兽真的向他们冲去时，野兽却好像被某种神圣力量阻止，退缩不前。这种情况持续了很长一段时间，旁观者看得目瞪口呆；当第一只野兽没有采取任何行动时，行刑者就会放出第二只和第三只野兽对付同一位殉道者。

面对这样的残酷折磨，圣徒们勇敢无畏，他们年轻的身体展现出坚韧不拔的品格，让人无不动容。你应该看到过这样的场景，一个摘除镣铐、不到二十岁的年轻人站在那里，手臂伸开呈十架状，心思平静、怡然自得地向上帝祷告着。当熊和豹喷吐着愤怒和死亡的气息几乎触碰到他时，他没有后退一寸。然而，它们的嘴却好像被某种神圣的神秘力量上了口络，它们再次退却。你也应该看到过这样的场景，其他人——共有五位——被扔到一头发狂的公牛面前。当这些人从四周靠近公牛时，却被公牛用角抛向天空。他们被公牛顶得皮开肉绽，半死不活地躺在地上等人来收拾。但是，当公牛狂暴地冲向那些没有任何防御的殉道者时，它甚至不能接近他们，尽管它用蹄子不断刨地，来来回回地用角乱顶。公牛由于热烙铁的刺激，不断喷出愤怒的鼻气，却由于上帝的保守被拖住。于是，行刑者不得不放出其他野兽，以取代这只毫无杀伤力的公牛，来对付那些殉道者。最后，在这些野兽种种恐怖的攻击之后，殉道者们死于刀剑之下，他们未能得到土葬，而是被扔进了波涛汹涌的大海。

埃及的殉道者

8. 这就是那些在推罗为信仰英勇斗争的埃及人所受的煎熬。但是，那些在自己土地上被害的埃及人同样令人钦佩。数不胜数的男人、女人和儿童，为了我们救主的教导，轻看短暂的一生而忍受各种各样的死亡。他们当中有些人被施以刮刑、拉肢之刑和无情的鞭打，被用恐怖得难以形容的方式进行折磨，最后被投入火堆或溺入大海。有些人或勇敢地向刽子手伸出自己的脖颈，或被折磨致死，或因饥饿而死。有些人像通常的罪犯那样被钉上十字架，而还有一些人则被更残忍地倒钉在十字架上活生生地直至饿死。

9. 在底比斯地区，殉道者所承受的残酷折磨，根本不能用言语来加以形容。他们的身躯被像爪子一样锋利的陶瓷碎片割裂，直到死去。女人们被绑住一只脚，用机械高高地吊在空中，头朝下，她们的身体全裸，没有丝毫遮掩——对旁观者来说，这是所有景象中最羞辱、最残酷和最不人道的一幕。有些人被绑在树上死去——刽子手用机械使树上那些最粗壮的枝桠弯下，将殉道者的两条腿分别绑到不同的树枝上，然后让树枝弹回自然的位置，受害人的躯干瞬间就被撕裂。这样的屠杀持续了不是几天，而是几年。有时是十个或更多的人，有时超过二十个人，有时三十个人，有时几乎是六十个人被一起处死；还有的时候，一百个男人、女人和幼小的儿童被宣布处以各种各样的惩罚，并在一天之内被赶尽杀绝。

我亲眼见过一些以砍头或火刑执行的大规模屠杀，有一场屠杀让砍人的斧头都砍钝了，最后这把斧头坏掉并裂成碎片，而刽子手们则杀得劳累不堪，以至于不得不轮番上场。但是，在那些信仰基督的人身上，我也看到了一种伟大的渴望、一种神圣的力量和热情：第一个人一被判决，其他人就会跳上法官的台前，在法官面前承认自己是基督徒。他们轻视骇人的折磨，大胆宣告自己对于全宇宙之上帝的虔信；他们以快乐、欢笑和喜悦领受最后的死刑判决，唱着向上帝感恩的赞美诗，直到生命的最后一息。

这些人固然令人惊奇，但更加让人钦佩的乃是这样的一些人，他们以财富、出身、名誉以及学识和哲学闻名于世，却仍将所有这些置于对耶稣基督的真挚虔敬和信仰之后。斐洛罗姆斯（Philoromus）就是其中的一位，他是亚历山大皇家行政机构中的一名重要官员，每天从事司法调查的管理工作，拥有一个与其罗马官阶相称的军人保镖。另外一位是斯姆伊斯（Thmuis）①主教费雷亚斯（Phileas），他热爱国家，热衷公共事务，在哲学上颇有造诣，因而享有盛誉。一大群亲朋好友恳求他们，还有许多高层官员，甚至法官本人也力劝他们怜惜自己，顾及妻子和孩子。但是，所有这些压力都不足以让他们将对生命的热爱凌驾于我们救主关于承认或否认他的警告之上。因此，出于一个勇敢的和哲学的决定——或者毋宁说是出于一种虔诚的和热爱上帝的精神——他们毅然决然，反对所有法官的恐吓与攻击，最后被双双斩首。

费雷亚斯论亚历山大的殉道者

10. 既然我说费雷亚斯也以他的世俗学问而闻名，那么就让他为自己的这个特长作见证吧，同时也让他比我更精确地讲述发生在亚历山大的殉道。

从费雷亚斯致斯姆伊斯人的著作

有所有来自圣经的榜样摆在面前，蒙福的殉道者们没有迟疑，而是以朝向上帝的灵魂之眼和为信仰赴死的决心，紧紧持守上帝的呼召，因为他们知道我主耶稣基督为了我们的缘故道成肉身，为了摧毁罪并使我们能够进入永生。"他本有神的形像，不以自己与神同等为强夺的，反而虚己，取了奴仆的形像，成为人的样式。既有人的样子，就自己卑微，存心顺服，以至于死，且死在十字架上。"（腓立比书2：6—11）因此，这些心怀基督的殉道者热切渴望得到那更大的恩赐，在有些情况下不是一次而是两次

---

① 下（北）埃及的一座城镇。

地忍受苦难和各样的折磨。尽管看守的卫兵比赛着用各种方法不仅在言语上也在行为上恐吓他们,他们也从未退缩,因为"爱既完全,就把惧怕除去"。(约翰一书,4:18)

当所有人都被允许有权侮辱他们时,有人用棍棒,有人用荆条,有人用皮带,还有人用鞭子击打他们。在这种不断变化的、令人憎恶的折磨景象中,有些殉道者双手被反剪在背后,吊在绞刑台上,四肢被特定的机械拉紧。当他们无助地待在那里时,迫害者依命令使用刑具,像对待谋杀犯那样,不仅撕裂他们的肋部,也撕裂他们的腹部、双腿和面颊。有些人被一只手吊在柱廊上,关节和四肢被拉拽得剧痛。还有人被绑在柱子上,面朝里,双脚离地,他们的体重使绑缚的绳子越拉越紧。他们不仅要在总督悠闲地与他们谈话时忍受这些,而且在一天中的大多数时间里都要承受这样的折磨。当总督去检查其他殉道者时,他会派手下监视他们,以观察他们是否会因为折磨而屈服。直到仅剩最后一口气时,他们才会被放下来拖走。迫害者一点儿也不尊重我们,对待我们的方式就好像我们不存在一样,这是另一种的折磨。即便是在经历上述折磨之后,有些人还被套上枷锁,双脚都被拉至第四个孔,然后被迫躺下,由于背身所受的伤,他们已无法坐直。另一些人则被猛地扔到地上,躺在那儿,对旁观者来说,展示这样受到折磨的肉体比惩罚本身更为恐怖。

有些人死于折磨,他们的忍耐使敌人蒙羞。有些人被折磨得半死,关进牢房,很快就被发现因为所受的折磨死去了。余下的人及时得到恢复,并且因为坐牢的经历获得信心。一旦被迫在触碰令人厌恶的祭物而获得一种被诅咒的自由和不献祭而面对死亡之间作出选择,他们就会毫不犹豫,满怀喜乐地面对死亡。他们知道圣经对我们的命令:"祭祀别神,不单单祭祀耶和华的,那人必要灭绝。"(出埃及记22:20),以及"除了我以外,你不可有别的神。"(出埃及记20:3)

上述即是这位真正热爱智慧和上帝的殉道者的话语;在最后审判前,仍身处狱中的他将这些话语传递给自己主教辖区里的弟兄,一方面是为了描述他自己周遭的情形,另一方面也是为了敦促他们即使在他圆满之后也要持守信仰。

小亚细亚与叙利亚等地的殉道者

但是,我为什么一而再、再而三地列举全世界虔诚殉道者的抗争实例呢,特别是那些不再被一般法律所攻击,而是被当作战争敌人的人呢?11.例如,一座位于弗吕家的小镇,那里所有的居民都是基督徒,荷枪实弹的步兵将小镇团团围住并且付之一炬,男人们、女人们和孩子们在呼唤全能上帝时被统统烧死。原因何在?这里所有的城镇居民,从镇长本人和其他所有官员到全体民众,都公开承认自己的基督教信仰,拒绝拜偶像。

还有一位名叫雅达柯图斯(Adauctus)的罗马高级官员,他出身于意大利的一显赫家族,官运亨通,屡获升迁,最后身居高位,地位仅次于皇帝。他曾担任地方行政长官和财政大臣的要职,恪尽职守,无可指摘。除此以外,他行为正直,虔信基督,因而备受尊重。他直面残酷的折磨,在出任财政大臣时获得殉道者的冠冕。

12. 我有必要列举余下殉道者的名字或数量,或是他们不同的殉道方式吗?他们有的在阿拉伯半岛被斧头砍死,有的在加帕多家被断腿而死,有的在美索不达米亚被倒吊在文火上,被燃烧的木头所产生的烟窒息而死,还有的在亚历山大被砍掉鼻子、耳朵和手掌,身体的其他部位也遭到残害。

在安提阿,殉道者被放在铁架子上烘烤,这样他们就会受到更长时间的折磨,而不会马上就被烧死。一些殉道者宁愿直接将手伸进火中,也不愿触碰那受诅咒的祭物。还有的人,为了避免这样的折磨,在被捕前就从高屋的房顶纵身跃下,将死亡当作从恶人那里夺得的战利品。

有一位圣洁的人士,①她女性的身躯中包含着一颗令人钦佩的灵魂;她在安提阿以财富、出身和判断公正而广为人知。她以敬神的原则抚养了两位贞洁的女儿,她们年轻貌美,如花儿盛开一般。因而,敌人急切地想要找到她们的藏身之所。当得知她们正生活在另一个国家时,他们就设计将她们召回安提阿——在那里她们就得任由士兵们摆布。当这位女士看出自己和女儿们正面临巨大危险时,她就警告女儿们注意那些正等待着她们的可怕事情,包括最糟糕的:奸淫的威胁。她劝说自己的女儿——和她自己——对于这方面的一丁点儿轻言细语也要充耳不闻,她还说向恶魔的奴隶出卖自己的灵魂比任何形式的死亡都更加糟糕。逃避的唯一方式就是投奔上帝。对此达成一致意见后,她们整饬衣衫上路,在旅途跋涉到一半时,她们庄重地请求卫兵允许她们离开一下,然后投水自沉于附近的河中。

---

① 根据克里索斯顿(Chrysostom)的记载,她的名字是多姆尼娜(Domnina),她的〔两位〕女儿是百尼基(Bernice)和普罗斯多瑟(Prosdoce)。

还是在安提阿，有两位女孩，她们是真正虔诚的姊妹，拥有显赫的出身、令人羡慕的生活、年轻的魅力、虔诚的行为和投入的信仰。但是，这个世界似乎不能容忍完美，由于魔鬼崇拜者的命令，她们被扔进了大海。

在本都，另一些人的遭遇真是骇人听闻：尖锐的芦苇秆被钉入他们的手指甲，直到指甲末端，或者熔化的铅被浇在他们的后背上，烫伤他们身体的重要部位。还有些人则忍受着私处和肠道所遭受的无耻下流的、可鄙和不堪启齿的折磨，而这些刑罚却是由那些高贵守法的法官满怀激情发明的，这些法官试图在设计新的折磨方式上相互赶超，就像在竞争某件奖品一样。

当他们可憎的邪恶使他们自己也精疲力尽时，这些磨难得以结束。厌倦了杀戮，饱享了鲜血，他们转向他们所认为的怜悯和人性，以为他们将不会再伤害我们。他们觉得，对一个讨所有人喜欢的温和政府来说，用自己市民的鲜血弄污城市，或是至高统治者总是被指控其残忍并非得体。更为恰当的应该是，人人均感受到仁慈的帝国官员的善意，死亡的惩罚也不再实施。死刑就此停止，感谢这些官员们的仁慈。

取而代之的新命令得以颁布，殉道者的眼睛被挖出，一条腿被致残废——在他们的观念中，这就是"人道"（humanity）、"最轻的惩罚"。正是由于部分不信神之人的仁慈（philanthropy），那些先是右眼被挖出，放在火中毁烧，然后右脚关节因为被烙铁弄残废的人，其人数简直数不胜数。之后，这些殉道者被判遣往省内的铜矿，他们在那里劳作，却不能得到什么，而只是遭受更多的虐待，饱尝更多的苦头，以及其他多得难以说清的折磨。他们不屈不挠的行为真是超乎所有的想象。

上图:一位受迫害的基督徒被人用铁钩和绳索拖着,在大街上游街示众。

下图:在图拉真统治期间,一位基督徒在竞技场里行将殉道。

在诸如之类的种种磨难中,基督的高贵殉道者们表现得如此卓越,以至于全世界的目击者都因为他们的勇气而深受震撼。他们以自身的经历明白无误地证明,我们救主的力量确实是神圣的,而且是无法言喻的。——提及每位殉道者的名字,倘若并非不可能,那也将是一项耗时漫长的任务。

以血为证的教会领袖

13. 在著名城市里殉道的所有教会领袖当中,作为基督国度的殉道者,安提姆斯是我们最先应该记录在圣徒纪念碑上的名字。他是尼哥米底亚的主教,死于斩首之刑。在安提阿的殉道者中,长老卢西安一生行事为人都极为高贵。当皇帝亲临尼哥米底亚时,他先是使用言语,然后采取行动,捍卫信仰、宣扬基督的君王地位。在腓尼基的殉道者中,如下受人敬爱的基督羊群牧者最为出名:推罗主教提兰尼翁(Tyrannion)、西顿的长老季诺比乌斯(Zenobius)、埃莫萨(Emesa)及其邻近地区的主教希尔瓦努斯(Silvanus)。这位希尔瓦努斯,与其他在埃莫萨殉道的人一样,成了野兽的食物,以此加入殉道者的行列。前两位则在安提阿百般忍耐,让上帝的圣道得着荣耀:主教被扔进大海,而最优秀的医生季诺比乌斯则在两肋处饱受折磨,英勇赴死。

在巴勒斯坦的殉道者当中,加沙主教希尔瓦努斯(Silvanus),与其他三十九位一起被斩首于法尔洛(Phaeno)的铜矿,还是在那里,埃及的两位主教佩勒乌斯(Peleus)和尼鲁斯(Nilus)与其他殉道者一起死于火刑。在这里,我们还必须提到潘菲鲁斯长老,他是凯撒利亚教会的伟大荣耀,是我这个时代最为杰出的人。在适当的时候,我还会提及他的英勇事迹。

在那些光荣死在亚历山大、底比斯地区和埃及其他地区的殉道者当中，第一个要被记录的是彼得。他身为亚历山大的主教，是基督信仰教导者中的虔诚典范。同样值得记录的还有与他同在的三位长老：福斯图斯（Faustus）、迪乌斯（Dius）和阿摩尼乌斯（Ammonius），他们三位都为基督殉道，从而圆满此生。此外，还有埃及各地教会的主教，如费雷亚斯、希叙齐乌斯（Hesychius）、帕奇米乌斯（Pachymius）和提奥多勒。除此之外，还有其他数不胜数的著名人物也在各自的地区得着纪念。

在全世界范围内，有很多人出于对上帝的尊崇而进行斗争，详细记录这些人所遭遇的折磨，不仅仅是我的，而且也是每一位目击者的职责。至于我的亲眼所见，我将会在另一部作品①写给后世。在本卷中，为了补充上文，我打算加入对我的读者来说极为重要的资料，即迫害我们之法令的废止，以及迫害开始初期发生的事情。

戴克里先、君士坦提乌斯·克罗鲁斯与君士坦丁

在罗马政府发动针对我们的战争前，在皇帝们友善和平地对待我们时，帝国正处太平盛世，美事不断，真是难以言表。这个世界帝国的统治者们都在位十年或二十年之久，在全然太平中欢庆、游戏、宴乐，以此经年度日。但是，当其权威与日俱增并且没有受到任何监督或阻碍时，他们突然取消对我们的和平态度，发动了一场旷日持久的战争。不到两年之后，一场颠覆整个政府的革命爆发。一场致命的疾病临到前文提及的皇帝中的头一位皇帝［戴克里先］。由于这场疾病，

---

① 优西比乌：《巴勒斯坦殉道者》(*Martyrs of Palestine*)。

他精神错乱，与在他之后处于第二位的人［马克西米安］退回到日常的私人生活之中。在整个帝国一分为二时这件事还未发生，而帝国分裂的事情此前从未有过。①

不久之后，一向仁慈统治臣民并且友好对待圣道的君士坦提乌斯［·克罗鲁斯］皇帝去世，其合法的儿子君士坦丁取而代之成为皇帝和奥古斯都。他［君士坦提乌斯·克罗鲁斯在共同掌权的四人中②］第一个被列入神明之列，因为人们认为他是一位最为仁慈而且温和的皇帝，配得上任何身后的荣誉。他是我这个年代唯一称职的统治者，他友善仁慈地对待每一个人。他从未参与过反对我们的战争——实际上，他甚至从伤害和虐待中救助过臣民中的男女信徒——而且，他既没有毁坏过教堂建筑，也没有对我们做出过任何其他的伤害。因此，他死得不仅充满喜乐而且百般蒙福，只有他还是皇帝的时候离开人世，并且拥有一个在各方面都充满智慧而且虔敬爱神的合法儿子继承自己的王位。

古罗马军团立即拥立其子君士坦丁为最高的皇帝③和奥古斯都，④正如万有之王上帝自己在他们之前早就这样做的。而他［君士坦丁］则决定竭力效仿父亲对我们信仰的尊崇。

后来，在一次推举统治者的普选之中，李锡尼被宣布为皇帝和奥古斯都。⑤对于马克西敏［·达伊亚］来说，这不啻为一次沉重的打击，因为所有人都只把他当作凯撒。他这样一个彻头彻尾的暴君，傲

---

① 有关本段的意义以及对当时罗马帝国的复杂政治格局的简介，请参见本卷结尾的评注部分。
② 当时共同掌握最高权力的四人是：东部的戴克里先和加勒里乌斯，西部的马克西米安和君士坦提乌斯·克罗鲁斯。
③ "最高的皇帝"（supreme emperor）当指诸位皇帝中的地位最高者。——中译注
④ 306 年。——英译批注
⑤ 307 年。——英译批注

慢地篡夺荣誉，自封为奥古斯都。与此同时，那已退位并在后来重掌政权的人［马克西米安］设计出一项刺杀君士坦丁的阴谋，不料事败，在极其羞辱中死去①。②君士坦丁为了提醒那些不敬神的邪恶之徒，损毁为自己歌功颂德的石碑和雕像。他是第一位这样做的皇帝。

君士坦丁大帝（Constantine the Great）的巨大头像。该头像本是一座雕像的一部分，该雕像原立于古罗马广场的君士坦丁大教堂（the Basilica of Constantine）内。这座雕像，光头部就有八英尺高、九吨重（音乐学院，罗马）。

---

① 马克西米安死于自缢。——中译注
② 310 年。——英译批注

马克森狄

14. 其子马克森狄成为罗马的暴君。起初，他为了取悦罗马的民众，谎称接受我们的信仰。他命令臣民停止迫害基督徒，做出一副比前任们更友好、更温和的虔诚样子。然而，他的行动辜负了人民的期望。他作奸犯科，种种邪恶堕落的勾当都少不了他，各种各样的通奸和强奸也不例外。他把合法结婚的女子从丈夫身边夺走，凌辱并公然玷污她们，然后再把她们送回各自的丈夫。他这种愚蠢行为触犯的对象不是那些无名或低贱的人，而是那些业已在元老院取得最高职位的杰出人士。所有人都在他面前卑躬屈膝。不管是平民百姓还是地方官员，不管是社会名流还是地位卑贱之人，都被他可怕的专制折腾得筋疲力尽。即使他们安静屈从地待着，也逃脱不了这暴君致命的残暴统治。他曾因一个微不足道的事情，就下令卫队屠杀民众，结果数以千计的罗马公民在城中央被杀死，他们不是死于锡西厄人（Scythian）或野蛮人的长矛与武器，而是死于自己的同城公民之手。究竟有多少元老院成员因为财富被屠杀，真是无法说清：数不胜数的人以莫须有的罪名被消灭。但是，这暴君所有罪行的巅峰是他对巫术的诉诸：由于对巫术的沉迷，他剖开孕妇的肚子，检查新生婴儿的内脏，屠杀狮子，或者发明种种可怕的仪式，想要召唤恶魔来挡住战争——为了得胜，他不择手段。

这暴君在罗马对臣民的所作所为，真是无法用言语形容。根据同时代人的记载，他们被迫处于连最基本的食物也极端缺乏的状态，这在罗马或其他任何地方都是前所未有的。

马克西敏·达伊亚

309 　　马克西敏，这个东罗马帝国的暴君，与罗马城里的暴君——他的邪恶兄弟［马克森狄］缔结秘密同盟，很长时间里还以为没有人知道此事。（事实上，后来东窗事发，他得到应有的惩罚。）作为与罗马暴君一同作奸犯科的同伙，他实际上有过之而无不及，并且为此赢得腐败的"头奖"。骗子和术士的头目受到他极大尊重，每一个噪音都会吓坏迷信的他，他害怕在崇拜偶像和魔鬼方面出现任何差错。未经占卜和预言，他不敢有丝毫动作。正是由于这缘故，他比他的前任更费尽心机、更持久地迫害我们，下令在各城修建［异教］庙宇，同时精心恢复那些业已毁坏的神庙。他在各城各地指派拜偶像的教士，并且在其中选择那些在公共事务方面极为出色的人作为各省的高级祭司，还配有军人给他们作保镖。他不顾一切地把总督的职位和最高的特权授予这些骗子，好像他们受到众神的宠爱一般。

　　于是，通过勒索黄金、白银、货物，以及各种各样的罚款，他压迫的不是一座城市或一个地区，而是所有的行省。他剥夺臣民从祖先

310 继承来的财富，把金钱大把大把地滥用在自己周围的奉承者身上。他酗酒，经常喝得烂醉，以至于精神错乱，随意签发一些他第二天醒来后就会感到后悔的命令。在放荡方面，他不遑多让，使自己成了周围人腐败的导师。他使军队因为各种放肆的过度行为而疲惫不堪，而且还把地方总督和军队指挥官当作暴政的同党，唆使他们掠夺和敲诈治下的百姓。要回顾一下他丑陋的欲望或者数一数被他强奸的人有多少吗？每经过一座城市，他必会掳掠妇女和处女。

　　他成功地做到了这一切，只有一个例外：基督徒，他们蔑视死

亡，并且使他的暴政归于无效。男人们忍受火焰、刀剑、被钉十字架；被野兽吞吃、被溺入大海；被施以烙刑、被切割四肢；穿刺、挖眼和损毁整个身体，以及饥饿、监禁和挖矿。他们宁可为信仰承受痛苦，也不愿将应归于上帝的敬畏转予偶像。至于女人们，她们受到圣道的鼓舞，表现得像男子一样有气概。一些女人遭受男人们所受的种种折磨，她们的英勇也获得同样的奖赏；有些女人当被拖走遭受诱奸时，宁可面对死亡也不愿自己的身体被玷污。

在亚历山大被掳掠的所有女人当中，唯独一位颇受尊重的基督徒妇人①勇敢地战胜了马克西敏的色欲。虽然她出身、财富和教育广为人知，但是对她而言，纯洁正派（modesty）是第一位的。马克西敏三番五次地向她提出下流的要求，她宁死不从。然而，他却不能将她处死，因为他的欲望甚于他的愤怒。于是，他只好以流放来惩罚她，并且没收她的全部财产。还有其他一些女人，她们拒绝听从行省总督提出的通奸威胁，因而遭受种种折磨，如拉肢分尸之刑或其他致命的刑罚。

这些女士令人惊叹，其中最让人称奇的是一位罗马女士②，她是众女子中最高贵、最贞洁的，正是像马克西敏那样的暴君马克森狄图谋的猎捕对象。她也是一名基督徒，当她得知暴君的淫媒就在她家，而她的丈夫——一位罗马名流——由于害怕已同意带她走时，她请求耽延片刻，好像是去梳洗打扮，其实是独自来到房间，以剑将自己刺死。她把尸体留给淫媒，用比语言更为雄辩的行动向所有人宣告，唯一不可征服和不可摧毁的财富是基督徒的品德。分治东西罗马帝国的

---

① 根据鲁菲努斯的说法，她叫多罗特娅（Dorothea）。
② 根据鲁菲努斯的说法，她叫索夫罗尼亚（Sophronia）。这个名字可能是根据上下文从希腊文"*sophronestate*"（最贞洁的）衍生而来的。

两个暴君居然同时堕落到如此地步。任何人，若想要寻求这些罪行的原因，①可以在针对我们的迫害中找到答案，特别是因为这样残暴的混乱直到基督徒重获自由时才停止。

内战

15. 在大迫害的十年中，他们之间的阴谋和战事从未减少。大海不能航行，人们无论驶向哪里，都不能逃脱各种磨难：被放在拉肢刑架上拷问，身体两侧被撕裂，被怀疑有敌方间谍之嫌而遭到刑讯，最后被钉上十字架或被施以火刑。盾和装甲、标枪和矛以及其他战争武器的制造，都十分兴盛，所有人都认为敌人会立即发动进攻。后来，饥荒和瘟疫也蹂躏了他们，我将在适当的时候叙述这些细节。

迫害的结束

16. 因着上帝的恩惠，大迫害在第十年时完全结束，事实上在第八年后它就日渐平息。当神的恩典显示出它正看顾我们的时候，统治者改变心意，以一种令人极为惊异的方式宣布放弃迫害。正是这些人，长期以来对我们仇恨有加，也正是这些人，藉着布告和法令熄灭迫害的烈火。然而，并非像有人猜测的那样，大迫害的停止是出自人类的主动，或是统治者的怜悯仁慈。恰恰相反，从一开始，他们就每天都在密谋更繁多和更严厉的措施对付我们，并且制定种种计划向我们发动新的攻击。更确切地说，大迫害的停止是由于神的意旨，神与民众和解，但攻击那犯下这些罪行的元凶（加勒里乌斯），神对这名整个邪

---

① 正如接下来的分句和段落所证明的那样，优西比乌在此也对罗马帝国内部的骚乱有所观察和反省。

恶大迫害的始作俑者颇感愤怒。即使大迫害注定要作为神圣的审判到来，圣经上还是说："那绊倒人的有祸了。"①

神的惩罚临到（加勒里乌斯），从他的肉体开始，然后是他的灵魂。他的生殖器中部突然长出一块脓肿，然后长成一道很深的无药可救的溃疡，腐蚀着他的肠子。大量蛆虫从小肠中爬出来。他生病前就惯于暴饮暴食，身体早已变成一团松塌塌的肥肉，现在更是变本加厉，腐烂不堪，让人看起来不但作呕而且害怕。由于不堪忍受这种极度可怕的恶臭，一些医生被杀害。另外一些医生则因为对病入膏肓的加勒里乌斯束手无策，也被无情处死。②

皇帝撤销迫害令

17. 在与这种可怕疾病的角力中，加勒里乌斯由于自己对虔敬信徒的残忍，感到良心上的巨大痛苦。在平静下来后，他先是向全宇宙的上帝公开认罪，接着命令手下官员停止对基督徒的迫害。依照皇帝的法律和敕令，他们现在可以修建教堂，践行惯常的礼拜仪式，并且为皇帝祈祷。命令一发布，行动马上就接着开始，皇帝敕令和如下撤销令在各城都被张榜公布：[为清晰起见，在一连串的名字里，每位皇帝的名字中最便于辨认的那部分显示为粗体]

加勒里乌斯·瓦雷里乌斯·马克西米努斯·因维克图斯（In-victus）·奥古斯都，大祭司，日耳曼的伟大征服者，埃及的伟大

---

① 原文改编自《路加福音》17：1。
② 据载，多位君王的死亡都与此相类似。比如，大希律王（参见约瑟夫，《犹太战记》）、希律·亚基帕一世（参见《使徒行传》12：20—23，约瑟夫，《犹太古史》）、安条克（Antiochus）（参见《马加比后书》[2 Maccabees]）、苏拉（Sulla）（参见普鲁塔克，《名人传》）和数个世纪之后的西班牙国王腓力普二世（Philip II of Spain）。——中译注

征服者，底比斯的伟大征服者，五次征服萨尔马提亚（Sarmaticus）的伟大征服者，两次征服波斯的伟大征服者，六次征服喀尔巴阡（Carpicus）山脉的伟大征服者，亚美尼亚的伟大征服者，地中海的伟大征服者，阿迪阿本尼（Adiabenicus）的伟大征服者，罗马第二次任职的保民官，第十九次任职的最高统帅，第八次任职的执政官，国父，总督……

协同弗拉维弗斯·瓦雷里乌斯·**君士坦丁**·庇护·腓力斯（Felix）·因维克图斯·奥古斯都，大祭司，保民官，第五次任职的最高统帅，执政官，国父，总督，以及瓦雷里乌斯·李锡尼安乌斯（Licinianus）·李锡尼·庇护·腓力斯（Felix）·因维克图斯·奥古斯都，大祭司，第四次任职的保民官，第三次任职的最高统帅，执政官，国父，总督，在此问候他们各省的人民。①

在我们为了国家利益采取的其他措施当中，由于我们早已渴望修正任何与古代法律和罗马公共秩序不相一致的事情，因此我们规定，那些放弃自己祖先之信仰的基督徒应该回归正确主张。由于一些奇怪的推理，他们受自以为是与愚蠢所控制，非但不遵行很可能是他们先辈订立下来的古老规则，反而在各地聚会，制定律法以迎合一己的偏好，并按照个人意愿加以执行。

因此，当我们发布要他们回归祖先习惯的法令时，他们当中的大批人陷入险境，很多人遭到折磨并被以各种方式处死。他们当中的大多数固执于同样的愚蠢，既不给予天上众神应得的崇

---

① 加勒里乌斯名字之后的省略表明，优西比乌肯定省略了马克西敏·达伊亚的名字和头衔，因为拉克唐修（Lactantius）声称法令是由四位皇帝一起颁布的，这一点优西比乌本人在第八卷第十六节中也有所暗示。加勒里乌斯，作为高级的奥古斯都，名衔中带有被罗马征服和控制地区的尊称，至于君士坦丁和李锡尼，也只列出他们的民事头衔（civil titles）。

拜，也不尊敬基督徒的神。① 于是，考虑到我们的仁慈和给予人们的一贯宽容，我们认为，在此刻最欣然地做出让步是正确的，这样一来，基督徒们就会再次出现，重建他们曾用于聚会的房屋，只要他们的行为不与公共秩序相悖。在另一封信中，我们将向法官们指出该如何审理与基督徒相关的官司。相应地，考虑到我们的让步，[基督徒们]有责任为我们的国家和他们自己的福祉去恳求他们的神，这样国家的福祉就可以在各方面都得以保全，他们也可以在自己的家中安然度日。

这就是该敕令的拉丁文[原]文，我尽可能好地将其译成希腊文。现在是时候考虑一下接下来所发生的事情了。

第八卷的附言②

在这次宣告后，敕令的颁布者得以摆脱痛苦，但不久便离开了人世。③ 他是这场灾难性大迫害的始作俑者：早在其他皇帝开始行动之前很久，他就从自己的家庭成员开始，强力清洗军队中的基督徒。一些人被他降职，其他人要么遭他侮辱，要么被他以死相胁迫。最终，他怂恿其他共治皇帝一同发动对所有基督徒的大迫害。

对他们的死亡只字不提，这并不合适。四位享有最高权力的人当中，正如我已说过的，两位年龄更大、地位更高的[戴克里先和马克西米安]，在大迫害开始后不到两年就退休，作为平民度过余生。[戴

---

① 可能是因为他们被禁止聚会的缘故。——中译注
② 本节附言仅见于如下抄本：法国国家图书馆的巴黎抄本（Codex Parisinus 1430 in the Bibliothèque Nationale），佛罗伦萨的劳伦提安努斯[图书馆]抄本（Codex Laurentianus 70 in Florence）和莫斯科的莫斯科抄本（Codex Mosquensis in Moscow）。
③ 313年。——英译批注

克里先]地位最高、年龄最大,他死于一种痛苦的慢性病。[马克西米安]在地位和年龄方面紧随其后,他罪孽深重,自缢身亡,从而应验了一个魔鬼般的预言。至于余下的两个人,一位是[加勒里乌斯],他是整个大迫害的始作俑者,地位最低,如前所述不得善终。另一位比他地位稍高一点,名为君士坦提乌斯[·克罗鲁斯],他从未参加过反对我们的战争,他从伤害和虐待中救助过臣民中的善男信女,而且,他既没有毁坏过教堂建筑,也没有对我们有过任何的为难。因此,他死得不仅充满喜乐而且百般蒙福,只有他在做皇帝的时候离开人世,还拥有一个在各方面都充满智慧而且虔敬爱神的合法儿子继承自己的王位。军队立即宣告其子[君士坦丁]为最高皇帝和奥古斯都,而他[君士坦丁]则决定竭力效仿父亲对我们信仰的尊崇。

这就是上述四位皇帝的命运。活到最后的,是我前面提到的加勒里乌斯。他和后来的同僚①一道颁布了上面引用过的文件。

---

① 马克西敏、君士坦丁和李锡尼。——中译注

四帝像，位于威尼斯圣马可大教堂（St. Mark's in Venice）的一角。四位掌权者（tetrachs）——从左到右，依次大概是戴克里先、马克西米安、君士坦提乌斯·克罗鲁斯和加勒里乌斯——如同兄弟一般，紧紧相拥在一起。迄今为止，我们在这几章里展示了一些特质不同于以往的雕像。通过这些雕像，我们可以看出，粗犷的风格在帝国晚期显然已取代了古典的风格。

评注 四位皇帝

这卷书与其他几卷相比,在文体风格上有着显而易见的差异。优西比乌不再为历史而专注于过去的资料,他在本卷中就是许多所述内容的见证人,令有些在前几卷中不曾提到的生活因而得到展现。他在本卷中是一名当代的历史学家,要么凭着自己的观察,要么基于合理的信任、借助他人的资料进行叙述,正如他在记述发生在埃及的大迫害时所做的。在这些世纪中发生过多次恐怖的迫害,这对了解情况的读者来说不难理解。在第八卷中,多了一些关于恐怖折磨的富有色彩、情节极端和过分渲染的细节描写,这些既证明恶魔般皇帝们的最终绝望,也证明目击者的在场。

考虑到所有发生过的恐怖事件,有人可能以为,优西比乌会因此咒骂对此负有责任的皇帝。确实,优西比乌乐于描述加勒里乌斯死时的荒诞患病细节(就像他也将乐于描述马克西敏·达伊亚的死亡一样)——他的这种描述,可能学自约瑟夫对大希律所患绝症的描述。并且他还发现了,一个比皇帝的残忍更高一级的、甚至是令人诧异的引起大迫害的原因,即人们的自鸣得意、嫉妒、歇斯底里和教会内部的纷争，正是这些导致上帝允许大迫害。优西比乌承认这一点非同寻常，因为他常被批评犯有极度凯旋主义的错误。

但是，优西比乌并不打算提供一部其所处时代的政治史，他只是在与罗马帝国相关的部分对那些涉及教会的帝国政策有所记录。从某个角度来说，这些政策将改变西方文明的进程，然而，当时的帝国政治状况不仅颇为重要，而且令人迷惑，并且首先是错综复杂的。对于优西比乌的同时代人来说，理解本卷和下两卷内容的政治背景应该没有任何困难，但是，现代人可能会对此感到迷惑。下面的内容或许对此有所裨益。

戴克里先（284—305），这位出身卑微的挞马太人（Dalmatian）崛起于大迫害之中，结束了长达半个世纪的分裂帝国的内战。他清洗军团中的不忠分子，改革行政，稳定经济。最重要的是，他试图解决皇位继承的问题，并且为此制定过一套方案，旨在避免前几十年那样的混乱。根据这套方案，罗马人可以提前很长时间就知道谁是下任皇帝，由此排除皇位继承的竞争者，使得和平的继承得以可能成功。不仅如此，由于确信帝国已幅员辽阔到难以仅由一名统治者控制，戴克里先以亚得里亚海为界，将帝国的行政分割成东西两部分，意大利、高卢、不列颠、西班牙和北非西部，由他的同僚马克西米安管理，而希腊和所有东部省区由在新都尼哥米底亚［现代的伊兹米特，位于土耳其马尔马拉海（Sea of Marmora）最东部的狭长地带］的戴克里先自己统治。

两位皇帝均被称为"奥古斯都"，分别选择一名副手，冠之以"凯撒"的头衔，凯撒将直接管理各自帝国的一部分。当奥古斯都退位或者死去，两名凯撒将分别成为新的奥古斯都，然后，他们也要选出新的凯撒，如此循环下去。戴克里先选择加勒里乌斯作为他的凯撒，马克西米安选择君士坦提乌斯·克罗鲁斯，君士坦丁之父作凯撒。于是，如下模式就此开始：

	西罗马帝国	东罗马帝国
奥古斯都：	马克西米安	戴克里先
凯撒：	君士坦提乌斯·克罗鲁斯	加勒里乌斯
	（统治高卢、不列颠）	（统治叙利亚、巴勒斯坦、埃及）

每位凯撒和自己日后要继承其位的奥古斯都的女儿成婚，帝国就这样由这四位统治者分治。

君士坦提乌斯拥有迷人的品质。他性情温和，对基督教充满同情，他尽力在自己的领地内缩减大迫害的力量。他象征性地摧毁过少量教堂，以遵守大迫害的命令。优西比乌对此可能毫不知情。但是，他并不允许在所辖地区执行死刑。恰恰相反，加勒里乌斯身躯巨大笨重，性情粗鲁残忍，而且过于野心勃勃。正是他，劝服很可能已容忍基督徒的戴克里先，发动了对基督徒的大迫害。优西比乌在关于酷刑的细节中描述了这场大迫害的后果。

大迫害开始两年后的305年5月1日，病重的戴克里先在加勒里乌斯的巨大压力下，含泪放弃权位，退休回到挞马太（Dalmatia）。早些时候，加勒里乌斯也已劝服马克西米安退位。按照计划，新的奥古斯都应是加勒里乌斯自己和君士坦提乌斯·克罗鲁斯，但此后的事情却发生变化。两个新的凯撒都由加勒里乌斯选择：他的侄子马克西敏·达伊亚成为东罗马帝国的凯撒，他的朋友塞维鲁斯成为西罗马帝国的凯撒——而君士坦提乌斯的儿子君士坦丁或者马克西米安的儿子马克森狄本可能被选为西罗马帝国的凯撒。

君士坦丁本已和尼哥米底亚的戴克里先宫廷建立联系。当戴克里先退位时，君士坦丁请求加勒里乌斯允许他和在西罗马帝国的父亲在一起，不料却遭拒绝。君士坦丁设法逃脱，骑马狂奔高卢与父亲会合。他们率领大军进入不列颠，在君士坦提乌斯死于约克之后不久，军队在306年7月拥立君士坦丁为奥古斯都。加勒里乌斯当然愤怒不已，但他还是勉强把凯撒的头衔授予君士坦丁，同时也把自己的朋友塞维鲁斯升至与奥古斯都同样的级别。

10月份，马克西米安手下的老兵在其子马克森狄的领导下，在罗马发动叛乱。马克森狄呼吁父亲重掌政权。塞维鲁斯向他们发动进攻，不料被生擒且被杀死。马克西米安与君士坦丁缔结联盟，授予君士坦丁奥古斯都的头衔，并于307年3月31日将女儿福斯达（Fausta）许配给他。马克西米安后与亲生儿子发生争吵，跑到君士坦丁那里寻求避难。趁君士坦丁不在时，马克西米安曾试图控制其军队。马克西米安死于310年，很可能是死于自杀。

与此同时，在东部，加勒里乌斯已用李锡尼代替死去的塞维鲁斯，而马克西敏·达伊亚，由于怨恨自己被淘汰出局，自封为奥古斯都。五个同时代的统治者在311年加勒里乌斯病死时，减少到四个。当时罗马帝国的权力分割如下：

西罗马帝国	东罗马帝国
君士坦丁：高卢、西班牙、不列颠	李锡尼：巴尔干半岛
马克森狄：意大利和非洲	马克西敏·达伊亚：小亚细亚、叙利亚、埃及

鉴于罗马帝国皇帝们普遍具有的野心，人们完全有理由怀疑这样的分配是否能够持久。

第九卷 大 解 放

马克西敏、马克森狄和君士坦丁

表面的缓解

1. 前文提到的撤销敕令,在亚细亚及其邻近省份广为传布。①当这项敕令颁布时,东部的暴君马克西敏[·达伊亚],这全然不虔不敬的家伙热衷于攻击对全宇宙之上帝的虔诚,他不满敕令内容,没有传布这项敕令,只是向下属口头指示减少针对我们的行动。由于不能以任何其他方式反对上司的意志,他把敕令塞进角落,以确保在自己辖区内这项敕令永远不会昭告大众,只是发布口头指示取而代之。他的下属则记录其指示,以便相互传送。例如,享有"优秀行政长官"荣誉称号的萨比努斯(Sabinus),在如下这封信中,向各省总督传达了皇帝的意愿,其内容从拉丁文翻译如下:

---

① 311年。——英译批注

以最大的热忱，我们神圣主人的神明、各位皇帝们，一直希望将所有人的思想导向神圣且恰当的生活方式，这样一来，即便是那些遵行非罗马风俗的人，也有可能给予不朽神明应得的崇拜。然而，敕令这样的正当理由并没有震慑住某些人，他们还在毫不退让地抵抗，并不惧怕惩罚的威胁。既然许多人因为这样的行为陷入险境，我们主人的神明、万能的皇帝们高贵且虔敬地认为，这与其神圣目标相左，并且已危及这些人。于是，皇帝们签署一道命令，由我本人转发给聪明的阁下①：倘若有基督徒被发现践行他们的宗教，你们应当保护他们免受干扰和危险，并且不以此为理由惩罚他们，因为长期以来的经验表明，他们不会被任何方式劝服，也不会放弃他们的固执行为。请谨慎的阁下把此项命令转发给［手下的］财政官、地方法官和各城区的官员，告诉他们不必再认真对待那份文件②。

各省总督认为这封信可靠真实，便写信提醒审议员、地方法官和乡村官员注意皇帝的决定。他们不仅在字面上执行这项决定，而且更在行动上加以贯彻——释放所有因承认信仰而遭监禁的人，甚至放掉那些被遣往矿区的人，因为他们认为这是皇帝的心意。

当这一切发生时，好像一道光亮突然在黑夜之中迸现。在每座城市，教堂都人满为患，聚会拥挤不堪，崇拜仪式也按时举行。所有对此感到难以置信的异教徒都震惊于如此巨大转变的神奇，欢呼基督徒的上帝为唯一伟大和真实的神。在我们自己的人民当中，那些始终在

---

① 这些修饰性的用语反映了当时在当权者之间使用的拉丁语言风格。类似的用语见"阁下/大人"（Your Excellency）等用语。
② 从字面上看，意为"信函"或"国家文件"，很可能是以前一份命令迫害基督徒的文件。

大迫害中英勇斗争的人再次光荣地享受到自由，而那些信仰"贫血"、灵魂迷惑的人则热切寻求治疗，他们乞求信仰坚定的人伸出援手，恳求上帝怜悯自己。接着，那些高贵虔诚的斗士们也从悲惨的矿区被释放回家，在穿过每一座城市时，他们都欣喜若狂，散发出一种难以描述的喜乐和信心。人们成群结队地走上街头，在大道上和广场中用诗歌赞颂上帝。那些早些时候做了囚徒、被残忍地惩罚并被赶离家园的人们，现在兴高采烈地再度与家人团聚，这甚至使得那些曾垂涎于我们鲜血的人也看到这料想不到的神奇，并且为发生的事情与我们一起分享喜悦。

马克西敏恢复镇压

2. 所有这些都是东部的这位暴君不能忍受的，他憎恨善良和善良的人们，以至于对这样局面的忍受并没有超过六个月。他使出浑身解数试图颠覆这种和平。首先，他找到一个借口阻止我们在墓地聚集。① 然后，他赋予自己以代表异教徒的权力来反对我们，怂恿安提阿公民请求他帮忙禁止任何基督徒居住在该地区，并指使其他地方的人也提出同样的要求。所有这一切的肇始者就是一个叫提奥特克努斯（Theotecnus）的安提阿人，他是一个聪明却邪恶的骗子，掩藏自己的真实姓名。② 表面上，他的公开身份是安提阿的财政官。

3. 此人［提奥特克努斯］三番五次地与我们作对。他千方百计想把我们的人从藏身之处找寻出来，仿佛他们就是偷鸡摸狗的恶棍。他

---

① 参见第七卷第十一节，［英译注释］（第337页注释1）。
② Theotecnus 在希腊语中的意思是"上帝的孩子"。

捏造各种说法诽谤和控告我们，甚至导致不少人因此死去。最后，凭着各种幻象和巫术，他把宙斯当作友谊之神，为他树立雕像，并且为此设计出种种魔鬼般的仪式、入会仪式和令人恶心的净化仪式。甚至当皇帝在场时，他也凭着自己的喜好，用神谕般的话语展示巫术。此外，这家伙为取悦皇帝，声称神命令基督徒离开该城及其邻近地区，因为他们是皇帝的敌人。

4. 此人首先采取行动，其他所有受治于同一位皇帝的城市官员也紧随其后：各省总督看到皇帝喜欢这样，便提议手下臣民也仿而效之。暴君也欣然下诏，表示同意他们的请求。于是，针对我们的大迫害再次盛行。

马克西敏亲自在各城将那些在公共事务中表现突出的人指派为拜偶像的祭司，甚至是高级祭司。这些人热心侍奉，并且衷心崇拜诸神。显然，皇帝的这种愚蠢迷信诱使了治下众人，无论是各省总督还是当地民众。众人为了讨好他，竭尽全力地向我们发起攻击。对他们来说，渴望我们的鲜血、标新立异地采取各种方式展示对我们的敌意，这是他们能献给马克西敏的最好礼物。这样一来，他们就有可能得到想要的相应回报。

5. 实际上，他们伪造彼拉多和我们救主的《回忆录》(*Memoirs*)，这些《回忆录》通篇充斥对基督的种种亵渎。他们在上司的首肯下，凭着法令条文的许可，在城镇和乡村四处张贴和散发这些小册子。而且，这些回忆录还代替了孩子们当上的课，变成老师要求学生学习和记忆的课文。

与此同时，一名在大马士革的军事指挥官——罗马人称这种人为"杜克斯"(dux)①——派人从城市广场绑来一些放荡妇女,以折磨胁迫她们写下文字说自己曾是基督徒,知道他们[基督徒]的罪行:在教堂里,基督徒沉溺于伤风败俗的行为,以及其他任何他想要这些妇女说出的诽谤信仰的话。他在写给皇帝的报告中复述了她们的说法,皇帝于是下令他在每个地区和城市都昭告这份文件。6. 然而,这个指挥官不久后就成了他自己的刽子手,为自己的邪恶受到了应得的惩罚。

新的殉道事件

无论如何,各省总督针对我们的流放、严厉迫害和残暴就这样重新开始了,一些宣讲圣道的著名人士被毫不留情地判以死刑。在腓尼基的埃莫萨城,三位表明信仰的基督徒被当作食物扔给野兽。他们当中的希尔瓦努斯,是一位年纪老迈的主教,已在主教职位上侍奉达四十年。还有彼得,他本在亚历山大主持教会,工作颇有成就——他为人高尚正直、熟谙圣经,堪称一位虔诚的主教典范——却突然被毫无理由地逮捕并被处以斩首之刑。这似乎出自马克西敏的命令,正像其他许多埃及主教的遭遇一样。

卢西安(Lucian),安提阿最优秀的长老之一,他性格温和,精通神学。他被带到皇帝所在的尼哥米底亚,在皇帝面前为信仰申辩,之后被投入监牢并被处死。来自马克西敏这个一切美好事物的憎恶者的攻击如此迅猛和残酷,以至于这次针对我们的迫害看来比以往的更加猛烈。

---

① 罗马帝国后期驻扎行省的军事长官。——中译注

7. 在城中央立有铜质牌坊，上面刻有各城反对我们的上书和皇帝的相关回复。这种事情是前所未有的。与此同时，学校里的孩子整天将耶稣和彼拉多的名字以及无礼编造的《回忆录》挂在嘴边。我认为，在此应该插入刻在铜质牌坊上的马克西敏的回复，这样一来，我们就可以清楚地看到，这个憎恨上帝之人如何狂妄自大，上帝又是如何时刻恨恶，随即对他进行严厉审判（正是这一点使他不久就扭转对于我们的政策，并且以成文法的形式公布于众）。

马克西敏给针对我们之上书的回复，取自推罗的牌坊：①

最终，人心智的虚弱和自大抖落并驱散了种种错误的迷雾，这迷雾直到如今不仅邪恶，而且更加悲惨地攻击了人民的理智，并且将之遮蔽在无知的黑暗中；现在它终于意识到，不朽神明的仁慈天意掌管并维系着它。对于你们虔敬品性的绝好证明，我的感激与欣喜简直无法用言语形容；因为众所周知，即使在此之前，你们对不朽神明的敬畏与虔诚，不是一种仅有空话的信仰，而是一种付诸行动、持续不断且非凡惊人的信仰。因此，你们的城市配得称为不朽神明的庙宇和居所，许多迹象表明，这座城市之所以兴旺，正是因为不朽神明的驻留。

正是你们的城市，当看到那些可恶蠢事的追随者开始再次蔓延、像一堆被遗忘的闷烧柴火重新燃成熊熊大火时，全然忽略了她私自的追求和早先的需要。你们刻不容缓地求助于我们的虔诚，好像求助于一座拥有所有敬虔崇拜的母城，以期得到治疗和

---

① 显然，这是优西比乌所有摘录中最拖沓冗长和最言过其实的文件。为使读者免于失望，我在此译文中删减了一些过度的空话，但是这段散文依旧又臭又长，反映了马克西敏没有条理的头脑。一开始出现的是一种矛盾修饰。

帮助，这不错的主意显然来自神明的灌输，因为你们对神明充满信仰和敬畏。正是他，至高的大能宙斯——你们满有荣光之城市的捍卫者，使你们祖先的神祇、你们的女人和孩子、你们的健康和家园免于所有破坏的护卫者——以这样援救的决心鼓舞你们；这表明，对不朽神明的崇拜和对神圣权力给予应该的敬畏多么美好、多么有益！

谁如此迟钝或愚蠢，以至于不明白，倘若大地拒斥交给它的种子、耗尽农民的希望，那么只有神明的仁慈才能阻止？不明白：不敬神的战争将肮脏的尸体拖向死亡，而且污染天空的健康空气，这战争并非自动发生在大地上？或者不明白：大海在强风的吹动下不上涨和不起风暴？或者台风不会毫无预警地引起致命破坏？或者，再一次，大地，万物的保姆和母亲，不会伴随一种可怕的震荡沉入最深的空洞，她的群山也不会轰然塌入由此产生的地壳断层？众所周知，所有这些灾难，以及比这些更糟糕的事情，在此之前经常发生。而所有这一切之所以都同时发生了，乃是因为那些不道德之人的错误和愚蠢，当错误和愚蠢占据他们的头脑并通过他们可耻的行动几乎颠覆整个世界的时候……

让他们看看，在广阔的平原上，舞着谷穗的庄稼成熟了，草场上繁花点点——感谢及时的雨水——天气不仅温和而且适度。让所有人都藉着我们的虔诚、献祭和崇拜而欢喜快乐吧，那大能且不妥协的空气［所具有的］力量① 已被劝解，他们因此能够在安全和宁静中享受那最静谧的和平。让所有那些得以从盲目的愚

---

① 原文在此可能有误。若把希腊原文中的"aeros"换为"areos"，意思变为"阿瑞斯（战神）……的力量已经被劝解了"，这样翻译从上下文看应更有意义。

蠢中拯救出来恢复了合适心智状态的人们更多地感到欢喜快乐,就好像他们已从一种难以预期的风暴或危急的重病中得以释放一般,让他们收获生命在未来的喜悦。但是,如果他们固执于那该死的愚蠢,就如你们所请求的那样,把他们赶出你们的城市和邻近地区吧,这样,与你们在这事上值得称赞的热情相符合,你们的城市就会清除掉所有的污染和不虔诚,并依循自然的分配,以应有的敬畏崇拜不朽的神明。

你们或许知道:我们有多么感激你们的请求,除了呼吁和请求外,我们的内心有多么焦虑,我们相应地又多么地乐善好施,①我们允许忠心的阁下(Your Dedication)索要任何东西作为众位虔诚意愿的回报。现在就做出选择、毫不耽搁地得到你们的回报吧。把它授予你们的城市,这不仅将永远证明你们对不朽神明的虔诚,也将向你们的子孙证明:我们如此乐善好施,按照你们的行为奖赏了你们。

这份回函被刻在各省的路牌上,使我们对任何人的帮助都感到无望,于是,正如圣经所言,这些事让选民都感到迷惑(马太福音24:24)。②事实上,希望正在绝大多数人的心中消逝;但是,当那些传递攻击法令的使者尚在路上、尚未到达某些地区时,上帝,他自己教会的护卫者,突然制止了那暴君自命不凡的嚣张气焰,表明他自己就是

---

① 这里英译者似有缺误,"That you may know how much we appreciate your request and how inclined we are to be benevolence quite apart from petitions and pleas, we permit..." 此处的译文参考 Williamson 的英译文:"That you may know how welcome your request in this matter has been to us, and how anxious our mind is, apart from resolutions and entreaties, and of its own accord, to exercise beneficence, we permit..." ——中译注
② 和合本圣经的译文为:"因为假基督、假先知将要起来,显大神迹、大奇事,倘若能行,连选民也就迷惑了。"(马可福音13:22)——中译注

我们在天上的同盟。

饥荒、瘟疫和战争

8. 时值冬季，通常都会下小雨大雨，而如今却拒绝给予大地慷慨的水分。饥荒肆虐，瘟疫和另一种传染病也接踵而至：一种由于其火红外观而被称为痈① 的恶性脓包。这种疾病极度危险，它会在全身扩散，并且特别伤害眼睛，因此失明的男人、女人和孩子真是数不胜数。

除此以外，对亚美尼亚人的战争让暴君颇为困扰。从很早以前开始，亚美尼亚人就是罗马人的朋友和同盟。但是，自从成为基督徒后，他们开始热诚地崇拜上帝。这憎恶上帝的暴君试图让他们向偶像和魔鬼献祭，于是，朋友反目成仇，同盟变成敌人。

所有这一切都发生在同一时间，这充分驳斥了暴君反对上帝的厚颜无耻和自命不凡，因为他曾肆无忌惮地声称，在他当政的时候，由于他对偶像的热情和对我们的攻击，饥荒、瘟疫和战争都会被阻止。与此同时，所有这一切也都对他造成不利影响，成为他下台的前奏。在对亚美尼亚人的战争中，他和他的军团被拖得筋疲力尽。而在他治下的城市，民众饱受饥荒和瘟疫的蹂躏，二百五十两银子（2500 Attic drachmas）只能换来一丁点儿麦子。在城市中饿死者甚众，在乡村更是不计其数。乡村登记簿一度写满名字，但如今却全被删除，口粮的匮乏和疾病的肆虐几乎一下子就消灭了所有人口。有的人求助于供给良好的人，用最值钱的财物以物易物地换取一些食物，有的人则一点点

---

① 希腊原文为"炭疽热"（*Anthrax*），意为某种炭或曰某种珍贵的红色石头，或者像它一样的脓包。这也是英语中该疾病的名称。

地变卖物品，直到一无所有。还有的人咀嚼小把干草，甚至吞吃有毒植物，健康大受损害，有的还为此送上性命。至于女人们，一些来自城市贵族阶层的女士，被迫在集市上不知羞耻地乞讨，而她们的窘迫和她们的衣装还是显示出她们所受的贵族教养。

　　有些人如干枯亡魂一般，步履蹒跚，直到摔倒在地；他们躺在街道中央，乞求得到一小片面包，并用最后一口气声嘶力竭地喊，他们很饿——除了这痛苦的叫喊之外，任何其他的事情都超乎他们的能力。更为富裕一些的阶层，起先还愿意帮助这样的乞丐，但是乞丐的数量太过庞大，深感震惊的他们于是转为采取一种强硬和残忍的态度，因为他们以为，不久之后自己的境况也不会好到哪里去。在城市广场的中央和狭窄的胡同里面，到处都倒着一丝不挂的尸体，连续好多天都得不到掩埋——这是一幅多么悲惨的景象！有的尸体被狗吃掉，这也是活着的人开始杀狗的原因，因为害怕狗疯掉后会开始吞吃活人。瘟疫则以更为恐怖的方式传染到每一户人家，特别是那些因为粮食储备充足而活过饥荒的家庭。富人、统治阶层、总督以及大量官员，好像被饥荒特意留给瘟疫似的，接连遭遇一种痛苦的突然死亡。呻吟之声此起彼伏，送葬队伍像通常一样吹着长笛、捶着胸膛，出现在各处的胡同、广场和街道。死亡，用瘟疫和饥荒这两件武器发动战争，迅猛地吞噬了整个家庭成员，因此一个送葬队伍为之送行的通常可能有两到三具尸体。

　　这正是马克西敏无知的自命不凡以及各座城市反对我们的请愿所遭到的报应，而与此同时，基督徒的热情与虔诚对于所有异教徒来说都是再清楚不过的。在这可怕的逆境中，基督徒为自己的同情心和人道给出了实际的证明。他们当中的一些人整天忙着照料数不胜数的、无人照看的垂死之人，并且为这些人下葬。其他聚集在一起的人则是从城市的各个角落而来的一大群因饥荒而枯干萎缩的人,向他们分发面包这样的行为得到众人的交口称赞,基督徒的上帝也因此得着荣耀。这样的行动也使他们自己确信,只有他们是虔诚并真正敬畏上帝的。

所有这一切发生后,上帝,基督徒在天上的伟大护卫者,已向所有那些残忍攻击我们的人表明了他的愤怒,以此作为对他们这种行为的回报,并且重新恢复了他对我们的眷顾,让我们在和平之光的照耀下走出黑暗。这如同以往那样向世人显明:上帝自己一直在关注我们的事。他有时会鞭笞自己的子民,并且在适当的时候藉着考验纠正他们,在足够的磨砺后他便会对那些对他心怀希望的人显明怜悯和仁慈。

暴君之死

9. 于是,君士坦丁和地位仅在其下的李锡尼受到万王之王、全宇宙的上帝和救主的激励,宣布对两个最反宗教的暴君发动战争。君士坦丁和李锡尼两人均因智慧和虔诚而颇受尊敬,深受上帝喜爱,前者身为皇子,拥有一位极为虔诚和谨慎的父亲。上帝以非同寻常的方式证明自己与他们同处一个阵线:马克森狄在罗马落在君士坦丁手中,而东部的暴君〔马克西敏〕也没有比他幸存更久,被李锡尼处以可耻的死刑——当时李锡尼还没有疯掉。

君士坦丁,这位皇帝阶位的最高者,最先对罗马暴政的受害者表示同情。①他向天上的上帝和他的圣道——万有的救主耶稣基督——献上祷告,请求与上帝自己同盟,然后挥师远征,为的是给罗马人

---

① 312 年。——英译批注

重新带来先祖享有的自由。然而，马克森狄不愿听从臣民的良好意愿，反而依赖巫师的建议，不敢率军出城门一步。数量庞大的重装步兵和不计其数的军团，被他部署在罗马周边的各个地区或城镇以及意大利境内被他奴役的地区。仰赖于上帝的帮助，君士坦丁皇帝接连进攻暴君的第一支、第二支和第三支军队，轻而易举地击败它们，挥师横扫意大利境内的大片土地，直逼罗马城。可以说，他根本不必和罗马人打仗，因为暴君被上帝自己用锁链拖出城门好远。很久以前，神圣的圣经针对恶人说过一些话——大多数人以为这些话是虚构且不可信的，而信徒却认为是可信的。如今因着这些话语的明白无误，所有的人，不管是信徒还是不信的人，只要他亲眼目睹过这神迹，都被唤起心中的信仰。正如在摩西本人和敬畏上帝的古希伯来人的年代：

法老的车辆、军兵，耶和华已抛在海中，

他特选的军长都沉于红海。

深水淹没他们。（出埃及记 15：4—5）

同样地，马克森狄及其武装卫队，还有枪兵"如同石头坠到深处"①。（出埃及记 15：5）当时，他震慑于上帝赋予君士坦丁的力量，调转队伍，准备渡［台伯］河。他［命人］架好浮桥，却因此为自己的毁灭做好准备。或许我们可以这样说：

---

① 优西比乌在此描述 312 年发生在罗马米尔维安大桥（the Milvian Bridge at Rome）的战斗，这场战斗是历史上的特殊转折点之一。现代读者可能更喜欢一种不间断的连续描述，但作者的描述却不禁将这场战斗与以色列人的出埃及加以类比。

他掘了坑，又挖深了，竟掉在自己所挖的阱里。

他的毒害必临到他自己的头上；他的强暴必落到他自己的脑袋上。（诗篇7：15—16）

与此类似，浮桥突然断裂，河上通道就此崩塌，船只、人群和所有的一切立即坠到深处，首当其冲的正是那最邪恶的可怜虫本人，紧随其后的是围在他身边的携盾侍从，正如圣经所预言的，他们"如铅沉在大水之中"（出埃及记15：10）。因此，对于邪恶暴君这样的下场，即便不在语言上，至少也在行动上，那些藉着神助而获得胜利的人们，肯定也会像伟大的仆人摩西及其跟随者因战胜邪恶暴君那样唱道：①

我〔们〕要向耶和华歌唱，因他大大战胜，将马和骑马的投在海中。

耶和华是我的力量、我的诗歌，也成了我的拯救。

以及

主啊，众神中有谁像你？

(who is like you among the gods, O Lord? Who is like you?)

有谁像你，在圣徒中得到荣耀，在颂赞中得到敬畏，广行奇迹？

---

① 《出埃及记》中的埃及法老，马克森狄的原型。接下来引述的摩西和以色列人之歌引自《出埃及记》15：1—2。

(Glorified among saints, awesome in praises, working wonders?) ①

藉着实际行动,君士坦丁向上帝——万物之主和胜利的缔造者——献上类似赞颂。他在一片凯旋声中进入罗马,所有的元老院成员、上层贵族、女士、孩童和罗马全城的人们,把他赞颂为释放者、拯救者和恩人,喜笑颜开地迎接他的到来。然而,君士坦丁与生俱来就敬畏上帝,对于众人的欢呼和称赞既不激动莫名,也不自鸣得意,因为他深深地知道自己的帮助来自上帝。他立即下令把缴获的一尊救主受难像安放在自己雕像的手部。这座雕像立在罗马最为繁华的地方,雕像右手持有救主的标记,并刻有如下拉丁文题铭:

以此拯救的标记、英勇的真实凭据,我从暴君的重轭下拯救并解放了你们的城市。我也释放了罗马的元老院成员和民众,并恢复了他们祖先的名誉与荣光。

此后,君士坦丁和当时心智尚未被疯狂弄得神志不清的李锡尼皇帝,承认上帝就是他们所有成就的缔造者,并且为了基督徒的益处,以最完备的条款订立一项最精确的法令。② 随后,他们撰写一份报告,述说上帝为他们所成就的奇妙事情,以及他们对暴君的胜利,然后把这份报告连同法令一并寄给马克西敏。当时,假装成他们朋友的

---

① 英译本和 Williamson 英译本显然不同于和合本和路德德语译本《出埃及记》15:2 的如下译文:"这是我的神,我要赞美他,是我父亲的神,我要尊崇他 (The LORD is my strength and song, and he is become my salvation; he is my God, and I will prepare him an habitation; my father's God, and I will exalt him)。也许优西比乌的这段引文又是出自七十士希腊文译本?——中译注
② 著名的米兰敕令 (Edict of Milan),订立于 313 年 1 月。参见第十卷第五节。

马克西敏依然统治东部各省。知道情况后,身为暴君的他坐立不安。他一方面不愿让人觉得自己屈从他人,另一方面又由于对颁布人的忌惮而不敢禁止这项法令。于是,他似乎主动为基督徒的益处着想,给手下的总督写了如下第一封信,谎称做过一些他从未做过的事。

暴君信函译件的复本

尤维乌斯·马克西米努斯·奥古斯都(Jovius Maximinus Augustus)致萨比努斯(Sabinus)。坚毅的阁下与众人都十分清楚,我们的主人和先辈戴克里先和马克西米安早就注意到,几乎人人都放弃了对神明的崇拜,加入基督徒的团伙。于是,他们正确地下令,所有抛弃崇拜不朽神明的人,都应经由公开的纠正和惩罚,重新转回崇拜这些神明。但是,当我第一次有幸来到东部时,我得知,在一些地方,许多本可为公众服务的人却因此被法官流放。于是,我命令每一位法官,从此以后任何人不得如此严厉处置地方居民,而应当以哄劝的方法让他们重新转回崇拜神明。众位法官听从了我的指示。于是,没有一个人在东部地区遭到流放或侮辱,也没有一个人受到严厉处置,人人都宁愿转回重新崇拜神明。

不过,我去年有幸造访尼哥米底亚,一些居民带着神明的图像来找我,向我请愿:在任何情况下,这样的人①都不应当被允许住在他们的城市。我还得知,许多这种宗教的人就住在同一城区。于是,我答复这些居民说,对于他们的请求我很欣慰,也很感激,但我已注意到这种请求并非毫无异议。因此,倘若有人固

---

① 当指基督徒。——中译注

执于这种迷信，那就让人人都照自己的意愿行事吧；倘若他们愿意，他们也可以承认对神明的崇拜。尼哥米底亚人和其他城市的居民如此热切地恳求：不让基督徒在他们的城市居住。对此，我不得不友好地作出答复：我将确保这种请求的落实。这是为了神明的利益着想——所有民族和政府的存在都取决于神明——这符合以往皇帝所遵循的原则，而这样的答复也必将取悦神明。

以前，忠心的阁下曾收到过如下指示和命令：不得严厉处置保留这种习俗的地方居民，而应以耐心温和的态度对待他们。尽管如此，为了避免他们在特派员①或其他任何人手中遭到侮辱和勒索，我发出此信，提醒坚毅的阁下用哄劝的方法来引导居民重新转回对神明的恰当崇拜。因此，如果有人决意崇拜神明，那就欢迎这样的人；但是，如果有人愿意举行他们自己的崇拜，那就由着他们去。阁下应当认真落实这些命令，不让任何人有权力以侮辱和勒索的方式伤害我们的地方居民，因为，就像刚刚说过的，用哄劝的方法让他们恢复对神明的崇拜，这样更好。此外，为了让我们的地方居民能够知道我们命令的内容，你必须在你发布的法令中公布我们的命令。

他之所以下达这样的命令，并非出于自愿，乃是被迫如此。人们都明镜在心，他既不诚实，也不值得信任，他以前也作出过类似的让步，可最终却证明他是一个善变的伪君子。因此，我们的人当中没有一个人敢召集聚会或公开露面。这封信甚至没有允许我们这样做，而仅仅是保证我们可以免受严厉处置。关于聚会、兴建教堂或进行我们

---

① 被委以特权的官员，可能是总督的随行人员。

的例行活动，这封信没有任何明确的说法。不过，和平与虔诚的保护者［君士坦丁和李锡尼］已给他写信，要他准许臣民做这些事情，并且发布命令和法律来加以保证。事实上，这不虔诚的可怜虫却决定不在这方面让步——直到神圣审判强迫他这样做。

马克西敏的命运

10. 这就是他的处境。他无力管理本不应委托给他的庞大政府，他缺乏皇帝应有的审慎心智，在处理事务时总是笨手笨脚。最要命的是，他不仅一无所知，而且傲慢自大，甚至自我膨胀到反对与他一起治理帝国的同僚，这些同僚不仅在出身、素养和教育上，而且在性格和智慧上，最重要的是在自我节制和对真上帝的崇敬上，都比他高明得多。他傲慢无耻地公开宣布他是处于第一位的皇帝。接下来，躁狂的他走到精神错乱的地步，撕毁与李锡尼缔结的盟约，一场无法平息的战争由此爆发。由于他的缘故，各地变得混乱不堪，没有一座城市例外。他召集一支庞大的军队，启程攻击［李锡尼］。把魔鬼视为神明的他，将希望都寄托在魔鬼身上。

当两军相遇时，①他却发现上帝并没有眷顾他，胜利倒向了李锡尼那边，正如万有的独一上帝所指引的那样。他所信任的重装步兵团最先被击溃。他的保镖也遗弃他，转而投奔征服者。这恶人见状立即丢掉他不配佩戴的皇帝勋章，溜进人群之中，如此胆怯，如此可鄙，如此没有男子气概。他四处逃窜，在庄稼地和村庄里东躲西藏。他绞尽脑汁，总算将将逃出对手的追捕。他这样的行为显明了圣言的真实：

---

① 313年4月30日，两军相遇于色雷斯的塞仁努斯园（Campus Serenus in Thrace）。——中译注

君王不能因兵多得胜,

勇士不能因力大得胜;

靠马得救是枉然的,

马也不能因力大救人。

耶和华的眼目看顾敬畏他的人

和仰望他慈爱的人,

要救他们的命脱离死亡。(诗篇33:16—19)

与此类似,暴君满怀羞愧地回到自己的领地。在盛怒之下,他首先处死多名祭司和先知,因为这些人不仅愚弄和欺骗他,而且出卖他的安全。这些祭司和先知原本侍奉他所敬畏的神明,正是由于他们预言的诱引,他发动了战争。然后,他将荣耀归于基督徒的上帝,并且拟定一项法令,给予基督徒完全的和最终的自由。此后不久,他的生命在痛苦中结束。①

他颁布的那项法令如下:

暴君为了基督徒的益处所颁布的法令之复本
(自拉丁文译成希腊文)

皇帝凯撒该犹·瓦莱里乌斯·马克西米努斯,杰尔曼库斯、萨尔马提库斯、庇护·腓力斯·因维克图斯·奥古斯都(the Emperor Caesar Gaius Valerius Maximinus, Germanicus, Sarmaticus, Pius Felix Invictus Augustus)。所有知晓事实的人都清楚,我们一直都在各方面关注我们地方居民的福祉,并且希望给予他们能给所有人都带来益处的任何东西。然而,我们却注意到:一些管理

---

① 313年。——英译批注

公共事务的官员凭着如下借口：我们最神圣的先王戴克里先和马克西米安曾下令禁止基督徒聚会，大肆进行勒索和劫掠。长此以往，他们这样的行为给我们的地方居民带来了极大的伤害——这些居民的利益正是我们所特别关切的——甚至还毁坏他们的个人财产。因此，在过去的一年里，我们向各省总督多次发文，三令五申，凡愿遵循这样一种习俗或崇拜形式的人，大可如此行而不受任何人的阻碍，并且应当享有自由做自己喜欢做的，不必惧怕或疑虑。然而，我们还是注意到，一些法官漠视我们的命令，导致我们的人民对我们的指示产生猜疑，而对是否参加自己喜欢的宗教仪式感到犹豫不决。

为了消除日后一切由于惧怕而导致的疑虑或迷惑，我们已下令，要广为宣传这项法令，向所有人澄清，凡愿奉行此教派与崇拜的人，均可自由地依据各自的愿望和要求如此行——这符合我们的恩泽——也可自由地参加其惯常的和渴望遵循的宗教仪式。我们还给予他们建造所谓"主的家"（the Lord's houses）① 的许可。此外，为使我们的恩惠更显浩荡，我们还颁布如下命令：倘若有基督徒的房产或地产因我们前任的命令被纳入国库或被所在城市没收——无论它们是否已被卖掉或者被当作礼物赠与任何人——所有这些都要依照我们的命令归还原先合法的基督徒主人。这样一来，人人都将感激我们的虔诚与关心。

这就是暴君在张榜公布反基督教法令之后不到一年时所说的话。不久前，此人还把我们看作不虔诚不敬神的社会害虫，不允许我们住

---

① 希腊文为"*kyriakon*"，即"教会"（church, kirk, ekklesia）。——中译注

在乡下或沙漠，更不要说住在城里。现在，同样的这个人竟然为了基督徒的益处制定法令和规范！这些人不久前还在他眼前被火焚烧、被剑刺杀、被鸟兽吞食，遭受各种惩罚、折磨和死亡，好像不敬神的邪恶之人一般。现在，他竟然允许他们依照自己的意愿进行崇拜、建造主的家！这个暴君自己承认，他们拥有一些合法权利！

当他作出所有这些让步时，他得到一定的回报，也就是说，他所遭受的痛苦比他本应遭受的要少得多。他突然被上帝鞭笞击打，死于战争中的第二次交锋。他的死亡并不像将军的死亡：为美德和朋友英勇战斗，坦然无惧地在战斗中直面光荣的死亡，他只是一个与上帝作对的不虔敬之人，他的军队仍在坚守阵地，而他却龟缩在家里，惶惶不可终日。上帝的鞭笞突然临到他的全身，他随即陷入可怕的剧痛中，不得不躺卧在床。他因饥饿日渐消瘦，他的血肉被一种看不见的火焰所吞噬，他的形骸分崩离析成一节节枯骨，仿佛一个幽灵随着时间的流逝变成一具骷髅。在服侍的人看来，他的身体已成了他灵魂的坟墓，他的灵魂已被埋进了一具尸体。当高热潜入到骨髓时，他的眼球爆突，从眼窝中掉落，他由此变成瞎子。即便在这种情况下，他还能呼吸，并且向上帝忏悔，以求一死。他为自己对基督的暴行表示忏悔，并且承认自己的受苦是罪有应得。忏悔一毕，他也就咽气了。

敌人的下场

11. 在马克西敏——信仰的最后且最坏的敌人——被除去后，藉着全能上帝的恩典，教堂从地基部分开始得以重建，基督的真道也比以往得到更为自由的宣讲，而那些与上帝作对的不虔敬之人则蒙受了可鄙的羞愧和耻辱。马克西敏成为第一个这样的人：被当局四处张榜宣布为人民公敌和最不虔敬、最为可憎和最恨恶上帝的暴君。原先，每座城市都挂有他和及其子女的画像，以示尊崇，如今这些画像要么被人用力扔到地上并撕成碎片，要么被人用颜料将脸涂黑、毁坏。类似地，那些向他表示尊崇而被竖起的雕像也被推倒并打碎，成了想侮辱和辱骂他的人开玩笑和做运动的靶子。

接着，其他那些与上帝作对的人也被剥夺原有的荣誉，马克西敏的所有同党都被判处死刑，特别是那些在政府中身居高位、残酷迫害我们并教导以迎合他的人。同党当中有波塞提乌斯（Peucetius），他被马克西敏视为最真的朋友，被赐予超过其他任何人的荣誉，曾三次出任执政官，也曾被任命为首席财政大臣。另一个是库尔西安努斯（Culcianus），他在政府的各个部门任过职，在埃及杀害过数不胜数的基督徒，并且还为此洋洋得意。此外，还有许多人曾扶持和参与过马克西敏的暴政。

法庭还传唤了提奥特克努斯，法庭认为，他对基督徒的所作所为绝不应当被遗忘。他曾在安提阿竖立偶像，看似成就非凡，并且确实被马克西敏赏赐了一个总督的职位。但是，李锡尼来到安提阿，搜捕骗子，用刑拷打那新偶像的先知和祭司，以弄明白他们如何设计出这样的骗局。在严刑拷打下，他们招供，整个神秘事件都是提奥特克努斯设计的一场骗局。于是，李锡尼继续施用各种刑罚，然后把他们一一处死，首先是提奥特努克斯，然后是他在骗局中的同伙。

加入这些人的还有马克西敏的几个儿子，这几个人曾与马克西敏一起分享皇家的荣耀，而且还在画像中公开展示过他们的特征。这些人以往喜欢吹嘘与暴君有关系，在他人面前作威作福，如今也遭受了同样的痛苦和羞辱，因为他们不接受劝诫，①或不明白神圣书卷中的箴言：

---

① 参见《西番雅书》3：2。——中译注

你们不要倚靠君王,不要倚靠世人,

他一点不能帮助。

他的气一断,就归回尘土。

他所打算的,当日就消灭了。(诗篇146:3—4)

于是,那些不敬神的人被肃清,君士坦丁和李锡尼两人的统治得以安然无虞且毫无争议地维持下去。他们优先考虑洁净与上帝作对的世界,承认自己得到的祝福都是来自上帝的赐予,并且为了基督徒的益处颁布宽容敕令。藉着这敕令,他们显明了自己对美德和上帝的热爱,以及对上帝的敬虔和感恩。

君士坦丁凯旋门,位于罗马,附近建有罗马圆形大剧场(图右)。

评注　迫害的终结？

自从尼禄时代以来，一连串漫长的迫害并未形成不间断的恐怖链条。事实上，优西比乌还相当公正地歌颂过大迫害之前基督徒数次享有的自由。同样地，由政府发动的迫害结束得也并非那么彻底和有序。优西比乌引述过多少道下令停止迫害的敕令，岂料几页之后不是又在记述重新恢复的迫害吗？即便是君士坦丁在罗马北部米尔维安大桥的伟大胜利以及随后颁布的313年宽容敕令——被普遍认可的大迫害终结标志——对东部的马克西敏也并没有什么影响，他依然执意恢复迫害。

优西比乌在第九卷中把大部分笔墨都用在马克西敏身上。或许有人以为，其中的细节描述恐怕太多了，倘若用在第一位基督徒皇帝君士坦丁身上，效果可能会更好。但是，优西比乌在《君士坦丁传》中描述了君士坦丁的大量细节，而他对马克西敏的关注恰恰可以反映出这样写的好处：西部的基督徒已经获得解放，东部的基督徒却再次受到迫害，两者之间形成鲜明的对比。喜悦得过早的东部教会再一次遭受恐怖，优西比乌作为其中的见证人，记录了"暴君"导致的大灾难。优西比乌反复使用"暴君"一词，这是他最喜欢的对马克西敏·达伊亚的称呼，他正确地把这暴君看成教会最不可饶恕的敌人。读者也许会留下这样的印象，即使马克西敏恐怖地死亡——有什么疾病会让眼球爆出？——也不能让优西比乌得到足够的发泄（catharsis）。同时代的历史学家拉克唐修（Lactantius）甚至主张，马克西敏之所以死得如此苟延残喘，乃是因为他自己配制的毒药；尽管他对所有迫害教会的人都抱有一种神圣的愤怒，并且把这种愤怒当作其作品《论迫害者的死亡》(*De Mortibus Persecutorum*) 的主题。

然而，优西比乌却不得不在第十卷为李锡尼最后一次重新开启他责难的词典。这位君士坦丁过去的盟友是东部的奥古斯都，他开始统治时如此令人赞许，却成为优西比乌那一长串恶人名单中的最后一位终结自己的时日。

在罗马错综复杂的政治状况中，最后一卷将在如下的统治格局中结束：

西部	东部
君士坦丁：高卢、西班牙、不列颠	李锡尼：巴尔干半岛
马克森狄：意大利和非洲	马克西敏·达伊亚：小亚细亚、埃及

在这样的竞争格局中，上述四人均野心勃勃，觊觎最高权力。于是，不管在西部还是在东部，发生内战乃势之必然。君士坦丁和李锡尼缔结同盟，反对马克森狄和马克西敏，从教会的角度看来，这种同盟就其潜能而言是巧妙适当的，因为它同时反对基督教两个最坏的敌人：马克森狄和马克西敏。于是，基督徒就可以无保留地支持君士坦丁和李锡尼。而且，君士坦丁看来已从父亲那里继承对待基督徒的温

和政策,并且认同加勒里乌斯在311年颁布的宽容敕令。

312年夏,君士坦丁进军意大利。他麾下的军队在人数上虽少于马克森狄的军队,但在训练上却更为高超。君士坦丁作出了一项或许是罗马历史上最为关键的决定,他把自己及其军队都置于基督徒上帝的保护之下。优西比乌声称,君士坦丁的上述决定来自对如下两次经历的回应:某天下午,在行军路上,君士坦丁及其手下军人看到一道十字形亮光;之后,基督在君士坦丁的梦中显现。君士坦丁接连在都灵(Turin)和维罗纳击败马克森狄的军队,然后继续向南进军,兵临罗马北部的米尔维安大桥。大桥位于台伯河转弯的地方,已被马克森狄出于防御的缘故拆断,而他本人则待在重重设防的罗马城内。君士坦丁要想除去他,本非易事。但是,城内平民发动暴乱,反对马克森狄;马克森狄由此[向异教祭司问询],相信了"罗马人的敌人必将毁灭"的预言。于是,他率军出城,搭建浮桥,横渡台伯河,与君士坦丁直接交锋。312年10月28日,米尔维安大桥之役由此打响,这次战役对于教会历史或世俗历史而言,堪称最最重大的事件之一。

根据拉克唐修的说法,在这场战斗前夜,君士坦丁做了一个梦,他在梦中看见两个叠加在一起的字母"chi"和"rho"①,它们是"基督"这个称号希腊文拼写的最前面两个字母,而且还听到这样的话:"靠着这标记,你将得胜"(In hoc signo vinces)。第二天一早,君士坦丁下令士兵把这符号画在

---

① 希腊文为 X 和 P。——中译注

君士坦丁凯旋门,上方是胜利勋章,最下方则是被台伯河水吞没的马克森狄的军队。

他们的盾牌以及自己的头盔上，这符号后来被整合入皇家的旗帜中。战斗开始后，君士坦丁的军队从平行于台伯河的一条低矮山脊上发动进攻——马克森狄犯了愚蠢的错误，结果没能占领那里。马克森狄的军队一触即溃，乱哄哄地逃向已被切断的米尔维安大桥，拼命想挤上浮桥，不料浮桥无法承载如此众多的人，轰然坍塌，成千上万的人同时坠入水中，其中包括马克森狄本人在内。这位在战斗之前可能是、在战争后当然是基督教皈依者的得胜者相信，自己就是上帝拣选的仆人，为的是让罗马帝国皈依基督教信仰。

也许，没有君士坦丁在米尔维安大桥的得胜，基督教最终也会获得胜利，但是，那样的胜利肯定会被大大地拖延。假若是马克森狄而不是君士坦丁获得胜利，随后的罗马帝国史——当然还有基督教史——可能会变得黯淡无光。倘若马克西敏·达伊亚在东部战胜李锡尼，并且和西部的君士坦丁取得一样的成功，结果只会更加糟糕。

君士坦丁此后的政治措施和宗教政策已成为大量研究所关注的课题，其中的一些研究已在参考书目中列出。我在此仅仅概述四位皇帝的四人共治——在米尔维安大桥之役后还剩下三个——是如何再次变成君主政体的。

313年春，李锡尼在米兰拜会君士坦丁，并在那里迎娶君士坦丁的姐妹君士坦提娅。两人的同盟由此得到巩固加强。同时，这两位奥古斯都取得一致意见，为帝国中的基督徒和异教徒制定了一项宽容政策——常被误称为米兰敕令（Edict of Milan）——并于313年6月在尼哥米底亚颁布。这道敕令赋予所有宗教完全的宽容，并且决定对基督徒实行赔偿。作为对教会的赔偿，君士坦丁在东部大力捐助教会，并且慷慨地豁免基督教神职人员。

评注 迫害的终结? 433

4世纪某位基督徒的棺材板。从左至右,板上刻着如下图案:古利奈人西门(Simon of Cyrene)背着十字架跟随耶稣;耶稣戴上胜利冠冕;整个图案中央是刻有"基督"标记和花环的十字架,十字架下是两名看守耶稣坟墓的卫士,他们正在酣睡;耶稣在被带往见彼拉多的路上;彼拉多洗完手后,正充满疑惑地转向一边〔拉特兰博物馆,罗马(Lateran Museum, Rome)〕。

"基督"的标记。这是古代基督教的象征,君士坦丁曾把它画在军队的盾牌上。在来自4世纪的这块棺材板上,"基督"的标记被胜利冠冕所环绕,并有和平鸽相衬(拉特兰博物馆,罗马)。

可是，早在几个月前，马克西敏·达伊亚在东部试图复兴异教，而且重新发动对基督徒的恶毒迫害。对此，君士坦丁不仅抗争有力，而且斡旋得当。之后，马克西敏趁李锡尼到米兰会晤君士坦丁之机，侵入李锡尼在欧洲的领土。李锡尼旋即回师，把马克西敏的军队逼退到阿德里亚堡（Adrianople）附近。马克西敏本人则逃回小亚细亚，在大数死于一种恶心的疾病。

于是，只剩下一种两极政治：西部的最高的皇帝君士坦丁和东部的李锡尼。接下来的十一年内，双方处于休战状态。可是，李锡尼后来开始膜拜索尔·英维克图斯教派（the Cult Sol Invictus），并且声称自己不确定基督徒是否忠诚，再次发动对基督徒的迫害。自此他与君士坦丁的关系开始恶化。324年7月，君士坦丁在阿德里亚堡战胜李锡尼，同年9月又在克里索波利斯（Chrysopolis）击败他，从拜占庭横渡博斯普鲁斯海峡。看在妹妹求情的分上，君士坦丁饶过李锡尼一命，把他流放到帖撒罗尼迦。不过，第二年李锡尼就因叛乱的罪名被处以死刑。从此，君士坦丁重新统一罗马帝国，成为统治帝国的唯一一位奥古斯督，直到337年驾崩离世。这段关于罗马政治背景的介绍，已说到324年之后的事情；正是在324年，优西比乌以接下来的第十卷作为《教会史》的结束篇章。

第十卷　君士坦丁与和平

1. 感谢上帝、全能的宇宙君王,感谢耶稣基督、我们灵魂的拯救者与救赎者——藉着耶稣基督,我们祈求:免受外界与内心的搅扰,得着完全且不能撼动的和平。

我一边祈祷,一边将第十卷加进《教会史》,并将它献给你、我最神圣的保里努斯(Paulinus)①,同时呼求你为整部作品封印。在此,我恰当地以一完美数字②作结,完成对教会重建的全面描述和赞颂,这乃是出于我对圣灵敦促的顺服:

> 你们要向耶和华唱新歌,
> 因为他行过奇妙的事。
> 他的右手和圣臂施行救恩。
> 耶和华发明了他的救恩

---

① 推罗主教,他敦促优西比乌记录这段历史。后来,他成为家乡城市安提阿的主教。优西比乌的《圣经地名词典》(*Onomasticon*),也是题献给他的。
② 之所以完美,可能是因为在 10 之后再也没有新的数字出现,都只是之前数字的组合而已。

在列邦人眼前显出公义。(诗篇 98：1—2)

那么，现在就让我唱新歌吧。在那些严酷可怖的场景与叙述之后，我蒙恩得着特权，不仅可以看到，而且可以庆祝许多事，这些事是那些在我之前的义人和上帝的殉道者想看却没有看见、想听却没有听见的。①他们赶赴天国，追求那更为美好的事物，并且已赶进神圣的极乐天堂②。至于我，我承认自己目前的景况比应得的更好，他所赐的巨大恩惠让我全然惊诧，我要将所有的敬畏与崇拜献给他，并且证实如下预言所宣称的的确为真：

> 你们来看耶和华的作为，
> 看他使地怎样荒凉。
> 他止息刀兵，直到地极；
> 他折弓、断枪，把战车焚烧在火中。(诗篇 46：8—9)

所有这一切无疑都已得着应验，这让我满心欢喜，我将继续我的叙述。

如前所述，上帝的所有敌人被消灭殆尽，并且转瞬即逝，另一段圣言因而得以应验：

> 我见过恶人大有势力，
> 好像一棵青翠树在本土生发。

---

① 参见《马太福音》13：17。——中译注
② 参见《哥林多后书》12：4。——中译注

有人从那里经过,不料,他没有了;

我也寻找他,却寻不着。(诗篇37:35—36)

从现在开始,天空晴朗无云,天堂之光四处散发,照耀着普世的基督教会。我们甚至也愿与那些在我们群体之外的人分享喜乐,倘若这喜乐并非神圣祝福的直接后果,那至少也是出自神圣祝福的间接后果。

教会的复兴

2. 于是,所有人都从暴君的压迫中得以解放,而且从以往的悲惨境遇中得到拯救,他们藉着各种各样的方式承认,信徒的护卫者正是那独一的真神。特别是我们这些曾在基督里有盼望的人,更是有着难以言表的喜乐。我们看到,那些稍早时因暴君恶意闲置而变得荒废的地方,好像正从一种长久的致命创伤中恢复生机,不少大教堂(cathedrals,或译"主教座堂")也正从以往的地基上再次高高耸立,其富丽堂皇的程度远胜以往遭毁坏的时候,神圣的喜乐由此充盈我们所有人的内心。

那些至尊的皇帝们也颁布了一系列有利于基督徒的敕令,从而进一步确证了上帝赐予我们的祝福。与此同时,主教们收到大量来自皇帝的私人信件、荣誉和礼金。在本卷的适当地方,我将插入一些译自拉丁文的希腊文文件,好为后人保存一些记录。

教会奉献处处可见

3. 接下来的景象是我们所有人曾为之祈祷并渴求的:城里的奉献

节日，新礼拜堂的献堂仪式，主教会议，来自远方的各地代表的聚会，平信徒之间的友好关系，基督身体上各肢体间的全然和谐合一。所有这些都在圣言中被预言过，先知也曾这样神秘地预言那将要发生的事：骨与骨互相联络，关节与关节互相联络。① 所有成员都被同一股圣灵的力量充满，一心一意，②异口同声地唱同一首赞美诗，显示出对信仰相同的热情。事实上，我们的领袖们举行毫无瑕疵的仪式，被按立的牧师们遵循神圣庄严的教会仪式：颂唱赞美诗，献上祷告，举行神圣的圣餐仪式，所有这一切都在基督受难的象征物之下进行。不同年龄阶段的人，不论男女，都尽心、尽性、尽意地③将荣耀归于上帝——他们幸福的缔造者。

[优西比乌在这里突然转换说法，从一般的基督教庆典转换到发生在推罗的一次特殊庆典。接下来的文字，不是历史，而是颂辞。颂辞这种文学形式现已过时，但它在当时的古代世界却颇为流行。对于具有现代品位的很多读者来说，这份颂辞可能过于冗长，过于奉承，甚或全然无聊乏味。这样的读者请略过这份颂辞，直接从第五节开始阅读。]

每一位出席的教会显要人物都发表了一篇颂辞，尽其所能地鼓舞会众。4. 其中一名能力平庸的人④有备而来，也发表了一篇演说。在场的许多牧师如同参与教会聚会一样，安静认真地聆听他的演说。他

---

① 《以西结书》37：7。为了修辞的缘故，优西比乌增添了关于"关节"的那句评论。
② 参见《使徒行传》4：32。——中译注
③ 参见《申命记》6：5，《马太福音》22：37 等。——中译注
④ 优西比乌本人。

在演讲中首先向一位主教致意，这位主教是一位蒙上帝所爱的卓越人士，正是藉着这位主教的热诚，腓尼基最宏伟壮观的大教堂才得以在推罗矗立。其接下来的演讲辞如下：

致推罗主教保里努斯的献堂颂辞

上帝的朋友们，身穿圣袍、头戴天国荣耀冠冕、得蒙圣灵神圣膏立的牧师们，以及你，哦，你如此年轻，却已是上帝圣殿的骄傲，因着从上帝得来的成熟智慧，你得享尊荣，因着年轻而充满活力的美德所成就的功绩，你得享盛誉；掌管一切的他已赋予你独一无二的特权：为他独一的首生之道——基督，也为基督的神圣新娘［教会］，在地上修建和恢复居所。我是否该称呼你为新比撒列（Bezalel）、圣所的建筑师，（出埃及记35：30）还是该称呼你为［新］所罗门、更为美好的新耶路撒冷的国王，还是新所罗巴伯（Zerubbabel）①，给上帝的殿堂带来比先前更大的荣耀②？③与此同时，你还是基督神圣羊群中的婴孩，以善行、克己和虔诚而广为人知：

很久以前，当聆听那些讲述上帝留下的神奇迹象和主所施行的奇妙作为的圣经选段诵读时，我们会用被教导的语言向上帝献唱赞美的诗句：

神啊，你在古时，

我们列祖的日子所行的事，

---

① 参见《以斯拉记》3：2、8等。——中译注
② 参见《哈该书》2：9。——中译注
③ 滥用这种形式的演说辞赞扬名人或某事，这在当时的古典世界十分典型。考虑到接下来的演说辞过于绚丽和过于冗长，我删掉一些过分吹嘘的空话，同时译出每一个具有历史重要性的单词。显然，优西比乌在这份文件中改变了自己作为史学家的身份，而变成了一位演说家。

我们亲耳听见了；

我们的列祖也给我们述说过。（诗篇44：1）

但是，现在我们不再通过聆听，而是藉着事实认识上帝大能的右手，因为我们亲眼看见，很久以前的传统不仅可信，而且真实。所以，我们可以再度诵唱一首得胜的赞美诗：

我们在万军之耶和华的城中，

就是我们神的城中所看见的，

正如我们所听见的。

[神必坚立这城，直到永远。]（诗篇48：8）

倘若不是在这座上帝建立的新城中，那么又是在怎样的城市里，就他的教会——真理的柱石和根基①——而言，圣经会说："神的城啊，有荣耀的事乃指着你说的。"（诗篇87：3）？藉着他独生子的恩典，全然怜悯的上帝将我们召集到这座城市，并且让每一位宾客都来歌唱，不，是喊叫："人对我说：'我们往耶和华的殿去'，我就欢喜"，（诗篇122：1）以及"耶和华啊，我喜爱你所住的殿和你显荣耀的居所"。（诗篇26：8）

我们不仅个别地而且全体一起地，以同一的灵魂献上荣耀和赞美，并且大声歌唱道："耶和华本为大，在我们神的城中，在他的圣山上，该受大赞美"（诗篇48：1）。他真伟大，而且他所居住的殿也伟大、壮观、宏大和华美。主真伟大，他施行无数荣耀奇妙之事，②他改变时候和季节，废王立王，③他从灰尘里抬举贫寒

---

① 参见《提摩太前书》3：15下，"这家就是永生神的教会，真理的柱石和根基。"——中译注
② 参见《诗篇》72：18，《约伯记》9：10。——中译注
③ 参见《但以理书》2：21。

人，从粪堆中提拔穷乏人。①他叫有权柄的失位，叫卑贱的升高，叫饥饿的得饱美食，②叫强横的膀臂折断③。④他不仅向信徒，也向那些不信的人证明，古时的记述是真实的。他是奇事的施行者，宇宙的主宰，世界的创造者，全能、怜悯一切的独一上帝。让我们向他献唱新歌吧：

　　称谢那独行大奇事的，

　　因他的慈爱永远长存，

　　称谢那击杀大君王的，

　　因他的慈爱永远长存，

　　因他顾念我们在卑微的地步，

　　并救拔我们脱离敌人。⑤

但愿我们永远不会停止向宇宙之父献上这样大声的赞美。而对于我们祝福的第二来源、有关上帝知识的教师、邪恶的摧毁者、暴君的击杀者、人性的改良者、绝望之境的拯救者——也就是说，耶稣——让我们用言语来荣耀他的名。正如圣父出于对我们的爱所意愿的，他作为圣父的独生子，心甘情愿地担当我们的腐败本性。如同最好的医生医治病患一般，"他尽管看到可怕的疾病，仍然去触摸那些污秽的部位，在处理别人麻烦的同时，也给自己带来痛苦"；⑥他就是以这样的方式拯救了我们，我们不仅患有疾病，或被可怕的腐烂物和溃烂的伤口感染，躺在死人中间。

---

① 《诗篇》113：7。——中译注
② 参见《路加福音》1：52—53。——中译注
③ 参见《约伯记》38：15。
④ 以上引用圣经典故的文字，英译者有所缩减，上述译文根据 Williamson 英译本。——中译注
⑤ 编自《诗篇》136。
⑥ 希波克拉底（Hippocrates），《论呼吸》之一（*On Breaths* 1）。

在天国里没有第二个人对如此众多的人施行拯救。他独自背负我们的痛苦，亲自承受由我们罪行导致的刑罚，①当我们半死不活、还在坟墓里慢慢腐烂时，他兴起我们，②向我们施行拯救；正如在古时那样，他出于对人类的热爱，与我们分享圣父的祝福。他就是我们生命的赐予者、启蒙者、伟大的医生、君王和主、上帝的那基督。当他看到整个人类堕入魔鬼造成的黑暗时，单单他的显现就粉碎了罪的锁链，轻易得就像日光熔化了蜡一般。

然而，爱好邪恶的魔鬼却被这伟大的恩典激怒，他集合起致命的力量，对我们发动攻击。首先，他如同一条疯狗，狂咬投来的石头，向这些没有生命的投掷物发泄他对试图驱赶自己之人的暴怒：他将残暴指向祈祷堂这样的石头，企图摧毁教堂。然后，他如同毒蛇一般，要么藉着不敬神的暴君发出威胁，要么藉着不虔诚的统治者颁布渎神法令，嘶嘶作响，吐出死亡的毒液，藉着摧毁灵魂的剧毒诱捕和腐蚀灵魂，藉着对死偶像的致命祭祀将这些灵魂几至灭绝，而且还释放出一只只人形野兽和种种残暴行为，利用这些攻击我们。

但是，上帝军队的大元帅③再一次突然临到，他麾下最优秀的士兵们因着虔诚与忍耐证明了他们的受训，并且使得所有敌意都消散在不可名状的湮灭中。而且，他将所有与他亲近的人都擢升于各个角度看来的所有荣耀之上，不管是人、还是太阳、月亮、星星，还是整个的天空与大地。连那些至尊的皇帝们也都意

---

① 参见《以赛亚书》53：4。——中译注
② 参见《约翰福音》5：8，以及关于拉撒路复活的记载（参见《约翰福音》11：1—44）。——中译注
③ 参见《约书亚记》5：14。——中译注

识到，自己的荣耀来自他，他们向死偶像的脸部吐唾沫，践踏众魔鬼的污秽仪式，并且嘲笑传自先辈的古老谎言——这样的事情以前从未发生过。他们承认，独一的上帝是万有的恩主，基督是上帝的儿子、至高无上的宇宙君王；他们在碑文中将基督称为"救主"，并且利用皇家的符号在城中央——这城是地上众城中的女皇①——镌刻出他多次战胜邪恶的不朽记录。由此，我们的救主耶稣基督是历史上唯一得着承认的，甚至也得着世上至尊君王的承认，而且，他不是作为一位普通的人君得到承认，而是作为全宇宙之上帝的真儿子和上帝自己受到崇拜。

这不足为奇。哪位君王曾达致这样的伟大，以至于他的名充塞了全人类的耳朵与嘴巴？哪位君王曾制定出如此智慧的律法，以至于这些律法被向全世界昭告？谁藉着他这些文明和人性的律法废止了未开化民族的野蛮习俗？谁人经受了经年的攻击而依然葆有蓬勃的青春？谁兴起一群起初闻所未闻的人，这些人现在并没有躲在地上的某个角落，而是在日光之下随处可见？谁用信仰的武器装备战士，使得他们的灵魂在与敌人的战斗中被证明比金刚石还要坚硬？哪位君王在死后还有这样的力量：领导军队，向敌人举起战利品，并且以高贵的居所和神圣的殿堂为奉献的祭物，比如这座大教堂及其富丽堂皇的饰品和祭品，让它们散布不管是希腊的还是外邦的各地各区各城？这些无一不让人敬畏和惊奇，而且还清楚地证明了，我们的救主至高无上，因为直到现在也是："他说有，就有；命立，就立。"（诗篇33：9，148：5）

什么能够抵挡上帝自己之道的意愿呢？这需要另外一篇单独

---

① 当指帝国首都罗马。——中译注

的讨论。更为重要的在于，上帝如何看待我们所有人组成的活的圣殿，这圣殿由多块活石构成，坚立在使徒和先知的根基上，有耶稣基督自己为房角石（以弗所书2：20）……这是最大的圣所，它最内里的圣地不为众人所知，是一处真正的至圣所，只有全宇宙的大祭司才能进到它里面，探寻每一个理性灵魂的奥秘。

但是，也许还有另外一位，他在同辈中独一无二地取得了紧随大祭司之后的第二位，他就是这支军队的元帅[保里努斯]，居首位的大祭司①已将这里全体神职人员中的第二位，也就是你们这些属灵羊群的牧者的荣誉授予他，圣父任命他位于你们众人之上，将他当作新亚伦或新麦基洗德，②藉着你们的祷告，上帝不断引导着他。他经验丰富、富有热情、善于关爱、教导纯正，足以胜任。既然如此，那就让他单单在居首位的大祭司之后鉴察你们灵魂的最隐秘处吧。

我们居首位的大祭司告诉我们，父所做的事，子也照样做。（约翰福音5：19）这一位则把目光转向那居首位的，将之看作教师，凡教师所行的，他都当作模本，如同艺术家一样竭尽全力进行最接近的仿效。因此，他的等级并不低于比撒列，在比撒列身上，上帝亲自注入智慧、悟性、工艺与科技的相关知识，呼召他担任天上圣殿之象征[即圣所]的建筑师。同样地，这一位在灵魂中承载着基督的形象，并且已为至高上帝建成这座富丽堂皇的宏伟建筑——这座建筑在本质上类似那更好的不可见模本。任何言语都难以形容他的慷慨和决心，你们的大方奉献足以与他

---

① 即圣子耶稣基督。参见《希伯来书》4：14。——中译注
② 关于麦基洗德，参见《创世记》14：18—20，《希伯来书》7：1—28。——中译注

的慷慨与决心相媲美，你们的热情也是难以言表的。

首先应该提到的是这地点。拜我们的敌人所赐，这里曾满布污秽的垃圾堆；他本可在此城选择无数的其他地点，由此可省却不少麻烦。尽管如此，他并没有因为敌人的恶意而放弃这个地点，而是凭着热情鼓励民众，让所有人团结为一体。他认为，本地教会曾被仇敌攻击，曾像我们以及我们之前的［教会］一样受过迫害，如同母亲被夺走孩子一般，也应分享满有恩典之上帝的祝福。既然大牧者①曾驱逐过野兽和豺狼，敲掉过狮子的牙齿，②那么，最恰当不过的就是，他也应竖起羊圈围栏，羞辱仇敌并谴责他的罪行。

如今，憎恨上帝的人已不复存在，他们受到正义的惩罚，不仅毁灭了自己，而且也毁灭了他们的朋友和家人。这证明，长久以前的神圣预言是真实无误的，在这预言中圣言说道：

恶人已经弓上弦，刀出鞘，

要打倒困苦穷乏的人，

要杀害行动正直的人。

他们的刀必刺入自己的心，

他们的弓必被折断。（诗篇37：14—15）

并且再一次："他们的记忆已随坠落而毁灭"，并且"他们的名字你已经永永远远地抹去"。（诗篇9：6、5，七十士译本）确实，当他们处于麻烦中时：

---

① 参见《希伯来书》13：20—21，"但愿赐平安的神，就是那凭永约之血使群羊的大牧人我主耶稣、从死里复活的神，在各样善事上，成全你们，叫你们遵行他的旨意，又藉着耶稣基督在你们心里行他所喜悦的事。愿荣耀归给他，直到永永远远。阿们。"——中译注
② 参见《诗篇》58：6，"神啊，求你敲碎他们口中的牙。耶和华啊，求你敲掉少壮狮子的大牙。"——中译注

他们呼求,却无人拯救;

就是呼求耶和华,他也不应允。

他们都屈身仆倒;

我们却起来,立得正直。(诗篇18:41;20:8)

此外,"主啊,在你的城中你将涂去他们的影像。"(诗篇73:20)这些话已在所有人面前彰显为事实。

他们像巨人那样与上帝作对,从而把自己的生命引向悲惨的结局。正如我们已看到的,曾遭人弃绝的[教会]却坚持到底,因此以赛亚才会发出如下预言召唤她:

干旱之地必然欢喜;

像百合花一般欢喜和繁盛;

沙漠之地也必快乐,开花繁盛。

软弱的手必要坚壮,

无力的膝也必稳固。

你们这些胆怯的人,

鼓起勇气,要刚强,不要惧怕。

看哪,我们的神施行正义,他必会这样行,

他必来拯救我们。

因为在旷野有水发出,

在沙漠有河涌流,

发光的沙要变为水池,

干渴之地要变为泉源。(以赛亚书35:1—7)①

---

① 译文根据英译本,与和合本的译文略有不同。——中译注

这预言很久之前就已发出，如今已不再是传闻，而在我们面前成为事实。正是这片沙漠、这位毫无防范的寡妇，她的大门被他们用斧头砍倒，她的书籍被他们毁坏，她也被他们用短斧和锤子拆毁，而且，上帝的圣所被他们烧毁，上帝所居之处的土地也被他们玷污。所有经过的人都压坏她的篱笆，强行摘她的果实；野猪踩躏她，野兽吞食她。而现在，如基督所愿，藉着他神奇的力量，她变得如百合花一般。她也谨守他的命令，如同谨守看顾她的父亲的命令，"因为耶和华所爱的，他必责备，正如父亲责备所喜爱的儿子"（箴言3：12）①。经过恰当修正之后，如今的她再次得到召唤、满有喜乐，繁盛得如同百合花一般，将馨香向所有人散发，因为泉水的确从沙漠中迸发，神圣重生（regeneration）的涓流因着洗礼而奔涌。由于对这堂皇建筑的亲眼见证，软弱的手得着坚壮，屡弱的膝盖变得坚实，再一次前进在认识上帝的路上。纵使暴君的威胁曾让某些灵魂变得呆滞迟钝，救赎的圣道并没有放弃这些灵魂，而是藉着如下神圣鼓励医治他们："鼓足勇气，胆小怯弱的你们，要刚强起来，并且无所畏惧。"

　　她曾遭遗弃，却又在苦痛的被掳之后得着祝福；这预言被我们优秀的新所罗巴伯②领悟到。他并未把她的身体当作死尸，就此从旁走过，而是在得到你们所有人的准许后为她向上帝代求。他以那唯一的死里复活者③为同盟，洁净她，医治她，最终将她兴起，并且没有让她穿上旧衣衫，而是遵循以下神圣指示："这殿

---

① 另可参见《希伯来书》7：6。——中译注
② 在犹太人被掳巴比伦之后，所罗巴伯率领其中的一支回到耶路撒冷，并且在耶路撒冷主持圣殿的重建。参见《哈该书》1：1—15。这里的"新所罗巴伯"指的当然是保里努斯。
③ 当指基督耶稣。——中译注

后来的荣耀必大过先前的荣耀。"（哈该书 2：9）

于是，他圈起更大一片土地，①并且出于安全考虑，筑起护墙将这片土地完全包围。接着，他建起一道宽阔而高耸的柱廊，以采集朝日的光辉，这不仅为神圣区域内的人，也为神圣区域外的人提供了宽广的视野，甚至吸引了对信仰感到陌生之人的注意，由于这片曾经的废墟不可思议的变化，这些陌生人可能会感到惊奇，并且被吸引进来。在通过几道门之后，谁都不能随即以不神圣的和未经洁净的脚踏入里面的神圣区域：因为他在入口和教堂之间预留了一片非常宽阔的空地，然后立起四列柱子装饰在这片空地四周，一处由柱子围成的方庭因而得以形成。几座木制的格状屏风立在柱子之间，方庭正中向太阳和天空敞开。在正对大教堂的地方，他修建了几座清水长流的喷泉，以供进入教堂者清洁之用。这些喷泉是进入教堂者第一处应当停留的地方，它们不仅增添了整座建筑的美感，而且可以作为需要指导的人获得指导的第一站。

在通往大教堂的数座柱廊内，他在一侧修建了三座大门，居中的那扇门比两旁的两扇门更为高大宽阔，这扇门的门板覆以青铜，并刻有做工细腻的铁制浮雕，看上去就像左右拥有保镖护卫的一位女王。整幢建筑两侧的柱廊都有类似的门，这些柱廊顶端均有开口，开口饰有精致的木制雕刻，以便吸纳更多光线。

至于长方形教堂（basillica）②本身的建造，他更是不计较成本，毫不含糊地采用昂贵的建筑材料。在此，我不必给出这座教堂的具体尺寸，也不必描述它光芒四射的美丽、难以言状的巨

---

① 比以前的教堂建筑更大。接下来的几段描述了一座基督教教堂的建筑及其装饰，这是此类描述中已知最早的。
② 方形建筑在罗马颇为流行，常见于当时的公共建筑。——中译注

大、炫人眼目的工艺、直比天齐的巍峨，或者用来建造屋顶的贵重的黎巴嫩香柏树。对此，圣言甚至已告诉过我们：主的树木应当欢喜，他所栽种的黎巴嫩香柏树［也应当欢喜］。（诗篇104：16）①

现在，我不必详述整个设计的完美和每一部分的独特美丽，毕竟百闻还是不如一见。在建成整幢建筑之后，他饰以数个高高在上的宝座，以示对教会领袖的尊重，并在教堂各处安有舒适的长椅。在教堂正中央，他摆上至圣的圣所（即祭坛），并在四周围上做工精妙的木制格子，以隔离会众。

即便是地板，也没有逃脱他的注意。他铺上各种各样的大理石，使得地板闪闪发亮。在长方形教堂的外面，他在两侧建起宽大的大厅和房间，让它们巧妙结合在教堂侧面，并与教堂分享光亮。这样的建筑，我们最爱和平的所罗门曾修建过，为的是满足那些渴求水和圣灵浇灌喷洒的人。既然这间教堂的荣耀确实大于先前的那间，那么先前曾引述的先知预言就不再仅仅是话语，而且已经成为事实。

这间教会确实应该从救主的劳作中得着益处，因为她的主已经替她承受死亡，他荣耀的身体在死后被接上天国，其肉身也从必朽坏的变为不朽坏的。②因着他关于将来比这些还要美好的应许，③她渴望在必朽身体的复活中获得新生，渴望在上帝国度里与天使唱诗班同在，与她伟大的恩主和救主基督耶稣同在。她曾

---

① 和合本此节经文译作："佳美的树木，就是黎巴嫩的香柏树，是耶和华所栽种的，都满了汁浆。"——中译注
② 参见《哥林多前书》15：42，"死人复活也是这样：所种的是必朽坏的，复活的是不朽坏的。"——中译注
③ 参见《希伯来书》11：39—40，"这些人都是因信得了美好的证据，却仍未得着所应许的。因为神给我们预备了更美的事，叫他们若不与我们同得，就不能完全。"——中译注

遭遗弃，长期寡居，现在却如预言所说，被上帝的恩典用这些繁花装扮得像一朵百合花，并且，再次穿上饰有美丽花环的嫁衣，按照以赛亚的教导翩翩起舞，似乎在用赞美的言语向上帝这君王献上感谢：

> 我因耶和华大大欢喜，
> 我的心靠神快乐。
> 因他以拯救为衣给我穿上，
> 以公义为袍给我披上。
> 好像新郎戴上华冠，
> 又像新妇佩戴妆饰。
> 田地怎样使百谷发芽，
> 园子怎样使所种的发生，
> 主耶和华必照样
> 使公义和赞美在万民中发出。（以赛亚书61：10—11）

和着这些言语，她翩翩起舞。这样一来，作为新郎的耶稣基督自己该如何回应她呢？让我们来听听主是如何说的：

> 不要惧怕，因你必不致蒙羞，
> 也不要抱愧，因你必不至受辱。
> 主召你，如召被离弃、心中忧伤的妻，
> 这是你神所说的。
> 我离弃你不过片时，
> 却要施大恩安慰你。
> 我的怒气涨溢，向你掩面，
> 却要以永远的慈爱怜恤你。
> 这是主、你的救赎主说的。

兴起，兴起，

你从主手中喝了他忿怒之杯!

你所生育的诸子中，没有一个安慰你的，

也没有一个搀扶你的。

看哪，我已将那使人东倒西歪的杯，

就是我忿怒的爵，从你手中接过来，

你必不至再喝。

我必将这杯递在苦待你的人手中。

兴起，兴起，

披上你的能力和荣耀；

抖下尘土，起来，解开你颈项的锁链。

你要举目观看，

你的诸子都已聚集来到你这里。

主说：我指着我的永生起誓，

你必要以他们为装饰佩戴，像新妇一样。

至于你荒废凄凉之处，

现今众民居住必显为太窄；

吞灭你的必离你遥远。

你失丧的儿子必说："这地方我居住太窄，

求你给我地方居住。"

那时你心里必说："谁给我生出这些呢？

我既丧子寡居，谁将这些养大呢？"①

---

① 分别改编自《以赛亚书》54：4, 6—8；51：17—18, 22—23；52：1—1；49：18—21。
（译文与和合本译文略有不同。——中译注）

推罗古城的柱廊遗迹,远处是地中海。316 年,优西比乌在该城教堂的献堂仪式上致辞(《阿拉伯—美国石油公司的世界》[Aramco World])。

所有这一切，先知以赛亚都曾有过预言。但是，我们有必要在某一天藉着事实认识到这些预言的真实性。并且，既然新郎（即圣道）向他的新娘（即圣教会）这样述说，那么，这位新娘的侍者① 在共同祈祷中伸出你的手，并且藉着上帝的旨意和耶稣基督的能力，唤醒那曾遭人遗弃、毫无生气躺在那里的她，这有多么的合适啊！在唤醒她后，他接着依照神谕的指令重建她。

这座大教堂堪称奇观，不仅规模巨大，而且激动人心，对于那些单单关注外表的人来说，更是如此。但是，更令人惊奇的却是那些物质事物的原型或神圣模本，我指的是我们灵魂中的属灵大厦的更新。上帝之子按照他自己的形象和神圣样式，即不朽坏的本性、不同于属土质料的精神本质，以及天赋的理智，创建了这座大厦。正是由于他，这座大厦得以存在，并且成为他自己和圣父的神圣新娘和圣殿。这一点，他在如下告白中清楚地启示道："我要在他们中间居住，在他们中间来往。我要作他们的神，他们要作我的子民。"（哥林多后书6：16）这里所谓的他们，就是那些完全的、得着洁净的灵魂，这些灵魂起初的被造乃是为了承载天上圣言的形象。

但是，爱好邪恶的魔鬼出于嫉妒，使得她藉着自由意志成为淫荡和邪恶的爱好者，保护她的神圣者也因此离她而去，于是，她落入那些妒忌之人的陷阱，成为他们的猎物。她接连遭受属灵敌人的重击，摇摇欲坠，最后跌倒于地。由此，她的美德大厦全然崩塌，没有一块石头留在另一块石头上，② 她毫无生气躺在地

---

① 保里努斯。
② 参见《哈该书》2：15，"现在你们要追想，此日以前，耶和华的殿没有一块石头垒在石头上的光景。"另参见耶稣在谈论末世时关于圣殿命运的宣告，《马太福音》24：2，《马可福音》13：2，等等。——中译注

上，完全丧失了关于上帝的先天本有的思考。她软弱无力地瘫在地上，遭受灵性野兽的蹂躏；这些野兽用种种激情刺激她，就像用邪恶的火箭①焚烧上帝的圣所，从而彻底亵渎他名的居所一般。②然后，她被埋在一座大土堆之下，了无得救的盼望。

但是，在她为自己的罪过偿付惩罚之后，救赎的护卫者——圣道——藉由圣父的恩典，让她重新生还。首先，他拣选一些至高皇帝的灵魂，藉着这些他所至爱的人洁净那邪恶且有害之人的世界，以及那憎恨上帝的可怕暴君的世界。然后，他让自己的门徒在公众场合露面，这些门徒将生命完全为他献上——在先前的邪恶风暴中，这些门徒因为他的庇护与关心得以隐藏，藉着圣父的施与，他分别给予这些门徒相应的奖赏。通过这些门徒，他用镐与鹤嘴锄——即他深入人心的教导——洁净那些被种种废物污染的灵魂，以及那些不虔诚的法令垃圾。他把此地变得明亮光洁，并且将它托付给这位无所不知、深受上帝喜爱的领袖。为了看顾被托付给自己的灵魂，这位领袖不仅目光敏锐，而且谨小慎微。从一开始，他就从未停止过建设，将你们当中闪光的金子、纯净的白银，以及各样的宝石放置于适当的位置，如下神圣预言因而得着应验：

看哪，我必为你的石头准备红宝石，

以蓝宝石立定你的根基；

又以水苍玉造你的城垛，

以水晶造你的城门，

以宝石造你的城墙。

---

① 参见《以弗所书》6：16，"此外又拿着信德当作藤牌，可以灭尽那恶者一切的火箭。"——中译注

② 参见《诗篇》74：7，"他们用火焚烧你的圣所，亵渎你名的居所，拆毁到地。"——中译注

你的儿子都要受上帝的教导,

你的儿女必大享平安。

你必因公义得坚立。(以赛亚书 54：11—14)①

他将人们按照能力的不同分群别类,实实在在地凭着公义建立教会。② 对于大多数人,他只把他们当作坚定的信仰之墙的外部围栏。对于一些人,他把教堂的入口委托给他们,让他们在那里接引那些将要进来的人。对于一些人,他让他们支撑那围绕方庭的第一列柱子,并且让他们得以首次接触四福音书的文字。对于另一些人,他将他们加入长方形教堂的两侧,这些人因着教导不断前进,距离信实者所能看见的、最内里的神圣景象并不遥远。从这些人之中,他再拣选出一些黄金一般、被圣水洗过的纯净灵魂,让他们支撑比最外部的更为高大的柱子,并且以圣经最内里的神秘教义教导他们；至于未被拣选的其他人,他只是用通向光线的开口③教导他们。他用以装饰整座圣殿的是一扇巨大的门,即对我们独一上帝和君王的赞美,在圣父至高能力的两侧分别伴有低一等的基督光柱和圣灵光柱。④至于余下的人,他在整幢建筑的各个地方寻找空间、以便容纳让他们灵魂得到牢靠安放的永生石头,并且清楚地揭示出人人内里所具有的真理。就这样,他用上述所有人建造出一间巨大高贵、里外明亮的居所,之所以这样的明亮,乃是因为这些人不仅在灵魂和心智方面,而且在肉体方面,都因贞洁和温柔的如花装饰更添荣光。

---

① 译文与和合本译文略有不同。——中译注
② 在接下来的两段,有形的教会［建筑］被当作描述教会成员间不同等级的模型。
③ 疑指［圣经的］"公开的教义"。——中译注
④ 按照 Williamson 的说法,优西比乌的这种说法并非异端,因为他有可能强调的是,基督生自圣父,圣灵发自圣父,而并非强调,圣父在本性上先于圣子和圣灵。——中译注

在这圣地里还有许多宝座和数不胜数的座椅,这些都是圣灵恩赐得以居住的不同灵魂,比如,很久以前向圣使徒及其同工显现的火焰之舌。①在他们所有人的统治者［即保里努斯］里面,整个的基督住在其中;而那些在他之下的人则照着各自的能力、按比例地领受来自基督和圣灵的力量。一些人的灵魂甚至可能成为负有教导与保护之职的天使们的座椅。至于那伟大的独一祭坛,除了所有人的共同祭司［基督］毫无瑕疵的至圣所,它还能是什么呢?在祭坛右边站立的,②是宇宙的大祭司③、上帝的独生子耶稣,他满怀喜乐地接纳馨香的香气④和所有人的祷告,然后呈递给天上的圣父、宇宙的上帝。他敬拜上帝,将应得的荣誉单单归于上帝,并且祈求上帝继续恩泽我们,直到永远。⑤

这就是圣道在世界各地建起的伟大圣殿,这位宇宙的伟大创造者之所以建造这样的圣殿,为的乃是让他的圣父得着荣耀和崇拜。至于诸天之上的领域,即所谓的在上的耶路撒冷⑥,或天上的锡安山,或永生上帝的天城,数不胜数的众天使和那首先被接入天国的人在那里向他们的创造者(Maker)献上难以言喻的赞美——这样的事,没有一个可朽的凡人配得［放声］唱颂,因为这样的事是神为爱他的人所预备的,确实"是眼睛未曾看见,耳朵未曾听见"的。(哥林多前书2:9)这样的事,如今的我们配

---

① 参见《使徒行传》2:3,"又有舌头如火焰显现出来,分开落在他们各人头上。"——中译注
② 参见《路加福音》1:11,"有主的使者站在香坛的右边向他显现。"——中译注
③ 参见《希伯来书》4:14,"我们既然有一位已经升入高天尊荣的大祭司,就是神的儿子耶稣,便当持定所承认的道。"——中译注
④ 烧/焚香祭祀的传统,散见旧约各处。——中译注
⑤ 参见《罗马书》8:34,"谁能定他们的罪呢? 有基督耶稣已经死了,而且从死里复活,现今在神的右边,也替我们祈求。"《希伯来书》7:25,"凡靠着他进到神面前的人,他都能拯救到底,因为他是长远活着,替他们祈求。"——中译注
⑥ 参见《加拉太书》4:26,"但那在上的耶路撒冷是自主的,他是我们的母。"——中译注

得参与，那就让我们所有人——男人、女人和孩子，渺小的和伟大的——同心合意地向我们一切福气的创造者献上永恒的感谢和赞美。正是他，怜悯我们的过犯，医治我们的疾病，拯救我们的生命脱离毁灭，以仁爱慈悲为我们的冠冕，用美物使我们所愿的得以知足。他从没有按我们的罪过来待我们，东离西有多远，他叫我们的过犯离我们也有多远。父亲怎样怜恤他的众儿子，上帝也怎样怜恤那些敬畏他的人。①

现在，并且永永远远，让我们重新燃起对于这些事的记忆。让眼前这次聚集的以及这充满喜乐且最为荣光的一天的创造者——上帝自己——无论日夜都留存在我们心里，每一个小时、每一次呼吸均是如此。让我们用灵魂的全部力量珍爱他、敬畏他。现在，让我们站起来，大声祈求他，将我们庇护在他的羊圈里，存留我们直到末了，并且将他在我们救主基督耶稣里的、牢不可破的永恒平安赐给我们；愿荣耀藉着基督耶稣永永远远地归于他。阿们。

皇帝的敕令

5. 在此，让我们引用君士坦丁和李锡尼的帝国敕令（译自拉丁文）。

皇帝敕令的副本②（译自拉丁文）③

长期以来，我们一直认为，不应否定崇拜自由，人人均应有

---

① 改编自《诗篇》103：3—5，10：13。
② 313 年。——英译批注
③ 这就是著名的"米兰敕令"（Edict of Milan），由君士坦丁和李锡尼起草于米兰，后在 313 年 6 月颁布于尼哥米底亚。随即被抄送罗马各行省总督。与加勒里乌斯敕令相较，这道敕令的优越处在于，所有宗教信仰均被给与自由。

权践行自己选择的宗教。相应地，我们曾多次下令，应许可所有人，不管是基督徒还是非基督徒，均有权持守各自的宗教信仰和崇拜形式。但是，在赋予人们上述权利的正式法令中，显然还加入了许多各式各样的限制性条款，这样一来，当中的一些人可能很快就被禁止持守自己的宗教信仰。

凭着可喜悦的吉兆，我，君士坦丁·奥古斯都和我，李锡尼·奥古斯都分别来到米兰，就关于公众利益的各种事项进行磋商。对于我们来说，这些事项有益于所有人的福祉。其中最具优先性的事项乃是，我们决定颁布敕令，确保对神（the Deity）的尊重与敬畏，也就是说，把自由给予基督徒和其他所有人，让他们可以遵循各自喜欢的崇拜形式。这样一来，所有存在的神圣的天上力量就可能有利于我们，以及所有生活在我们职权之下的人们。因此，经过全面与审慎的考量，我们特此作出如下决定：人人均有权遵循或选择基督教的惯例或崇拜形式，这不应加以否定；应让人人都有权将自己的心智献给自认为适合的崇拜形式。这样一来，神就可能会在所有事情中向我们展示他惯常的关心与慷慨。以发布正式法令的形式表明我们所喜悦的，这是恰当合宜的。在上一封发给忠心的阁下的敕令中①，其中关于基督徒的种种限制性条款均应废除。凡是与我们的仁慈不符或相左的措施，也应取消。而且，现今每位渴望遵守基督教崇拜形式的人，都应被允许不受任何干扰地这样做。我们决定向勤勉的阁下就此作出详尽解释，好让阁下知晓，我们已允许这些基督徒自由与无限制地践行他们自己的崇拜形式。并且，当注意到我们如此无条件地

---

① 即加勒里乌斯的敕令。

许可他们这样做时，忠心的阁下将会明白，其他那些想要遵循自己惯例或崇拜仪式的人，也得到了同样的许可——这显然与我们时代的安宁是协调一致的——这样一来，人人均有权选择和践行他自己所希望的任何形式的宗教。我们之所以这样做，乃是因为不想显得轻视任何宗教仪式或崇拜形式。

至于基督徒的聚会场所，在上一封发给忠心的阁下的敕令中，已有过明确指示。现在，我们进一步决定，凡有人以国库或任何其他来源购买过这些场所，须将其归还原先的基督徒所有者，不得索要报酬，不得提出任何补偿要求，不得疏忽或迟疑。倘若有人碰巧因为收礼而得到这些场所，他们也不得耽搁，须将其归还原先的基督徒所有者；倘若有人购买或收礼得到这些场所，他们又恳求我们慷慨待之，他们可向当地官员申请，这样他们也可能受益于我们的慷慨仁慈。你们当热心行动，毫不拖延，好让所有这些财产能够即刻移交到基督徒社团手中。

众所周知，这些基督徒不但有自己的聚会场所，而且还拥有其他一些不属于个人而属于群体的财产。所有这样的财产，你们应当下令，遵守上述法律的规定，将一切财产毫无疑义地归还基督徒，也就是说，还给他们的社团和协会；而且，再一次，倘若有人如上所述毫无补偿地归还财产，可以因我们的慷慨仁慈获得补偿。

在所有这些事项中，你们当为上述基督徒群体的利益不遗余力，当全速贯彻执行我们的命令，好让我们的仁慈促进公共社会的稳定。这样一来，正如早先提到的，神对我们的关爱将永远和我们同在，这种关爱我们以前曾多次经历。为使我们的仁慈和法令众所周知，你们当下令公布我们所写下的，并在各处张贴，以便引起所有人的注意。这样一来，体现我们仁慈的法令才不会不为人所关注。

另一份皇帝敕令的副本，这份文件表明，
皇恩眷顾的仅是大公教会

向我们最尊敬的雅努里努斯（Anulinus）①致意！本着一贯的仁爱之心，我们希望，凡依法属于其他人的，不仅应免于毁坏，而且更应归还。因此，我们的愿望正在于：收到此信后，你即刻作出安排，在任何城市或地方，若有原属于基督徒之大公教会的财产，当立刻归还这些教会，因为我们已决定，凡依法属于这些教会的都应当归还他们。如是之故，既然忠心的阁下已意识到我们命令的意图如此清晰，你就必须认真地留心每一份财产，不管是花园、房屋还是其他的什么，凡是依法属于这些教会的，均应尽快归还他们。这样一来，我们就会知道，你对待我们的命令最认真、最顺从。再会，最尊敬的雅努里努斯。

一封皇帝信函的副本，皇帝下令在罗马召开旨在促进
教会团结与和谐的主教会议②

君士坦丁·奥古斯都致罗马主教米尔提亚德斯（Miltiades）和马可（Mark）。杰出的非洲总督雅努里努斯曾给我呈上大批文件。这些文件表明，迦太基主教凯希里安（Caecilian）在不少方面都受

---

① 非洲［行省］总督，他曾不得不处理多纳图之争（the Donatist controversy）。这份文件中的"大公教会"（catholic church）指的是普遍的或主流的基督教会，是相对于多纳图派（Donatists）等分裂教派而言的。多纳图派主张，教会礼仪的有效与否，在乎主持仪式的［神职人员］。
② 313 年。——英译批注

到在非洲的一些同工指控。① 非洲这些省份人口众多，神圣天意将之托付给我忠心的［雅努里努斯］，然而，他却发现，群众似乎正在错误的路线中走向分裂，就连主教之间也出现裂痕。我认为，事态非常严峻。在我看来，凯希里安本人、十位控告他的主教，以及另十位他认为与此案有必要关联的主教，应当启航前来罗马。为此，我已敦促你的同工瑞提西乌斯（Reticius）、马特努斯（Maternus）和马里努斯（Marinus）火速赶来罗马，好让凯希里安在你和你的同工面前接受听证。这样的程序，应当也与你们所认为的最神圣法律保持一致。为了确保你们能全面了解事态，我已将雅努里努斯呈交的报告副本附在信后，并将其分发给你们的上述同工。在审阅这些报告后，坚毅的阁下将决定，应当遵循怎样的程序，才能最审慎地调查上述案子，并且达成公正的裁决。正如细心勤勉的阁下所知，我尊重合法的大公教会，不愿意大公教会在任何地方出现任何一种分离或分裂。最尊敬的阁下，愿伟大上帝的神圣大能常年保守你们的平安！

另一封皇帝信函的副本，皇帝下令举行
弥合主教间分歧的第二次主教会议②

君士坦丁奥古斯都致叙拉古（Syracuse）主教克雷斯图斯（Chrestus）。上次，一些人出于卑鄙堕落的动机，就关于神圣

---

① 非洲的多纳图派声称，凯希里安的祝圣礼曾由腓力斯（Felix）主持，而腓力斯主教曾在戴克里先大迫害期间叛教（*traditor*），也就是说，腓力斯曾将圣经上交给迫害者。多纳图派认为，凯希里安的祝圣礼无效，于是另外任命了一位名为马约里努斯（Majorinus）的主教，取代了凯希里安的位置。马约里努斯之位不久即为多纳图斯（Donatus）所继。多纳图派这个分离教派的名称即来源于此。

② 314 年。——英译批注

的天国力量以及大公信仰的崇拜问题制造分歧。我曾希望打断他们之间的这些争执。我曾发布命令要求，应从高卢派来某几位主教，应从非洲召来各执一词的对立双方，同时罗马主教也应到场。藉着他们对每项细节的审慎考察，事端或许能得着公正解决。然而，事与愿违，某些人已忘却了自己的得救及其最神圣信仰应有的敬畏，甚至到现在仍怀着对其本有的敌意。他们拒绝接受已达成的裁决，要么声称，只有少数人表达过自己的观点意见，要么以为，裁决下得过于匆忙，所有事项尚未得到全面调查。就这样，本应兄弟一般和睦并且彼此合一的人却被以一种可耻的，不，是令人憎恶的方式互相分开，为那些最神圣信仰之外的人徒留笑柄。因此，我在所不辞，作出相应安排，上次裁决通过后，本应经自愿协议解决的问题，但愿现在能够当着众人的面得到一劳永逸的解决。

出于这种考虑，我们已下令，来自各地各方的众主教应最晚于八月初一在阿尔（Arles）聚集。我们认为，也应当致信于你。你可以在杰出的西西里总督（corrector）①拉特罗尼安（Latronian）处获得交通工具，并且可以选择两名比你低一等级的［长老］与你同行。带上三名仆人，好让他们在路上照顾你；在上述指定的地点和时间到场出席会议。同时，我们也命令那些彼此分歧的人也到场参加听证会。当所有一切都被聆听、同时也被那些彼此分歧的人聆听时，凭着坚毅的阁下的权威，以及其他到场主教统一一致的智慧，这可耻可叹、拖延至今的争吵也许能被真宗教、信仰与兄弟般的和睦取而代之，尽管这来得太迟。愿全能的

---

① 4世纪时某些行省总督的头衔，［通常写作］"konrektoros"或"corrector"。

上帝常年保守你的健康!

一封皇帝信函的副本,皇帝答应给予教会金钱

6. 君士坦丁·奥古斯都致迦太基主教凯希里安。能够在所有省份,即非洲、努米底亚(Numidia)和毛里塔尼亚,为合法和最神圣的大公宗教的某些神职人员提供一些奉献以支付他们的开销,我们不胜荣幸。我已致信非洲最杰出的财政官乌尔苏斯(Ursus),指示他向坚毅的阁下支付六千两银子①。收到这笔款项后,请依照何西乌斯(Hosius)②发给你的清单,分发给上述那些神职人员。在执行我上述意愿的过程中,倘若你发现还有所缺乏,不必犹豫,直接向我们的[当地]总督赫拉克里德斯(Heraclides)要取你所需的任何东西。当他还在此地时,我曾命令过他,倘若坚毅的阁下向他要取钱财,不管多少,他都要毫不迟疑地交给你。

我已听说,某些人心智不稳,藉着恶毒诱惑急欲将平信徒带离最神圣的大公教会,让他们走入歧途。有鉴于此,当雅努里努斯总督和帕特里西乌斯(Patricius)代理总督③还在这里时,我已指示他们,特别是在这件事上,他们不应掉以轻心。因此,我也特地在此告知于你。倘若发现有人依旧固执于这样的疯狂,你不必迟疑,即刻将这样的事带到上述法官面前,这样一来,他们就

---

① 一 follis 相当于两 denarius。——英译注
   请参见本书第三卷第二十节的相关中译注。——中译注
② 何西乌斯时为西班牙科尔多瓦的主教(Bishop of Cordova in Spain)、君士坦丁的神学导师,对其极具影响力。
③ 当时,代理总督(vicar,或译"专员")统管一组行省,而行政长官(prefect)管理的则是帝国四大行政区划的其中一个。非洲的代理总督从属于意大利长官。

可能按照我曾在这里指示他们的，纠正这些人的错误。愿伟大上帝的神圣大能常年保守你的平安！

一封皇帝信函的副本，皇帝下令，
教会领袖应免于所有公共责任

7. 向我们最尊敬的雅努里努斯致意。藉着宗教崇拜，对于最神圣之天国［力量］的最高敬意得以保存。大量事实表明，损害宗教崇拜，公共事务就会受到极大威胁；合法恢复和保持宗教崇拜，罗马就会得到极大的好运，所有人类也会获得特别的幸运——这是来自神圣恩典的祝福。因此，我们认为，那些为神圣崇拜提供服事的人，若有应当的神圣态度，并且遵守此项法律，就应当因为自己的劳动获得相应的报酬。最尊敬的雅努里努斯，我希望，在你所管辖的行省之内，在凯希里安主持之下的大公教会中，那些为神圣崇拜奉献服事的人——即通常被称为教士的人——应当一劳永逸地免于所有公共责任。这样一来，他们就不会受到任何错误或亵渎行为的干扰，以至于偏离上帝配得的崇拜，而是专心一意服事他们自己的律法。在全心服事上帝中，这些人无疑将会给国家的各项事务带来极大益处。再会，我们最尊敬的雅努里努斯！

愚蠢的李锡尼及其命运

8. 以上即是藉着我们救主的显现所赐予我们的神圣的天国恩典；和平提供给全人类的美好事物是何等的丰裕。我们的幸福生活因此充满了喜乐和节庆。但是，憎恨美好的妒忌、喜好邪恶的魔鬼不能容忍这样的景象。而且,上述暴君[马克森狄和马克西敏]的命运也不足以让李锡尼警醒。他在繁盛时期被尊为皇帝,地位仅次于伟大的君士坦丁,并且还藉着联姻与这位最高贵的人成为亲家。然而,他抛弃这般优秀人物的榜样,转而仿效那些不虔诚暴君的邪恶愚蠢,宁可追随他亲眼所见的那些人的下场,也不愿与他的上司保持友谊、彼此尊重。他满心嫉妒这位人民的恩人,不尊重自然的法则、自己曾发誓遵守的条约、血缘的纽带以及承诺,悍然发动了一场针对他①的邪恶的全面战争。至于君士坦丁,他是一位满有恩慈的皇帝,真诚地向他②示好,并没有拒绝与他联姻,也没有反对他与自己妹妹的辉煌结合。不但如此,他还反而认为,李锡尼有资格分享自己祖先的高贵和自己所继承的皇家血统,甚至把作为妹夫的他提拔为共同执政的皇帝,与自己共享君主大权,让他对罗马控制的土地享有与自己同等的统治权。

然而,李锡尼的行为却截然相反③:他日复一日地设计种种阴谋反对他的上司,发明各种伎俩以邪恶回报他的恩人。最初,他试图隐瞒自己的计划,装成朋友的样子,想要藉着叛逆和欺骗达到目的。但是,君士坦丁有上帝作朋友、保护者和守护者,上帝让这些暗中设计的密谋曝光,并且使之一一受挫——虔诚的武器真是能力巨大,不仅抵挡敌人,而且保护自己。正是由于这样的保护,我们的皇帝,最为上帝所爱的人,避开了这声名狼藉的阴谋家设计的种种伎俩。当发现自己的密谋不能如愿进行时——他的每一个伎俩和诡计,上帝都向自己所喜爱的皇帝揭露无遗——他再也按捺不住,公然发动战争。他向

---

① 即君士坦丁。——中译注
② 即李锡尼。——中译注
③ 317—324年。——英译批注

君士坦丁开战，也就意味着他向全宇宙的上帝开战，因为他十分清楚自己的对手崇拜这位上帝。首先，他偷偷摸摸、小心翼翼地攻击自己敬神的臣民，尽管这些臣民从未对他的统治表现出任何不忠。他之所以这样做，乃是出于一种与生俱来的卑劣，这种卑劣蒙蔽了他的理智，正是由于这样的蒙蔽，对于那些在他面前迫害基督徒的人，对于那些他自己因为其邪恶作为而将其摧毁的人，他都毫无记忆。于是，他偏离审慎和理智的轨道，变得极度疯狂，决定向作为君士坦丁守护者的上帝开战，而不是向上帝所庇佑的君士坦丁开战。

首先，他驱逐宫中的所有基督徒，从而剥夺了别人替他——这可怜的傻瓜——向上帝所作的代祷；替万人代祷，①这本是这些基督徒先祖的教导。接着，他下令，逐城搜出不向魔鬼献祭的军人，剥夺他们的军衔。

但是，比起那些更加严厉的手段，上述这些不过是小巫见大巫。逐项提及这憎恨上帝之人的所作所为，或者这最不守法之人所设计的非法法律，一点儿也没有必要。他确实曾下令，不得以人道对待那些在狱中遭受苦难的人，不得给他们食物；也不得怜悯那些行将饿死、被镣铐锁住的人。即使是被一种同情邻人的自然倾向所触动，任何人也不得表现出任何善意。在他的法律中，人们应该排除种种有教养的情感，应该公然地不知羞耻、极尽残酷之能事。其法律还特别指出，凡表现出怜悯之心的人，均要遭受与那些被怜悯之人同样的惩罚，凡提供人道援助的人，均要用镣铐锁住，投入监狱，与那些经受惩罚之人同受惩罚。这就是李锡尼的法令。

还有必要列出他关于婚姻的创新，或者关于先逝之人的激进变革

---

① 参见《提摩太前书》2：1，"我劝你们第一要为万人恳求、祷告、代求、祝谢。"——中译注

吗？他居然胆敢废除历史悠久、设计精心的罗马法，代之以一些野蛮、未开化和真正违法的法律。其臣民所遭受的损失真是难以估算；他变着法子勒索金银，多次重新丈量土地，强迫那些不再存活、早已死去的农村居民缴纳罚款①。此外，这憎恨人类之人还放逐全然无辜的人，拘捕受人尊敬的贵族，并且还带走这些贵族的合法妻子，把她们交给一些卑鄙的王宫仆人，任由他们凌侮和羞辱。这老糊涂蛋，②为了满足他肆无忌惮的肉欲，不知糟蹋了多少已婚妇人和未婚少女?!但是，由于他最后的狂暴举动，这些事情都显得不甚重要和微不足道了，为什么我要停留在这样的事情上呢？

他疯狂至极，以为至高上帝的众仆——诸位主教——反对他的种种行为，于是对他们发动攻击。起初，由于对上司的敬畏，他并未公开进行攻击主教的图谋，只是暗地耍些手腕：他与几位总督密谋，杀害一些最受尊敬的主教。这些主教被谋杀的方式不仅奇绝诡异，而且闻所未闻。他在亚玛塞（Amasea）和本都其他城市的所作所为也都极尽残忍之能事。为了防止崇拜者聚集在一起，向上帝献上配得的崇拜，一些教堂被再次彻底摧毁，其他的则遭到查封。他以为，崇拜者没有为他代求，甚至还出于某种罪恶意识推断出：我们的所有祈求都是为了上帝喜悦的那位皇帝③。这就是他为什么要向我们发泄愤怒的原因。一些惯于溜须拍马的总督以为，自己所做的正是这不幸之人所想的。于是，一些全然无辜的主教如同罪犯一般遭到逮捕和折磨，并且如同谋杀犯一般无故被处死。一些人遭受了甚至更加离奇的死亡折

---

① 据 Cruse 的推测，这可能是指，某些地产的所有者已经离世多年。年月已久可能为李锡尼提供了征税或罚款的借口。——中译注
② 据 Williamson，李锡尼死时虽不到 65 岁，却早已白发多年。——中译注
③ 即君士坦丁。——中译注

磨：身体被刀剑砍成多块，在这残忍骇人的景象之后，被丢进大海深处喂鱼。由于这样的缘故，上帝的子民再次逃亡，旷野、沙漠、山谷和群山也再次欣然接待基督的众仆。

藉着如此这般的手段，那不虔敬的家伙也小有所成，因此图谋重启一场针对所有人的普遍迫害。他的确有实力这样做，除了上帝之外，没有什么能阻挡对他计划的实施。正是上帝，他自己众灵魂的护卫者，即刻预见到迫在眉睫的危险，冲破黯黑的夜，他高举的手臂将仆人君士坦丁放到困境之中，为所有这些灵魂兴起照耀前路的强光和大救星。9. 对于他［君士坦丁］，上帝从天国赐下战胜恶人的战利品，以奖赏他的敬虔奉献。至于那被他打倒的恶人及其所有智囊和朋友，都俯伏于君士坦丁脚下。

君士坦丁的得胜

李锡尼疯狂至极，皇帝兼上帝的朋友再也不愿继续容忍下去。他藉着恰当的理由，以仁慈调和正义的严厉，下决心拯救那些遭受暴君蹂躏的人。他急切地把一些施暴者赶下台，以解救大量的人。他曾独自向不配得怜悯的李锡尼表示仁慈，但李锡尼却丝毫不曾改善；他不但没有弃绝邪恶，反而变本加厉地、狂暴地对待自己的臣民，剥夺受害者获得拯救、脱离行暴政之野兽的点滴希望。

于是，带着对良善的热爱，也带着对邪恶的憎恶，良善的护卫者派出最仁慈的王子，即他［君士坦丁］的儿子基利司布，[①]向所有正面

[①] 基利司布是君士坦丁的长子，317 年被授予"凯撒"的封号。324 年，他在赫勒斯庞特（Hellespont）的一次海战中击败李锡尼。可是，他在两年之后却遭处死。其继母福斯达不久后也被处死。谣言因而四起：福斯达在君士坦丁面前指控，基利司布试勾引她，不料却遭到君士坦丁之母海伦娜的斥责。鉴于优西比乌在此对基利司布赞赏有加，可大致断定，《教会史》的第十卷和最后一版完成于 326 年之前，而且极有可能大约在 324 年到 325 年之间公开出版。

临灭绝的人伸出援助之手。以至高的君王（即上帝）和所有人的救主（即上帝之子）为向导和同盟，父子俩分兵从四面八方进攻那些憎恨上帝的人。①上帝依照他自己的旨意推动一切，帮助他们轻而易举地赢得胜利。②忽然之间，那些昨天还呼吸着威胁和毁灭之气的人，再也不复存在，甚至他们的名字也已被忘却。他们的雕像和名誉也相应地被加以贬斥。之前那些邪恶暴君所遭受的一切，李锡尼曾亲眼目睹，但他却未曾因为落到这些邻人身上的打击而有所改正，也没有从中得到任何教训。如同他们一样，他走了一条不义的路，因而也同样从悬崖上坠落下去。

敌人倒下了，大能的得胜者君士坦丁——因着真诚的信仰，他拥有各项卓绝的美德——及其儿子基利司布——他是上帝最亲爱的统治者之一，在各方面都像父亲一般出色——一起赢回他们自己的东部省份，从而将罗马帝国结合成一单独整体，就像以前一样，从初升的太阳到最深的黄昏，在一片从北到南的广阔领域中，将帝国完全置于他们的和平统治之下。如今，人们再也不用惧怕以前的压迫者，他们庆祝各种灿烂光辉的节日——到处是灯火。曾经灰心失望的人们相互致以问候，脸上洋溢着笑容，眼神中透露着喜悦。无论在城市还是在乡村，正如被教导的那样，他们载歌载舞地将荣耀首先献给那至高的上帝，然后献给上帝所爱的那虔诚的皇帝及其众子。以往的烦恼已被忘却，所有的不虔敬也都消失殆尽。人们原先热切期盼美好事物的到来，如今正在喜乐地享受这些美好的事物。得胜的皇帝四处发布体现

---

① 324年。——英译批注
② 324年6月，李锡尼在阿德里亚堡被击败，9月，在克里索堡〔今土耳其的于斯屈达尔（Üsküdar）〕又一次被打败。投降之后，他被放逐到帖撒罗尼迦，后在325年由于试图造反的缘故被处死。

自由和真虔敬的仁慈训令与法律。由此一来，所有的暴政都被连根拔除，为了君士坦丁及其众子的缘故，曾属于暴君的国度安全无虞且毫无争议地得以保存。他们首先洁净憎恨上帝的那世界，承认自己得到的所有美好事物都是来自上帝的赐予；藉着所有人都能看到的行为，他们显明了自己对美德和对上帝的热爱，以及对全能者的虔敬和感恩。

评注　优西比乌与君士坦丁

优西比乌一向因为他对君士坦丁的必胜信念和过分称赞备受指责。无疑，像"为上帝所爱的皇帝"这样华丽的称呼，即使是当时的读者也会感到厌烦。337年，君士坦丁驾崩，优西比乌为其写下传记体颂词《君士坦丁传》，依然延续以往的风格。本人不想加入这异口同声的批评行列，反倒认为，应该站在优西比乌的立场上，这更为不错。此人不仅记述了往昔岁月中的迫害，也在《教会史》的最后一些章节中反映了自己在狱中亲眼目睹和亲身经历的基督徒所受的折磨与镇压。这些受害者中包括一个显然被他评价得甚至高于奥利金或君士坦丁的人，即他所挚爱的、来自凯撒利亚的老师——潘菲鲁斯。当有人最终要使所有这些恐怖终结的时候——尽管在几道宽容敕令之后，残暴的迫害在帝国东部依旧持续重现——优西比乌倾向于为君士坦丁戴上一圈敬畏的光环，也就不足为奇了。

君士坦丁本人，这位第一位被完全证实基督徒身份的皇帝，性格极其复杂，其中还包含一些优西比乌并未提到的负面品性。这些负面品性后来被人恶意渲染夸大，其始作俑者就是企图恢复罗马异教却最终失败的背教者朱利安。他是君士坦丁的侄子，于361年至363年执掌皇权。朱利安对自己的叔叔恶意地进行含沙射影的攻击，这种攻击后来被撒狄的欧纳皮乌斯（Eunapius of Sardis）放大，他指责君士坦丁应为罗马帝国的衰落负责——这种说法远早于爱德华·吉本（Edward Gibbon）。大约在500年，异教的拜占庭历史学家佐希姆斯（Zosimus）利用欧纳皮乌斯的说法来扭曲君士坦丁的形象，甚至在这方面走得更远。他这样的漫画式描述在文艺复兴时期获得过一些支持。

更为晚近的时候，一些历史学家，例如上世纪的雅各布·布克哈特（Jacob Burckhardt），怀疑君士坦丁的皈依，声称他为基督教利益所作的行为乃是基于冷静的政治计算，而非出自本心的信念，这只是他的一种策略而已，即把教会当作派系支持来为他的个人野心服务。他们指出，君士坦丁保留了原属罗马异教的头衔：大祭司（*pontifex maximus*），在铸币上铸有"不可战胜的太阳"（the *Sol Invictus*，"Unconquered Sun"）①的图案，公开资助罗马的古代异教膜拜仪式，在自己的皇室内实行死刑，甚至拖延受洗，直至临终前才最终受洗。

然而，大多数历史学家得出的结论却是：君士坦丁的皈依是真的。至于上述被引用的负面证据，乃是因为君士坦丁觉得，他必须做所有罗马公民——包括占多数的异教徒——的皇帝，而且并没有太看重他的大祭司身份。数年后，铸币上的异教标志被废止。他儿子基利司布的死刑以及他妻子福斯达的（很可能有人辅助的）自杀，是从未得到解决的神秘悲剧，尽管后者对于前者的错误指控看来也与此相关。显然，君士坦丁的个人生活和家庭生活并没有总是反映出基督教

---

① 可参见本书第七卷评注部分"亚历山大的狄奥尼修斯"中关于奥勒良皇帝的说明及相应的中译注。——中译注

的理想，何况我们也不可能从一个从异教转而皈依基督教的统治者身上期待更多。此外，为了清除以往所有的罪而直到临终才受洗，这是当时的一种习俗，尽管这种习俗在神学上是错误的。

在践行基督教信仰上，君士坦丁也是真心实意的，这方面的证据同样无可辩驳。首先应被记起的是，古代世界的几乎每个人都践行某种宗教，几乎不存在不践行某种宗教的世俗选择，不像今天这样。如果说异教的多神论让罗马帝国日渐失望——考虑到当时国内的剧变和帝国的衰落，确实如此——那么对于4世纪的许多罗马人而不仅仅是君士坦丁来说，基督教的一神论都是一种更好的替代宗教。

君士坦丁成为皇帝后，给予基督教的惠利多得无法在这里一一列举，而只能举出一些比较显著的条目。其中一些可以从优西比乌的文本中看得很清楚。由于君士坦丁的赐予，基督教神职人员享有极大的法律特权和豁免权，而且不必向帝国纳税，主教们更是定期地与他共餐，常常伴随在他左右。君士坦丁归还以往没收的教会财产，并且还在帝国东部和西部修建或者重建基督教堂，比如，那些（由其母海伦娜推动修建的）在橄榄山和伯利恒的教堂以及耶路撒冷的圣墓教堂。他支持基督教的慈善团体，把星期天定为圣日，并且加强婚姻制度，同时谴责异教的占卜、钉十字架的刑罚，以及角斗士的格斗。最重要的是，他在余生中始终坚持做一名积极活跃的平信徒，这可从他的通信和各种行为略见一斑。为解决多纳图之争，他在314年召集阿尔大公会议，甚至还在325年主持著名的尼西亚大公会议，该会议处理了关于阿里乌派异端的问题，并且通过尼西亚信经。

君士坦丁警告与他共同执政的皇帝们不要迫害基督徒，并声称他针对这些皇帝的战争是为了护卫教会、阻止迫害，而这不仅仅是借口而已。他将自己在博斯普鲁斯海峡边的新城新罗马（Nova Roma）（后被命名为君士坦丁堡)献给"殉教者的上帝"(the God of Martyrs),并在那建起数座辉煌壮观的教堂。甚至在帝国北部和东部边境的对外政策上,他也体现出基督教的原则。在尼西亚大公会议后的一次筵席上,他和主教们开玩笑说自己也成了一名"那些教外之人的主教"。巴恩斯(Timothy D. Barnes)在其杰出的研究结尾部分,以如下文字概括了君士坦丁的一生:

> 312年后,君士坦丁认为,他作为皇帝的主要责任在于,谆谆劝导臣民追求美德,并且说服他们敬拜上帝……他尽管有各种缺点,对个人权力充满强烈野心,但仍然真诚相信,上帝把一项特殊使命赋予他,即让罗马帝国皈依基督教。①

优西比乌从未打算呈现出一个平衡的、带有批评色彩的君士坦丁形象,相反地,他按照当时习俗为君士坦丁撰写了一篇颂词。因此,作为一种必要的平衡,布克哈特式的怀疑态度就可以为一种有价值的意图服务。然而,优西比乌对于基督徒君士坦丁的描述远比布克哈特的描述真实得多,并且他的描述还抓住了未来,以后的不少基督徒国王和皇帝都会与君士坦丁作比较,用以衡量自己是否成功。

因此,优西比乌《教会史》以一段箴言似的话语结束全文,其中充满胜利的喜悦语调。但是,把这第一位教会史学家仅仅作为一个必胜主义者抛弃掉,将会暴露出对基督徒在古代世界遭受迫害的冷酷的

---

① 巴恩斯,《君士坦丁与优西比乌》(Constantine and Eusebius, Cambridge, Mass., and London: Harvard University Press, 1981),第275页。

无动于衷。那些在恐怖之后的幸存者——由于君士坦丁而得以幸存下来——甚至可能会挑剔优西比乌对这位皇帝还不够亲切。无论如何,优西比乌看到了神圣天命的全盘计划——从基督直到君士坦丁的传奇,而且,以后若干世纪的读者也遇上过他的异象。否则,在印刷时代到来之前,《教会史》也不会在诸多手抄本中如此清晰地、逐字逐句地留存下来。

君士坦丁之所以闻名于世,除了皈依基督教之外,另一个原因就是,他在拜占庭旧址上兴建了君士坦丁堡。作为基督教的大本营,这座城市在罗马陷落之后矗立长达一千余年。537年,皇帝查士丁尼在君士坦丁堡建成伟大的圣索菲亚大教堂(Basilica of Hagia Sophia, "Holy Wisdom"),这座教堂堪称世界上最伟大的建筑奇迹之一,其巨大圆顶的半径长达110英尺。教堂周边的四座尖塔,增建于1453年君士坦丁堡被穆斯林攻陷之后。经过数个世纪的变迁,"君士坦丁堡"这个城市的名字变成了"伊斯坦布尔",伊斯坦布尔如今是土耳其最大的一座城市。

附录1　优西比乌对约瑟夫之耶稣记载的征引

在《教会史》第一卷第十一节中,优西比乌引用约瑟夫《犹太古史》(18.63)中提到耶稣的著名段落,这是公元1世纪文献中来自非基督教的、有关耶稣的最长参考文献。为了加以对比,该段落被再次复制如下,其中的一些特别用语被我排为黑体字:①

大约与此同时,有一位名叫耶稣的智慧之人(**倘若真的可以称他为人的话**)。他广行奇事,四处教导真理,有许多人乐于接受他的教导,其中有不少犹太人和希腊人。**他是那位弥赛亚**。我们的首领控告他,彼拉多判他十架之刑。然而,那些起初爱他的人并没有停止对他的爱,因为**他在第三天死而复活,并且向他们显现**。神圣者的众先知曾预言过这些事情以及其他无数的关于他的**奇迹异事**。并且,因他名而得名的基督徒这一族类直到今天都没有灭绝。

---

① 在这里中译者用粗体字加以区别。——中译注

在《犹太古史》第二十卷第二百节中,约瑟夫在叙述耶稣同母异父的兄弟圣雅各之死时,第二次提及耶稣,优西比乌在《教会史》第二卷第二十三节中也对此有过引用。由于约瑟夫始终是一名没有皈依基督教的犹太人,因此,前述段落,特别是从排成黑体的语句看,更多是带有学者气的文献。

看待这段著名的参考文献时,学者们划分为三个阵营:

1. 它是完全真实的,的确存在于约瑟夫关于彼拉多统治的描述以及约瑟夫所有的相关手稿中。

2. 它完全是一份基督徒的伪造文献,因为奥利金曾断言,约瑟夫从未皈依。

3. 它包含着基督徒对约瑟夫有关耶稣之真实描述的篡改。

第一种可能性似乎是不成立的:若没有皈依基督教,没有犹太人可能会宣称耶稣就是那从死里复活的弥赛亚。第二种也不太可能成立,因为该段落出现于约瑟夫所有的希腊文相关手稿中,并且在第二十卷第二百节中对于耶稣无可争辩的提及已无疑提供了更加确证的资料,倘若这是第一次提及耶稣的话。因此,现今绝大多数的学者倾向于第三种可能性,即该段落被篡改过。

耶稣被描绘成一位"智慧之人"(希腊原文为 sophos aner),该词语曾不被基督徒采用,而是被约瑟夫用于描述大卫和所罗门之类的旧约人物。此外,声称耶稣赢得了"许多希腊人",这与新约的说法并不一致,这几乎不可能是一个基督教的补充说明,而只能是约瑟夫在他自己年代里可能作出的注解。此外,现在已经有了关于黑体字部分事实上就是出自基督徒的篡改的新证据。

1972 年,耶路撒冷希伯来大学的教授时罗姆·皮内斯(Schlomo

Pines）公布一项新发现：一份由 10 世纪的麦尔凯特（Melkite）①历史学家亚伽皮乌斯（Agapius）用阿拉伯文撰写的约瑟夫手稿。在这份手稿中，备受争议的上述段落被翻译如下：

> 此时，有一位智慧的人名叫耶稣，他行为美善，以德行闻名。许多犹太人和其他民族的人成为他的门徒。彼拉多判他十架极刑。但是，那些已成为他门徒的人们并未放弃做他门徒的身份。他们报告说，他在被钉十架的三天后向他们显现，并且他是活着的。相应地，他可能就是那位弥赛亚，先知们已经报道过关于他的神迹。并且，因他名而得名的基督徒这一族类，直到今天都没有灭绝。②

显然，该段落的版本是以一名非基督徒犹太人的风格表述的，而且它与以往学术界对约瑟夫真作的理解几乎精确相符。

优西比乌在出版《教会史》前七卷时——可能是在公元 300 年之前——就引用过其标准的或传统的版本，因此，对于约瑟夫文本中有关耶稣部分的篡改肯定早已形成。事实上，优西比乌并非一名富于批判精神的历史学家，他并未察觉到基督徒的这一篡改。而且，他并未开发此段的护教潜力，只是借它反对自己所在时代的伪造文献。这说明，他对于这份文献的真实性可能有过疑虑。

---

① 当指东仪天主教教徒，他们认同罗马教宗，但遵循拜占庭式的信仰仪式，主要分布于亚历山大、耶路撒冷和安提阿三大教区。——中译注
② 虽然最后一句并非出自亚伽皮乌斯之手，但皮内斯合理地作出推定，它存在于约瑟夫的原始文本中。参见 Schlomo Pines 的《"约瑟夫证据"的阿拉伯文版及其含义》(*An Arabic Version of the Testimonium Flavianum and Its Implications*, Jerusalem: Israel Academy of Sciences and Humanities, 1971）。

不管是在篡改过的版本之中还是在（极有可能的）原本之中，约瑟夫关于耶稣的著名段落都曾多次提到本丢·彼拉多。图中石块长两英尺、宽三尺，1961年出土于凯撒利亚，上面刻有本丢·彼拉多的名字。因为重新被使用的缘故，石块左边的文字已被削除，石面上仅剩下本丢·彼拉多名字的一部分："TIVSPILATVS"（以色列国家博物馆，耶路撒冷）。

耶路撒冷，教会历史开始的地方。在优西比乌描述过的时期内，这里涌现过多位基督教主教——不管是犹太人还是非犹太人。金顶的磐石清真寺所在区域原是圣殿所在地，这座清真寺在 7 世纪由当时的伊斯兰统治者阿尔—马里克（'Abd al-Malik）修建。清真寺后方的山是橄榄山，山顶上有一座纪念耶稣升天的俄罗斯东正教升天大教堂（Orthodox Church of the Ascension）。

附录2　皇帝和主教更替年表

（年份为皇帝的登基年。皇帝统治终结的年份为相应的下一个年份。一些表中的早期教士并非以后意义上的主教。）

时间	罗马皇帝	耶路撒冷主教	安提阿主教	亚历山大主教	罗马主教①
公元前27年	奥古斯都				
14年	提庇留				
37年	该犹·卡利古拉				
41年	克劳狄				
		雅各			
54年	尼禄		彼得		
				马可	
		西面	厄沃迪乌斯	安尼亚努斯	彼得，圣伯铎
68年	加尔巴				利奴，圣李诺

---

① 本书所用译名后附有中国天主教教会所采用的译名，重复的则不再列出。引自 http://www.cncatholic.org/catholic/200506/16748.html。——中译注

续表

时间	罗马皇帝	耶路撒冷主教	安提阿主教	亚历山大主教	罗马主教
69年	奥托，维特里乌斯·苇斯巴芗				
79年	提图斯				亚嫩克勒图斯，安纳克利特斯
81年	图密善			雅比里乌斯	
					克莱门，克莱孟一世
			伊格纳修		
96年	内尔瓦				
98年	图拉真			塞尔多	
		犹士都一世			俄瓦勒斯图斯，埃瓦里斯特斯
		撒该			
		托比亚斯			
		便雅悯	希罗	普里姆斯	亚历山大，亚历山大一世
		约翰			
117年	哈德良				
		马提亚			叙斯图斯，西克都一世
		腓利		犹士都	
		塞涅卡			
		犹士都二世			
		利未			
		以弗雷斯			特勒斯福鲁斯，泰利斯佛鲁斯
		约瑟		欧伊门内斯	

续表

时间	罗马皇帝	耶路撒冷主教	安提阿主教	亚历山大主教	罗马主教
		犹大			
		马可	哥尼流		
138年	安东尼努斯·庇护				叙基努斯,希吉努斯
		卡西安			庇护,庇护一世
		普布利乌		马可二世	
		马克西姆一世			
		朱利安一世	厄洛斯		
		该犹一世			
		叙马库斯			
		该犹二世			
				塞拉蒂昂	雅尼塞图斯,阿尼塞
161年	马可·奥勒留	朱利安二世	提阿非罗		
		卡皮托			
		马克西姆二世			索特尔,索泰尔
		安东尼努斯		亚格里皮努斯	
		瓦伦斯			
		多利希安			埃洛特鲁斯,埃留提里乌斯
180年	科莫都斯	纳尔希苏斯			
		迪乌斯	马克西敏	朱利安	
		杰曼尼翁			维克多,维克托一世
		格尔迪乌斯			
			塞拉皮昂		

续表

时间	罗马皇帝	耶路撒冷主教	安提阿主教	亚历山大主教	罗马主教
193 年	佩尔提纳科斯			德美特里乌	
193 年	塞普蒂默斯·塞维鲁斯				
			阿斯克勒皮阿德斯		泽菲里努斯,萨费林努斯
211 年	卡拉卡拉	亚历山大			
217 年	马克里努斯				
218 年	俄拉加巴鲁斯				卡里斯图斯,卡利克斯特一世
222 年	亚历山大·塞维鲁斯				乌尔班,乌尔巴诺一世
			泽本努斯·腓勒图斯	赫拉克拉斯	庞提安
235 年	色雷斯人马克西米努斯				
					安特罗斯,安特鲁斯
238 年	格尔迪安				法比安
			巴比拉斯		
244 年	腓利普				
				狄奥尼修斯	
249 年	德西乌斯				哥尼流,科尼利厄斯
		玛扎巴内斯	法比乌斯		
251 年	加鲁斯		德美特里安		
253 年	瓦莱里安+加里努斯				卢修斯,卢修斯一世

续表

时间	罗马皇帝	耶路撒冷主教	安提阿主教	亚历山大主教	罗马主教
					司提反，斯德望一世
		叙梅纳乌斯	撒摩撒他的保罗		叙斯图斯二世，西斯都二世
					狄奥尼修斯，丢尼修
260 年	加里努斯（单独）				
				马克西姆	
268 年	克劳狄二世		多姆努斯		腓力斯，菲利克斯一世
270 年	奥勒良				
					优提希安，欧提其安
276 年	普罗布斯	扎布达斯			
			提麦乌斯		
282 年	卡鲁斯			提奥纳斯	
		赫尔默			该犹，凯乌斯
284 年	戴克里先		西里尔		
286 年	+马克西米安				
					马尔塞里努斯，马塞林
				彼得	
305 年	加勒里乌斯，君士坦提乌斯·克罗鲁斯		提兰努斯		
307 年	加勒里乌斯，李锡尼，君士坦丁，马克西敏，马克森狄				
311 年	加勒里乌斯死亡				

续表

时间	罗马皇帝	耶路撒冷主教	安提阿主教	亚历山大主教	罗马主教
312 年	马克森狄死亡				
313 年	马克西敏死亡				
324 年	李锡尼死亡				
337 年	君士坦丁死亡				

参考书目

Attridge, Harold W., and Gohei Hata, eds. *Eusebius, Christianity, and Judaism*. Detroit: Wayne State University Press, 1992.

Barnes, Timothy D. *Constantine and Eusebius*. Cambridge, Mass., and London: Harvard University Press, 1981.

Bauer, A. *Beiträge zu Eusebios und den byzantinischen Chronographen. Sitzungsberichte der kaiserlichen Akademie der Wissenschaften in Wien*. 162. 3. Vienna: 1909.

Berkhof, Hendrikus. *Die Theologie des Eusebius von Caesarea*. Amsterdam: Uitgeversmaatschappij Holland, 1939.

Chesnut, Glenn F. *The First Christian Histories: Eusebius, Socrates, Sozomen, Theodoret, and Evagrius*. Paris: Beauchesne, 1977.

Cuneo, Bernard H. *The Lord's Command to Baptize: An Historico-critical Investigation with Special Reference to the Works of Eusebius of Caesarea*. Washington, D. C.: Catholic University of America Press, 1923.

Daniele, Ireneo. *I documenti Costantiniani della "Vita Constantini" di Eusebio di Cesarea*. Rome: Gregorian University, 1938.

Dempf, Alois. *Eusebios als Historiker*. Munich: Bayerische Akademie der Wissenschaften, 1964.

Des Places, Edouard. *Eusèbe de Césarée Commentateur: Platonisme et Ecriture Sainte*. Paris: Beauchesne, 1982.

Doergens, Heinrich. *Eusebius von Caesarea als Darsteller der griechischen Religion*. Paderborn: Schoningh, 1922.

———. *Eusebius von Caesarea als Darsteller der phonizishen Religion*. Paderborn: Schoningh,

1915.

Drake, Harold A. *In Praise of Constantine*: *A Historical Study and New Translation of Eusebius' Tricennial Orations*. Berkeley: University of California Press, 1976.

Farina, Raffaele. *L'impero e l'imperatore Cristiano in Eusebio di Cesarea. La prima teologia politica del Cristianesimo*. Zürich: Pas Verlag, 1966.

Foakes-Jackson, F. J. *Eusebius Pamphili, Bishop of Caesarea in Palestine and First Christian Historian*: *A Study of the Man and His Writings*. Cambridge: W. Heffer & Sons, 1933.

Fritze, E. *Beiträge zur sprachlich-stilistischen Würdigung des Eusebios*. Leipzig: Borna, 1910.

Godecke, Monika. *Geschichte als Mythos*: *Eusebs "Kirchengeschichte."* Frankfurt and New York: Peter Lang, 1987.

Grant, Robert M. *Eusebius as Church Historian*. Oxford: Clarendon, 1980.

Gressman, Hugo. *Studien zu Eusebs Theophanie*. Leipzig: Hinrichs, 1903.

Hardwick, Michael E. *Josephus as an Historical Source in Patristic Literature Through Eusebius*. Atlanta: Scholars Press, 1989.

Heikel, Ivar A. *Kritische Beiträge zu den Constantin-Schriften des Eusebius*. Leipzig: Hinrichs, 1911.

Helm, Rudolf. *Eusebius'Chronik und ihre Tabellenform*. Berlin: de Gruyter, 1924.

Henry, Paul. *Recherches sur la "Préparation Évangelique" d'Eusèbe et l'édition perdue des oeuvres de Plotin publiée par Eustochius*. Paris: Leroux, 1935.

Keller, E. *Eusèbe, historien des persécutions*. Geneva and Paris: 1912.

Laqueur, Richard A. *Eusebius als Historiker seiner Zeit*. Berlin: de Gruyter, 1929.

Lawlor, Hugh J. *Eusebiana*: *Essays on the Ecclesiastical History of Eusebius, Bishop of Caesarea*. Oxford: Clarendon, 1912.

Luibheid, Colm. *Eusebius of Caesarea and the Arian Crisis*. Dublin: Irish Academic Press, 1978.

Lyman, J. Rebecca. *Christology and Cosmology*: *Models of Divine Activity in Origen, Eusebius, and Athanasius*. New York: Oxford University Press, 1993.

McGiffert, A. C. "The Life and Writings of Eusebius of Caesarea." In P. Schaff and H. Wace, eds., *The Nicene and Post-Nicene Fathers*. Series 2, vol. 1, Eusebius, 3 – 72, plus notes. 1890. Reprint, Grand Rapids: Eerdmans, 1961.

Mosshammer, Alden A. *The Chronicle of Eusebius and Greek Chronographic Tradition*. Lewisburg, Penn. : Bucknell University Press, 1979.

Nordenfalk, C. *Die spätantiken Kanontafeln*: *Kunstgeschichtliche Studien über die eusebianische Evangelien-Konkordanz in den vier ersten Jahrhunderten ihrer Geschicht*. Göteborg: 1938.

Sant, Carmel. *The Old Testament Interpretation of Eusebius of Caesarea*: *The Manifold Sense of Holy Scripture.* Malta: Royal University of Malta, 1967.

Schoene, Alfred K. I. *Die Weltchronik des Eusebius in ihrer Bearbeitung durch Hieronymus.* Berlin: Weidmann, 1900.

Schwartz, E. "Eusebios von Caesarea." In *Realencyclopädie der classischen Altertumswissenschaft* 6, ed. F. Pauly and G. Wissowa. Stuttgart: 1909.

Sirinelli, Jean. *Les vues historiques d'Eusèbe de Césarée durant la période prénicéenne.* Dakar: University of Dakar, 1961.

Stevenson, James. *Studies in Eusebius.* Cambridge: Cambridge University Press, 1929.

Wallace-Hadrill, D. S. *Eusebius of Caesarea.* London: A. R. Mowbray, 1960; Westminster, Md. : Canterbury, 1961.

Weber, Anton. *APXH: Ein Beitrag zur Christologie des Eusebius von Caesarea.* Munich: Neue Stadt, 1965.

Winkelmann, Friedhelm. *Eusebius von Kaisareia: der Vater der Kirchengeschichte.* Berlin: Verlags-Anstalt Union, 1991.

——. *Die Textbezeugung der Vita Constantini des Eusebius von Caesarea.* Berlin: Akademie Verlag, 1962.

索　引

人名索引①

（条目中的数字为原书页码，即中译本边码。）

A

Abdus 阿布杜斯 49

Abgar Uchama 阿布加尔·乌查玛，或称阿布加尔五世 47-50, 53-54, 58

Abilius of Alexandria 亚历山大的雅比里乌斯 106, 109

Abraham 亚伯拉罕 23, 25, 30-31

Acacius 雅卡西乌斯 11

Achaeus, judge 雅卡欧伊斯，法官 262

Achillas 阿基拉斯 283

Achior② 亚基昂 37

Adamantius (Origen) 亚达曼提乌斯（奥利金）218

Adauctus 雅达柯图斯 300

Aelian 埃里安 276

Aelius Hadrian 埃里乌斯·哈德良 136, 138, 144

Aelius Publius Julius, Bishop of Debeltum 埃里乌·普布里乌·朱利乌，德贝图姆主教 195

Aelius Spartianus 埃里乌·斯巴提亚努斯 245

Aemilianus 埃米里亚努斯 247, 258-260, 286

Aemilius Frontinus 埃米里乌斯·弗朗提努斯 192

Africanus, Julius 尤里乌斯·亚非利加努斯 33, 35, 38, 53, 229

---

① 在翻译索引的过程中，中译者尽量遵循如下三条标准：标准之一，圣经和合中译本及《内文地图英汉地名对照表》；标准之二，音译原则；标准之三，约定俗成的翻译，比如取"塞浦路斯"，而不取"居比路"；比如"克里特"，不取"革哩底"，等等。不同译法，一般只在第一次出现时注明，请参见索引。另外，英译索引多有错漏之处，但改之，未一一指明。——中译注

② 应为"Achion"，参见［次经］《犹滴书》(*Judith*) 5：3-5, 14：10。——中译注

Agabus 亚迦布 61, 65, 191

Agapius 亚伽皮乌斯 283, 378

Agathonice 阿迦托尼瑟 152

Agrippa Castor 亚基帕·迦斯托 139

Agrippa, Herod 希律·亚基帕, 或称希律王 1, 10, 61, 65, 68, 69, 77

Agrippa, Herod II 希律·亚基帕二世 77, 84, 105, 132

Agrippina 亚基帕娜 91

Agrippinus 亚格里皮努斯 157, 185

Albinus 阿尔比努斯 84, 103

Alburnus, idol 阿尔布尔努斯, 偶像 60

Alce 阿尔瑟 151

Alcibiades, anti-Montanist (*see* Miltiades, anti-Montanist) 反孟他努主义者阿尔茨比亚德斯 (参见反孟他努主义者米尔提亚德斯)

Alcibiades, martyr 阿尔茨比亚德斯, 殉道者 179

Alcibiades, Montanist 阿尔茨比亚德斯, 孟他努主义者 179

Alexander of Eumenia 欧美尼亚的亚历山大 190

Alexander Severus 亚历山大·塞维鲁斯 223-225, 228, 247

Alexander the Great 亚历山大大帝 211

Alexander, alabarch 亚历山大, 高官 62

Alexander, Bishop of Alexandria 亚历山大, 亚历山大主教 11

Alexander, Bishop of Jerusalem 亚历山大, 耶路撒冷主教 16, 213, 215-218, 222-223, 227, 233, 243, 254

Alexander, Bishop of Rome 亚历山大, 罗马主教 135, 137

Alexander, martyrs named 亚历山大, 提及其名的殉道者 237, 261

Alexander, Montanist 亚历山大, 孟他努主义者 192

Alexander, physician martyr 亚历山大, 医生殉道者 176-177

Alexas 亚历山萨斯 41

Ambrose 安布罗斯 220, 224-225, 228

Ammes ① 225

Ammia 阿米阿 191

Ammon, Bishop of Bernice 亚蒙, 百尼基主教 274

Ammon, martyr 亚蒙, 殉道者 238

Ammonarion 亚摩纳丽昂, 殉道者 237

Ammonius Saccas 亚摩尼乌斯·撒卡斯 221

Ammonius, martyr 阿摩尼乌斯, 殉道者 305

Ananias, courier 亚拿尼亚, 信使 48, 103

Ananus, son of Ananus (Annas) 亚那努斯, 亚那之子 (亚那) 43, 84

Anatolius 安纳托里乌斯 280-282

Anchialus 安恰鲁斯 195

Andrew 安得烈 93, 115, 127

Anencletus 亚嫩克勒图斯 106, 110, 181

Anicetus 雅尼塞图斯 142, 145-146, 157, 181, 199

Annas (Ananus) 亚那 (亚那努斯) 43-44

Annianus 安尼亚努斯 84, 106, 110

Anteros 安特罗斯 228

Anthimus, Bishop of Nicomedia 安提姆

---

① 此非人名, 而是书名的一部分。参见第六卷第二十五节的相关译文。本索引中多有此类令人不解之处。——中译注

斯，尼哥米底亚主教 295, 304
Antinous 安提努斯 140-141
Antipas, Herod 安提帕，希律 37, 42, 45, 61, 69
Antipater 安提帕特 33, 37, 42
Antoninus (Caracalla) 安东尼努斯（卡拉卡拉）213-214, 219, 223, 246
Antoninus (Elagabalus) 安东尼努斯（俄拉加巴鲁斯）223
Antoninus Pius 安东尼努斯·庇护 71, 141-142, 144, 146, 152, 155, 162, 166
Antoninus Verus (Marcus Aurelius) 安东尼努斯·维鲁斯（马可·奥勒留）155, 169
Antony, Mark 安东尼，马可 32, 37, 54
Anulinus 雅努里努斯 362, 364, 366
Apelles 亚培勒斯 186-187
Apion, grammarian 阿皮翁，文法学家 62, 104, 126
Apion, writer 阿皮翁，作家 200
Apolinarius, Bishop of Hierapolis 阿波利拿里，希拉波利斯主教 131, 157, 160, 162, 180, 188, 193-194
Apollo 阿波罗 33, 37
Apollonia, martyr 阿波罗尼娅，殉道者 236
Apolloniades 阿波罗尼亚德斯 202
Apollonius, anti-Montanist writer 阿波罗尼乌，反孟他努主义作家 191, 193
Apollonius, martyr 阿波罗尼乌，殉道者 196
Apollophanes 阿波罗法内斯 221
Aquila of Pontus 本都的亚居拉 184
Aquila, associate of Paul 亚居拉，保罗的同工 77, 91

Aquila, governor of Alexandria 亚居拉，亚历山大总督 209-210
Aquila, presbyter 亚居拉，长老 261
Aquila, translator 亚居拉，[希伯来圣经希腊文]译者 219
Arabianus 亚拉比亚努斯 200
Archelaus 亚基老 35, 42
Aretas 亚勒塔斯 45
Aristarchus 亚里达古 80
Aristides, apologist 亚里斯蒂德，护教者/家/士 136, 165-166
Aristides, correspondent of Africanus 亚里斯蒂德，尤里乌斯·亚非利加努斯的通信对象 35, 229
Aristion 亚里斯提昂 127, 129
Aristo of Pella 佩拉的亚里斯托 138
Aristobulus II, high priest 亚里斯多布二世，大祭司 34, 37
Aristobulus, philosopher 亚里斯多布，哲学家 34, 217, 282
Aristotle 亚里士多德 202
Arius 阿里乌 11
Artaxerxes 亚达薛西 104, 184
Artemas (see Artemon) 阿尔特玛斯
Artemisius 亚底米女神，阿耳特弥斯（月神与狩猎女神）102
Artemon 阿尔特蒙 201, 278
Asclepiades, Bishop of Antioch 阿斯克勒皮阿德斯，安提阿主教 215-216, 223
Asclepiades, heretic 阿斯克勒皮阿德斯，异端 202
Asclepiodotus 阿斯克勒皮奥多图斯 201
Asterius Orbanus 阿斯特里乌斯·奥尔巴努斯 190
Astyrius 阿斯图里乌斯 262, 264
Ater 阿特尔，殉道者 237

Athanasius 阿塔那修 285
Athenodore 亚特诺多勒 229, 262, 275
Attalus 亚塔卢斯 172, 175-177, 179
Atticus, Bishop of Synnada 阿提库斯, 叙纳达主教 222
Atticus, consular 阿提库斯, 享受执政官待遇的总督 120-121
Augustine 奥古斯丁 14, 245
Augustus 奥古斯都 32, 55
Aurelian 奥勒良 247, 275, 278-279, 287
Aurelius Quirinius 奥勒留·居里扭 193, 262
Autolycus 奥托吕库斯 160
Avircius Marcellus 阿维尔修斯·马尔塞鲁斯 188

B

Babylas, Bishop of Antioch 巴比拉斯, 安提阿主教 229, 233
Bacchius 巴科西乌斯 144
Bacchylides 巴克叙里德斯 159
Balbinus 巴尔比努斯 247
Bar-Cabbas 巴尔—卡巴斯 139
Bar-Coph 巴尔—科弗 139
Bar-Kokhba 巴尔—科克巴 71, 137, 141, 166
Bardesanes 巴尔德萨内斯 54, 164
Barnabas 巴拿巴 47, 58, 61, 65, 71, 115, 217, 273
Bartholomew 巴多罗买 185
Basilicus 巴西里库斯 186
Basilides, Bishop in Pentapolis 巴西理得, 彭塔波利斯的主教 274
Basilides, heretic 巴西理得, 异端 139
Basilides, martyr 巴西理得, 殉道者 210, 212

Benjamin 便雅悯 137
Beryllus 贝里鲁斯 223, 230-231
Besas 别撒斯 237
Bezalel 比撒列 347, 351
Biblis, martyr 碧波里斯, 殉道者 174
Bishop of Ancyra 安西拉主教 12, 14
Bishop of Antioch 安提阿主教 125, 160, 193, 197, 215, 229, 241, 243, 280
Bishop of Athens 雅典主教 95, 159
Bishop of Bernice 百尼基主教 274
Bishop of Bostra 波斯特拉主教 230
Bishop of Caesarea 凯撒利亚主教 11, 17, 227, 245, 275
Bishop of Carthage 迦太基主教 362, 365
Bishop of Corinth 哥林多主教 158, 197
Bishop of Debeltum 德贝图姆主教 195
Bishop of Emesa 埃莫萨主教 304
Bishop of Ephesus 以弗所主教 119, 197
Bishop of Gaza 加沙主教 305
Bishop of Gortyna 格尔提纳主教 160
Bishop of Hierapolis 希拉波利斯主教 123, 193
Bishop of Jerusalem 耶路撒冷主教 58, 95, 120, 243
Bishop of Laodicea 老底嘉主教 261
Bishop of Lyons 里昂主教 174, 181
Bishop of Nilopolis 尼罗波利斯主教 238
Bishop of Pentapolis 彭塔波利斯主教 274
Bishop of Sardis 撒狄主教 145
Bishop of Smyrna 士每拿主教 123, 146, 166
Bishop of Syracuse 叙拉古主教 364
Bishop of Thmuis 斯姆伊斯主教 298
Bishop of Tyre 推罗主教 304, 347
Blandina 布兰迪娜 172, 175, 177
Blastus 布拉斯图斯 188, 195

Bolanus 伯兰乌斯 276

Britannicus 布里坦尼克 91

C

Caecilian 凯希里安 362, 364 - 366

Caesar, the philosopher (*see* Marcus Aurelius) 凯撒哲学家（参见马可·奥勒留）

Caiaphas 该亚法 43 - 44

Caligula 卡利古拉 61 - 62, 87, 89 - 90, 246

Callirhoe 卡利尔霍 41

Callistus 卡里斯图斯 223, 255

Camithus 卡米图斯 43

Candidus 坎迪都斯 200

Capito, Bishop of Jerusalem 卡皮托，耶路撒冷主教 186

Caracalla 卡拉卡拉 213 - 214, 219, 223, 246

Caricus 卡里库斯 193, 216

Carinus 卡里努斯 247, 279, 287

Carpocrates 卡尔波克拉特斯 139

Carpus 卡尔普斯 152

Carus 卡鲁斯 247, 279, 287

Cassian 卡西安 186, 217

Cassius, Bishop of Tyre 卡修斯，推罗主教 200

Castor 迦斯托 363

Celadion 塞拉蒂昂 143, 157

Celerinus 塞勒里努斯 239

Celsus, anti-Christian writer 塞尔修斯，反基督教作家 231

Celsus, Bishop of Iconium 塞尔修斯，以哥念主教 222

Cephas① 矶法 47

Cerdo, Bishop of Alexandria 塞尔多，亚历山大主教 110, 135

Cerinthus 克林妥 116 - 117, 146, 272

Chaeremon, Bishop of Nilopolis 凯勒蒙，尼罗波利斯主教 238

Chaeremon, deacon of Alexandria 凯勒蒙，亚历山大的执事 258, 261

Chaeremon, Stoic 凯勒蒙，斯多亚主义者，哲学家 221

Chlorus, Constantius 君士坦提乌斯·克罗鲁斯 305 - 306, 314, 318

Chrestus, Bishop of Syracuse 克雷斯图斯，叙拉古主教 364

Christ (*see* Jesus of Nazareth) 基督（参见拿撒勒人耶稣）

Chrysophora 克吕索芙拉 160

Clarus of Ptolemais 多利买的克拉鲁斯 200

Claudius II 克劳狄二世 247, 287

Claudius, emperor 克劳狄一世，皇帝 65, 66, 69

Clemens, Flavius 弗拉维夫斯·克莱门斯 107, 133

Clement of Alexandria 亚历山大的克莱门 47, 57, 110, 161, 185, 212, 216 - 218

Clement of Rome 罗马的克莱门 47, 65, 73, 81, 83, 89, 95, 106 - 107, 110 - 111, 113, 123, 126, 133, 159, 181, 201, 227

Cleobius 克利奥比乌斯 157

Cleopatra 克娄巴特拉 32

Clopas 革罗罢 105 - 106, 120 - 121, 157

---

① 即使徒彼得（Peter）。——中译注

Colon, Bishop of Hermopolis 科隆，赫尔默波利斯主教 242
Commodus 科莫都斯 161, 184, 196, 200, 204, 212
Constantia Augusta 君士坦提娅 15, 342
Constantine (the Great) 君士坦丁大帝 294, 306, 307, 331, 337, 341, 344, 360, 362, 364-365, 368, 371, 376
 at Council of Nicea 在尼西亚会议 11-12
 battle of Milvian Bridge 米尔维安大桥之役 329-330, 340
 conversion 皈依 373-374
 proclaimed emperor 被拥立为王 305, 314
 edict of toleration 宽容敕令 339, 360
Constantius Chlorus 君士坦提乌斯·克罗鲁斯 305-306, 314, 316, 318-319
Coracion 克拉西昂 271
Cornelius, Bishop of Antioch 哥尼流，安提阿主教 157
Cornelius, Bishop of Rome 哥尼流，罗马主教 233, 239, 242, 253, 286
Cornelius, centurion 哥尼流，百夫长 10, 61
Cornutus 科尔努图斯 221
Crescens, companion of Paul 革勒士，保罗的同伴 94
Crescens, Cynic of opponent of Justin 克雷桑，犬儒学派哲学家，查士丁的反对者 152, 154
Crispus 基利司布 16, 370, 374
Cronion (Eunus) 柯隆尼昂（欧努斯）237
Cronius 柯隆尼乌斯 221
Culcianus 库尔西安努斯 336
Cyprian of Carthage 迦太基的西普里安 239, 254, 286
Cyril 西里尔 280

D

Daia, Maximin 马克西敏·达伊亚 308-309, 317-319, 321, 339-340, 342-343
Damas, Bishop of Magnesia 达玛斯，玛尼西亚主教 123
Damnaeus 达姆奈乌斯 84
Daniel 但以理 26, 35, 162, 212, 226, 229
Decius 德西乌斯 233, 250, 253
Demetrian 德美特里安，安提阿主教 243, 254, 262, 274, 278
Demetrius, Bishop 德美特里乌，主教 262
Demetrius, Bishop of Alexandria 德美特里乌，亚历山大主教 197, 207, 209, 213, 222-223, 227, 229
Demetrius, Hellenistic Jew 德美特里乌，希腊化的犹太人 217
Demetrius, presbyter 德美特里乌，长老 261
Didius Julianus 狄迪乌斯·朱利亚努斯 204
Didymus 狄迪姆斯 260, 266
Diocletian 戴克里先 11, 291, 294, 301, 316, 320
Dionysia, martyr 狄奥尼西娅，殉道者 237
Dionysius (Areopagite) 丢尼修，亚略巴古的官或大法官 159
Dionysius, Bishop of Alexandria 狄奥尼修斯，亚历山大主教 16, 218, 231, 234, 241, 256, 275-276, 285
Dionysius, Bishop of Corinth 狄奥尼修

斯，哥林多主教 86，157 - 160
Dionysius, Bishop of Rome 狄奥尼修斯，罗马主教 256，275，279
Dioscorus, confessor 狄奥斯科鲁斯，认信者 237
Dioscorus, presbyter 狄奥斯科鲁斯，长老 261
Dius, Bishop of Jerusalem 迪乌斯，耶路撒冷主教 215
Dius, martyr 迪乌斯，殉道者 305
Dolichian 多利希安 186
Domitian 图密善 106 - 109，120 - 121，133，162，183
Domitilla, Flavia 弗拉维娅·图密提拉 107，133
Domitius 多米提乌斯 260，266
Domnus 多姆努斯，背教者 216
Domnus, Bishop of Antioch 多姆努斯，安提阿主教 278，280
Domnus, Bishop of Caesarea 多姆努斯，凯撒利亚主教 262
Donatus 多纳图斯 364
Dorotheus, imperial servant 多罗特乌斯，皇室仆人 289，293
Dorotheus, presbyter of Antioch 多罗特乌斯，安提阿的长老 280
Dositheus 多西特乌斯 157
Dystrus 狄斯特鲁斯 281

E

Elagabal 俄拉加巴尔 246
Elagabalus 俄拉加巴鲁斯 223
Eleazar 以利亚撒 43，99
Eleutherus 埃洛特鲁斯 143，157，169，179，181，196

Elpistus 厄尔皮斯图斯 159
Ephres 以弗雷斯 137
Epimachus 厄庇马库斯，殉道者 237
Eros, Bishop of Antioch 厄洛斯，安提阿主教 157
Esaias ① 226
Estha, wife of Matthan 伊斯莎，马但的妻子 36
Euclid 欧几里德 202
Euelpis 欧伊尔皮斯 222
Eumenes 欧伊门内斯 137，143
Eumenia 欧美尼亚 190，198
Eunapius of Sardis 撒狄的欧纳皮乌斯 373
Eunus 欧努斯 237
Euphranor 优弗拉诺尔 274
Eupolemus 尤伯勒姆斯 217
Euporus 优波鲁斯 274
Eusebius, Bishop of Caesarea 优西比乌，凯撒利亚主教 9 - 20，53 - 54，89 - 90，131 - 132，165 - 166，203 - 204，245 - 249，285 - 287，317 - 318，339 - 340，344，347，373，375，377 - 378
  at Nicea 在尼西亚 12
  concerning the Apostles 论使徒 89
  concerning Jesus 论耶稣 53
  early life 早年生平 11
  on Constantine 论君士坦丁 340，373 - 375
  on the canon of Scripture 论圣经正典 132
  sources 资料来源 131，165，285
  writings of 作品 13 - 17
Eusebius, deacon and Bishop of Laodicea 优西比乌，老底嘉的主教和执事

---

① 对照英译本 226 页，找不到此词，疑为"以赛亚"（Iessia）之误。——中译注

258, 261, 280－282
Eustathius 欧大悌 12
Eutychian 优提希安 280
Eutychius 优提丘斯 276
Evarestus 俄瓦勒斯图斯 123, 135, 181
Evodius 厄沃迪乌斯 110
Ezra 以斯拉 162, 184, 226

F

Fabian, Bishop of Rome 法比安，罗马主教 232
Fabius, Bishop of Antioch 法比乌斯，安提阿主教 233, 235, 239, 241, 243, 262
Fadus 法都斯 70
Fausta 福斯达 319, 374
Faustina 福斯蒂娜 74
Faustinus 福斯提努斯 261
Faustus, deacon 福斯图斯，执事 235, 258, 260－261
Faustus, presbyter 福斯图斯，长老 305
Felicitas 菲里西塔斯 245
Felix, procurator of Judea 腓力斯，犹太总督 10, 77－80
Festus 非都斯 10, 80－81, 84
Firmilian 菲尔米里安 227, 243, 254, 262, 275－276
Flavia Domitilla 弗拉维娅·图密提拉 107－108
Flavius Clemens 弗拉维夫·克莱门斯 107－108
Flavius Josephus (see Josephus) 弗拉维夫·约瑟夫（参见约瑟夫）
Flavius, unidentified 弗拉维夫，身份不明的 266
Florianus 弗罗里亚努斯 247, 279, 287
Florinus 弗洛里努斯 188, 195

Florus 弗洛鲁斯 86
Fundanus 范达努斯 141－142, 162, 166

G

Gaius Caligula 该犹·卡利古拉 61－63, 65, 69, 90
Gaius, Bishop of Jerusalem 该犹，耶路撒冷主教 186
Gaius, Bishop of Rome 该犹，罗马主教 280
Gaius, companion of Dionysius of Alexandria 该犹，亚历山大的狄奥尼修斯的同伴 235, 260
Gaius, martyr 该犹，殉道者 190
Gaius, presbyter of Rome 该犹，罗马长老 85, 117, 120, 223
Galba 加尔巴 93, 95, 132
Galen 盖伦 202
Galerius 加勒里乌斯 16, 290, 293, 311－312, 314, 317－319, 340
Gallienus 加里努斯 247, 257－259, 261－262, 269－270, 275, 286－287
Gallio 迦流 88, 91
Gallus 加鲁斯 247, 253, 257, 286
Gamaliel 迦玛列 69
Germanicus 杰曼尼库斯 147, 312, 334
Germanion 杰曼尼翁 215
Germanus 杰曼努斯 234, 258, 260
Geta 格塔 246
Gnaeus Pompey 格内乌斯·庞培 34
Gordian I 格尔迪安一世 228, 247
Gordius 格尔迪乌斯 215
Gorgonius 格尔格尼乌斯 289, 293
Gorthaeus 格尔泰乌斯 157
Gothicus, Claudius 克劳狄·哥提库斯 275, 287
Granianus, Serennius 塞内尼乌斯·格拉

尼亚努斯 141-142
Gratus, proconsul of Asia 格拉图斯，亚细亚总督 43, 188
Gregory 格列高利 229, 262, 275

H

Hadrian 哈德良 134, 136, 138, 140
Hegesippus 黑格希普斯 16, 81, 83, 89, 106-109, 120-121, 131, 140, 143, 156-157
Helen, companion of Simon Magus 海伦，西门·马古斯的同伴 72
Helena, mother of Constantine 海伦娜，君士坦丁的母亲 306, 370, 374
Helena, queen of Adiabene 海伦娜，阿迪阿本内的皇后 70-71
Helenus, Bishop of Tarsus 赫伦乌斯，大数主教 243, 254, 275-276
Heli 希里 36-38
Heliodorus 赫里奥多鲁斯 254
Heliogabalus (Elagabalus) 赫里奥加巴鲁斯（俄拉加巴鲁斯）246
Heraclas 赫拉克拉斯 209, 219, 222, 227, 229, 231, 255-256
Heraclides, martyr 赫拉克里德斯，殉道者 210
Heraclides, procurator 赫拉克里德斯，总督 365
Heraclitus 赫拉克里图斯 200
Herais, martyr 赫拉伊斯，殉道者 210
Hercules 赫尔克勒斯 142, 185
Hermammon 赫尔玛蒙 253, 257, 269
Hermas 黑马 94, 115
Hermo 赫尔默 283
Hermogenes, heretic 赫尔默格内斯，异端

160
Hermophilus 荷尔摩非鲁斯 202
Hero① 希罗，安提阿主教 125, 157
Hero 希罗，殉道者，亚历山大教理学校学生 210
Hero, martyr 希罗，与阿特尔一同殉道之人 237
Herod Agrippa I 希律·亚基帕一世 10, 61, 65, 68, 69, 77
Herod Agrippa II 希律·亚基帕二世 77, 84, 105, 132
Herod Antipas 希律·安提帕 46, 61
Herod of Ascalon 阿什卡隆的希律 33
Herod the Great 大希律王 10, 40, 41, 69
Herod, chief of police 希律，警察头子 148
Herodias 希罗底 45, 61
Hesychius 希叙齐乌斯 305
Hierax 希拉克斯 267, 276
Hippolytus, scholar 希坡律陀，学者，主教 223-224, 243
Hoshea 何西阿 27
Hosius 何西乌斯 365
Hyginus 叙基努斯 142-143, 181
Hymenaeus 叙梅纳乌斯 262, 275-276, 283
Hyrcanus 希尔克努 33-34, 37

I

Ignatius, Bishop of Antioch 伊格纳修，安提阿主教 110, 123, 133, 165, 303
Ingenuus 英格努斯 238
Irenaeus 爱任纽 16, 72, 107, 110, 116-

---

① 几位不同的希罗疑被混为一谈。——中译注

117, 124, 126-127, 129, 131, 139, 142-143, 145-146, 156-158, 160, 163, 165, 179, 181-184, 195, 197, 199-201, 217

Isaiah 以赛亚 226

Ischyrion 伊什里昂 238

Ishmael 以实马利 43

Isidore 伊斯多勒 237

J

Jacob 雅各 24-25, 31, 36-38

James the Just, Bishop of Jerusalem, brother of Jesus 义人雅各，耶路撒冷主教，耶稣的兄弟 47, 57-58, 81-84, 89, 95, 102, 105, 137, 157, 171, 198, 233, 266, 285, 354, 360, 377

James, apostle 雅各，使徒 58, 65, 95, 127, 186, 272-273

Jeremias (Jeremiah) 耶利米 226

Jesus of Nazareth (Christ) 拿撒勒的耶稣，拿撒勒人耶稣（基督） 10-15, 27-28, 30-32, 39, 43, 45-46, 53-55, 82
   advent of 升天 32-33, 35, 38-39
   christ of God 上帝的受膏者，基督 21, 28, 31, 43
   citation by Josephus 约瑟夫的提及 46, 377-378
   correspondence with Abgar 与阿布加尔的通信 47-48
   creation by 藉着基督的创造 23
   genealogies of 耶稣的家谱 35
   known in Old Testament 旧约中已知的 27-30, 35
   nature of 本性 22
   theophany 神显 13, 31
   trail by Pilate 在彼拉多前受审 89

Jesus, son of Ananias 耶稣，亚那尼亚之子 103

Jesus, son of Damnaeus 耶稣，达姆奈乌斯之子 84

John Mark (see Mark, evangelist) 约翰马可，称为马可的约翰（参见马可，福音书作者）

John the Baptist 施洗约翰 43, 45-46, 70, 132

John the Presbyter 长老约翰 127, 129, 273, 285

John, apostle 约翰，使徒 9, 58, 65, 93, 95, 107, 109-112, 114, 117, 119, 126-127, 146, 183, 186, 195, 198-199, 218, 227, 273, 285, 303

John, Bishop of Jerusalem 约翰，耶路撒冷主教 137

Jonathan 约拿单 78

Joseph Caiaphas 约瑟[夫]·该亚法 43-44

Joseph 约瑟[夫] 36-38, 57, 106, 129, 137, 184, 220

Josephus, Flavius 约瑟夫，弗拉维夫 9, 16-17, 20, 32-34, 39, 42-43, 45, 53, 61-64, 67, 69, 77-78, 83, 86, 89, 95, 97-98, 101-105, 131, 217, 282, 317, 377-378
   as source for Eusebius 优西比乌的资料来源 95
   passage on Jesus 关于耶稣的段落 377-379
   life of 生平 103
   on Pilate in Jerusalem 论耶路撒冷的彼拉多 63-64
   succession of high priests 大祭司的承继/传承 43-44

Joshua 约书亚 24-25, 27, 34, 225
Judas (Thomas) 犹大 (多马) 49
Judas the Galilean 加利利人犹大 32-33
Judas, betrayer of Jesus 犹大, 出卖耶稣的 47, 57, 129, 189
Judas, Bishop of Jerusalem 犹大, 耶路撒冷主教 137
Judas, brother of Jesus (see Jude) 犹大, 耶稣的兄弟 (参见犹大)
Judas, writer 犹大, 作家 191
Jude 犹大《犹大书》 84, 108, 115, 121, 212, 217
Julia Mamaea 朱莉娅·马美娅 224, 247
Julian the Apostate 背教者朱利安 266, 373
Julian, Bishop of Alexandria 朱利安, 亚历山大主教 185, 197, 207
Julian, Bishop of Apamea 朱利安, 雅帕麦主教 190
Julian, Bishop of Jerusalem 朱利安, 耶路撒冷主教 186
Julian, martyr at Alexandria 朱利安, 亚历山大的殉道者 236-237
Juliana 朱利亚纳 220
Julius Africanus 尤里乌斯·亚非利加努斯, 作家 33, 53, 229
Justin of martyr 殉道者查士丁 19, 71, 89, 144, 165, 183
Justinian 查士丁尼 119, 194, 376
Justus (Barsabas) 犹士都 (巴撒巴) 47, 127, 129
Justus, Bishop of Alexandria 犹士都, 亚历山大主教 137
Justus, Bishop of Jerusalem 犹士都, 耶路撒冷主教 123

Justus of Tiberias ① 提比哩亚的犹士都 105

K

Kallistio 卡里斯提奥 187

L

Lactanius 拉克唐修 339-340
Laetus 莱图斯 207
Lagus 拉古斯 184
Lampridius 拉姆普里迪乌斯 247
Latronian 拉特罗尼安 365
Leonides 列奥尼德斯 207
Levi, Bishop of Jerusalem 利未, 耶路撒冷主教 137
Licinius 李锡尼 15-16, 262, 308, 312, 319, 329, 331, 333-334, 336-337, 339-340, 342-344, 360, 366-370
Linus 利奴 93-94, 106, 110, 181
Longinus 龙基努斯 221
Lucian, martyr 卢西安, 殉道者 257, 304, 324
Lucius, at Synod of Antioch 卢修斯, 安提阿会议上的 276
Lucius, Bishop of Rome 卢修斯, 罗马主教 253
Lucius, martyr 卢修斯, 殉道者 155
Lucius, presbyter of Alexandria 卢修斯, 亚历山大的长老 261
Lucius Verus, adopted son of Pius 卢修斯·维鲁斯, 庇护的养子 144-146, 166
Lucuas 卢库阿斯 135
Luke 路加 14, 32, 35-37, 42, 54,

---

① 原文索引写作"Tiberius"。——中译注

65，69，80，90，94－95，101，114，
　120，126，183，217，226－227，229
Lupus 鲁普斯　135
Lusius Quietus 鲁斯乌斯·科维尔图斯
　135
Lysanias 吕撒聂　42，61

M

Macar, martyr 马卡尔，殉道者　237
Macrian 马克里安　216，257－258，
　270，286
Macrinus 马克里努斯　223，246
Majorinus, bishop 马约里努斯　364
Malchion 马尔基昂　275－276
Malchus 马尔库斯　261
Mamaea 马美娅　224，247
Mani 摩尼　14，279
Marcella 马尔塞拉　210
Marcellinus 马尔塞里努斯，罗马主教
　280
Marcellus, confessor in Egypt 马尔塞鲁
　斯，埃及的认信者　188，258
Marcellus, Bishop of Ancyra 马尔塞鲁
　斯，安西拉主教　12，14
Marcian, heretic at Rhossus 马西安斯的异
　端　200，216
Marcion of Pontus 本都的马西昂　142－
　143，146，156，159－160，163，184，
　186，190，224，261
Marcius Turbo 马尔西乌斯·图尔波　135
Marcus Aemilius 马尔库斯·艾米里乌斯
　60
Marcus Aurelius 马可·奥勒留　145－
　147，155－156，160，163，166，169，
　176，180，184，204，246
Marcus Favonius Facilis 马尔库斯·法封尼
　乌斯·法希里斯　263

Marcus, heretic 马尔库斯，异端　143
Marinus, Bishop of Arles 马里努斯，阿尔
　主教　364
Marinus, Bishop of Tyre 马里努斯，推罗
　主教　254
Marinus, martyr at Caesarea 马里努斯，凯
　撒利亚的殉道者　262
Mark Antony 马可·安东尼　54
Mark, Bishop of Alexandria 马可，亚历山
　大主教　143
Mark, Bishop of Jerusalem 马可，耶路撒
　冷主教　138，186
Mark, evangelist 福音书作者，马可
　54，73，84，114，129－130，183，
　218，226，273
Mark, of Rome 马可，罗马的　362
Mary (the Virgin) 马利亚（童贞女）
　38，57，116，184，220
Mary, daughter of Eliezer/Eleazar 玛利亚，
　伊丽萨尔的女儿　99
Maternus 马特努斯　364
Matthan 马但　36，38
Matthias, apostle 马提亚，使徒　47，
　57，115，118，127，129
Matthias, Bishop of Jerusalem 马提亚，耶
　路撒冷主教　137
Matthias, father of Josephus 马提亚，约瑟
　夫的父亲　104
Maturus 马图鲁斯　172，175
Maxentius 马克森狄　308，308－310，
　319，321，329－331，340，340－342，
　367，372
Maximian 马克西米安　314，318
Maximilla 马克西米拉　187，189－191，
　193
Maximin I, emperor 马克西敏一世，皇帝
　228

Maximin Daia 马克西敏·达伊亚 16, 308–310, 317–319, 321, 323–325, 328–329, 331, 333, 336, 339–340, 342–343, 367

Maximin, Bishop of Antioch 马克西敏, 安提阿主教 160, 193

Maximinus Thracian, emperor 色雷斯人马克西米努斯皇帝 228, 247

Maximus, author 马克西姆, 作家 200

Maximus, Bishop of Alexandria 马克西姆, 亚历山大主教 275, 283

Maximus, Bishop of Bostra 马克西姆, 波斯特拉主教 275

Maximus, Bishop of Jerusalem 马克西姆, 耶路撒冷主教 186

Maximus, presbyter 马克西姆, 长老 239, 258, 261, 276

Mazabanes 玛扎巴内斯 233, 254, 262

Melchi 麦基 36–38

Melchizedek 麦基洗德 29, 351

Meletius 梅勒提乌斯 283

Melito, Bishop of Sardis 墨利托, 撒狄主教 145, 160, 167, 217

Menander 米南德 115–116, 139

Mercuria, martyr 梅尔库丽娅, 殉道者 237

Meruzanes 梅鲁扎内斯 242

Metras 梅特拉斯, 殉道者 235

Metrodorus 梅特洛多鲁斯 152

Miltiades, anti-Montanist 米尔提亚德斯, 反孟他努主义者 191, 201

Miltiades, Bishop of Rome 米尔提亚德斯, 罗马主教 362

Miltiades, Montanist 米尔提亚德斯, 孟他努主义者 188, 191, 201, 362

Minucius Fundanus 米努西乌斯·范达努斯 141–142

Moderatus 摩德拉图斯 221

Modestus 摩德斯图斯 157, 160

Montanus 孟他努 163, 179, 187–193

Moses 摩西 23–27, 31, 33–34, 38, 77, 104, 162, 164, 184, 217, 221–222, 267, 282, 330

Moses, presbyter at Rome 摩西, 罗马教会的长老 241

Musaeus 穆瑟乌斯 282

Musanus 穆萨努斯 157, 162–163

N

Narcissus, Bishop of Jerusalem 纳尔希苏斯, 耶路撒冷主教 186, 197, 200, 213–215

Natalius 纳塔里乌斯 201

Nathan 拿单 35–36, 38

Nebuchadnezzar 尼布甲尼撒 184

Nemesion 尼梅西昂, 殉道者 237

Neon 尼昂, 拉兰达主教 222

Nepos 涅坡斯 270–271

Nero 尼禄 9, 54, 57, 77–78, 80, 84–87, 91, 93, 95, 107, 109, 120, 132, 162, 339

Nerva 内尔瓦 109–110, 133

Nicetes 尼塞特斯 148, 151

Nicolaus 尼哥拉 116–118

Nicomachus 尼科马库斯 221

Nicomas of Iconium 以哥念的尼科马斯 275–276

Nilus, martyr 尼鲁斯, 殉道者 305

Novatian 诺瓦替安 238–239, 242, 245, 256, 286

Numenius 努梅尼乌斯 221

Numerian 努梅里安 247, 279, 287

O

Onesimus, Bishop of Ephesus 阿尼西姆,

以弗所主教 123
Onesimus, friend of Melito 阿尼西姆，墨利托的朋友 162
Origen 奥利金 11, 14, 16, 19, 93, 207–210, 212–213, 218–225, 227–232, 234, 242, 245, 247, 253, 262, 373, 377
    biblical scholarship 圣经研究 219, 221, 223
    commentaries on the Scripture 圣经注释 225, 227, 230
    early years 早年生活 207–208
    his orchiectomy 自阉 212–213
    influence 影响 11
Otacilia Severa 奥塔西里娅·塞维拉 232, 247
Otho 奥托 95, 132

P

Pachymius 帕奇米乌斯 305
Palmas 帕尔玛斯 159, 197
Pamphilus 潘菲鲁斯 11, 13–14, 16, 230–231, 245, 283, 305, 373
Pantaenus of Alexandria 亚历山大的潘代努斯 184–185, 212, 217–218, 222
Papias, Bishop of Hierapolis 帕皮亚，希拉波利斯主教 73, 129
Papirius 帕皮里乌 198
Papylas 帕皮拉斯 152
Patricius 帕特里西乌斯 366
Paul of Samosata, Bishop of Antioch 撒摩撒他的保罗，安提阿主教 201, 274–278, 280, 282, 286–287
Paul, Alexandria heretic 保罗，亚历山大的异端 208
Paul, apostle 保罗，使徒 9–10, 47, 58–59, 61, 65, 71, 75, 77, 79–81, 86, 89–95, 110, 113, 115, 118–119, 124, 126, 135, 146, 159, 163, 181, 183, 186, 218, 226–227, 233, 266, 273–274
    author of Hebrews? 希伯来书的作者? 217, 223
    defense in Rome 在罗马申辩 80–81
    epistles of 书信 75, 94, 113, 116, 126
    martyrdom of 殉道 85, 92–93
    ministry in Rome 在罗马传道 183
Paul, companion of Dionysius, Alexandria 保罗，亚历山大的狄奥尼修斯的同伴 235, 260
Paul, presbyter 保罗，长老 276
Paulinus, Bishop of Tyre 保里努斯，推罗主教 345, 347, 351, 359
Paulinus, lay preacher 保里努斯，平信徒布/宣道士 222
Peleus 佩勒乌斯 305
Perennius 佩伦尼乌 196
Perpetua 佩尔培图阿 245
Pertinax 佩尔提纳科斯 200, 204
Peter, apostle 彼得，使徒 9, 19, 47, 58–59, 61, 67, 71–73, 85–86, 89, 91, 93–94, 110, 118–119, 123–124, 126–127, 129–130, 135, 183, 186, 201, 216–218, 226–227, 266, 273
    and John Mark 和约翰马可 73, 130, 183, 218, 226
    and Simon Magus 和西门·马古斯 72–73
    children and wife of 妻儿 118
    epistles of 书信 93–94
    martyrdom 殉道 85, 89, 91, 119
    pseudo writings 托名作品 115, 216–217

人名索引　507

Peter, Bishop of Alexandria 彼得，亚历山大主教　284, 305, 324
Peter, companion of Dionysius of Alexandria 彼得，亚历山大的狄奥尼修斯的同伴　235, 260, 261
Peter, imperial servant and martyr 彼得，皇室仆人和殉道者　293
Peucetius 波塞提乌斯　336
Phabi 法比　43
Phaeno 法尔洛　305
Phileas, Bishop of Thmuis 费雷亚斯，斯姆伊斯主教　298-299, 305
Philemon 腓利门　254-255
Philetus 腓勒图斯　223, 225
Philip the Arab, emperor 阿拉伯人腓利普，皇帝　231-233, 247-248
Philip, apostle 腓利，使徒　118, 119, 127, 129, 198
Philip, Asiarch 腓利，司仪　150
Philip, Bishop of Gortyna 腓利，格尔提纳主教　157, 159-160
Philip, Bishop of Jerusalem 腓利，耶路撒冷主教　137
Philip, evangelist 腓利，传福音者，传福音的　59, 120
Philip, tetrarch 腓力，分封王　42, 61, 69
Philo 斐洛　61-63, 73-76, 89, 217, 282
Philoromus 斐洛罗姆斯　298
Philoumene 菲露门内　186
Pierius 比埃里乌斯　283
Pinnas 皮纳斯　262
Pinytus 皮尼图斯　157, 159
Pionius 皮俄尼乌斯　152
Pius, Bishop of Rome 庇护，罗马主教　143, 199

Plato 柏拉图　62, 141, 221
Pliny 普林尼　121-122, 133
Plutarch 普鲁塔克　208-210
Polybius 波利比乌斯　16, 123
Polycarp of Smyrna 士每拿的波利卡普　145, 149, 165
Polycrates, Bishop of Ephesus 波利克拉特斯，以弗所主教　119, 197-198
Pompey 庞培　34, 37
Pontian, Bishop of Rome 庞提安，罗马主教　225, 228
Ponticus 庞提库斯　177
Pontius, churchman 本丢，教士　193, 216
Pontius Pilate 本丢·彼拉多　10, 19, 42-44, 64, 90, 182, 342, 379
Porphyry 波菲利　13, 220-221
Potamiaena, martyr 波塔米娅娜，殉道者　210, 212
Pothinus 波提努斯　174, 181
Potitus 波提图斯　186
Primus, Bishop of Alexandria 普里姆斯，亚历山大主教　135, 137
Primus, Bishop of Corinth 普里姆斯，哥林多主教　157
Priscilla 百基拉　77, 90, 187, 192, 195
Priscus, father of Justin Martyr 普里斯库斯，殉道者查士丁的父亲　144
Priscus, martyr at Caesarea 普里斯库斯，凯撒利亚的殉道者　261
Priscus, presbyter at Alexandria 普里斯库斯，亚历山大长老　283
Probus 普罗布斯　247, 279, 287
Proclus, bishop 普罗克鲁斯，主教　276
Proclus, Montanist 普罗克鲁斯，孟他努主义者　85, 120, 223
Protoctetus 普罗托克特图斯　228

Protogenes 普罗托格内斯 276
Ptolemy Philadelphus 托勒密·费拉德弗斯 282
Ptolemy Soter, son of Lagus 托勒密·索特尔，拉古斯之子 184
Ptolemy, martyr 托勒密，殉道者 155, 238
Publius 普布里乌 159, 186, 195, 262
Pythagoras 毕达哥拉斯 62, 139

Q

Quadratus, Bishop of Athens 夸德拉图斯，雅典主教 159
Quadratus, prophet and apologist 夸德拉图斯，先知和护教家 125, 131, 136
Quinta 奎因塔，女殉道者 235
Quintus 奎因图斯 148
Quirinius 居里扭 32, 193, 262

R

Reticius 瑞提西乌斯 364
Rhodo 罗多 131, 186-187
Rufinus 鲁菲努斯 14, 310
Rufus, companion of Ignatius 鲁孚，伊格纳修的同伴 124
Rufus, governor of Judea 鲁孚，犹太总督 137
Ruth 路得 37

S

Sabellius 撒伯里乌 274
Sabinus, Praetorian Prefect 萨比努斯，禁卫军统领 321, 332
Sabinus, Prefect of Egypt 萨比努斯，埃及总督 234, 260

Sagaris 撒加里斯 161, 198
Salome 撒罗米 41
Sanctus, martyr 桑克图斯，殉道者 172, 175
Saturninus 萨顿宁 139, 163
Saul 扫罗 34
Sejanus 塞亚努斯 63
Seneca 塞涅卡 91, 137
Septimius Severus 塞普蒂默斯·塞维鲁斯 74, 168-169, 200, 204-207, 212, 245, 247
Serapion of Alexandria①亚历山大的塞拉皮昂 236, 241-242
Serapion, Bishop of Antioch 塞拉皮昂，安提阿主教 193, 215-216
Serapion, martyr 塞拉皮昂，殉道者 236
Serennius Granianus 塞内尼乌斯·格拉尼亚努斯 141-142
Serenus, martyr 塞仁努斯，殉道者 210
Servillius Paulus 塞尔维流斯·保鲁斯 161
Severa 塞维拉 232, 247
Severus, heretic 塞维鲁斯，异端② 247
Sextus 塞克图斯 200
Shapur 萨普尔 286
Sidonius, confessor 希多尼乌斯，认信者 239
Silas 西拉 191
Silvanus 希尔瓦努斯 304-305, 324
Simon Magus 西门·马古斯 59, 72, 89, 115, 116, 139, 142, 157, 286
Simon of Cyrene 古利奈人西门 342
Simon Peter 西门·彼得

---

① 此处把两位塞拉皮昂混为一谈。——中译注
② 此处出错，比较247页的文本，异端塞维鲁斯当指皇帝亚历山大·塞维鲁斯。——中译注

see Peter, apostle 参见彼得, 使徒
Simon, son of Camithus, high priest 西门, 卡米图斯之子, 大祭司 43
Socrates, Bishop of Laodicea 苏格拉底, 老底嘉主教 280
Socrates, philosopher 苏格拉底, 哲学家 154
Solomon 所罗门 25, 35–36, 38, 158, 162, 183, 200, 217, 226, 347, 354, 378
Sosthenes 所提尼 47
Sotas 索塔斯 195
Soter, Bishop of Rome 索特尔, 罗马主教 156–157, 159, 164, 169, 181, 199
Stephen, Bishop of Laodicea 司提反, 老底嘉主教 282
Stephen, Bishop of Rome 司提反, 罗马主教 253–254
Stephen, one of the seven deacons 司提反, 七执事之一 57, 59, 95, 117, 178
Susanna 苏撒拿 229
Symeon 西面 105, 110, 120–121, 123, 137, 157
Symmachus, Bishop of Jerusalem 叙马库斯, 耶路撒冷主教 186
Symmachus, translator 叙马库斯, [希伯来圣经的希腊文] 译者 219–220
Syneros 叙内罗斯 187

T

Tacitus 塔西佗 16, 247, 279, 287
Tatian 塔提安 54, 154, 162–163, 186–187, 201, 217
Telesphorus 特勒斯福鲁斯 137, 142, 181, 199, 274
Tertullian 德尔图良 9, 60, 85, 89, 100, 109, 122, 131, 180–181, 194, 245
Thaddaeus/Thaddeus 达太 47–50, 58
Thelymidres 特吕米德勒斯 242, 254
Themiso 特米索 190, 192
Theoctistus 提奥克提斯图斯, 凯撒利亚主教 222, 227, 243, 254, 262
Theodore, lay preacher 提奥多勒, 平信徒布道家 222
Theodore, martyred Egyptian bishop 提奥多勒, 殉道的埃及主教 276, 305
Theodore, student 提奥多勒, 学生 229
Theodotion 狄奥多田 184, 219
Theodotus, banker 提奥多图斯, 银行家 201
Theodotus, Bishop of Laodicea 提奥多图斯, 老底嘉主教 283
Theodotus, Montanist 提奥多图斯, 孟他努主义者 179, 189
Theodotus, shoemaker 提奥多图斯, 鞋匠 201–202
Theonas 提奥纳斯 283
Theophilus, Bishop of Antioch 提阿非罗, 安提阿主教 160
Theophilus, Bishop of Caesarea 提阿非罗, 凯撒利亚主教 197, 200
Theophilus, bishop 提阿非罗, 主教 276
Thebouthis, heretic 提奥布提斯, 异端 157
Theophilus, martyr 提阿非罗, 殉道者 238
Theophrastus 提奥弗拉斯图斯 202
Theotecnus, Bishop of Caesarea 提奥特克努斯, 凯撒利亚主教 262, 264, 275–276, 282–283
Theotecnus, comptroller 提奥特克努斯, 审计员 323, 336
Theudas 丢大 69–70

Thomas 多马 48-49, 58, 93, 115, 127
Thraseas 特拉塞斯 193, 198
Thucydides 修昔底德 16
Tiberius 提庇留 42-43, 60
Timaeus 提麦乌斯 280
Timothy, associate of Dionysius of Alexandria 提摩太，亚历山大的狄奥尼修斯的助手 234, 274
Timothy, associate of Paul, Bishop of Ephesus 提摩太，以弗所主教保罗的助手 80, 93-94
Titus Flavius Clement 提图斯·弗拉维弗斯·克莱门 95, 217
Titus, Bishop of Crete 提多，克里特主教 94
Titus, emperor 提图斯，皇帝 95, 99, 105, 132-133
Tobias 托比亚斯 49, 137
Trajan 图拉真 122, 303
Trypho 特里弗 156
Tymion 提米昂 191
Tyrannion 提兰尼翁 304
Tyrannus 提兰努斯 280

U

Urban, Bishop of Rome 乌尔班，罗马主教 223, 225
Urban, confessor 乌尔班，认信者 239
Urbicius 乌尔比修斯 155
Ursus 乌尔苏斯 365

V

Valens 瓦伦斯 186
Valentinian 瓦伦廷派 157, 164, 195
Valentinus 瓦伦廷 142-143, 146, 163, 220
Valerian, emperor 瓦莱里安，皇帝 247, 257-259, 261, 286, 292
Valerius Gratus 瓦雷里乌斯·格拉图斯 43, 188
Verus 维鲁斯 145-146, 155, 169
Vespasian 苇斯巴芗 65, 83, 95, 101, 103, 106-107, 132, 181
Vettius Epagathus 维提乌斯·艾帕迦图斯 171
Victor, Bishop of Rome 维克多，罗马主教 119, 196-201, 203
Vitellius 维特里乌斯 95, 132

X

Xerxes 薛西斯 104
Xystus I, Bishop of Rome 叙斯图斯一世，罗马主教 137, 181, 199
Xystus II, Bishop of Rome 叙斯图斯二世，罗马主教 254, 256-257, 262, 274, 286

Z

Zabdas 扎布达斯，耶路撒冷主教 283
Zaccheus 撒该 137
Zacharias (father of John the Baptist) 撒迦利亚，施洗约翰之父 171
Zacharias (Vettius Epagathus)① 撒迦利亚，维提乌斯·艾帕迦图斯 171
Zadok 扎多克 32
Zebedee 西庇太 95, 272
Zebennus Philetus 泽本努斯·腓勒图斯 225, 229
Zeno 芝诺 238

---

① 查对原文后，此处疑有误。——中译注

Zenobia 季诺碧亚　287
Zenobius 季诺比乌斯　304
Zephyrinus, Bishop of Rome 泽菲里努斯, 罗马主教　85, 201–202, 218, 223
Zerubbabel 所罗巴伯　347, 353

Zeus 宙斯　323, 326
Zosimus 佐希姆斯　124, 373
Zoticus of Cumane 库曼内的佐提库斯　190, 193
Zoticus of Otrous 奥特罗斯的佐提库斯　188

地名索引

（条目中的数字为原书页码，即中译本边码。）

A

Achaia 亚该亚 91

Actium 阿克提姆 219

Adiabene 阿迪阿本内 71

Adrianople 阿德里亚堡，今名埃迪纳（Edirne）343, 370

Adriatic Sea 亚得里亚海 318

Aelia Capitolina（See also Jerusalem）埃里亚·卡皮托里纳（另参见耶路撒冷）71, 166, 223, 254

Africa 非洲 204, 239, 295, 318–319, 340, 362, 364–365

Agora（Athens）（雅典）市集 96

Alexandria 亚历山大 11, 15–16, 19, 55, 57, 62–63, 73, 75, 84, 106, 110, 117–118, 132, 135, 137, 139, 143, 154, 157, 161, 184–185, 197, 200, 203, 207–209, 211–213, 216–218, 222, 224–225, 227, 229, 231, 235, 241–242, 249, 253, 256, 259–261, 266–268, 274–276, 280–286, 298–299, 301–302, 305, 310, 324

Amasea 亚玛塞 369

Amastris 雅马斯特里斯 159

Ancyra（Ankara）安西拉（安卡拉）12, 14, 188

Antinoöpolis 安提诺波利斯 140–141

Antioch① 安提阿 11–12, 16, 19, 47, 55, 59, 61, 65, 71, 106, 110, 116, 123–125, 132–133, 157, 160, 165, 193, 197, 215–216, 223–225, 229, 233, 235, 239, 241, 243, 247, 254, 262, 274–276, 278, 280, 282, 302, 304, 323–324, 336

Apamea 雅帕麦 190

Appian Way（Rome）（罗马）亚壁古道 246

Arabia 阿拉伯 222, 230, 232, 238, 254, 302

---

① 至少有两个，叙利亚的安提阿和彼西底的安提阿。——中译注

Arch of Constantine 君士坦丁拱门 337, 341
Ardabau 阿尔达堡 188
Arles 阿尔, 今法国境内 365, 374
Armenia 亚美尼亚 242
Arsinoe 阿尔斯讷 271
Ascalon 阿什卡隆 33, 37
Asia Minor 小亚细亚 77, 110, 169, 203, 245, 285, 293, 300, 319, 340, 343
Asia 亚细亚 77, 79, 93, 110, 119 - 120, 123, 127, 141, 144 - 146, 150, 152, 161 - 162, 166, 169, 183 - 184, 187, 189, 193, 195, 197 - 198, 203, 245, 273, 285, 293, 300, 319, 321, 340, 343
Athens 雅典 95 - 96, 159, 162, 230
Attica 阿提卡 283
Aurelian Wall (Rome) 奥勒良墙 (罗马) 287

B

Babylon (Rome) 巴比伦 (罗马) 34, 73, 226
Balkan Peninsula 巴尔干半岛 319, 340
Basilica of Constantine 君士坦丁大教堂 307
Basilica of Hagia Sophia 圣索菲亚大教堂 376
Basilica of St. John 圣约翰大教堂 119
Basilica of St. Paul 圣保罗大教堂 92
Bathezor 贝赛祖 99
Baths of Diocletian 戴克里先浴池 320
Bernice 百尼基 132, 274
Bethlehem 伯利恒 32, 38 - 39, 42, 55, 374
Betthera 贝特拉 137

Bithynia 庇推尼 13, 93, 122, 133, 254
Bosporus (黑海与马尔马拉海间的) 博斯普鲁斯海峡 343, 374
Bostra 波斯特拉 223, 230 - 231, 275
Britain 不列颠 90, 246, 306, 318 - 319, 340
Byzantium 拜占庭, 一度称为君士坦丁堡 (Constantinople), 现名伊斯坦布尔 (Islanbul) 343, 376

C

Caesarea (Cappadocia) (加帕多家的) 凯撒利亚 227, 262, 275
Caesarea Marititima 凯撒利亚玛里蒂玛 9 - 12, 15 - 17, 19, 61, 67, 91, 120, 197, 213, 222, 225, 233, 245, 249, 254, 261 - 262, 264, 275, 282 - 283, 285, 305, 373
Caesarea Philippi 凯撒利亚腓立比 264, 285
Callirhoe 卡利尔霍 40 - 41
Caparattea 迦帕拉特阿 116
Cappadocia 加帕多家 (卡帕多西亚) 93, 215, 227, 243, 254, 262, 275 - 276, 302
Capri 卡普里岛 67, 90
Carthage 迦太基 194, 245, 254, 286, 362, 365
Catacombs of Domitilla (Rome) 图密提拉墓窟 (罗马) 108
Cephro 瑟夫罗 258 - 260
Chrysopolis 克里索波利斯 343
Church of All Nations 万国大教堂 79
Church of St. Peter 圣彼得教堂 125
Church of the Ascension 基督升天教堂 380
Church of the Holy Sepulcher 圣墓 [大]

教堂 38
Cilicia 基利家，今西里西亚 166, 243, 254
Cnossus 克诺苏斯 159
Cochaba 科恰巴 37
Colluthion 克鲁提昂 260
Colosseum（Rome）（罗马）圆形大剧场 134, 337
Constantinople 君士坦丁堡 12–15, 375–376
Corinth 哥林多 86, 88, 91, 95, 107, 132, 157–158, 181, 197
Crete 克里特（革哩底） 94, 157, 159
Cumane 库曼内 190
Cyprus 塞浦路斯，居比路 59
Cyrene 古利奈（昔兰尼） 135, 166

D

Dacia 达细亚 133, 287
Dalmatia 挞马太，位于巴尔干地区 318
Damascus Gate（Jerusalem）（耶路撒冷的）大马士革门 138
Damascus 大马士革（大马色） 324
Danube River 多瑙河 166, 204
Dead Sea 死海 40–41, 46, 70
Debeltum 德贝图姆 195

E

Edessa 以得撒 47–48, 51, 53–54, 58–59
Egypt 埃及 11, 13, 31, 37, 39, 42, 54, 70, 73, 101, 135, 139, 166, 186, 203, 207, 222, 245, 259–261, 267, 269–270, 285–286, 295, 297, 305, 317–319, 336, 340
Emesa 埃莫萨 304, 324
Ephesus 以弗所 93–94, 109–111, 119, 123, 127, 145–146, 156, 183–184, 192–193, 197–198
Ethiopia 埃塞俄比亚，埃提阿伯 59
Euphrates River 幼发拉底河 47, 51, 53
Flavia Neapolis 弗拉维娅·尼阿波利斯 144
Flavian Amphitheater（Rome）（罗马）弗拉维安圆形大剧场 134
France 法兰西 170, 203

G

Galatia 加拉太 93, 188, 254
Galilee 加利利 42, 77, 114
Gamala 加马拉 32
Garden of Gethsemane 客西马尼园 79
Gaul 高卢 45, 94, 169, 176, 179, 181, 197, 199, 203–204, 245, 318–319, 340, 364
Gaulonite 高罗尼特 32
Germany 日耳曼 181
Gittho 基多 72
Golgotha 各各他 72
Gomorrah 蛾摩拉 23
Gortyna 格尔提纳 159–160
Greece 希腊 99, 186, 225, 318

H

Heliopolis 赫流坡利（赫利奥波利斯） 87
Herculaneum 赫尔库拉诺姆 132
Hierapolis 希拉波利斯（希拉波立） 73, 119–120, 123, 127, 129, 160, 188, 193, 198

I

Iconium 以哥念 128, 222, 256, 275
Illyricum 以利哩古 77, 93, 227
India 印度 185

Ionia 爱奥尼亚 185
Israel 以色列 24, 31, 35, 52, 158, 267, 290
Istanbul 伊斯坦布尔 294, 376
Italy 意大利 86, 186, 203, 239-240, 245, 278, 287, 318-319, 329, 340
Izmir 伊兹密尔（即士每拿，今土耳其西部港口城市）294, 318

J

Jericho 耶利哥 24, 41, 219
Jerusalem 耶路撒冷 10, 15-16, 19, 34, 44, 48, 55, 57-59, 61, 63-65, 70-71, 77-79, 81, 83, 86, 89, 93, 95, 97, 100-101, 103-106, 110, 117, 120, 123, 131-132, 137-138, 156, 166, 184, 186, 191, 193, 197, 213, 215, 222, 227, 233, 243, 262, 266, 273, 275, 282-283, 285, 347, 359, 374, 378, 380
Jordan River 约旦河 39, 70, 99, 138

K

Kidron Valley (Jerusalem)（耶路撒冷 [东垣下] 的）汲沦谷 79

L

Lake Mareotis 马勒奥提斯湖 75
Laodicea (in Asia)（亚细亚的）老底嘉 161, 198
Laodicea (in Syria)（叙利亚的）老底嘉 242, 254, 261, 280-282
Laranda 拉兰达 222
Lebanon 黎巴嫩 186, 346, 354
Leptis Magna 莱普提斯·马格纳 168
Libya 利比亚 259, 261
Lugdunum, See Lyons 鲁格杜努姆，参见里昂
Lyons 里昂 169, 170, 173-174, 179, 181, 203-204, 245

M

Machaerus 马奇卢 45
Magnesia 玛尼西亚 123
Mamre 幔利 23
Mareotis 马勒奥提斯 75, 211, 260
Mauretania 毛里塔尼亚 295, 365
Meander River 梅安德河 123, 190
Mediterranean 地中海 10, 51, 68, 211, 245, 286, 356
Megiddo 米吉多 52
Melitene 梅里特内 180, 295
Mesopotamia 美索不达米亚 51, 53, 133, 135, 164, 166, 254, 302
Milan 米兰 318, 343, 360
Milvian Bridge 米尔维安大桥 331, 338-340, 342, 372
Mt. of Olives 橄榄山 78, 79, 374, 380
Mt. Silpius 斯尔比乌斯山 125
Mt. Vesuvius 维苏威火山 132
Mt. Zion 锡安山 359
Mysia 每西亚 188

N

Nazareth 拿撒勒 10, 37, 55
Nicea 尼西亚 11-12, 14-16, 294, 374-375
Nicomedia 尼哥米底亚 291, 293-295, 304, 318-319, 324, 332, 343
Nicopolis 尼哥波立 219
Nile River 尼罗河 267-268
North Africa 北非 168, 203-204, 318
Numidia 努米底亚 365

O

Osrhoene [s] 奥斯罗内 [斯]　58, 197
Ostian Way (Rome) 奥斯提安大道　86

P

Palestine 巴勒斯坦　10, 13, 37, 60, 144, 186, 197, 203, 213, 222, 225, 233, 243, 245, 261-262, 282-283, 295, 305, 318
Palmyra 帕尔米拉　287
Pamphylia 旁非利亚　273
Paneas (Paneion) 潘尼亚 (潘内昂)　264
Paphos 帕弗, 塞浦路斯西南部古城　273
Paraetonium 帕勒托尼乌姆　261
Parthia 帕提亚　93, 246
Patmos 拔摩　107, 111, 133, 273
Pella 佩拉　95, 138
Pentapolis 彭塔波利斯　188, 255, 274
Pepuza 佩普扎　191, 193
Perea 比利亚　77, 95, 100
Perga 别加　273
Persepolis 波斯波立　286
Persia 波斯　14, 104, 184, 280, 286
Pharos lighthouse 法罗斯灯塔　211
Philadelphia 非拉铁非　124, 151, 191
Philomelium 菲洛美里乌姆　147
Phoenicia 腓尼基　11, 59, 295, 304, 324-325, 347
Phrygia 弗吕家 (弗里吉亚)　148, 169, 179, 187, 191, 300
Pirucheum (Alexandria) (亚历山大) 皮鲁切乌姆　280
Pompeii 庞贝　132
Pontia (island) 庞提亚 (岛)　108
Pontus 本都　93, 143, 159, 184, 186, 197, 229, 254, 262, 275, 283, 302
Ptolemais 多利买　200, 255

R

Red Sea 红海　267, 330
Rhine-Danube (frontier) 莱茵河—多瑙河 (前线)　286-287
Rhone River 罗讷河　169-170
Rhossus 罗苏斯　216
Roman Forum 古罗马广场, 古罗马市集　74, 134, 206, 307, 363
Rome 罗马　9-10, 16, 19, 34, 54-55, 62-63, 71-73, 77, 80-81, 85-87, 89-92, 93-95, 104, 106-108, 110, 119, 123, 126, 132-135, 137, 142-146, 156-157, 159, 164, 166-167, 169, 179, 181, 183, 186-188, 195-199, 201, 203-204, 218, 223, 225, 227-228, 232-233, 239-242, 245-249, 251-253, 256-258, 274-275, 278-279, 284, 286-287, 308-310, 317, 319-320, 329-331, 337-340, 362, 364, 373, 375

S

Sacred Way (Rome) (罗马) 神圣大道　74
Salim 撒冷　114
Salonina 萨罗尼娜　287
Samaria 撒玛利亚　59, 77
Samosata 撒摩撒他　201, 274-278, 280, 282, 286-287
Sardis 撒狄　145, 160, 167, 198, 373
Scillium 西里乌姆　204
Scythia 塞西亚 (锡西厄)　93
Sea of Marmora 马尔马拉海 (亚洲小亚细亚半岛和欧洲巴尔干半岛之间的内海)　318
Senate House (Rome) (罗马) 元老院

地名索引 517

206

Sicily 西西里 220, 365

Sidon 西顿，今黎巴嫩西南部港口赛达 (Saida) 304

Smyrna 士每拿，今土耳其西部港口伊兹密尔（Izmir） 111, 123–124, 145–148, 150–152, 165–166, 198

Sodom 所多玛 23, 99, 201

Spain 西班牙 132, 318–319, 340

St. Mark's Basilica (Venice)（威尼斯）圣马可大教堂 316

St. Peter's Basilica (Rome)（罗马）圣彼得大教堂 87

Strato's Tower (Caesarea)（凯撒利亚）斯特拉托楼 10, 67

Synnada 叙纳达 222, 256

Syracuse 叙拉古（锡拉库扎），今意大利西西里岛东部港口 364

Syria 叙利亚 144, 318

T

Taposiris 塔波西里斯 234

Tarsus 大数（塔尔苏斯），今土耳其南部城市，使徒保罗的出生地 243, 254, 275–276, 343

Temple (Jerusalem)（耶路撒冷）圣殿 83

Thebaid (Theban area) 底比德（底比斯地区） 207, 295, 298, 305

Thessalonica 帖撒罗尼迦（萨洛尼卡），今希腊中北部港口 162, 344, 370

Thmuis 斯姆伊斯 298

Thrace 色雷斯 195

Tiber River 台伯河，意大利中部河流，流过罗马 55, 72, 134, 330–331, 338, 340–342

Tralles 特拉勒斯 123

Tripoli 的黎波里 204

Troas 特罗亚 124

Turkey 土耳其 128, 194, 294, 318, 376

Tyre 推罗 11, 15–16, 72, 200, 254, 280, 295, 297, 304, 325, 347

U

Upper Egypt 上埃及 268

V

Vatican Valley (Rome)（罗马）梵蒂冈谷 87, 338

Vatican 梵蒂冈 86

Verona 维罗纳，意大利北部城市 248, 340

Vesta, Shrine of (Rome)（罗马）维斯塔神庙 363

Via Appia 亚壁大道，阿皮亚大道，亚比亚大道 338

Via Flaminia 弗拉米尼亚大道，佛拉敏尼亚大道 338

Via Ostiensis 奥斯提恩希思大道 338

Via Sacra, See Sacred Way 神圣大道，参见神圣大道

Vienna 维也纳 204

Vienne (Gaul) 维埃纳（高卢） 45, 169–170, 172, 204

Vindobona, See Vienne 文多波纳，参见维埃纳

Y

York (England)（英格兰）约克 246, 306, 319

Z

Zion 锡安 290, 359

专题索引

（条目中的数字为原书页码，即中译本边码。）

A

Abomination of Desolation 荒凉之地 97
Acts of Andrew《安得烈行传》115
Acts of Paul《保罗行传》115
Acts of Pilate《彼拉多行传》42
Aenon [near Salim] ① [靠近撒冷的] 哀嫩 114
Against Heresies《驳异端》72, 107, 110, 117, 142, 146, 156, 163, 181, 224
Against Hierocles《驳希洛克勒斯》13
Against Marcellus《驳马尔塞鲁斯》14
Against Marcion《驳马西昂》143, 156, 160, 224
Against Porphyry《驳波菲利》13
Agathobuli, the 两位亚加托布利大师 282
Alexandrians 亚历山大人 281
All‑Virtuous Wisdom《全德的智慧书》（即《箴言》）158

Allegories《神圣律法的寓意》（斐洛）76
Allegorists 寓意解经者 271
Ammonite(s) 亚门人 37
Amphitheater(s) 圆形大剧场 132, 134, 173, 296‑297, 377
Ancient of Days 亘古常在者 26‑27
Animals 动物 77, 99, 123, 147‑148, 174, 176, 203, 296‑297
Antichrist 敌基督 107, 183, 212, 274
Antinonian Games 安提努斯游戏 140
Antinoites 安提诺波利斯人 215
Antiochene(s) 安提阿人，安提阿教会 93, 139, 208, 215, 278, 323
Antiquities (see Jewish Antiquities, Josephus)《犹太古史》（参见约瑟夫《犹太古史》）
Apocrypha 伪经, 次经, 后典 158
Apostate(s) 背教, 叛教 117, 373
Apostle(s) 使徒, 宗徒 9, 21‑22, 44, 47, 57‑59, 65, 67, 69, 71‑

---

① 此为地名，参见《约翰福音》3:23、和《圣经：新国际版研读本》对此的注解。——中译注

专题索引　519

75，77，80，85 – 86，89，91，93 –
95，102 – 103，105 – 107，109 – 111，
113，115 – 121，123 – 127，131，133，
135，143，146，156 – 157，159 – 160，
163，169，181 – 182，185 – 186，191 –
193，195，197 – 199，200 – 201，216 –
218，223，226 – 227，233，266，272 –
273，285 – 286，289，350，359

apostles who married 已婚的使徒　118
apostles's preaching 使徒的教导　140，
200

Arab (s) 阿拉伯 [人]　33，231 – 232，
247 – 248

Arabians 阿拉伯 [人]　223
Arabic 阿拉伯语/文　378
Areopagus 亚略巴谷　95
Arianism 阿里乌主义　12
Arithmetic 算术　220，280，282，328
Armenian (s) 亚美尼亚 [人]　328
Asiarch 司仪　150
Assyrian 亚述　186
Attic 阿提卡　99，328
Augur [罗马] 占卜官　43
Augusti 奥古斯都 [们]　259，318，343

B

Baptism 受洗，洗礼　43，45，59，116，
160，210，212，240，253 – 257，353，
373 – 374

Bar-Kokhba Revolt 巴尔—科克巴叛乱
137，166

Barnabas, Epistle of《巴拿巴书》　115
Basilidians 巴西理得派 [异端]　157
Beast 野兽 [即魔鬼撒旦]　147，178，
183，239，296，350，352，370

Bema (Corinth) (哥林多) 高坛　88
Benefactor 恩人　331，350，354，367

Bishop of Alexandria 亚历山大主教　11，
117，135，185，197，209，227，253，
274 – 275，284，305

Bishop of Ancyra (Ankara) 安西拉 (安卡
拉) 主教　12，14

Bishop of Antioch 安提阿主教　125，
160，193，197，215，229，235，239，
241，243，280

Bishop of Athens 雅典主教　95，159
Bishop of Bernice 百尼基主教　274
Bishop of Bostra 波斯特拉主教　230
Bishop of Caesarea 凯撒利亚主教　11，
17，197，227，245，275，282

Bishop of Carthage 迦太基主教　362，365
Bishop of Corinth 哥林多主教　158，197
Bishop of Crete 克里特主教　157
Bishop of Debeltum 德贝图姆主教　195
Bishop of Emesa 埃莫萨主教　304
Bishop of Ephesus 以弗所主教　119，197
Bishop of Gaza 加沙主教　305
Bishop of Gortyna 格尔提纳主教　160
Bishop of Hierapolis 希拉波利斯主教
73，123，193

Bishop of Jerusalem 耶路撒冷主教　58，
95，120，197，243

Bishop of Laodicea 老底嘉主教　261
Bishop of Lyons 里昂主教　174，181
Bishop of Nilopolis 尼罗波利斯主教　238
Bishop of Pentapolis 彭塔波利斯主教　274
Bishop of Rome 罗马主教　85，93 – 95，
106，119，132，137，142 – 143，156，
164，169，179，196，201，223，225，
227 – 228，232，256，275，279，286，
362，364

Bishop of Sardis 撒狄主教　145
Bishop of Smyrna 士每拿主教　123，
146，166

Bishop of Syracuse 叙拉古主教 364
Bishop of Tarsus 大数主教 243
Bishop of Thmuis 斯姆伊斯主教 298
Bishop of Tyre 推罗主教 304, 347,
Bishop (s) 主教 9, 16, 19, 24, 43, 55, 105–106, 109–110, 123, 129, 135, 137, 142, 149, 156–158, 167, 181, 186, 190, 193–198, 200, 213, 215, 222–223, 225, 227, 229, 231, 239–241, 245, 254, 256, 262, 275–278, 283, 295, 305, 324, 346, 362, 364–365, 369, 374–375, 380
Book of Revelation 《启示录》 149, 153
Britain 不列颠 318

C

Caesar (s) 凯撒 32, 42, 54, 62–64, 67, 81, 84, 109, 140–141, 144–145, 148–149, 155, 176, 180, 262, 304, 308, 312, 318–319, 334
Canon ［圣经］ 正典 93–94, 104, 115, 131, 183, 217, 225
Cardo ［古罗马］ 柱廊 138
Carpocratians 卡尔波克拉特派 ［异端］ 157
Catacomb of Domitilla 图密提拉墓窟 249
Catacomb of St. Sebastian 圣塞巴斯蒂安墓窟 252
Catholic Church 大公教会 147–148, 151, 239–240, 275–276, 278, 362, 364, 366
Centurion 百夫长 263
Cerinthianz (s) 克林妥派 ［异端］ 117, 272
Cesti 《切斯提》 229
Christendom 基督教，基督教世界 11, 15, 17, 19, 38, 132, 204, 245, 247–248, 286
Christian East 基督教的东方 204, 339
Christian West 基督教的西方 339
Christian (s) 基督徒 128, 233, 244, 294, 296, 376, 380 *et passim* Christian prayers bring rain 180
Christianity 基督教 51, 108, 125, 128, 230, 375
Christs 基督 28, 31, 157
Chronicles 《历代志》 162, 226
Chronicon 《编年史》 13
Chronography 《年代记录法》（亚非利加努斯）229
Church Dedications 献堂仪式 346
Church, Hospitality 《教会》、《好客之道》（墨利托）160
Church (s) 教会，教堂，会众 9–18, 20–22, 31, 54, 57, 59, 61, 65, 73, 75–76, 81, 86, 89–90, 94–95, 107, 109–112, 115–116, 121, 123–124, 126, 129, 131–132, 135, 137–140, 142, 145–148, 151, 156–157, 159–160, 163, 165–166, 176, 179, 181–183, 185–192, 195, 197–203, 208–209, 214, 216, 218, 220, 222–223, 225–228, 230–231, 233, 239–243, 245, 247–248, 253, 255–257, 259, 262, 266–267, 272, 274–287, 289, 292, 295, 304, 306, 314, 317, 327, 339–340, 343–348, 351–354, 357–358, 362, 364, 366, 373–375, 377–378
Civil War 内战 236, 247, 311, 317, 340
Cleobians 克利奥比乌斯的门徒 157
Cnossians 克诺苏斯人，克诺苏斯教会 159

Collection of Ancient Martyrdoms《古时殉道集》13

Colosseum 圆形大剧场 132

Commentaries of Symmachus 叙马库斯的[圣经翻译] 评注 220

Communion 交通，交流，圣餐 75，202，278

Concerning Easter《论复活节》（墨利托）160–161

Concerning Fate《论命运》（巴尔德萨内斯）164

Concerning Knowledge《论知识》（爱任纽）200

Concerning Virtues《论美德》（斐洛）77

Concord 和谐，和睦，一致 179，254，272，362，365

Confusion of Tongues《论语言的混乱》（斐洛）76

Contemplative Life《论沉思的生活》（斐洛）73，77

Corban 科尔班（耶路撒冷圣库）64

Corinthians 哥林多人，哥林多教会 14，47，86，107，126，157，159，181

Council of Antioch 安提阿会议 11–12

Council of Arles 阿尔会议 374

Council of Asia 亚细亚会议 144–145

Council of Nicea 尼西亚会议 11，14–16，374–375

Covenants 论盟约 76

Creation 创造，创世 23，28–29，117，161，163，200，255

Creator 创造者，创造主 23，61，126，143，156，235，259，292，349，359

Crosier 权杖 43

Cross 十字架 342

Curse 诅咒，咒诅 25，149，241，257

Cynic 犬儒学[哲学家] 152

D

Dalmatian (s) 挞马太人 317

De Mortibus Persecutorum《论迫害者的死亡》（拉克唐修）339

Deacons 执事 117，213，223，239–240，258，261，269，275–276，278，295

Dead Sea Scrolls《死海古卷》219

Death 死亡，死 11，16，26–28，39，41–42，45，54，57–58，61，63–64，77，79–81，83–84，93，95，100，104，107，111–112，118–119，132，141，145，147–148，152，154，161，165–166，176，178，181，189，191，203–204，207–210，212，214，228，232，234–238，240，246，248–249，261–262，269，281–282，286，292–293，296，298–300，302，304，308，310，312–313，317，323–324，326，328–329，334–336，339，344，349–350，354，368–370，373，377

Defense by Tertullian《辩护篇》（德尔图良）122

Demonstratio Ecclesiastica《教会的证明》（优西比乌）13

Destruction of Churches 教会/教堂的毁坏 279，290

Dialogue of Gaius 该犹《对话录》120

Dialogue Against Trypho《反对特里弗的对话录》（查士丁）156

Diatessaron《迪亚特撒隆》(《四福音书合参》) 163

Didache, The《十二使徒遗训》115

Divinity 神圣者，神明，神性 22–23，29，47，50，57，114，180，230，282–283，321，364，366

522 教会史

Docetists 幻影论者 216
Donatists 多纳图派 [异端] 374
Dositheans 多西特乌斯的门徒 157

E

Eastern Christendom 东方的基督教世界 11
Ebionites 伊便尼派 116-117, 184
Edict of Milan 米兰敕令 343
Egyptian (s) 埃及人, 埃及教会 73-74, 79, 89, 237, 242, 257, 267, 281, 297, 305, 324
Egyptian Ascetics 埃及的苦修/行者 73, 89
Encratites 恩格拉底派 [异端] 163
Enoch, Book of 《以诺一书》 282
Epicurean 伊壁鸠鲁派 [哲学家] 231
Esdras 《以斯拉书》 226
Essenes 艾赛尼派 158
Eucharist 圣餐, 圣体 199, 242
Evangelists 福音书作者, 传福音者 114, 125-126, 229
Evil One 恶魔, 撒旦 72, 151
Excommunication 绝罚 194

F

Faith 信仰, 相信, 信靠 9, 13, 30-31, 49, 53, 59, 71, 74, 80-81, 107, 116, 118, 121, 124-125, 127, 136, 138-140, 142-146, 152, 155-156, 159-162, 165, 169, 172, 175-177, 180-181, 189-190, 192, 196, 199, 202-203, 208-210, 212-213, 216, 228, 230-231, 233, 236-237, 239-240, 255-257, 260-261, 264, 269, 271-272, 274-277, 283-284, 289, 293, 297-300, 304, 308, 310, 315, 322, 324-326, 342, 347, 350, 353, 358, 360, 365
False Prophets 假先知 102, 157, 187, 189
Famine 饥荒 61, 65, 70, 95, 97-101, 269, 311, 327-329
Fathers (Church) 教父, 先辈, 先人, 先祖 13, 17-18, 31, 35-36, 93-94, 97, 113, 126, 131, 162, 165, 186, 218, 245, 332, 334, 348, 350, 368
Feast of Pentecost 五旬节 103
Feast of Tabernacles 住棚节 103
Feast of Unleavened Bread 除酵节 102
First Cause 第一因 23
First Emanation 首先流溢者 72

G

Galileans 加利利派 158
Genealogies of Christ 基督的家谱 35
General Epistles 大公书信 84, 158
Gentile 外邦人 59, 61, 111, 166, 186, 226, 285
German (s) 日耳曼人 17, 247, 286-287
Gladiator 角斗士 297
Gnosticism 诺斯替主义 [异端] 14, 165, 204
Gnostics 诺斯替派 [异端] 138-139
Gorathenes 格尔泰乌斯的门徒 157
Gospel of Peter 《彼得福音》 115
Goths 哥特人 287
Graffiti [罗马圣塞巴斯蒂安墓窟内的] 残片 252
Great Persecution, the [戴克里先] 大迫害 11, 15, 106, 131, 146, 289, 294, 318, 339

H

Harmony of Moses《论摩西和耶稣的和谐一致》(奥利金) 222
Hebrew Christians 希伯来基督徒 137
Hebrew Scriptures 希伯来圣经, 希伯来经书 13, 15, 280, 282
Hebrew, Epistle to《希伯来书》 94, 126, 200, 217, 223
Hebrews Gospel of《希伯来福音》 115, 117, 130, 158, 228
Helkesaite Heresy 赫尔克塞特异端 232
Hemerobaptists 赫莫洛巴普特派 [异端] 158
Heretics 异端 9, 17, 108, 115, 120, 142, 146, 158 – 160, 188, 195, 200 – 201, 208, 220, 222, 253 – 256, 285
Herma, The Shepherd of《黑马牧人书》 94, 115
Hexameron《创世六日》(罗多);《创世六日》(坎迪都斯);《创世六日》(希坡律陀) 187, 200, 224
Hexapla《旧约五译》(奥利金) 219
Hippodrome(s) 竞技场 87, 276, 309
Hypotyposes《基本原理》(克莱门) 19

I

Illyrians 伊利里 [族] 人 287
Immutability of God《巨人或上帝的永恒不变》(斐洛) 76
Imperial Decrees and Ordinances 帝国敕令 165, 360
Imperial Statute [君士坦丁大帝的] 敕令 362
Infants of Bethlehem 伯利恒的婴儿 38
Islam 伊斯兰, 伊斯兰教 125, 128, 376, 380

J

Jew(s), jewish 犹太, 犹太人的, 犹太语的 9 – 11, 17, 21, 28, 31, 33 – 34, 37, 39, 53, 62 – 63, 79, 81, 86, 90 – 91, 95, 97, 100, 102, 104 – 105, 117, 123, 131 – 132, 135, 137 – 138, 141, 166, 184, 186, 189, 216 – 217, 220 – 221, 226, 270, 377 – 378
Jewish Antiquities (Josephus)《犹太古史》(约瑟夫) 32, 39, 42 – 43, 45, 62, 67, 78, 83, 104 – 105, 377
Jewish Christians 犹太基督徒 186
Jewish Dynasty 犹太王朝 [的终结] 31
Jewish Revolts 犹太人的叛乱 135
Jewish War (Josephus)《犹太战记》(约瑟夫) 10, 33, 39, 63, 79, 86, 91, 97, 102, 104, 132, 141, 166
Jews of Cyrene 古利奈的犹太人 135
Josephus on Jesus 约瑟夫论耶稣 377
Judaism 犹太教 13, 245
Judaizers 犹太化基督徒 217
Julio-Claudians 朱利安—克劳狄王朝 91
Justice 正义, 公义 22 – 23, 25, 39, 45, 65, 67, 78, 97, 141, 150, 214, 279, 317, 324, 333, 336, 352, 370

K

Kalends 初一 281, 365
King 国王, 君王 23, 28, 30, 33 – 34, 37 – 39, 45, 47, 54, 58, 61, 64 – 65, 67 – 69, 77, 84, 104 – 105, 149, 155, 161, 177, 184, 258, 306, 329, 334, 345, 347, 349 – 350, 354, 359, 370
Knowledge 知识 17, 19, 21, 23, 25 –

26, 30, 58, 75, 118, 121, 137, 144, 182, 200, 217, 221

L

Lacedaemonians① (Spartans) 老底嘉亚人（斯巴达人） 161, 198, 242, 254, 261, 280－282

Lapsed Believers 背离的信徒，堕落的信徒，跌倒的信徒 176, 178, 203, 216, 221, 241

Larissians 拉里萨人 162

Latin Christendom 拉丁基督教世界 245

Life of Constantine《君士坦丁传》 13, 339, 373

Life of Pamphilus《潘菲鲁斯传》 11, 13, 230

Light 光明，光 14, 22, 48, 50, 72, 102, 137, 140, 216, 219, 273, 321－322, 329, 340, 346, 354, 358－359, 369－370

Loculi 藏有人类遗骨的壁龛 249

LXX (see Septuagint)［希伯来圣经］七十士译本

M

Maccabaikon《马加比记》 105

Maccabees《马加比前书》和《马加比后书》 105, 226

Manicheans 摩尼教 14, 279

Marcionites 马西昂派［异端］ 157, 164, 190

Martyrdom (martyrs) 殉道，殉道者，殉道士 9, 13, 15, 21, 57－58, 93, 107, 121, 147, 149, 151－154, 169, 171－172, 174－176, 178－181, 190, 192－193, 196, 203, 207, 209－210, 224, 235－236, 238, 241, 245, 249, 261, 269, 290, 292－293, 295－300, 303－305, 324, 345, 375, *et passim*

Martyrdom of Jesus 耶稣的殉道 81, 89

Martyrdom of Polycarp 波利卡普的殉道 148

Martyrdom of Symeon 西面的殉道 120

Martyrs of Alexandria 亚历山大的殉道者 235

Martyrs of Palestine《巴勒斯坦殉道者》（优西比乌） 13

Masbotheans 玛斯波特安派 157－158

Matter 物质，质料 14, 60, 141－142, 162, 197, 200, 225, 233, 238, 254, 258, 276, 278, 311, 327, 357, 364, 366

Melitene Legion 梅里特内军团 180

Melkite 麦尔凯特［东仪天主教］ 378

Meloth《莫洛特》（即《所罗门箴言》） 226

Memoirs of Pilate 彼拉多的《回忆录》 324

Menandrianists 米南德派［异端］ 157

Messiah 弥赛亚 13, 46, 53, 141, 158, 377－378

Millennialits 千禧年派 204

Milvian Bridge, Battle of the 米尔维安大桥战役 338

Miraculous Powers 施行神迹的大能，神圣的奇妙能力 47, 182

Mole［亚历山大］海港 211

Montanism 孟他努主义［异端］ 165, 194

---

① 此为"斯巴达"的古称。查对原文，疑为"Laodicea"等词之误。——中译注

Montanists 孟他努派［异端］ 86, 189-191, 193, 203
Mosaic Virtues《摩西的三大美德》（斐洛）76

N

Neoplatonists 新柏拉图主义者，哲学家 13
Neptis 孙女 108
Neronian Persecution 尼禄的迫害 84
New Testament 新约 9-10, 14, 53-54, 89, 115, 132, 188, 191, 285, 378
Nicene Creed 尼西亚信经 12, 294, 374
Nicolaitans 尼哥拉党人 117
Nicomedians 尼哥米底亚人 159, 332
Novatianists 诺瓦替安派［异端］241

O

Ogdoad《论数字8》（爱任纽）195
Olympiads 以四年为一周期 65
On Agriculture《论农业》（斐洛）76
On Assembly《论教导性会议》（斐洛）76
On Christian Life《论基督徒的生命和众先知》（墨利托）160
On Drunkenness《论醉酒》（斐洛）76
On Exodus 斐洛关于《出埃及记》的作品 77
On Fasting《论禁食》（克莱门）217
On Martyrdom《论殉道》（奥利金）228, 242
On Migration《论迁移》（斐洛）76
On Peace《论平安》（狄奥尼修斯）243
On Promises《论应许》（狄奥尼修斯）270-271
On Providence《论天意》（斐洛）77
On Repentance《论悔改》（狄奥尼修斯）241-243
On Schism《论分裂》（爱任纽）195
On Slander《论诽谤》（克莱门）217
On Truth《论真理》（阿波利拿里）163
Onomasticon《圣经地名词典》（优西比乌）15
Opus reticulatum 网状作品 41
Orchiectomy［奥利金的］自阉 212
Origin of Evil《恶的起源》（马克西姆）200
Osrhoenes 奥斯罗内斯 58
Ossuary 藏尸箱 44
Paedagogus《论教育者》（克莱门）217

P

Pagan (s) 异教［徒］170
Pan 潘神 265
Paraclete［圣灵］保惠师 187, 280
Parthians 帕提亚人 34, 246
Paschal Festival 逾越节，复活节 14, 197-198, 217, 224
Passover 逾越节 77, 82, 97, 146, 160, 224, 282
Patripassianism 圣父受难论 14
Pax Augusta 奥古斯都［统治下的］和平［时期］54
Persecution (s) 迫害 9, 11, 13, 15-16, 59, 61, 84, 87, 91, 106-107, 109, 120-122, 131-133, 139, 146-147, 152, 159, 164, 169-170, 173, 203, 207-213, 215-216, 228, 233-235, 238, 240, 245-246, 254, 257-258, 260-261, 266, 279-280, 282-287, 289-290, 292, 295-296, 301, 305, 311-314, 317-318, 322-324, 339, 343, 369, 374-375
Persians 波斯人 286

Pharisee（s）法利赛人　32，82，158

Phoenicians 腓尼基人　264

Phrygian Heresy 弗吕家异端　163，188，190－191，203，223

Plague 瘟疫　204，266，269，286－287，311，327－328

Pontifex Maximus 大祭司　145，312，373

Praetorian Guard 禁卫军　91，204，248

Priest（s）祭司　28，34，42－44，78，82，103，309，323，334，336，347

Prison（s）监狱，监牢，牢房，囹圄　59，67，97，114，152，155，174－175，179，207，209，212，233，243，248－249，261，267，290，295，300，324，368

Prophets 先知　15，23，27－28，30－31，46，54，61，74－75，81，97，102，104，139－140，143，156－157，160，162－164，179，184，187，189，191－193，202，232，334，336，351，377－378

Pythagoreans 毕达哥拉斯主义者，哲学家　221

R

Rebaptism of former heretics 先前异端分子的再洗礼　253

Rechabites 利甲族　82

Repentance 悔改　112，238－239，241－243

Resurrection 复活　14，26，35，47－48，54，58－60，81，112，116－117，124，127，129，151，178，197，199－200，225，232，271，354

Revelation of John《约翰启示录》，约翰的启示　115，117，156，160－161，183，193，271－272

Revelation of Peter《彼得启示录》　115，217

S

Sabbath（s）安息日　26，31，100，117，148，269

Sabellianism 撒伯里乌主义，撒伯里乌派［异端］　12，253

Sacrament 圣餐　241

Sadducees 撒都该派　84，158

Samaritan（s）撒玛利亚人；撒玛利亚派［异端］　11，72，116，158

Sanhedrin 犹太公会　84

Saracens 撒拉森人　238

Sarcophagus 棺材板，石棺　343

Sarmatians 萨尔马提亚人　180

Satan 撒旦　17，146，156，172，177，240，279

Saturnilians 萨图尔尼努派　157

Schism（s）分裂主义，分离主义　187－188，195，241－243，270，364

Schism of Nepos 涅坡斯的分裂主义　270

Schismatics 分裂主义者　186，195，203

Second Jewish War 第二次犹太战争　166

Senate, the Roman 罗马元老院　74

Septuagint［希伯来圣经］七十士译本　14，184，219，352

Sepulcher 圣墓　15，374

Seven Churches (of Asia Minor)（小亚细亚的）七教会　149，153

Seventy, the 七十人　44，47，49

Severians 塞维鲁斯派［异端］　163

Shepherd of Hermas, The《黑马牧人书》　94，115

Siege of Jerusalem 耶路撒冷之围　95

Silversmith's riot 银匠们［对保罗］的反抗　113

Simonians 西门［·马古斯］的门徒，西门派［异端］ 157
Sol Invictus 不可战胜的太阳 287, 343, 373
Sophetim《索菲提姆》（即《士师记》） 226
Soul 灵魂 30, 45, 75-76, 94, 111, 116, 118, 151, 156, 160, 169, 232, 242, 255, 299, 302, 311, 336, 347, 351, 355, 357
Sovereignty of God《上帝的主权》（查士丁） 156
Spartans 斯巴达人，斯巴达教会 158
Sphar《斯法尔》（即《诗篇》） 226
Sphinx 斯芬克斯［像］ 301
Spirit 灵，圣灵，神灵，灵明 22-23, 26-30, 57, 80, 111, 113-114, 116, 119, 124-125, 151, 171, 177, 182, 186, 189-190, 192-193, 198, 202, 208, 218, 229, 240, 255-256, 259, 274, 280, 299, 345, 347-348, 354, 359
Statue of Jesus 耶稣的雕像 264, 285
Stoic (s) 斯多亚派［哲学家］ 166, 185, 221
Stoicism 斯多亚主义［哲学］ 167
Stoning 投石（司提反的殉道） 58
Student martyrs 学生殉道者（亚历山大） 210
Succession of Bishops 主教的承传，接替，更替 105-106, 123, 181, 196, 245
Synagogue 会堂，会所 158
Synod of Antioch 安提阿会议 275
Synod of Bishops 主教会议 362
Synod of Constantinople 君士坦丁堡会议 13

Synods 主教会议，会议 197, 254, 256
Synoptic Gospel 对观福音书 131-132
Syriac Gospel《叙利亚福音》 158
Syrian (s) 叙利亚的 164, 246

T

Tabernacle《圣幕》（斐洛）；圣所； 77, 347, 351
Temple (Jerusalem) 圣殿（耶路撒冷） 15, 33-34, 37, 58, 63, 77, 81-83, 97, 99, 102-103, 235, 326, 347-348, 350-351, 357, 359
Temple of Jupiter Manifest 朱庇特显灵［小该犹的］神庙 63
The Commandments《十诫》（斐洛） 77
Tetrapla《旧约四译》（奥利金） 219
Therapeutae 男治疗者 73, 75
Thracian (s) 色雷斯人 228, 247
Throne of Bishop James 雅各主教的宝座 266
Toparch［阿布加尔］国王 48-49
Torture 折磨 173 et passim
Tradition (s) 传统，传统说法，统绪 16, 19, 37, 47, 53, 65, 72-73, 89, 93, 104-105, 107-110, 114-115, 117, 120, 123, 125-127, 131, 137, 140, 146, 157-158, 165-166, 181, 186, 188, 193, 197-200, 217-218, 225-227, 231, 254, 280, 348
Tribunal（哥林多）公堂，法庭 88
Tricennalia of Constantine 君士坦丁即位三十周年 13, 15
Trinity 三位一体，三一 12, 14
Tyrant (s) 暴君，僭主 111, 174, 308-311, 321, 323, 327, 329-332, 334-337, 339, 346, 349, 353, 358, 367, 370

U

Unconquered Sun 不可战胜的太阳 287, 373

V

Valentinians 瓦伦廷派 [异端] 157
Vicennalia of Constantine 《庆祝君士坦丁大帝即位二十周年》(优西比乌) 15

W

Wisdom of God 上帝 [首生首造] 的智慧 26
Wisdom of Jesus 《西拉之子耶稣智慧书》 217
Wisdom of Solomon 《所罗门箴言（智慧）书》 162, 183, 200, 217

译 后 记

求学昌平园和燕园时，在一路的精神求索与文献阅读后，我开始对诺斯替主义的初步研探，并于2002年6月4日完成相关硕士学位论文。这篇论文主要依据约纳斯（Hans Jonas）和鲁道夫（Kurt Rudolph）这两位德语学者的研究成果。可惜，当时不谙德语，只能阅读鲁道夫著作的英文翻译和约纳斯的总结性英文著作，后者堪称诺斯替主义研究经典的德文原著，则无法直接拜读。不过，在论文准备过程中，知晓了第一位基督教教会史作者优西比乌、德国教义史大家哈纳克（Adolf von Harnack）的名字，期盼着有一天能到德国这个神学的国度进修，学习和研究教义史和诺斯替主义。

2002年初夏，接到孙毅兄电话，邀请译者参与他和游冠辉兄主持的翻译项目。在孙毅兄家吃完香味至今缭绕的白菜鸡蛋面后，在备选书目中看到优西比乌的《教会史》，不禁怦然心动，许下承诺，答应两年内完成该书翻译。

2003年金秋，负笈海德堡，师从一位教父学权威。进修一学期后，发现以前的想法过于天真，教父学研究的技术要求（语言、翻译、史料等能力）在开始阶段远远多于思想成分（教义学与教义史学等），而且，若要专门从教父学角度研究诺斯替主义，还另需重新学习古典拉丁语和专门掌握科普特语。于是，转而尝试一条稍微偏离、但又不完全脱离教父学的道路：在初步学习完德语、古典希腊语和圣经希伯来语后，研读哈纳克等对诺斯替主义的研究著作，从而进一步考察自由派神学对基督教本质的理解、及其由此展开的对现代的回应甚或适应。但是，教授次年转校柏林，我则选择继续留在海德堡，开始逐渐偏离原来的进修设想，转向教义学，从研究哈纳克对宗教和基督教本质的理解入手，思考基督教神学如何回应现代性的问题。

在这样的学业转折中，《教会史》的翻译也几经反复，译稿于2007年2月最终得以交付。除所翻译的 Maier 英译本外，译者在翻译过程中主要参考了1965年的 Williamson 英译本。该译本脚注简明扼要，常让人有豁然开朗之感。香港汉语基督教文化研究所慷慨相助，使得译者有幸长期借得 Cruse 英译本，每在疑难处，与上述两译本相较而读，受教良多。此外，经杨熙楠先生推荐，在网上找到一部迄今惜未完成的中文译本，从中也时有获益。特此致谢！

在动笔翻译《教会史》前，译者已翻译过一些关于西方哲学或基督教的学术作品。本译文可称为译者翻译基督教思想作品的进一步尝试和努力。在翻译、学习和思考的过程中，译者逐渐形成了一些初步的想法：作为学习和研究基督教思想的汉语学者，首要之务似乎不是凭着一己的理解和问题意识发表论文、甚或刊行书籍，而是致力于基督教思想作品的翻译和研究，特别是致力于译介经典作品和经典作品的经典诠释，从而力图为基督教思想研究在汉语语境的进一步展开建立坚实基础。以当年佛教入华为例。若无数百年的译经和传经，何来之后的造经和立教，印度的佛教又何以化成了中国的佛教？（当然，译者并非百分之百地认同佛教这样的中国化。）

但是，翻译基督教思想经典，且不谈信、达、雅或"异化"

与"归化",首先意味着,中译者必须具备相应的语言和专业能力,能凭着天生禀赋或习得能力在不同的文化、世界和语言系统之间进行"摆渡"的工作。在翻译过程中,译者常有如临深渊、如履薄冰之感!因为译者深知,本书相对理想的中译者应略知优西比乌同时代的希腊语、希伯来圣经七十士译本的希腊语、新约圣经希腊语等古典语言,通晓不同语种译者所使用的语言(至少是英语、德语和法语等现代语言和拉丁语中的任何一种),同时更为重要的是,要精通翻译的目标语言:汉语。即使母语为汉语的人,包括译者本人在内,也未必精通书面汉语和中国教会的用语,遑论是否专门研究基督教思想和相关罗马史。这样的理想要求,恐怕只有少数译林翘楚才能加以满足。

还是以佛经翻译为镜,也许,基督教思想经典的翻译可从中得着一些借鉴。若想真正启动一项经典的翻译项目,类似"译场"的建立或许更能促成翻译的进展和果效。就目前基督教研究与翻译的处境而言,相关"译场"似乎至少应包括在语言(原文语言、一般汉语和教会语言等)和专业上均有所造就的译者,从事基督教研究(又可细分为系统神学、旧约神学、新约神学、历史神学和实践神学等)的学者和学生,其他相关学科的学者或学生,出版社相关责任编辑,以及普通基督徒和一般读者各一位;并由此寻求建立一种结构化的、可持续发展的互动模式。身在大学或研究机构的学者似乎得天独厚,有着良好条件来建立这样的"译场"。可喜的是,如今已有不少这样的尝试初现端倪。

德国学术界,至少是神学研究界,有一可资借鉴的传统。作者在交稿给出版社前,内容和文字方面由相关专业高年级学生或博士生加以校阅和审订,出版社编辑负责的只是技术性的出版和发行事宜。若图书再印或重版,出版社一般会请作者再行过目,或删改,或补充,或修缮，并在新版时特地标明此书已由作者过目或修订；若作者业已过世，出版社则会延请相关领域专家审读原文，并撰写前言或后记，一方面介绍已逝作者及其研究，另一方面则是评析相关研究进展。当然，我们的具体处境与德国的情况不尽相同。比如，出版社的责任编辑大都受过专业训练，不仅胜任出版和发行方面的技术性工作，而且也能就所编书籍或译作给出专业的意见和建议。又比如，大学教师在翻译作品时，可开出相关原著选读课程，与学生一起以译作为基础进行研读，并对译作进行修改与完善。

拙译若有再版可能，译者愿参考各方面的批评与指正，将译文重新校订、甚至部分重新翻译一遍。在此过程中，译者将援引希腊文原文和德文译本。前者有 Eduard Schwartz 编辑的校勘本，德文译本则有多次再版的、并经后世学者审阅的 Herinrich Kraft 老译本。当然，优西比乌多次征引过的希伯来圣经希腊文译文（可参 Alfred Rahlfs 编辑的校勘本），也应成为校订和重新翻译过程中不可或缺的参考。

至于翻译过程中的一些技术处理，大体说明如下：1. 脚注说明：标为"英译注"的，为 Maier 英译本原有注解。标为"英译批注"的，为 Maier 英译本说明年份的边注。标为"中译注"的，除参考 Williamson 和 Cruse 两英译本解释难点外，其余注释大体为说明性文字和圣经引文，对专家学者来说可能略显多余，但对不太熟悉相关历史和基督教圣经的读者来说，或许不失为一种帮助。2. 在翻译人名、地名等专有名词的过程中，尽量遵循如下三条标准：圣经和合中译本、以及《圣经新国际研读本》所附"内文地图英中地名对照表"；音译原则；约定俗成的翻译，比如，取"塞浦路斯"，而不取"居比路"。不同译法，一般只在第一次出现时注明，另可参书后所附各类索引翻译。3. 正文夹杂不少英文，除人名和地名外，主要是一些难有把握翻